城市与区域空间研究前沿丛书

国家自然科学基金项目(51678130,51878142,51908289)
中国博士后科学基金项目(2019M651840)
江苏省基础研究计划(自然科学基金)项目(BK20190755)

大城市外来务工人员就业空间演变

——以南京主城区为实证

王 慧 吴 晓 等著

东南大学出版社
SOUTHEAST UNIVERSITY PRESS
·南京·

内 容 提 要

随着社会经济的发展，社会各界对弱势群体的关注逐渐增加，作为社会中长期存在的外来务工人员，其就业空间及演变已成为研究城市空间的典型样本与关键路径。本书解释了大城市外来务工人员就业空间的演变机理，并以此为基础对外来务工人员就业空间进行了阶段性划分，对其空间演变特征进行推演。在实证研究方面，以南京市为实证案例，从空间结构、空间生态和个体迁移三方面探讨了南京市外来务工人员就业空间的演变特征；从与城市空间发展的关联角度入手，发掘外来务工人员就业空间现存发展问题；在遵循和响应外来务工人员就业空间演变规律的基础上，提出相应的空间发展策略。

本书可为大城市未来城市化进程中流动人口相关政策制定起到支撑作用，为农村劳动力的转移和市民化、新型城镇化发展提供参考。

图书在版编目(CIP)数据

大城市外来务工人员就业空间演变：以南京主城区为实证／王慧等著. —南京：东南大学出版社，2019.9

(城市与区域空间研究前沿丛书)

ISBN 978-7-5641-8442-1

Ⅰ.①大… Ⅱ.①王… Ⅲ.①大城市-民工-劳动就业-研究-中国 Ⅳ.①D669.2

中国版本图书馆 CIP 数据核字(2019)第 113343 号

大城市外来务工人员就业空间演变：以南京主城区为实证

Dachengshi Wailai Wugong Renyuan Jiuye Kongjian Yanbian: Yi Nanjing Zhuchengqu Wei Shizheng

著　　者　王慧 吴晓 等
责任编辑　宋华莉
编辑邮箱　52145104@qq.com

出版发行　东南大学出版社
出 版 人　江建中
社　　址　南京市四牌楼 2 号(邮编:210096)
网　　址　http://www.seupress.com
电子邮箱　press@seupress.com

印　　刷　南京玉河印刷厂
开　　本　787 mm×1 092 mm　1/16
印　　张　14.25
字　　数　334 千字
版 印 次　2019 年 9 月第 1 版　2019 年 9 月第 1 次印刷
书　　号　ISBN 978-7-5641-8442-1
定　　价　58.00 元

经　　销　全国各地新华书店
发行热线　025-83790519　83791830

(本社图书若有印装质量问题，请直接与营销部联系，电话：025-83791830)

前　言

在历经40年的改革开放之后，我国经济体制和社会结构开始步入转型发展的关键期；与之相伴的则是中国城镇也开始面临城市化加速发展与城乡空间剧烈重组的历史性转型。尤其是十八大以来，中央政府关于“新型城镇化”目标下加强社会建设、创新社会治理、协调社会关系、改善民生状况等社会性议题的系列探讨，不仅预示着我国将在发展理念、模式和导向上做出不同以往的重大调整，更意味着城乡规划领域将承载起较以往更为艰巨的社会职能和专业挑战，于是“流动人口空间”便成了当前城乡规划工作中促进城乡统筹协调、提升民众福祉、推演社会正义的重点领域和战略方向之一。

从某种意义上说，流动本身往往就是一类参与市场化就业的典型表现，而数以万计的外来务工人员正是通过向城市的大规模集聚来寻求非农化的就业岗位，并因此占据和逐步改变着城市的空间结构。可以说，其就业空间已成为新型城镇化背景下“城镇空间解析”的又一典型变量和关键路径，这也正是本课题组持续聚焦于“流动人口空间”乃至“流动人口就业空间”的原因所在。

如果说2010年出版的《我国大城市流动人口居住空间解析》和2015年出版的《我国大城市流动人口就业空间解析》是初步构建了“流动人口空间”(居住空间＋就业空间)研究框架的话，那么如今撰写完成的《大城市外来务工人员就业空间演变》则可视为课题组在动态视角下对前者必不可少的补充，也延续和追踪了课题组对弱势群体空间的长期关注，同时还希望借助于“就业空间动态演变”的新视角和科学方法的组合运用，在研究思路和技术方法上有所创新和尝试。

本书共设八章，主要从理论建构与实证分析两个层面展开：在理论建构上，诠释和揭示了大城市外来务工人员就业空间的演变机理，并以此为基础对外来务工人员就业空间进行阶段性划分和演变特征推演；在实证研究上，则以南京市为实证案例，以SPSS、GIS等数字技术为依托，依循“先整体特征，后动态迁移”的研究序列，分别从空间集聚、空间生态和个体就业迁移等方面入手，解析和探讨了外来务工人员就业空间的演变特征和基本规律——尽管实证研究地域锁定的是南京市，但还是希望能在方法和观点方面提供更具普遍意义的启示和参考，从而建构一个更为完整的、兼顾普适性与特殊性的“流动人口空间”研究框架。

此外需要一提的是，书稿的最终成型是以课题组多年来累积的数据成果和阶段进展为依托，是以本人指导博士生王慧完成的博士学位论文为基础，经梳理和充实而成。这一工作也得到了国家自然科学基金重点资助项目(51678130，51878142，51908289)、中国博士后科学基金项目(2019M651840)和江苏省基础研究计划(自然科学基金)项目(BK20190755)等的大力支持与资助。

撰于东南大学建筑学院

目　录

1 绪　　论

1.1 研究背景

1）增速放缓，流入大城市比例下降，外来务工人员流动进入新阶段

改革开放后，随着农村体制的改革、乡镇企业的转型、农民观念的变化和城乡壁垒的逐步打破，曾在城乡分治政策下长期受到管控与压制的农村剩余劳动力汇成了规模宏大的进城大军和势不可挡的“民工潮”；而城乡之间在社会经济条件方面存在的差距（如就业机会、城乡收入、地区经济等），则为农民进城提供了现实基础和推拉动力。从 1982 年到 2015 年，我国外来务工人员数量由 1 154 万人迅速扩张至 2.47 亿人，33 年间增长了约 20 倍，人口数已占全国总人数的 17.96%，城市化率也从 21.13%攀升到 56.10%，快速城市化与外来务工人员的迅猛增长相伴相生（见图 1.1）①。

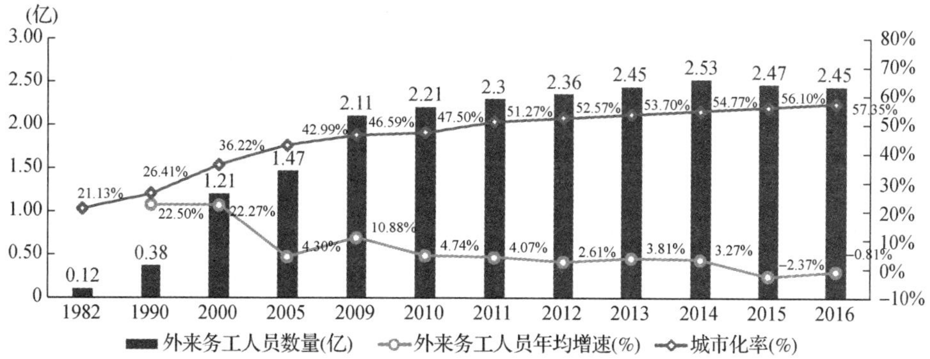

图 1.1　我国外来务工人员数量变化

＊资料来源：见脚注①。

然而，随着我国进入城市化快速发展阶段的中后期，外来务工人员在转移数量和方向上均呈现出新的变化。外来务工人员整体规模数量增长逐步放缓：1982 年至 2005 年间，外来务工人员每年平均增速达 10.07%，但在 2010 年至 2015 年间平均仅达 2.35%，2015 年和 2016 年更是连续两年负增长。与之伴随的是大城市吸引外来务工人员磁力的逐渐减弱：如北京市外来务工人员占全国外来务工人员的比例，在 2010 年前一直呈逐年升高趋势（从 1982 年的 2.4%提高到 2005 年的 3.17%，至 2010 年提高到 3.19%），但在 2010 年至 2015 年

① 2000 年、2005 年、2010—2015 年数据来源于《中国统计年鉴 2016》；2009 年、2016 年数据来源于《中国流动人口发展报告 2010》《中国流动人口发展报告 2017》；1982 年、1990 年数据来源于《中国流动人口发展报告 2016》。上述数据的流动人口均采用国家统计局口径，是指人户分离人口中不包括市辖区内人户分离的人口。其中，人户分离人口是指居住地与户口登记地所在的乡镇街道不一致且离开户口登记地半年以上的人口；市辖区内人户分离的人口是一个直辖市或地级市所辖区内和区与区之间，居住地和户口登记地不在同一乡镇街道的人口。

间，北京市常住外来务工人员增量却呈现速降之势，由 102 万人骤降至 3.9 万人；同样，上海市的常住外来人口规模也在 2015 年首次出现下降[1]；再从全国范围看，2013 年流向中心城市[2]的跨省农村户籍外来务工人员占 59.3%，但到 2015 年却降为 56.2%。

2）新生代[3]成为外来务工人员的主体，呈现出愈加稳定的居住和就业趋势

伴随我国 30 多年来的城市化进程和社会经济发展，外来务工人员的主体已经悄然更新换代，大多数老一代外来务工人员随着年龄增大逐步回到农村，新生代外来务工人员则登上了城市化进程的舞台，且所占比重越来越大，并逐步成为外来务工人员的主体。2005 年我国新生代外来务工人员数量占总数量的 34.6%[4]，2010 年上升至 47.0%，至 2015 年已超过一半，达 51.1%[5]（见图 1.2）。

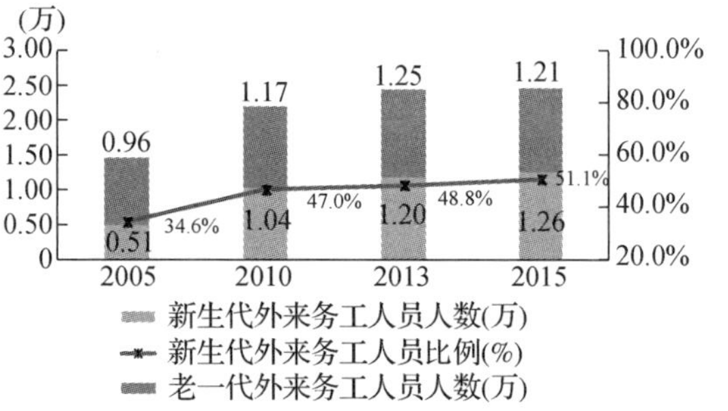

图 1.2　我国新生代外来务工人员人数和比例变化

＊资料来源：2005 年全国 1%的人口抽样调查数据，2010 年和 2015 年国家人口和计划生育委员会流动人口动态监测。

与老一代外来务工人员相比，新生代外来务工人员对融入城市呈现出更高的期盼值，流动也相对减弱。2011 年流动人口动态监测的新生代流动人口专题调查数据显示，70.3%的新生代外来务工人员只流动到过 1 个城市，18.32%只更换过 1 个城市，6.83%只更换过 2 个城市，更换过 3 个及以上城市者则寥寥无几（仅占 3.77%）。可见，以新生代为主的外来务工人员已成为流入地城市的稳定居住者和稳定就业者。

3）外来务工人员在助推城市发展的同时，与城市就业需求的结构性矛盾日益凸显

外来务工人员是推动城市繁荣发展的重要力量：从供给上看，外来务工人员为城市建设和发展提供了源源不断的劳动力支持，使城市的产业结构和劳动力结构得到了相应的补充和改善。第五次全国人口普查资料已显示，外来务工人员在第二产业从业人员中占 58%，在第三产业从业人员中占 52%，俨然已占据了我国非农就业结构中的半壁江山；而从需求上看，外来务工人员在城市中的衣食住行同样拉动了当地消费，为城市发展带来了巨大的乘数效应，已成为城市大系统中不可或缺的组成部分。

尽管外来务工人员就业情况已随着我国整体产业结构的调整而在结构上发生变化（见图 1.3，具体表现为三产吸纳人口占比升高、二产占比降低），但总体来看，就业仍集中于资源型行业和劳动密集型行业，且职业构成也相对低端[6]，于商业、服务业人员和生产、运输设

① 国家卫生和计划生育委员会流动人口司. 中国流动人口发展报告 2016[M]. 北京：中国人口出版社，2016.

② 中心城市指直辖市、计划单列市和省会城市。

③ 借用中央文件提出“新生代农民工”的概念，新生代外来务工人员是指在 1980 年及之后出生在流入地居住生活的流动人口，包括“80 后”（出生年为 1980—1989 年）和“90 后”（出生年为 1990—1999 年）。

④ 2005 年全国 1%的人口抽样调查数据。

⑤ 2010 年、2015 年数据来自国家人口和计划生育委员会流动人口动态监测调查数据。

⑥ 由劳动和社会保障部、国家质量监督检验检疫总局、国家统计局联合组织编制的《中华人民共和国职业分类大典（2015 年）》将我国职业分为八大类：国家机关、党群组织、企事业单位负责人，专业技术人员，办事人员和有关人员，商业、服务业人员，农、林、牧、渔、水利业生产人员，生产、运输设备操作人员及有关人员，军人，以及不便分类的其他从业人员。在众多关于职业地位和声望的研究中，商业、服务业人员和生产、运输设备操作人员及有关人员均被划为较为低端的职业类型。这两种职业类型恰恰是吸纳外来工就业的最重要的两类职业。

备操作人员两大类集中分布[①]。而随着我国经济发展进入“新常态”,以及城市产业由劳动密集型、资本密集型产业向技术密集型和知识密集型产业过渡,高端就业岗位的需求将增大,传统低端的就业岗位需求则将降低。北京、上海、深圳、南京等城市政府陆续提出的低端产业疏解和外迁计划(如吸纳大量外来务工人员的商贸市场等,由于产出低、从业人员素质低、与城区协调度低等缘由而被视为城市痼疾,并被列入外迁名单)也加速了岗位需求的转变过程。不难预见,大城市就业岗位需求和外来务工人员劳动力供给的结构性矛盾在未来将变得愈来愈突出。

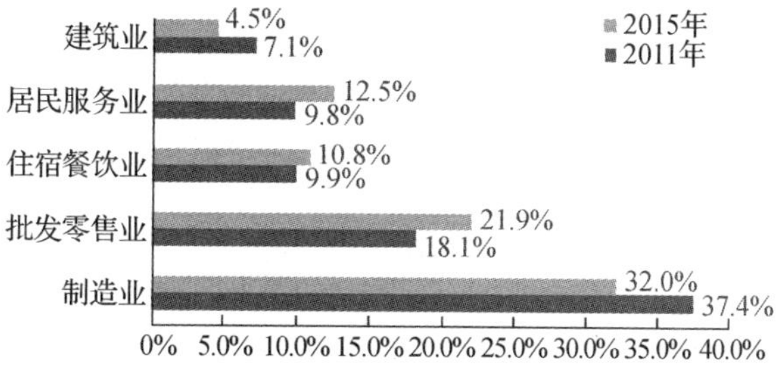

图 1.3　我国外来务工人员就业结构变化

＊资料来源:2011 年和 2015 年国家人口和计划生育委员会流动人口动态监测调查数据。

4)外来务工人员的就业在城市内普遍呈现出独特的空间结构和演化轨迹

由于大多数外来务工人员是职业找寻/流动的被动承受者[②],其就业空间格局往往被认为受城市产业空间牵引和影响。因而,相对于外来务工人员“居住空间”(包括外来务工人员在城市中的居住分布以及“城中村”等集聚区)广泛而深入的讨论,针对外来务工人员“就业空间”的关注则相对不多。值得注意的是,相对于外来务工人员的居住地而言,工作地同样是他们生活的重要领域,外来务工人员白天的工作行为和社会交往多在就业地发生,而外来务工者在城市的就业地集聚到一定规模后,往往也会吸引大量外来人员在周边聚居,并促发廉价公寓、低端产业等的形成,在塑造自身独特的空间结构的同时,也影响着城市空间的塑造。

外来务工人员就业空间的生成和演变往往受到城市就业大环境和个体择业条件等诸多因素的综合影响。其中,前者包括吸引外来务工人员就业的城市空间格局、产业布局、交通区位、城市建设等外在环境和排斥进城务工人员就业的政策制度、就业市场、社会关系等固有障碍;而后者则包括社会、经济、空间等个体条件的内在影响,尤其是不同就业方向的进城务工人员,其对于就业地点和方式的选择也不尽相同,即便是同一个体,其就业也会因时间流转而发生职业或是空间上的变化。随着外来务工人员在就业空间上的聚集、分异和迁移,其必然会在宏观层面上呈现出既不同于城市原有就业空间,彼此间又特征各异的多元空间模式和独特演变轨迹。

由此看来,随着大量外来务工人员进入城市求职、占据并逐步改变城市的空间形态与结构,外来务工人员的就业空间已成为我国城市化进程中围绕流动人口而展开的诸多议题中无法回避的一个问题。在外来务工人员规模特征、流动特征、就业特征及其与城市空间的关系都出现了新转变的大背景下,对大城市外来务工人员就业空间的变化展开动态研究,正是新型城镇化背景下对上述问题领域的重点思考和积极应对。

---

① 国家卫生和计划生育委员会流动人口司. 中国流动人口发展报告 2016[M]. 北京:中国人口出版社,2016.

② 2011 年国家人口和计划生育委员会流动人口动态监测调查数据显示,66.2%的外来务工人员身份为雇员,自营劳动者为 25.8%,雇主为 6.6%,家庭帮工为 1.4%。

1.2 相关概念

1.2.1 外来务工人员

外来务工人员属于流动人口的范畴，其概念繁多，目前没有统一、明确的定义，不同学者从经济学[①]、人口地理学[②③]、行政管理[④]等不同研究角度，赋予了流动人口不同的含义。吴晓[⑤]在上述基础上，针对流动人口相对于地理空间变化的特征，将流动人口分为广义和狭义两个方面：广义的流动人口根据其在流入地停留时间的长短，一般可分为长久性迁移人口、临时性的暂住人口和差旅过往人口三类；狭义的流动人口则只包括那些在某一地域作短暂逗留的差旅过往人口。

根据流动人口的动因（性质）分类，王建民等[⑥]将流动人口分为劳务型流动人口，经营、服务性流动人口，公务型流动人口，文化型流动人口和社会型流动人口。以上五类流动人口还可概括地分为经济型流动人口和非经济型流动人口，其中经济型流动人口直接参与城市各种经济活动并获取收入，外来务工人员即属于这一范畴。

根据流动人口的来源划分，可将流动人口分为"外来农民"和"外来市民"两大群体[⑦]，即来自农村的流动人口与来自城市的流动人口。

根据流动人口不同类型的划分方式，本书将外来务工人员定义为来自农村的经济型暂住人口，即以谋生营利为主要目的进入城市就业的农村剩余劳动力（下文以"外来工"简称之），这便在身份地位上同文艺工作者、中高层管理人员等"中高端移民"区分开来（见图1.4）。

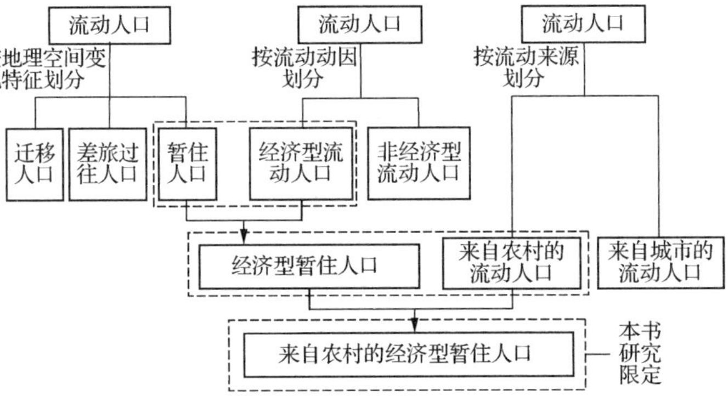

图 1.4　外来务工人员概念界定

＊资料来源：笔者自制。

① 李荣时. 对当前我国流动人口的认识和思考[J]. 人口研究，1996(1)：10－15.

② 吴瑞君. 关于流动人口涵义的探索[J]. 人口与经济，1990(3)：53－55.

③ 张善余. 人口地理学[M]. 上海：华东师范大学出版社，1999.

④ 段成荣. 关于当前流动人口和人口流动研究的几个问题[J]. 人口研究，1999(2)：48－54.

⑤ 吴晓. 我国城市化背景下的流动人口聚居形态研究——以京、宁、深三市为例[D]. 南京：东南大学，2002.

⑥ 王建民，胡琪. 中国流动人口[M]. 上海：上海财经大学出版社，1996.

⑦ 李强. 农民工与中国社会分层[M]. 北京：社会科学文献出版社，2012.

1.2.2 就业空间

“空间”是一个非常广泛的概念，哲学、地理学、社会学和建筑学等诸多学科都曾经给出不同的解释，“城市空间”也是诸多学科竞相研究的热点之一。到目前为止，该研究已经具有了较扎实的成果基础，而就业空间与城市空间之间既有联系，又有区别。赵虎①按照城市规划学对城市空间的解读，从城市空间的特性出发，在功能、形态和特征三个方面对城市就业空间进行了归纳和分类。本研究在此基础上，对涉及外来工的“就业空间”概念进行进一步的界定。

1）功能方面

就业空间的首要体现便是其承载的就业功能，并承载着环境、经济、社会等多种属性。环境属性侧重于就业者对物质环境的需求，如从事工业生产时所需的厂房，从事办公服务时所需的办公楼，以及从事这些活动所需要的城市用地等；经济属性主要是从企业、劳动力、资金等生产元素分布的角度去体现就业空间的特征，以及各类生产要素的空间分布，这一属性也是就业空间研究的传统视角；社会属性则侧重于突出就业者的视角，更多地关注“人”的需求，比如不同性别、阶层的就业者对就业空间的需求等等。根据城市规划多种规范的内容来看，城市空间研究的出发点多是居住和产业两个角度，以居住区和产业区两种功能空间类型去落实，而过于忽视就业者作为一种“人”的空间需求。同时，上述就业空间内部的不同属性系列之间的研究又具有一定的交叉性，如就业人口的空间分布本身即属于生产要素空间分布的一部分，既可列入经济空间范畴，也可列入社会空间范畴；而就业用地空间类型的研究既可以列入经济空间的内容，也可以列入环境空间的内容。

考虑到本研究的研究对象以“就业者”——外来工为主体，且研究的数据支撑是人口普查、经济普查的就业人口数据和抽样问卷调查所得的外来工社会—经济数据，所以本研究更侧重于就业空间社会属性中的就业人口空间分布（见图 1.5）。

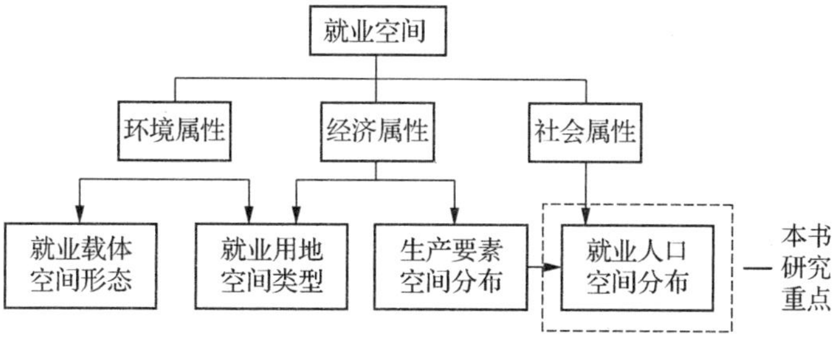

图 1.5 外来工就业空间研究框架

＊资料来源：笔者参照相关资料绘制。具体可见：赵虎. 中国都市区就业空间演化研究——以南京为例[M]. 南京：东南大学出版社，2014.

2）形态方面

从较大空间尺度上讲，就业空间可表现为城镇和乡村两种类型形态。从城市角度看，

① 赵虎. 中国都市区就业空间演化研究——以南京为例[M]. 南京：东南大学出版社，2014.

就业空间又可以表现为三个层次的空间形态①。第一个层次是宏观空间，在实体上表现为城市的就业“中心”或“分区”。这类空间占有一定的空间面积，规模较大，拥有企业等就业单位数量较多，是城市经济集聚活动的外在表现，相关就业行业的企业在此集聚。第二个层次是中观空间，在形态上表现为就业单位集中的就业街区，包括城市内部各种专业化街区或者城镇的综合服务街区，规模小于就业中心或者次中心。第三个层次是微观空间，在空间上表现为承载就业活动的单体建筑环境空间，是组成就业街区、就业中心和次中心的基本单元②。这种分类更多地体现出就业空间的环境属性，即基于就业载体的空间形态对就业空间进行形态上的分类。

而基于“就业者”的角度及本书所强调的就业空间社会属性来讲，就业空间形态则可描述为不同阶层的就业分布状态下对城市空间形态的影响。一般来讲，由于就业者所从事的行业与其所在的空间并不存在明显的阶层对应关系，无论是制造业还是服务业，其内部都会存在收入和地位等级性，并混合投射至就业空间上。因而，在某一空间范围内，哪种阶层的就业者占主导地位，就对就业空间社会属性层面的研究较为重要。依照此思路来讲，就业空间也可以表现为三个层次的空间形态：

第一，宏观层次，即在城市层面不同主导阶层所形成的差异化空间形态，在实体上表现为差异化的城市就业中心或分区。

第二，中观层次，即在街区层面不同主导阶层所形成的差异化空间形态，在实体上表现为差异化的集中就业街区或专业街区，是城市层面各类就业中心或分区的组成单元之一。

第三，微观层次，即在建筑单体层面不同主导阶层所形成的差异化空间形态，在实体上表现为差异化的建筑单体，如厂房、办公楼或者是更加简单的沿街门面房等等，是组成各类就业街区、就业中心的基本单元。

尽管外来工就业空间的演变与各个尺度均相关，就业过程也是在多个尺度上同步进行，但结合本书的研究目的以及数据基础的限制，本书选取宏观就业空间作为重点研究层次，探讨城市层面以外来工为主导要素所形成的各类差异化的就业空间（见图 1.6）。

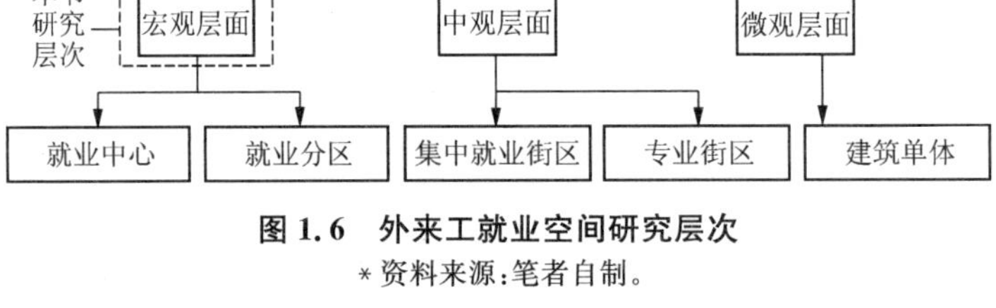

图 1.6　外来工就业空间研究层次

＊资料来源：笔者自制。

3）特征方面

按照前述对就业空间不同属性、不同层次的分类，每种属性、每个层次的就业空间均存在不同的空间特征。而针对本书而言，研究主要着力于城市宏观层面、外来工作为就业者在从事非农产业时在空间上的特征，以达到对外来工就业空间演化分析的目的。

---

① 赵虎. 中国都市区就业空间演化研究——以南京为例[M]. 南京：东南大学出版社，2014.

② 赵虎. 中国都市区就业空间演化研究——以南京为例[M]. 南京：东南大学出版社，2014.

从这一角度来讲，本研究认为针对外来工的就业空间分析应侧重于如下三个方面：

(1) 集聚——结构特征：外来工作为同质化整体，从事就业活动过程中在城市空间范围内的分布格局和组合状态。在具体的空间分析中，可以从总体分布、集聚特征和梯度特征三方面考察其整体分布格局，并进一步通过识别其是否存在中心、中心的类型和数量等，来探讨其分布的组合方式。

(2) 分异——生态特征：外来工作为异质化的不同群体，从事就业活动过程中在城市空间范围内的不同地理分布。在具体的空间分析中，可以通过考察差异轴(笔者将影响外来工就业空间分布差异的各维度要素称为“差异轴”)以及被差异轴分割的各类人群的空间分布，来对其进行探讨。

(3) 迁移——个体轨迹特征：外来工作为不同个体，其就业迁移行为在城市宏观层面上表现出的时空轨迹特征和整体的社会流动特征。在具体的空间分析中，可以结合个体迁移时间和个体社会迁移路径综合探讨，展示其就业迁移时间、空间和社会轨迹特征。

综上所述，本书确定的外来工就业空间的主要研究内容如图 1.7 所示。

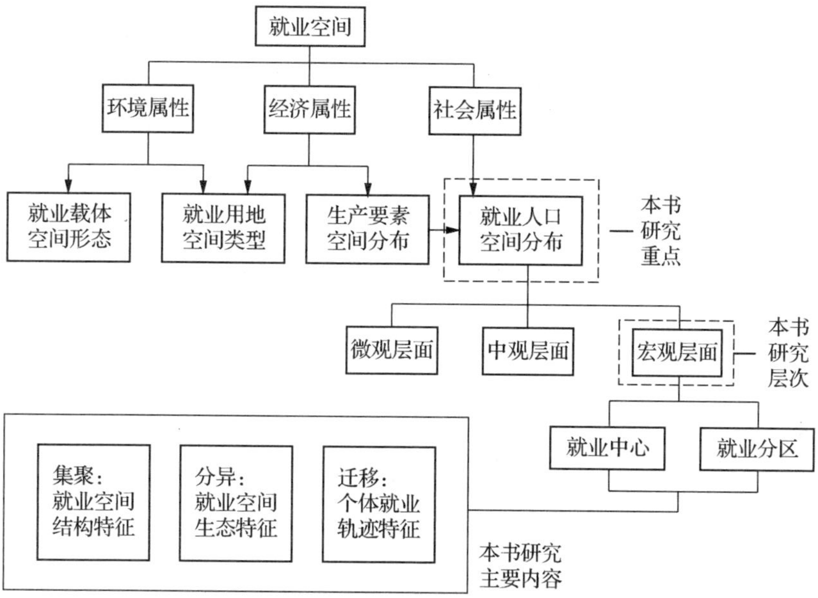

图 1.7 外来工就业空间研究主要内容

*资料来源：笔者自制。

1.3 研究综述

本书的研究内容实质上由外来工的“职业流动(job mobility)”和其相伴的“城市空间”两大关键要素组合而成。外来工作为社会弱势群体，其职业流动是典型的社会学和人口学的研究范畴，而城市空间则是地理学和城市规划领域的研究重点。下文将首先关注这两大主题内与“外来工职业流动”和“城市就业空间”相关的研究，并重点对两者的交叉范畴“外来工就业空间”的相关研究进行综述(见图 1.8)。

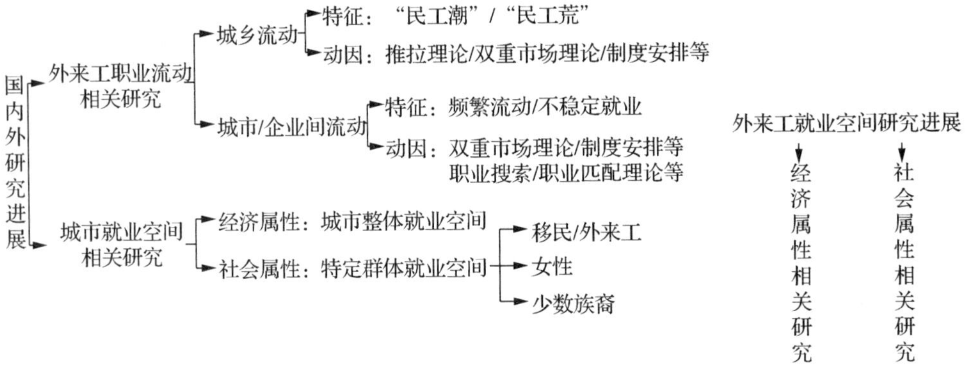

图 1.8 文献综述框架

*资料来源:笔者自制。

1.3.1 外来工职业流动相关研究

通常认为,外来工是一个职业流动相当频繁的群体①,且职业流动还具有阶段性的特点,大体上可划分为两个阶段:第一阶段的流动通常被称为“初次流动”,主要体现为外来工在城乡间的迁移,即外来工从农村流入城市、获得非农职业、职业从“农民”转换为“工人”的过程;第二阶段的流动被称为“二次流动”②,主要体现为外来工在不同城市间或同一城市不同企业间的迁移,即外来工到达城市以后,在不同工作组织之间持续变换工作的过程。两者均包含地理上和工作上的流动。城市外来工就业空间的形成和演变即是外来工“初次流动”和“二次流动”共同塑造的结果。

1)初次流动:城乡流动

众多文献探讨了外来工在城乡之间的“初次流动”。根据外来工在城乡之间的不同流动状态和特征,外来工的城乡流动可大致分为三个时期:流动早期(1992 年以前)、“民工潮”时期(1993 年到 2003 年,政策上对外来工以管理限制为主)和“民工荒”时期(2004 年至今,政策上对外来工以积极改善为主)③。故而,学界对城乡流动的研究也经历了不同阶段,并重点针对“民工潮”和“民工荒”的议题进行了大量探讨——前者关注农村劳动力为何以及如何从农村流动至城市,并影响城市人口和社会结构④⑤⑥⑦;后者则关注进入城市的农村

① 李强.中国大陆城市农民工的职业流动[J].社会学研究,1999(3):95-103.

② 二次流动也可以说是农村劳动力完成一次流动后,在外地非农产业的再次流动,包括多次流动,而不仅仅是第二次的流动。

③ 张春泥.农民工为何频繁变换工作 户籍制度下农民工的工作流动研究[J].社会,2011,31(6):153-177.

④ 陈吉元,等.中国农业劳动力转移[M].北京:人民出版社,1993.

⑤ 蔡昉.人口迁移和流动的成因、趋势与政策[J].中国人口科学,1995(6):8-16.

⑥ 李强.影响中国城市流动人口的推力与拉力因素分析[J].中国社会科学,2003(1):125-136.

⑦ 谌新民,吴森富.流动人口的结构特征与影响因素研究——以广东省为例[J].中国人口科学,2003(1):56-62.

劳动力为何又反向流动，并导致城市劳动力的结构性短缺①②③④⑤。同时，还有大量研究在城乡迁移的框架下探讨了外来工从农村迁入城市的途径、模式和特点，如社会网在流动过程中发挥的作用⑥、举家迁移⑦和后继迁移⑧等。

至于城乡迁移发生的动因诠释，相关研究通常采用国际上的多种迁移理论加以解释（如推拉理论⑨、二元经济理论⑩、新古典经济学有关个体经济理性与工资差的假定⑪、迁移新经济学中对家庭决策和风险分化的论述⑫、双重市场理论中经济结构对移民工人的需求⑬，以及世界体系论中关于跨国资本与迁移的论述⑭等），并在具体的运用过程中，对外来理论所存在的忽视具体制度环境问题加以修正，普遍达成的共识为：我国存在的以户籍制度为基础的制度因素，是国际迁移理论无法完全解释和预测外来工城乡迁移规律的主要因素⑮⑯⑰。

2）二次流动：城市/企业间的职业流动

伴随着“民工潮”与“民工荒”大时代背景，进城外来工本身的特征也从以“分居家庭”为主⑱的“单身、短期”⑲迁移模式向“家庭化”⑳相对长期的迁移模式转变，对外来工进城后职业流动的研究也逐渐兴起。尽管外来工第二阶段（城市/企业间）的往复有时是直接导致前一阶段（城乡之间）往复的重要因素，但相对于大量和深入的第一阶段研究而言，这一阶段的研究较为匮乏。

相关研究主要集中于对外来工职业流动特征和经济后果的分析。外来工在城市就业

① 简新华，张建伟. 从“民工潮”到“民工荒”——农村剩余劳动力有效转移的制度分析[J]. 人口研究，2005，29(2)：49 - 55.

② 刘根荣. “民工荒”的成因及其治理：一个微观经济学的分析框架[J]. 人口研究，2006，30(6)：47 - 54.

③ 李明桥，傅十和，王厚俊. 对农村劳动力转移“钟摆现象”的解释[J]. 人口研究，2009，33(1)：46 - 54.

④ 蔡昉. “民工荒”现象：成因及政策涵义分析[J]. 开放导报，2010(2)：5 - 10.

⑤ 约翰·奈特，邓曲恒，李实. 中国的民工荒与农村剩余劳动力[J]. 管理世界，2011(11)：12 - 27.

⑥ 赵延东，王奋宇. 城乡流动人口的经济地位获得及决定因素[J]. 中国人口科学，2002(4)：8 - 15.

⑦ 洪小良. 城市农民工的家庭迁移行为及影响因素研究——以北京市为例[J]. 中国人口科学，2007(6)：42 - 50.

⑧ 侯佳伟. 人口流动家庭化过程和个体影响因素研究[J]. 人口研究，2009，33(1)：55 - 61.

⑨ Lee E S. A Theory of Migration[J]. Demography，1966，3(1)：47 - 57.

⑩ Lewis W A. Economic Development with Unlimited Supplies of Labor[J]. The Manchester School，1954，22(2)：139 - 191.

⑪ Todaro M P. A Model of Labor Migration and Urban Unemployment in Less Development Countries [J]. American Economic Review，1969，59(1)：138 - 148.

⑫ Clark，W A V. Human Migration [M]. London：Sage Publications Ltd，1986.

⑬ Doeringer P，Piore M. Internal Labor Markets and Manpower Analysis [M]. Lexington，MA：D C Heath，1971.

⑭ Stark O，Taylor J E. Migration Incentives，Migration Types：The Role of Relative Deprivation [J]. The Economic Journal，1991(101)：1163 - 1178.

⑮ 李培林，李炜. 农民工在中国转型中的经济地位和社会态度[J]. 社会学研究，2007(3)：1 - 17.

⑯ 谢桂华. 农民工与城市劳动力市场[J]. 社会学研究，2007(5)：84 - 110.

⑰ 王美艳. 城市劳动力市场对外来劳动力歧视的变化[J]. 中国劳动经济学，2007，4(1)：109 - 119.

⑱ 李强. 关于“农民工”家庭模式问题的研究[J]. 浙江学刊，1996(1)：77 - 81.

⑲ 马九杰，孟凡友. 农民工迁移非持久性的影响因素分析——基于深圳市的实证研究[J]. 改革，2003(4)：77 - 86.

⑳ 洪小良. 城市农民工的家庭迁移行为及影响因素研究——以北京市为例[J]. 中国人口科学，2007(6)：42 - 50.

中具有高流动性和不稳定特征[①][②]，并且可以从“换地区（城市）流动”和“换企业（工作）流动”两个维度进行区分[③]。按照外来工在上述两个维度上的不同流动频率，又可以将外来工划分为稳定型、游移型、选择型和定向型四类流动特征进行描述[④]。据职业流动对收入效应的文献显示，不同城市间的流动有利于提高工资水平，但同城流动并不利于工资提高[⑤][⑥]，而且随着职业流动的频次增加，外来工的社会层次和收入水平还有可能下降，呈现倒U型轨迹[⑦][⑧][⑨]。也有学者对城市中外来工的“非正式”就业状态及其流动状况进行关注，认为在城市就业过程中，外来工更倾向于由正规就业向非正规就业（如自雇就业、临时受雇就业等）分流[⑩]。

在职业流动动因上，学者倾向于从结构性视角和个体行为视角对外来工进城后职业流动（不稳定）的动因进行分析。前者主要从劳动力市场分割角度（不仅包括主次劳动力市场分割[⑪]，还包括户籍分割、部门分割、职业分割等一系列制度分割[⑫]），论证制度性要素是导致外来工就业不稳定[⑬]、低经济报酬[⑭]及其向非正规就业流动的重要原因[⑮]；后者则通常基于职业搜寻理论、职业匹配理论等视角对外来工的就业流动行为进行解释，认为外来工的就业流动是其争取和维护自身权益的具体行动[⑯]，高流动的就业特征是外来工实现其自身价值最大化而不得已做出的“理性选择”[⑰]。

3）总体评述

总体来看，在研究内容上，现有文献多围绕外来工的城乡迁移展开讨论，而对城市/企业间职业流动的关注则相对匮乏，尤其是外来工在同一城市内部职业流动的研究成果积累极为有限，城市内部外来工究竟如何流动、向何处流动并没有得到清晰而具体的阐述。

在理论阐释上，学者们多运用修正后的国际迁移理论对外来工的城乡迁移规律加以解

① 白南生，李靖. 农民工就业流动性研究[J]. 管理世界，2008(7)：70－76.

② 李长安. 农民工职业流动歧视及对收入影响的实证分析[J]. 人口与经济，2010(6)：27－32.

③ 梁雄军，林云，邵丹萍. 农村劳动力二次流动的特点、问题与对策——对浙、闽、津三地外来务工者的调查[J]. 中国社会科学，2007(3)：137－151.

④ 姚俊. 农民工的就业流动研究——基于江苏制造业调查的实证分析[J]. 经济体制改革，2011(5)：88－92.

⑤ 谢勇. 农民工就业流动的工资效应研究——以南京市为例[J]. 人口与发展，2009，15(4)：32－36.

⑥ 吕晓兰. 工作转换、流动与农民工收入增长[J]. 农业经济问题，2013，34(12)：40－49.

⑦ 符平，唐有财. 倒“U”型轨迹与新生代农民工的社会流动——新生代农民工的流动史研究[J]. 浙江社会科学，2009(12)：41－47.

⑧ 杜妍冬，刘一伟. 职业流动对农民工收入的影响及其代际差异——基于我国七城市的调查数据[J]. 南京农业大学学报（社会科学版），2015，15(4)：43－52，132.

⑨ 欧顺仙，肖扬，李志刚. 新生代农民工的社会空间流动研究——以深圳富士康为例[J]. 城市规划，2016，40(4)：69－74，112.

⑩ 万向东. 农民工非正式就业的进入条件与效果[J]. 管理世界，2008(1)：63－74.

⑪ 杨艳军. 中国城市劳动力市场分割中流动人口就业问题研究[D]. 武汉：武汉大学，2012.

⑫ 杨波. 我国大城市劳动力市场分割的理论与实践[D]. 上海：华东师范大学，2008.

⑬ 张春泥. 农民工为何频繁变换工作 户籍制度下农民工的工作流动研究[J]. 社会，2011，31(6)：153－177.

⑭ 马艳林. 中国劳动力市场职业分割及户籍隔离对工资差异的影响研究[D]. 北京：首都经济贸易大学，2016.

⑮ 万向东. 农民工非正式就业的进入条件与效果[J]. 管理世界，2008(1)：63－74.

⑯ 梁雄军，林云，邵丹萍. 农村劳动力二次流动的特点、问题与对策——对浙、闽、津三地外来务工者的调查[J]. 中国社会科学，2007(3)：137－151.

⑰ 姚俊. 农民工的就业流动研究——基于江苏制造业调查的实证分析[J]. 经济体制改革，2011(5)：88－92.

释，而针对外来工二次流动动因的剖析则缺乏一定的深度和广度，尽管结构视角和个体视角对外来工二次流动的动因均有所关注，但总体来看还缺乏更加深入和细致的剖析。

笔者认为，人口学和社会学等范畴对外来工二次流动研究的欠缺，在一定程度上与其研究过程中对“空间的模糊化处理”密切相关。与城乡之间的迁移相比，外来工在城市/企业间的职业流动涉及更具体的地理空间上的迁移。在这一过程中，空间作为迁移起终点（出发点和目的地），容纳了起点和终点内的各种差异，既是外来工职业流动的一种外在表现形式，也是影响其职业流动的重要因素之一。因而，十分有必要对外来工职业流动过程中的空间要素——无论是作为现象描述的空间，还是作为理论阐释的空间——进行挖掘和探究。

1.3.2 城市就业空间相关研究

城市就业空间的相关研究主要可分为两类：一类是针对城市整体就业空间分布和结构的研究，主要侧重于空间的经济属性；另一类则是针对特定群体的就业空间的研究，相对来讲更关注空间的社会属性①。下文将分别阐述。

1）城市整体就业空间

城市就业空间分布和结构的研究主要从经济学角度，将土地价值与土地利用联系起来，关注城市各类经济活动在城市空间上的分布，用以解释城市的空间结构和空间形态。

早期就业空间结构研究与产业空间的分布关系密切。杜能（Thunen）于 1826 年首先应用经济学均衡理论解释了农业社会中农业活动的空间分布规律，而韦伯（Weber）于 1909 年针对工业社会提出了“工业区位论”。其后学者们持续开展了对城市经济活动空间结构模型的研究，如 Alonso②、Mills③ 和 Muth④ 提出的单中心模型，Fujita 和 Ogawa⑤、Krugman⑥ 和 Anas 等⑦学者提出的多中心模型。

尤其是 20 世纪 90 年代后随着城市新郊区化的进展，城市就业的离心化趋势继续强化，同时一定数量的中心还在集聚着各类就业人口，这就形成了多核心的就业结构特征。在此背景下，关于就业空间的研究开始关注城市的就业中心体系，有大量学者通过对就业人口密

---

① 依据本书的概念定义，就业空间承载着经济、社会和环境等多重属性（见 1.2.2 节），现有相关文献也从多重视角对其进行探讨。考虑到本书的研究内容主要侧重于就业空间社会属性中的人口分布（其同时也是经济属性中生产要素的一部分），因而在综述中主要对这两类属性的相关研究进行评述，不再对侧重环境属性的就业空间研究（如对城市中心区、产业园区物质环境等的相关研究）进行单独论述。

② Alonso W. Location and Land Use: Toward a General Theory of Land Rent [M]. Cambridge: Harvard University Press, 1964.

③ Mills, E S. Urban Economics [M]. Belnview, Illinois: Scott Foresman, 1972.

④ Muth, R. Cities and Housing [M]. Chicago: University of Chicago Press, 1969.

⑤ Fujita M, Ogawa H. Multiple Equilibria and Structural Transition of Non-Monocentric Urban Configurations [J]. Regional Science & Urban Economics, 1982, 12(2): 161 - 196.

⑥ Krugman P. Increasing Returns and Economic Geography [J]. Journal of Political Economy, 1991, 99(3): 483 - 499.

⑦ Anas A, Kim I. General Equilibrium Models of Polycentric Urban Land Use with Endogenous Congestion and Job Agglomeration[J]. Journal of Urban Economics, 1996, 40(2): 232 - 256.

度①②③④⑤⑥⑦和地类分布(如地价⑧⑨、个体出行⑩⑪、产业类别⑫等)的分析,对大城市的多中心结构及其影响因素⑬进行了验证分析,并对其与城市通勤的关联⑭⑮进行了广泛探讨;同时,还出现了更细分的针对不同业态(如生产性服务业⑯⑰)的中心识别和验证研究。

2) 特定群体的就业空间

通常认为,性别、民族和移民身份是造成劳动者在劳动力市场中遭遇分割境遇的三大因素,故而,女性、少数族裔和外来移民也被认为是劳动力市场中从事低端工作的超比例群体⑱,而学者对特定群体就业空间的关注也主要聚焦于这三大群体。

相较于"城市整体就业空间"研究中空间所暗含的地理区位和土地价值概念而言,针对这些特定群体的就业空间研究通常具备更为"社会性"的内涵。在尺度上,前者更宏观,倾向于城市层面;后者更微观,倾向于工作场所层面。在内涵上,前者更多地含有经济属性,多指地理区位,暗含价值概念;后者更具有社会属性,或指职住通勤所需穿越的消极"障碍

① Gordon P, Richardson H W, Wong H L. The Distribution of Population and Employment in a Polycentric City: The Case of Los Angeles [J]. Environment & Planning A, 1986, 18(2): 161 - 173.

② Giuliano G, Small K A. Subcenters in the Los Angeles Region [J]. University of California Transportation Center Working Papers, 1991, 21(2): 163 - 182.

③ Giuliano G, Small K A. The Determinants of Growth of Employment Subcenters [J]. Journal of Transport Geography, 1999(7): 189 - 201.

④ McMillen D P, Lester T W. Evolving Subcenters: Employment and Population Densities in Chicago, 1970—2020 [J]. Journal of Housing Economics, 2003, 12(1): 60 - 81.

⑤ 吴文钰,马西亚. 多中心城市人口模型及模拟:以上海为例[J]. 现代城市研究,2006(12):39 - 44.

⑥ 蒋丽,吴缚龙. 广州市就业次中心和多中心城市研究[J]. 城市规划学刊,2009(3):75 - 81.

⑦ 赵虎. 中国都市区就业空间演化研究——以南京为例[M]. 南京:东南大学出版社,2014.

⑧ Waddell P, Berry B J L, Hoch I. Housing Price Gradients: The Intersection of Space and Built Form [J]. Geographical Analysis, 1993, 25(1): 5 - 19.

⑨ 秦波,焦永利. 北京住宅价格分布与城市空间结构演变[J]. 经济地理,2010,30(11):1815 - 1820.

⑩ Bertaud, A. The Spatial Organization of Cities: Deliberate Outcome or Unforeseen Consequence? [J]. Infection, Immunity, 2004, 74(7): 4357 - 4360.

⑪ 丁亮,钮心毅,宋小冬. 上海中心城就业中心体系测度——基于手机信令数据的研究[J]. 地理学报,2016,71(3):484 - 499.

⑫ 代明,张杭,饶小琦. 从单中心到多中心:后工业时代城市内部空间结构的发展演变[J]. 经济地理,2014,34(6):80 - 86.

⑬ Redfearn C L. Persistence in Urban Form: The Long-Run Durability of Employment Centers in Metropolitan Areas [J]. Regional Science & Urban Economics, 2009, 39(2): 224 - 232.

⑭ Aguiléra A, Wenglenski S, Proulhac L. Employment Suburbanisation, Reverse Commuting and Travel Behaviour by Residents of the Central City in the Paris Metropolitan Area[J]. Transportation Research Part A: Policy & Practice, 2009, 43(7): 685 - 691.

⑮ Alpkokin P, Cheung C, Black J, et al. Dynamics of Clustered Employment Growth and Its Impacts on Commuting Patterns in Rapidly Developing Cities [J]. Transportation Research Part A: Policy & Practice, 2008, 42(3): 427 - 444.

⑯ Huallacháin B Ó, Leslie T F. Producer Services in the Urban Core and Suburbs of Phoenix, Arizona [J]. Urban Studies, 2015, 44(8): 1581 - 1601.

⑰ 吴一洲,陈前虎,吴次芳. 城市商务经济空间区位格局及其机理研究——以杭州主城区为例[J]. 城市规划,2009,33(7):33 - 38.

⑱ 尼尔·寇,菲利普·凯利,杨伟聪. 当代经济地理学导论[M]. 刘卫东,马丽,张晓平,等译. 北京:商务印书馆,2012.

空间”，或指经济集聚所需发展的积极“集聚空间”。其中，“障碍空间”的研究通常聚焦于女性就业过程中家庭事务对工作地理范围的限制①②、少数族裔职住空间不匹配(spatial mismatch)所造成的长通勤距离③，以及这种现象对就业找寻的限制等等④⑤⑥；“集聚空间”的研究则通常聚焦于族裔企业集群⑦⑧。尽管有少量的分析关注女性群体⑨⑩或少数族裔⑪⑫的地理空间分布，但更大量的深度研究仍然关注于空间背后的社会性特征。

3）总体评述

总体看来，在研究内容上，现有研究主要从空间的经济属性和社会属性进行探讨，前者聚焦于“整体空间”的分布规律，后者则侧重于特定群体“障碍空间”和“集聚空间”的作用和影响。研究成果虽相对完善却也不乏盲区，尤其是从相对宏观的城市层面上对特定群体就业空间的研究探讨和成果积累仍显不足。

在理论阐释上，以地租理论为基础的一系列城市经济理论较为成功地解释了城市内部就业空间结构和城市空间形态，并对城市更高效合理的空间布置进行了探讨，成果相对完善；劳动力市场分割理论、女性主义理论、空间不匹配理论和社会网络理论等也为特定群体的就业空间分析提供了较为有效的解释框架。但总体来看，还缺乏两种视角相结合的理论探讨。这也为本书对“外来工就业空间”分析的展开提供了发展空间。

1.3.3 “外来工就业空间”研究进展

本小节将在“外来工职业流动”和“城市就业空间”研究综述的基础上，着重对现阶段“外来工就业空间”的研究进展进行综述。就业空间本身具有强烈的经济属性，而“外来工”身份无疑具备了更浓厚的社会属性，因而，对“外来工就业空间”的研究也主要围绕这两层

① Hanson S, Pratt G. Gender, Work and Space [M]. London: Routledge, 1995.

② England K. On Suburban Pink Collar Ghettos: The Spatial Entrapment of Women? [J]. Annals of the Association of American Geographers, 1993, 83(2): 225 - 242.

③ Kain J F. Housing Segregation, Negro Employment, and Metropolitan Decentralization [J]. The Quarterly Journal of Economics, 1968, 82(2): 175 - 197.

④ Vipond J. The Intra-Urban Unemployment Gradient: The Influence of Location on Unemployment [J]. Urban Studies, 1984, 21(4): 377 - 388.

⑤ Ihlanfeldt K R. Intra-Metropolitan Variation in Earnings and Labor Market Discrimination: An Econometric Analysis of the Atlanta Labor Market [J]. Southern Economic Journal, 1988, 55(1): 123 - 140.

⑥ McLafferty S, Preston V. Spatial Mismatch and Employment in a Decade of Restructuring [J]. Professional Geographer, 1996, 48(4): 420 - 431.

⑦ Lo L. Changing Geography of Toronto's Chinese Ethnic Economy[M]//Kaplan D, Li W. Landscapes of the Ethnic Economy. Lanham, MD: Rowman and Littlefield, 2006.

⑧ Kaplan D H, Li W. Landscapes of the Ethnic Economy [M]. Lanham, MD: Rowman and Littlefield, 2006.

⑨ 何流，黄春晓. 城市女性就业的空间分布——以南京为例[J]. 经济地理，2008，28(1)：105 - 109.

⑩ 林耿. 广东省就业空间的性别化及权力特征[J]. 地理学报，2010，65(4)：427 - 442.

⑪ Wright R, Ellis M. The Ethnic and Gender Division of Labor Compared Among Immigrants to Los Angeles [J]. International Journal of Urban & Regional Research, 2010, 24(3): 567 - 582.

⑫ Ellis M, Wright R, Parks V. Work Together, Live Apart? Geographies of Racial and Ethnic Segregation at Home and at Work [J]. Annals of the Association of American Geographers, 2004, 94(3): 620 - 637.

属性而展开。

1）经济属性下“城市整体空间”视角的研究

外来工在很多情况下被认为是职业找寻/流动的被动承受者，这一特性导致以外来工为主体的就业空间研究并未受到学者的过多关注（尤其是相比于以企业为主体的研究而言）；同时，专门对口于外来工就业空间的一手数据并不容易获得，这也给相关研究带来了较大限制。总体来看，在这一层面上，外来工就业空间的相关研究长期处于一种不完善和非均衡状态。

现有研究主要依赖于外来工就业的人口数据，并通过就业人口密度的数据分析描述外来工就业空间的静态结构特征。其中，有的成果偏重于对外来工就业空间的本体特性探讨，如徐卞融、吴晓①对南京主城区外来工就业空间的分异现象的探讨，吴晓②对同类人群就业空间结构的系统发掘，左为③④等对外来工就业空间内部性别差异的对比等等；有的成果则偏重于探讨外来工就业空间与居住空间的差异和分离状况，如徐卞融等对南京市主城区职住分离状况的探讨⑤，黄潇仪等⑥对外来工“就业—居住”空间属性的差异性比较；有的成果还偏重于外来工就业空间和城市其他就业主体（城市常住人口）的空间关系，如林耿、王炼军⑦对广州市常住人口和外来工就业构成和就业类型区的比较，王慧等⑧对南京主城区外来工和城市常住人口就业空间的关联解析等等。

上述研究对我国外来工的就业空间进行了初步探索，但总体来看多为外来工就业地理分布的描述性分析和对比分析，而缺乏对这种地理分布机理动因的深入挖掘和推演。此外，关于就业空间对外来工作用影响的探讨也相对有限。

2）社会属性下“障碍空间/集聚空间”视角的研究

由于我国外来工具有“非永久性”和“就业导向”的特征，因而其居住地通常会紧随就业地的变动而变动，职住分离状况并不显著⑨。尽管大城市劳动密集型企业的迁出和城中村治理

① 徐卞融，吴晓. 基于“居住—就业”视角的南京市流动人口空间分异研究[J]. 规划师，2010，26(7)：113－120.

② 吴晓. 大城市进城农民的就业空间结构探析——以南京主城区为实证[J]. 城市规划学刊，2011，198(6)：94－103.

③ 左为，吴晓. 大城市农民工就业空间集聚的分性别特征——以南京主城区为实证[J]. 南方人口，2017，32(4)：11－26.

④ 左为，吴晓，强欢欢. 性别视角下外来务工人员就业空间的分异探析——以南京市主城区为实证[J]. 城市规划，2017，41(8)：54－64.

⑤ 徐卞融，吴晓. 基于“居住—就业”视角的南京市流动人口职住空间分离量化[J]. 城市规划学刊，2010(5)：87－97.

⑥ 黄潇仪，吴晓. 南京市流动人口职住空间的差异性评估[C]//中国城市规划学会. 城乡治理与规划改革——2014中国城市规划年会论文集：12—居住区规划. 北京：中国建筑工业出版社，2014.

⑦ 林耿，王炼军. 阶层化背景下的就业空间——以常住人口与流动人口为例[J]. 地理研究，2010，29(6)：1070－1082.

⑧ 王慧，吴晓，郑浩. 流动人口就业空间的集聚性和城市就业空间的关联研究——以南京市主城区为例[J]. 人文地理，2014，29(5)：31－39.

⑨ 徐卞融，吴晓. 基于“居住—就业”视角的南京市流动人口职住空间分离量化[J]. 城市规划学刊，2010(5)：87－97.

所导致的外来工生活空间压缩，使外来工的职住状况受到一定关注[①]，但总体来讲，关于“障碍空间”——探讨外来工职住通勤障碍及其对城市就业的影响——的研究依然较少，而更多研究则聚焦于外来工在城市特定地区内由于经济活动集聚所产生的“集聚空间”。

这类研究的空间主要集中于外来工的自雇经济行为，大致可分为四大类别：第一类为缘聚型自雇集聚区[②]，为依靠同乡、同族或同业网络而自发形成的、兼具居住和就业功能的外来工集聚地，如北京“浙江村”[③④]“河南村”[⑤]以及广州“湖北村”[⑥⑦]等，均属于这种类型。他们也因其高组织化程度、鲜明的文化边界和高防御性等特征，而受到学术界的广泛关注。第二类为位于城市下层社区的外来工非正规就业集聚区[⑧]，此类型同样兼具居住和就业功能，但相对来讲并没有明显的同乡同族网络就业特征，其服务对象主要是周边外来工和城市居民(或大学等特殊地区)。第三类为外来工大量集聚的集贸市场和批发市场[⑨]，此类型空间通常只具备就业单一功能。第四类则为城市内摊贩的集聚空间[⑩⑪⑫]，通常出现于前三类空间以及城市内人流量较大的商业街区和交通站点，且具有不稳定的特征。

尽管上述研究均涉及对外来工“集聚空间”的分析，且探讨的焦点都是外来工的非正规自雇型就业，但由于各类空间表现形式千差万别，形成机制也各不相同，且对后三类空间的研究成果相对有限，因而在总体上呈现出片段化拼图式的特征，缺乏相对系统的统筹梳理。

3) 总体评述

总体来看，外来工就业空间研究的相关成果积累颇为有限，在深度和系统性方面均存

---

① 郑承智，张旺锋，武炳炎，等. 北京市外来人口集聚型城中村流动人口职住分离研究[J]. 地理科学进展，2017，36(4)：416 - 425.

② 此类集聚区也是外来工居住空间研究的主要研究对象之一。吴晓等将外来工居住聚集区划分成两大类：一类为“缘聚型”聚居区，这类聚居区以同乡、同村、同业或同族为群体聚结，以亲缘、地缘、业缘等为基本纽带；另一类为“混居型”聚居区，此类聚居区在构成上并没有明确的主导性纽带或是产业体系，居民来源混杂且彼此间缺乏广泛的联系和必要的交流。其中，“缘聚型”聚居区又可以分为两种不同的情况：一部分聚居区仅为居住场所，居住外来工基本在区域外就业；另一部分聚居区则通常构建了自己的产业体系，就业主体以拥有资金、技术等资源的自雇或雇佣他人的外来工为主，居民大多在区内就业，彼此之间具有经济联系，集聚区具有“产业—社区”双重作用。这类基于业缘而形成的“产业—社区”型聚居区即为“缘聚型自雇集聚区”。

③ 项飚. 跨越边界的社区——北京“浙江村”的生活史[M]. 北京：生活 · 读书 · 新知三联书店，2000.

④ 王汉生，刘世定，孙立平，等. “浙江村”：中国农民进入城市的一种独特方式[J]. 社会学研究，1997(1)：58 - 69.

⑤ 唐灿，冯小双. “河南村”流动农民的分化[J]. 社会学研究，2000(4)：72 - 85.

⑥ 李志刚，刘晔，陈宏胜. 中国城市新移民的“乡缘社区”：特征、机制与空间性——以广州“湖北村”为例[J]. 地理研究，2011，30(10)：1910 - 1920.

⑦ 袁奇峰，梁小薇，卢芳. 外来从业人员对商贸型城中村的再领域化——以广州市康乐村为例[J]. 城市问题，2016(11)：42 - 46.

⑧ 薛德升，黄耿志. 管制之外的“管制”：城中村非正规部门的空间集聚与生存状态——以广州市下渡村为例[J]. 地理研究，2008，27(6)：1390 - 1398.

⑨ 陈宇琳. 特大城市外来自雇经营者市民化机制研究——基于北京南湖大棚市场的调查[J]. 广东社会科学，2015(2)：204 - 213.

⑩ 黄耿志，薛德升. 1990 年以来广州市摊贩空间整治的规训机制[J]. 地理学报，2011，66(8)：1063 - 1075.

⑪ 黄耿志，徐孔丹，薛德升. 广州摊贩空间疏导模式及其成功效应的影响因素——基于沥滘村疏导区的实证研究[J]. 人文地理，2013(6)：74 - 79.

⑫ 张延吉，张磊，吴凌燕. 流动摊贩的空间分布规律及其影响因素——以北京市甘露园社区为例[J]. 城市问题，2014 (8)：81 - 85.

在一定限制与盲点。目前还缺乏针对外来工就业空间演变的研究成果，在已有的研究中也存在以下问题亟待解决：

从研究切入视角而言，国内研究多集中于两个层面：其一是城市层面，侧重于外来工的经济属性，从宏观视角运用就业人口数据对外来工的就业空间分布和结构特征进行探讨，但多停留在静态描述性分析，对动态演化过程鲜有研究，也缺乏对空间变动规律和内在动力的深入挖掘；其二是社区层面，侧重于外来工的社会属性，从微观视角对外来工各类集聚空间表现特征和形成动因进行分析，分析角度繁杂，缺乏系统性的梳理。同时，也缺乏对两类视角关联的深度挖掘。

从研究数据基础而言，国内既有研究数据基础可分为宏观尺度的统计数据和微观尺度的社会调查数据两个方面，研究者多侧重于其中的一面，而缺乏对宏观、微观数据的关联分析。

从研究方法而言，外来工就业空间研究多直接挪用传统城市就业空间分析方法，因而一定程度上仅凸显出经济属性，而缺乏对外来工自身社会属性的挖掘，对相关方法在外来工就业空间分析中的适应性探究相对不足。

以上这些都为研究外来工就业空间演变提供了相对充分的发掘空间。

1.4 研究目的和意义

1.4.1 研究目的

本书通过对外来工就业空间的演变研究主要是想达到两个目的：

其一，提炼外来工就业空间的演变模式和特征。外来工作为众多就业者中的一类特殊群体，其相关的就业空间研究相对有限，相关的空间演变分析也并没有得到足够的重视。本书借鉴相关理论工具，结合现有文献和资料，对我国大城市外来工就业空间的演变过程和模式进行构架。在此基础上，并以南京（主城区）为实证，着重探讨转型背景下外来工就业空间的演变特征。

其二，剖析外来工就业空间的演变机理。外来工就业空间的形成和发展受到多方面的综合作用，并在城市化发展、城市产业转型和外来工代际交替等过程中发生了巨大的变化。因此，有必要对外来工就业空间演变机理进行探究。外来工就业空间集聚、分异和迁移的表象后面到底隐藏了什么样的推动力？具体的表现形式和过程又是什么？本研究期望通过演变机制的研究深入探讨外来工就业空间演变动因，并尝试提出针对性的空间优化策略。

1.4.2 研究意义

研究意义可以从理论意义和实践意义两方面进行阐述：

理论意义：本研究属于“外来工”与“就业空间（城市空间）”两大研究的交叉范畴，跨学科积累的研究成果有限，目前处于起步阶段，尚不足以提供理论上的系统诠释。本书借鉴相关经典理论，确立外来工就业空间分析框架，探讨外来工就业空间演变机理，并在此基础上进一步推演外来工就业空间演变的独特规律和典型特征，并通过实证分析探讨了适用于特殊群体空间分析技术方法的创新和提升，实现以往研究（就业空间研究＋外来工研究）的融合、跨越和转型。

实践意义：本研究聚焦“外来工”这一类特殊群体，运用多种量化方法，从就业空间结构（集聚）、就业空间生态（分异）、个体就业轨迹（迁移）三个方面对南京市主城区外来工就业空间演变特征进行了系统的分析和验证。在此基础上，研究以空间演变特征和规律为依据，探讨了切合现实的外来工就业空间发展和优化策略。这一研究将会对南京未来城市化进程中外来工相关政策的制定起到支撑作用，为农村劳动力的转移和市民化、新型城镇化发展提供依据。

1.5　研究内容和方法

1.5.1　研究内容

本书由 8 章内容构成。

第 1 章为绪论。本章指出研究的背景、意义，阐述相关基本概念，并在文献综述的基础上提出本书的研究内容、研究方法、技术路线和可能的创新点。

第 2 章为外来务工人员就业空间演变理论的构建。本章首先归纳了对本研究具有直接指导意义的若干理论。其后，运用相关理论工具，结合我国外来工就业特征和大城市就业空间发展特征，建构外来工就业空间的演变机理。最后，对我国大城市外来工就业空间的演变进行了阶段划分，并初步从就业空间结构（集聚）、就业空间生态（分异）和个体就业轨迹（迁移）三方面描述其特征，建构外来工就业空间的分析框架。

第 3 章至第 6 章为研究的实证章节。选取南京市（主城区，2009—2015 年）为案例对象，从就业空间结构、就业空间生态和个体就业轨迹三方面进行实证验证。其中：

第 3 章为研究设计和基本概念。本章首先论证了案例选取城市（南京市主城区）的典型性，并结合案例城市的具体状况进行研究方案设计，以为实证研究提供一个科学的研究前提。

第 4 章为南京市外来务工人员就业空间的结构演变。本章主要采用截面数据（2009 年和 2015 年），通过“就业空间分布的演变”以及“就业空间中心的演变”两方面描述外来工就业空间的结构性特征。其中，就业空间分布的演变分析通过总体格局、集聚特征和梯度特征三个维度判断外来工就业空间整体上的演变特征；就业空间中心的演变分析中则提出了针对性的外来工就业中心的定义和识别方法，用以描绘和分析外来工就业中心的演变过程。

第5章为南京市外来务工人员就业空间的生态演变。本章首先探讨了传统空间生态分析方法(因子生态分析方法)对外来工就业空间生态分析的适用性;其次,从获取数据的现实出发,选取了具有针对性的指标因子对外来工就业空间生态进行分析;最后,抽取影响外来工城市就业空间分异的差异轴,并从就业空间分异差异轴的因子演变、差异轴的空间演变以及就业空间生态结构演变三个层次,层层递进,剖析外来工就业空间的内部差异和特征变化。

第6章为南京市外来务工人员就业时空的个人轨迹分析。本章首先借鉴相关个体时空轨迹分析的理念,构建外来工就业迁移轨迹分析的"时间—空间—社会"路径分析方法;其次,运用"时间—空间—社会"框架,分维度探讨外来工就业迁移的轨迹特征,并着重探讨外来工个体就业轨迹变化中所受到的时间、空间和社会层面上的制约;最后在此基础上,进一步考察时间和空间在外来工就业流动(尤其是向上流动)中所发挥的作用。

第7章为外来工就业空间优化策略的探讨。本章重点关注大城市外来工就业空间发展中存在的问题和制约因素,并在遵循外来工就业空间演变客观规律的基础上,提出切实可行的优化策略和大体建议。

第8章为结论章。包括研究的主要结论、空间发展引导建议和未来研究的几个方向。

1.5.2 研究数据

本书中关于外来工就业空间演变的研究数据主要包括横截面数据(cross-sectional data)和纵贯数据(longitudinal data)两类。

其中,横截面数据为不同节点年份(2009年和2015年)南京市主城区外来工的"社会—经济—空间"属性数据,具有整体特征,通过纵向对比可有效描述外来工就业空间的结构演变和生态演变。数据采集方法为"居住—就业"关联的比例方法①。该方法以"居住口径"外来工数据为基础,通过问卷配比的方法链接外来工的居住和就业地理关联,以此推测外来工就业地理位置信息数据。具体操作包括如下三步:① 获取外来工居住口径的数据;② 设计抽样问卷并配比发放,得到外来工的就业地和居住地的双重信息;③ 通过外来工就业地和居住地的比例转换数据,获取就业地口径的外来工数据。

纵贯数据为个体就业的时空回溯数据,主要包括外来工个体自进城(南京)以来就业发生变化的每一时间、空间信息以及相关迁移原因。与横截面数据相比,纵贯数据在数据结构和提供的信息方面更加丰富,可更精确、深入地分析外来工个体就业的迁移特征。此部分数据可直接通过与外来工的访谈获取。

① 现有的各类统计数据中,"居住口径"数据(如五普、六普、公安局暂住人口数据等)仅包含和居住地相关的地理位置信息,无法链接和就业地相关的地理位置信息;而"就业口径"的数据(如经济普查数据)仅反映整体信息,无法将外来工单独剥离出来进行分析。因此,本书采用"居住—就业"关联的比例方法对外来工的就业地信息进行采集。

1.5.3 研究方法

本书采用的研究方法如表 1.1 所示。

表 1.1 研究方法

方法		实施对象	应用目的
资料收集阶段	专题访谈法	各级职能主管部门(统计局、公安局、计生局、街道办事处等)	获取当地外来工相关的总体资料,以及街道统计单元层面的资料(如外来工规模、大体分布状况、就业情况等)
	问卷统计法	南京市主城区就业外来工	分层抽样进行问卷调查;获取就业外来工社会、经济和空间属性的相关资料和一手数据(如年龄、来源地、收入、职业、教育程度、就业地点、就业性质等),并回溯采集外来工进城以来就业发生变化的每一时间和空间信息
研究分析阶段	文献分析法	与外来工职业流动、城市就业空间相关的研究成果、前沿理论和研究方法	梳理现阶段外来工职业流动和城市就业空间研究的相关进展,明确研究的切入点,对相关理论进行融合,分析相关的空间测度方法,并探讨其适用性
	统计分析法	外来工就业空间结构特征、空间生态特征和外来工个体就业轨迹特征	依托 SPSS 软件进行统计分析和数理分析,依托 GIS 软件平台进行可视分析,如测算外来工就业空间集聚程度、识别就业中心、生成就业空间主因子、观测个体就业轨迹等
	GIS 分析法		
	比较分析法	外来工就业空间结构和空间生态的演变特征	纵向比较和阐释不同时段外来工的就业空间结构和生态特征,探讨差异与共性,识别外来工就业空间演变特征和规律

* 资料来源:笔者自制。

1.5.4 技术路线

本书研究的技术路线如图 1.9 所示。

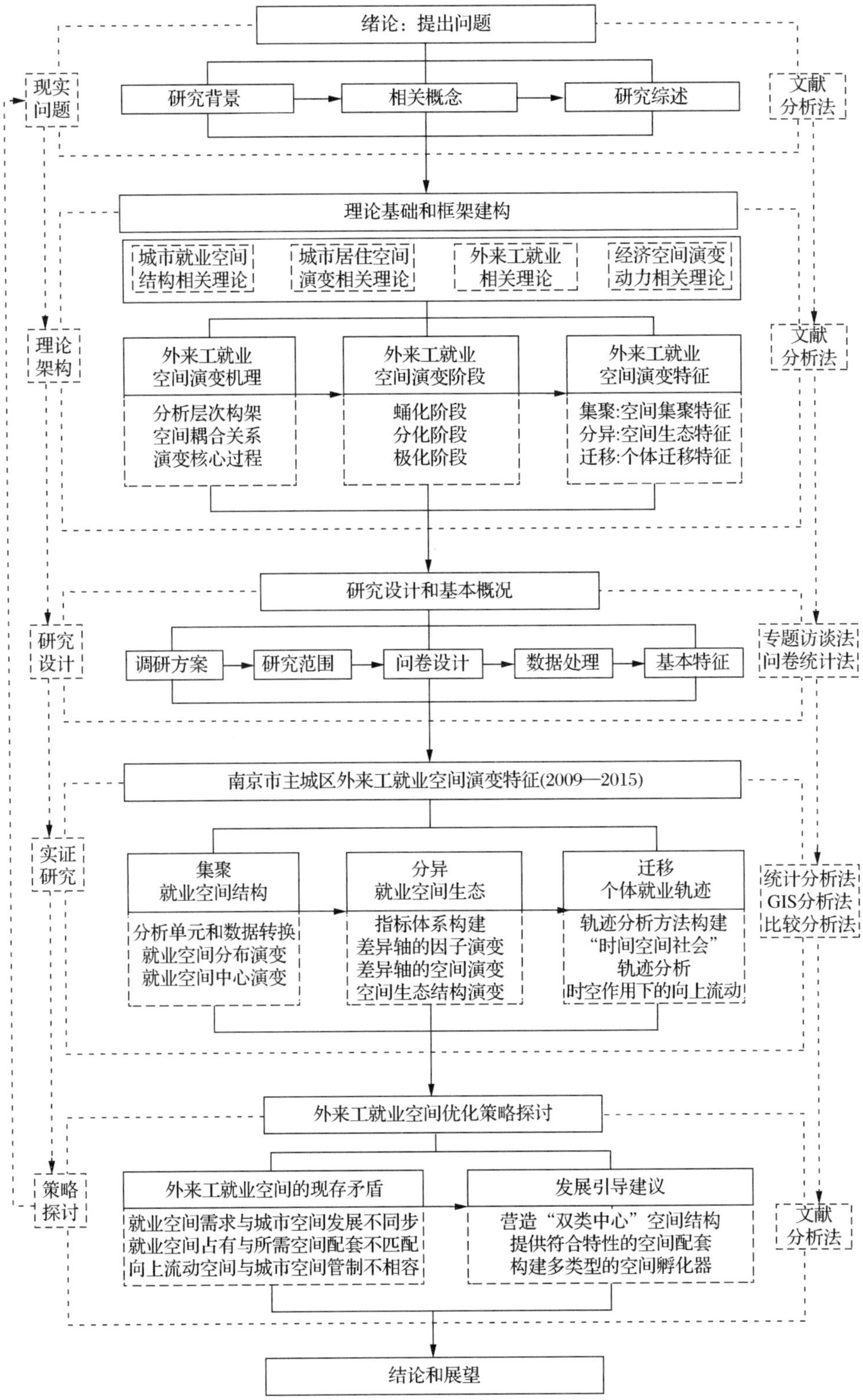

图 1.9　研究思路和组织框架

＊资料来源:笔者自制。

1.6 可能的创新点

1) 大城市外来工就业空间的演变机理、演变阶段和演变特征的提炼

本书构建了外来工就业空间演变的理论分析框架,并对其演变机理、演变阶段和演变特征进行了初步的推导和归纳:本书通过外来工劳动力的供给端、劳动力的分筛层、劳动力的组合层、城市空间响应段四个层次,构建了外来工就业空间演变机理的分析框架,并通过"空间反馈效应""空间黏着程度"等概念解释了外来工就业空间演变的核心过程;在此基础上,将我国大城市外来工就业空间的演变划分为蛹化、分化和极化三个阶段,进而从空间结构(集聚)、空间生态(分异)、个体就业轨迹(迁移)三个方面对外来工就业空间特征进行描述。这些都可为外来工就业空间的相关研究提供理论依据和认识基础。

2) 外来工就业中心定义和识别方法的修正

在外来工就业空间结构的分析中,结合外来工就业的具体特征,对其就业中心的定义进行了优化补充和修正,并通过中心性质和影响能力建立了外来工就业中心体系的类型矩阵,包括依附型全局影响、依附型局部影响、独立型全局影响、独立型局部影响四种类型。以此为基础,结合南京市外来工就业空间的实际状况,综合空间自相关分析法、图形观察法、参数模型回归分析法等改进和应用外来工就业中心识别方法。此种方法能够更细致地识别出不同类型的就业中心,既是对外来工就业中心的分类细化,又强调了外来工就业与城市的宏观关联,也为进一步挖掘外来工就业中心的变动特征和动力机制分析提供了技术基础,可为其他就业中心识别提供借鉴和参考。

3) 针对性的外来工就业空间因子生态分析指标体系的建立

在外来工就业空间生态的分析中,笔者针对性地建立了外来工就业空间因子生态分析的指标体系。在现有的相关研究中,研究者通常采取与居住空间相似的指标体系,而没有反映出"就业"和"居住"分别侧重于"生产"和"消费"的不同属性,从而会对分析结果产生干扰。本书以指标数据的可得性为基础,剔除重复干扰要素,并依照分析单元和数据精度对指标进行二次遴选,构建了具有针对性的外来工就业空间因子生态分析指标体系。此种分析思路突出了就业空间分析中对生产活动的针对性,也突出了职住空间具有的差异性特征,能够更为清晰地反映就业空间生态的现实本原,可为其他就业空间分异的相关研究提供借鉴。

4) 个体就业轨迹的"时间—空间—社会"三维探讨框架的构建

在外来工个体就业迁移的分析中,笔者根据职业流动所带来的社会流动这一伴生特性,在原有研究的"时间—空间"轨迹分析框架下,增加"社会"维度而构建了"时间—空间—社会"相复合的三维路径表达方法。这一方式使得原本就业空间迁移分析过程中被忽视的社会流动维度得到突出展示,且可以综合描述城市特定发展时期内,外来工就业随时间而产生的空间变化,以及随之而发生的社会地位(社会阶层)的变化。这一思路框架的拓展和创新,可以更全面地反映和关照就业迁移的现实多元性,也便于我们从社会流动层面更深刻地解读个体就业迁移的空间特征和动力机制,可为其他个体就业迁移等相关研究提供参考。

2 外来务工人员就业空间演变理论的构建

外来工就业空间研究是城市经济学、城市社会学和城市规划学等多学科共同的研究重点之一，也是城市空间结构研究的重要组成部分之一。本章首先结合研究需要，针对性地选择相关的理论进行阐述；其次，在上述基础上，对外来工就业空间的演变机理进行理论架构，探讨外来工就业空间演变的核心过程；最后，对我国大城市外来工就业空间的演变进行阶段划分，并初步从就业空间结构（集聚）、就业空间生态（分异）和个体就业轨迹（迁移）三方面描述其特征。

2.1 国内外相关理论介绍

外来工就业空间的形成在本质上是劳动力供给（外来工）与城市劳动力需求（城市就业岗位）在空间上相互匹配的过程。一方面，从空间上看，外来工的就业空间不仅受城市就业空间布局（如制造业、批发零售业、建筑业分布）的影响，还与城市居住空间（对于大多数从事居民服务业的外来工来讲，市民的居住空间正是他们的就业空间）密切关联。在这个意义上，城市就业空间结构变化、居住空间演变历程对于外来工就业空间演变分析至关重要。另一方面，从劳动力供给和需求上看，外来工在上述特定的行业和职业岗位的集聚，同自身在城市内部流动的特质以及所在劳动力市场的特征也休戚相关。因此，本节将从城市就业空间结构、城市居住空间演变和外来工就业相关理论中借鉴有效的理论分析工具。同时，在空间演变动因的揭示方面，（新）马克思主义视角对经济空间演变动力的相关理论对本书同样具有启发意义，也将在本节中一并介绍。

2.1.1 城市就业空间结构相关理论

根据城市就业空间分布的状况，城市空间结构大致可分为单中心城市①、多中心城市、无中心城市和卫星城市四种类型，而后两种类型无论是从理论上还是实证上都被证明是无效率的或者是低效的②。因此，大量的空间研究聚焦于对城市单中心或多中心的探讨。

1）城市单中心模型：城市结构的基础与核心

杜能（Von Thunen，1826）最早以运输成本为分析焦点，提出了以单一城市为中心的外围农业圈层分布理论。Alonso③ 在其基础之上，提出竞租函数的概念，认为各种活动在使

---

① 城市（单或多）中心指的是就业机会的空间集聚，而不是居住的空间集聚。

② 丁成日. 城市经济与城市政策[M]. 北京：商务印书馆，2008.

③ Alonso W. Location and Land Use：Toward a General Theory of Land Rent [M]. Cambridge：Harvard University Press，1964.

用土地方面是彼此竞争的，决定各种经济活动区位的因素是其所能支付的地租，通过土地供给中的竞价决定各自的最适区位。在城市中，商业具有最高的竞争能力，可以支付较高的地租，所以商业用地一般靠近市中心，其次是工业，然后是住宅区，最后是竞争力较低的农业，这样就得到了城市区位分布的同心圆模式的单中心模型(见图 2.1)。

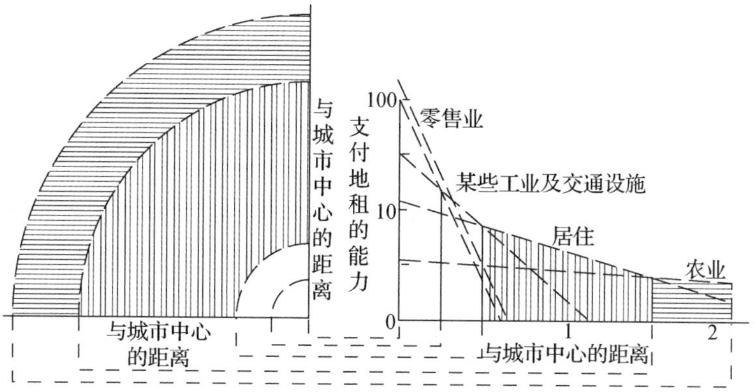

图 2.1 城市竞租曲线及土地利用模式图

* 资料来源：冯健. 转型期中国城市内部空间重构[M]. 北京：科学出版社，2005.

其后，Mills①、Muth② 和 Brueckner③ 等将单中心模型一般化，用来分析城市一般均衡调整过程中的各种空间因素，包括生产、运输与住房等。在此模式下，房屋价格、土地价格、资本密度(容积率)、人口密度等都会因远离城市中心而在空间上递减；Wheaton④ 还率先给出了模型的比较静态分析，纳入人口的增长因素后，地租曲线会变陡，城市会扩张，居住密度也会增加；Fujita⑤ 则证明了单中心的土地利用是帕累托最优的。

2) 城市多中心模型：大城市扩展的新特征

1990 年代后随着新郊区化的持续发展，城市就业的离心化趋向加剧，单中心模型与现实不符合的地方逐渐显现，城市逐步形成了多个核心的就业结构特征。

对于多中心模型的形成，学者通常通过“向心力”——使经济活动集聚的要素(集中累积的因果效应)和“离心力”——使经济活动分散的要素(运输成本/地租，集聚导致的竞争加剧)之间的相互作用加以解释，如：Fujita⑥ 的研究显示，将一个土地市场引入模型会使聚集分散开，从而产生多重均衡；Dixit 和 Stiglitz⑦ 提供的描述垄断竞争的模型也被拓展在城

① Mills，E S. Urban Economics [M]. Belnview，Illinois：Scott Foresman，1972.

② Muth，R. Cities and Housing [M]. Chicago：University of Chicago Press，1969.

③ Brueckner J K. The Structure of Urban Equilibria：A Unified Treatment of the Muth-Mills Model [C]//Mills E S. Handbook of Regional and Urban Economics：Volume 2. Amsterdam：Elsevier Science Publishers B V，1987.

④ Wheaton W C. A Comparative Static Analysis of Urban Spatial Structure [J]. Journal of Economic Theory，1974，9(2)：223－237.

⑤ Fujita M. Urban Economic Theory [M]. Cambridge：Cambridge University Press，1989.

⑥ Fujita M. A Monopolistic Competition Model of Spatial Agglomeration：Differentiated Product Approach [J]. Regional Science & Urban Economics，1988，18(1)：87－124.

⑦ Dixit A K，Stiglitz J E. Monopolistic Competition and Optimum Product Diversity [J]. American Economic Review，1977，67(3)：297－308.

市内部的层面，用来解释聚集；Fujita 和 Ogawa① 建立的封闭多中心模型显示了由单中心向多中心的演化过程，随着交通成本的变化，这个模型的均衡会在单一均衡和多重均衡之间跃迁；Krugman② 的新经济模型表明，只要交通成本很低，垄断竞争厂商就会聚集在一起；Anas 等③则证明，在高拥挤成本和低集聚经济的情况下，城市中心就容易产生就业扩散，从而促进空间多中心化。

大量西方学者的实证研究证明了大城市多中心结构的现实存在（如 Gordon 等对洛杉矶④、Waddell 等对达拉斯⑤、Giuliano 等对休斯敦⑥、McMillen 等对芝加哥⑦的分析）。在多中心城市中，主中心为中央商务区（CBD），次中心是与主中心相对的概念。前者具备较强的经济规模，后者则拥有相对低廉的生产成本⑧，两者共同组成了多中心城市。国内学者也通过住宅价格分布、人口分布等要素对城市的主中心和次中心加以识别，并证明了北京⑨、上海⑩、广州⑪、南京⑫等城市存在着由单中心向多中心的演变趋势。

2.1.2 城市居住空间演变相关理论

1）城市生态学理论：由内向外的居住空间结构变化模型

城市生态学理论倾向于从社会学视角考察“相似个体做出相似决策”所导致的城市空间变化的整体模式。该类理论通常假设就业中心不变，通过解释居住空间的迁移，来解读城市结构的变迁。其中，以伯吉斯(Burgess)“侵入—演替”过程下的同心圆模型（见图 2.2）和霍伊特(Hoyt)“过滤”作用下的扇形模型（见图 2.3）最为典型。

（1）“侵入—演替”过程下的同心圆模型

伯吉斯(Burgess)⑬的同心圆模型为那些因大量低社会地位家庭迁入而快速增长的城

① Fujita M, Ogawa H. Multiple Equilibria and Structural Transition of Non-Monocentric Urban Configurations [J]. Regional Science & Urban Economics, 1982, 12(2): 161 - 196.

② Krugman P. Increasing Returns and Economic Geography [J]. Journal of Political Economy, 1991, 99(3): 483 - 499.

③ Anas A, Kim I. General Equilibrium Models of Polycentric Urban Land Use with Endogenous Congestion and Job Agglomeration [J]. Journal of Urban Economics, 1996, 40(2): 232 - 256.

④ Gordon P, Richardson H W, Wong H L. The Distribution of Population and Employment in a Polycentric City: The Case of Los Angeles [J]. Environment & Planning A, 1986, 18(2): 161 - 173.

⑤ Waddell P, Berry B J L, Hoch I. Housing Price Gradients: The Intersection of Space and Built Form [J]. Geographical Analysis, 1993, 25(1): 5 - 19.

⑥ Giuliano G, Small K A. The Determinants of Growth of Employment Subcenters [J]. Journal of Transport Geography, 1999(7): 189 - 201.

⑦ McMillen D P, Lester T W. Evolving Subcenters: Employment and Population Densities in Chicago, 1970—2020 [J]. Journal of Housing Economics, 2003, 12(1): 60 - 81.

⑧ McMillen D P, Smith S C. The Number of Subcenters in Large Urban Areas [J]. Journal of Urban Economics, 2003, 53(3): 321 - 338.

⑨ 秦波，焦永利. 北京住宅价格分布与城市空间结构演变[J]. 经济地理，2010，30(11)：1815 - 1820.

⑩ 吴文钰，马西亚. 多中心城市人口模型及模拟：以上海为例[J]. 现代城市研究，2006(12)：39 - 44.

⑪ 蒋丽，吴缚龙. 广州市就业次中心和多中心城市研究[J]. 城市规划学刊，2009(3)：75 - 81.

⑫ 赵虎. 中国都市区就业空间演化研究——以南京为例[M]. 南京：东南大学出版社，2014.

⑬ Burgess E W. The Growth of the City: An Introduction to a Research Project[J]. Publications, American Sociological Society, 1924(18): 85 - 97.

市居住空间变化过程提供了解释框架。该模型认为，来自低社会地位群体的城市新移民是城市外迁的主要“推力”。新移民涌入城市，选择进入靠近城市中心区的移民地带作为第一个立足之地，并把那里的居民排挤到下一个地区。依次类推，随着该推力的增加，一些家庭侵入周边邻里，从而引发了链式反应，由此每一个相对高阶层地带的居民被迫向城市的更外层搬迁以避免邻里地位的下降。总的影响是，这一过程加速了城市的扩展，加速了工业发展，也加速了退化地区的“废弃过程”。

这一理论因其达尔文主义对生物类推的严重依赖而遭到批评，但是研究显示，伦敦、巴黎、墨尔本和悉尼等大城市的移民潮、西北欧工业城市中的客籍工人流动所导致的一些社区演变过程的确与“侵入—演替”模型相符。对于西方国家的大多数现代城市来说，该模型因为其动力（低社会地位的移民流）作用的逐渐降低已不再适用，但放之于我国快速城镇化和大量外来工进城的大背景下，仍具有现实的参考意义，对我国大城市外来工就业空间生态演变的探讨也颇有启迪。

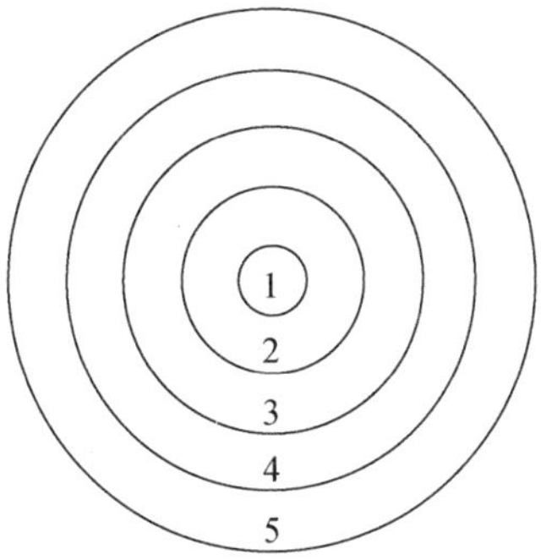

图 2.2　伯吉斯同心圆模型

＊资料来源：Burgess E W. The Growth of the City：An Introduction to a Research Project[J]. Publications，American Sociological Society，1924(18)：85－97.

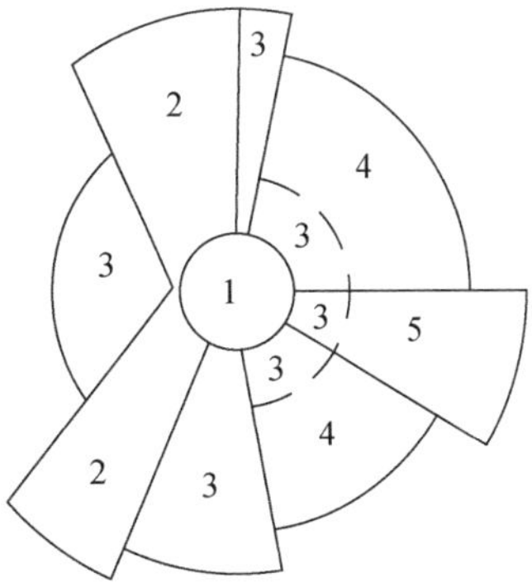

图 2.3　霍伊特扇形模型

＊资料来源：Hoyt H. The Structure and Growth of Residential Neighborhoods in American Cities [M]. Washington，D C：Federal Housing Administration，1939.

（2）“过滤”作用下的扇形模型

霍伊特（Hoyt）①的扇形模型认为，城市居住结构变动的关键在于社会高地位群体遗留的空置住房所产生的“拉力”效应。高社会地位家庭通过建设新住宅占据了新兴城市中最好的土地（且远离工业区），并随着城市的增长，沿自然通道向外轴线扩展。当他们对现有住房不满并外迁时，就会出现进一步的扇形发展，同时也形成了空房链（vacancy chain）。随着高地位家庭的外迁，其空置下来的住房就会被中等地位家庭所占有，接下来又会被低社会地位家庭所占用（即过滤的过程）。在这一迁移链的末端，最低社会地位群体遗留下来的空房要么是被废弃，要么是被低社会地位的新移民所占据。

尽管霍伊特扇形模型的有效性备受争议，但对精英居住地区模式的经验性研究和社会经济地位中扇形倾斜的存在验证，都已经为该空间结构模型提供了大量的普遍证据，而国

① Hoyt H. The Structure and Growth of Residential Neighborhoods in American Cities [M]. Washington，D C：Federal Housing Administration，1939.

内的相关居住空间演变研究也显示，霍伊特提出的这种“拥有高社会地位的人群是塑造城市空间的重要力量”的假设在中国已经成为现实①。

2）绅士化过程和地租差理论：反方向的居住空间变动过程

生态学理论的人口分散和城市空间发展模式更强调生物性对环境的适应过程，其特征主要表现为城市居住空间由内向外、由低层级阶层向高层级阶层迁移的演变趋势；而绅士化(gentrification)过程则描述了相反方向的居住迁移行为——高层级阶层对低收入阶层的替换(通常是由外向内迁移)，地租差理论则从政治经济学视角给绅士化发生的原因提供了经典的解释。

(1) 绅士化过程

绅士化概念是由英国学者 Glass② 于 1964 年在描述伦敦中心地区阶层演化和置换现象时提出的，用以描述当时伦敦内城出现的中产阶层居民取代工人阶层居民的城市社区变迁过程。其后，绅士化的概念几经延伸，具备了更丰富的内涵。Davidson 和 Lees 总结绅士化特征主要包括：① 资本的再投资；② 通过引进高收入群体使得在地(localization)实现社会升级；③ 城市景观变化；④ 直接或间接的低收入群体迁移③。同时，其在形式上也呈现出了新的延展和变化④。

以住房市场化改革和大规模城市更新为契机，绅士化过程在我国 20 世纪 90 年代开始出现，至今已发展成为中国大城市重要的“深度城市化”和社会空间再造运动⑤。尤其是内城大规模新建居住项目的展开，具有明显的新建绅士化色彩⑥——这类项目通常以城市高收入阶级作为潜在的消费对象，以高档次的居住空间、高品位消费空间的建设为标志，而其背后往往伴随着老居住区或工业用地的拆除以及低收入居民的搬迁，其深度作用并影响着我国城市居住空间形态以及城市社会空间的转型过程。

(2) 地租差理论

Smith⑦ 的地租差理论从政治经济学视角对绅士化发生的动力机制进行了深刻剖析。Smith 提出了“潜在地租”和“资本化的实际地租”两大关键概念，并将两者的差异定义为“地租差”。

在一个大都市的持续增长过程中，就内城住区而言，由于特定的区位价值，潜在地租水平通常是不断上升的(见图 2.4)。在房屋建成初期，“资本化的实际地租”与“潜在地租”是

① 宋伟轩，吴启焰，朱喜钢. 新时期南京居住空间分异研究[J]. 地理学报，2010，65(6)：685 - 694.

② Glass，R. London：Aspects of Change [M]. London：MacGibbon and Kee，1964.

③ Davidson M，Lees L. New-Build “Gentrification” and London’s Riverside Renaissance [J]. Environment & Planning A Abstract，2005，37(7)：1165 - 1190.

④ 除传统的绅士化形式外，还出现了新建绅士化(new-built gentrification，指在原有的建筑被推倒拆除的基础上，在棕地上重新建设中产阶级居住空间的过程)、超级绅士化(super gentrification，金融服务业的高薪雇员再次“绅士化”那些已经发生过绅士化的城市住区)、学生绅士化(studentification，大学毕业生为追求正统和舒适的城市生活方式而占据城市中心地带)等多种类型。

⑤ 宋伟轩. 西方城市绅士化理论纷争及启示[J]. 人文地理，2013，28(1)：32 - 35.

⑥ He S. New-Build Gentrification in Central Shanghai：Demographic Changes and Socioeconomic Implications [J]. Population Space & Place，2010，16(5)：345 - 361.

⑦ Smith N. Toward a Theory of Gentrification A Back to the City Movement by Capital，not People [J]. Journal of the American Planning Association，1979，45(4)：538 - 548.

基本一致的。然而，随着郊区化的不断扩张，投资转向郊区，内城的投资不断减少和撤离，加之建筑在物质和功能上逐渐老化，“实际地租”往往开始转向一个持续贬值的趋势，“实际地租”与“潜在地租”的差值不断扩大。当这种价值差增长到一定程度，有足够的利润空间吸引开发商重返内城更新或再开发住宅，绅士化就有了发生的可能。因此，绅士化也可以被看作是资本向城市中心的回流，其本质是利用资本的流动来阻止利润的下滑①。

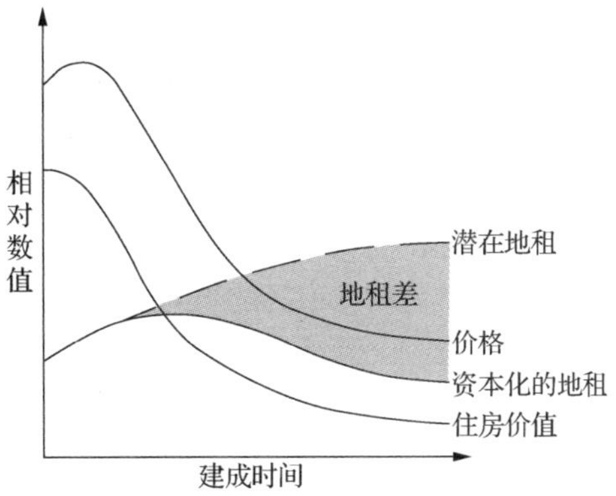

图 2.4 地租差的发展模型

* 资料来源：Smith N. Toward a Theory of Gentrification A Back to the City Movement by Capital, not People[J]. Journal of the American Planning Association, 1979, 45(4):538-548.

Smith 进一步指出，资本在空间流动过程中，总是流向回报率最高的地区，这是资本主义城市空间重构的根本动力。为了获取超额利润，资本会在郊区、内城之间不断地往复运动，形成所谓的“区位跷跷板”现象。因此，城市内城绅士化和郊区化的动力机制在本质上是完全一致的。

值得注意的是，地租差理论建立在非均衡发展理论的基础之上，即某一地区的发展将会阻碍自身的进一步发展，进而导致不发达，而这种不发达同时也将创造出该地区新一轮的发展机会②。这也是分析空间发展动力的重要理论工具，笔者将在 2.1.4 节中进行重点论述。

2.1.3 外来工就业相关理论

1）*劳动力市场分割理论*

劳动力市场分割(labor market segmentation)是指劳动力市场被划分为不同部分的过程。与新古典理论中统一竞争的劳动力市场假设不同，劳动力市场分割理论认为分割而非同质是劳动力市场的实际特征，劳动力市场的每一分割部位都有一套清楚的规则，决定着如何能进入该部位、在该部位内部如何流动等。许多制度因素、组织因素等会将劳动力市场分割为不同的子市场(如种族和性别劳动力市场分割，此种分割通常被称为横向分割)，相同的人力资本在不同的子市场中会有不同的回报(形成了纵向的主要劳动力市场和次要劳动力市场，即劳动力市场的纵向二元分割)，劳动力市场的长期均衡并不存在。由此，劳动力市场可以被看作是一套社会制度，其性质随地点不同而变化。

在劳动力市场分割的诸多情形中，纵向的主要市场和次级市场是最重要的一组分割。通常，主要劳动力市场的工作者在优越的工作环境和较高收入的公司里拥有相对稳定的、高薪水的工作，而在这个主要市场之外分布着各种类型的次级工作者或边缘工作者，表现为有限的薪水、不稳定的工作和相对较差的工作环境，并缺乏晋升空间③。

① Smith N. The New Urban Frontier: Gentrification and the Revanchist City[M]. London: Routledge, 1996.

② Smith N. Gentrification and Uneven Development [J]. Economic Geography, 1982, 58(2):139-155.

③ Reich M, Gordon D, Edwards R. A Theory of Labour Market Segmentation [J]. The American Economic Review, 1973, 63 (2):359-365.

国内学者的研究显示，我国城市劳动力市场同样存在着两个维度的分割：由劳动者个人素质和受教育培训程度差距所形成的“纵向分割”以及由行政和政策等制度因素所划分的“横向分割”[1]。通常认为，劳动力市场分割的后果是公平和效率之间的取舍；纵向分割付出公平代价，但获得一定效率作为，而横向分割既付出了公平的代价，又造成了效益的损失[2]。

（1）纵向分割

我国城市劳动力市场的纵向分割与国外类似，存在着以人力资本和劳动力职业等级客观界限所划分的主次劳动力市场，并外在表现为职业分割。如郭丛斌[3]基于不同职业收入水平对我国主次劳动力市场存在进行的验证表明，中国确实存在二元制的主次劳动力市场分割：其中，“国家机关、党群组织、企事业单位负责人，专业技术人员，办事人员”三种职业为第一层次，可划归为主要劳动力市场；“商业、服务业人员，农、林、牧、渔、水利业生产人员，生产、运输设备操作人员以及不便分类的其他从业人员”四种职业为第二层次，可划归为次要劳动力市场。

主次劳动力市场的工作特征差异较大，相互之间流动较少。通常情况下，接受高等教育是进入主要劳动力市场的主流途径和关键门槛，而大多数外来工则无法达到这一标准，进而只能集聚于次级劳动力市场所属的职业之中。

（2）横向分割

我国城市劳动力市场的横向分割具备其制度的特殊性，具体表现为户籍分割（城乡分割）[4]、部门分割[5][6][7]和产业分割[8]。学者认为，横向的制度分割呈现出较为明显的阶段主导特征[9]，具体表现为改革开放前的城乡分割主导、改革初期的部门分割主导以及 1990 年代以后的产业分割主导（见图 2.5）。

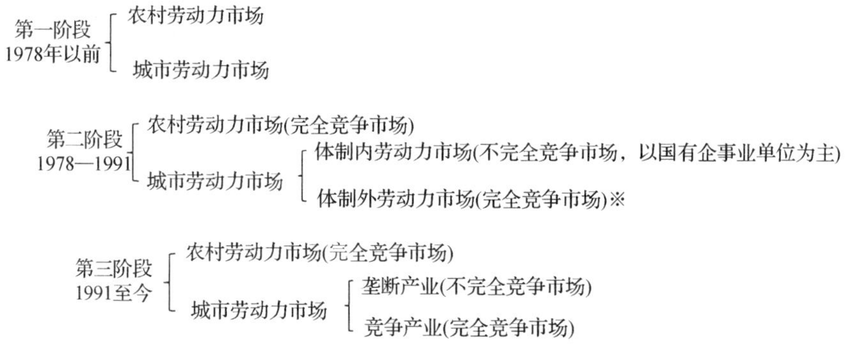

图 2.5 不同横向分割的主导阶段

※注：体制外的劳动力市场还可细分为两类：一类为以“三资”和私营企业为需求主体所形成的劳动力市场；一类为国有企事业单位雇佣外来工所形成的劳动力市场。

＊资料来源：笔者参考相关资料绘制。

---

① 杨宜勇.劳动力市场的行政分割[J].经济研究参考，2001(27)：30－37.

② 谭玉丹.劳动力市场分割理论及其中国现实问题综述[J].华东经济管理，2008(7)：47－54.

③ 郭丛斌.二元制劳动力市场分割理论在中国的验证[J].清华大学教育研究，2004(4)：43－49.

④ 杨菊华.城乡分割、经济发展与乡—城流动人口的收入融入研究[J].人口学刊，2011(5)：3－15.

⑤ 赖德胜.论劳动力市场的制度性分割[J].经济科学，1996(6)：19－23.

⑥ 郭瑞云.我国分割的劳动力市场问题研究[J].现代经济探讨，2000(3)：45－47.

⑦ 蔡昉.城市劳动力市场的分割与就业体制转换的难点[J].经济研究参考，1998(45)：39－40.

⑧ 张展新.劳动力市场的产业分割与劳动人口流动[J].中国人口科学，2004(2)：45－52.

⑨ 晋利珍.改革开放以来中国劳动力市场分割的制度变迁研究[J].经济与管理研究，2008(8)：64－68.

其中，产业分割是现阶段劳动力市场呈现出的新结构（相较于城乡分割和部门分割而言），且城市产业与城市就业空间结构和布局密不可分，因此笔者在此对劳动力市场的产业分割进行重点关注。

产业分割主要在两类产业间形成：“向非国有经济开放的产业”和“由国有单位垄断的产业”（见图 2.6①）。产业分割不同于部门分割，后者完全依赖于传统的国家计划和再分配制度安排，前者则与市场经济条件下的政府垄断相联系。分割造成了不同劳动群体进入垄断产业的机会差别，并派生出新的不平等结构②。

城市劳动力市场

垄断产业(不完全竞争)	部分垄断行业	开放产业(完全竞争)
电力、热力、燃气及水的生产和供应业	金融业	房地产业
科学研究和技术服务业	交通运输、仓储和邮政业	信息传输、软件和信息技术服务业
卫生和社会工作	文化体育和娱乐业	采矿业
公共管理、社会保障和社会组织		租赁和商务服务业
水利、环境和公共设施管理业		批发和零售业
教育		住宿和餐饮业
		制造业
		建筑业
		居民服务、修理和其他服务业
		农、林、牧、渔业

图 2.6　我国垄断行业与开放行业分类

* 资料来源：笔者参考《国民经济行业分类》(GB/T4754—2011)整理。

这种机会差别可被总结为一种“梯度”次序③：外来农村户籍的劳动者进入城市垄断行业要同时跨越产业分割、户籍障碍和就业身份障碍；而尽管本地农村劳动者进入当地垄断产业就业同样需要跨越上述身份，但由于地方政府的干预和个人对地方社会网络资源的利用，他们的机会要大于外来农村劳动者；外来城市劳动者作为“外来人”，在垄断产业就业的机会要比本地城市劳动者小，但要比农村劳动者大，因为他们只需要跨越劳动力市场的产业分割。这样，在这个次序中，本地城市劳动者、外来城市劳动者、本地农村劳动者和外来农村劳动者（后两类为本书外来工的限定对象）进入垄断行业的可能性依次降低。其他大量的实证研究也证实了外来工通常被排除在垄断产业之外④⑤⑥，大量集聚于城市的竞争产业。

(3) 双重二元分割

由此，目前纵向的主次劳动力市场的二元分割（职业分割）与横向产业分割（垄断—竞争产业）交织在一起，构成了我国城市劳动力市场的双重二元分割⑦（见图 2.7）：其中，AB

① 需要注意的是，这种分类并不是一成不变的。随着我国经济体制改革的深入和产业的发展，竞争产业的阈值不断扩大，竞争产业逐步增多。

② 张展新.劳动力市场的产业分割与劳动人口流动[J].中国人口科学，2004(2)：45－52.

③ 张展新.劳动力市场的产业分割与劳动人口流动[J].中国人口科学，2004(2)：45－52.

④ 晋利珍.劳动力市场双重二元分割与工资决定机制研究[D].北京：首都经济贸易大学，2008.

⑤ 杨艳军.中国城市劳动力市场分割中流动人口就业问题研究[D].武汉：武汉大学，2012.

⑥ 陈宪.劳动力市场分割对农民工就业影响的实证研究[D].长沙：中南大学，2010.

⑦ 本书所引用的双重二元劳动力市场的概念为晋利珍所提出，与蔡昉提出的双二元劳动力市场的概念（传统的城乡二元分割与城市劳动力市场上国有与非国有经济部门的二元分割）不同。具体参见：晋利珍.劳动力市场双重二元分割与工资决定机制研究[D].北京：首都经济贸易大学，2008.　蔡昉.论市场对城乡劳动力资源的重新配置[J].广东社会科学，2003(1)：34－41.

线是劳动力市场行业[①]分割线，AB线右面为垄断行业，AB线左面为竞争行业；CD线为主要与次要二元制劳动力市场分割线，线以上部分为主要劳动力市场，线以下部分为次要劳动力市场，由W到H，表示工资水平随着人力资本水平的提高而逐步提高，由W到M，表示工资水平随着垄断度的提高而逐步提高，二者交织在一起形成动态演化的双重二元分割的劳动力市场。

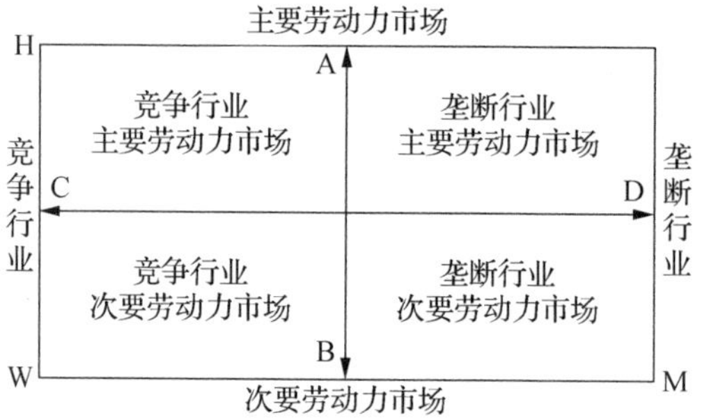

图 2.7　劳动力市场双重二元分割简要结构图

*资料来源：晋利珍.劳动力市场双重二元分割与工资决定机制研究[D].北京：首都经济贸易大学，2008.

在此分析框架下，根据劳动力供给者人力资本水平、身份特征的不同以及行业的垄断程度，可以将劳动力市场细分为四种不同类型的市场：

① 垄断（包括部分垄断）行业中的主要劳动力市场。在这个市场中，以拥有城市户口的较高人力资本水平的供给者为主，工资水平高，有较完善的社会保障制度、较高的工作稳定性以及较多的工作升迁机会。

② 竞争行业中的主要劳动力市场。这一市场主要是以大学毕业生为供给主体的劳动力市场。大学毕业生一般就业于规范的"三资"企业和民营企业等知识技术密集型部门，这些部门工资相对较高，工作也较稳定，福利保障和住房补贴大多已货币化。

③ 垄断（包括部分垄断）行业中的次要劳动力市场。这一市场主要以临时就业的低人力资本水平者为供给主体，其中包括城市本地下岗职工和外来工等非正规就业人员。这些就业人员大多不属于正式编制，就业极不稳定，能享受的社会保障水平很低。但按照前述的"梯度"次序理论，与本地城市就业者相比，外来工的进入机会仍然较低。

④ 竞争行业中的次要劳动力市场。这一市场也可以细分为以城市下岗职工为主体的劳动力市场和以外来工为主体的劳动力市场。两者工资较低，待遇较差，很少有社会保障，工作亦不稳定。

此分析框架为外来工进入城市具体行业和职业并大量集聚的行为提出了有力解释。由于未接受过高等教育且人力资本较低，外来工通常会被边缘化至次要劳动力市场，从事特定职业（如商业服务业人员、生产运输设备操作人员），而其在进入垄断产业的梯度次序中，排名最末，因而多被排挤至批发零售、制造业等竞争性产业中，并在此形成大量集聚。尽管在竞争行业中的次要劳动力市场内部，外来工由于行业的竞争性和工作的不稳定性而经常流动，但分割的封闭性特征意味着外来工并没有太多办法和渠道流动到劳动力市场中

① 此结构的提出者基于产业分割提出双重二元分割结构，但在具体论述中并没有明确区分产业和行业，通常混淆代替。笔者在此引用原文。

其他更有利的位置，而他们所处的双低（两个 W）劣势位置也使其只能拥有最低的工作待遇和社会保障，难以达到在城市立足的社会和经济标准。相应的，外来工如何在这个较为封闭的劣势位置中流动也是我们应该关注的焦点，这也为下文通过确立“时间—空间—社会”三维框架来探讨外来工个体就业迁移轨迹提供了一定的理论依据和思路。

2）流动性受阻和自雇经营

在劳动力市场分割对某些群体不利的情况下（如移民和某些少数族裔在正规的劳动力市场中受到排斥），部分劳动者会转而进行自我雇佣，这种动力通常被称为流动性受阻理论①（blocked mobility theory）或是劣势理论②（disadvantage theory）。该理论认为，在劳动力市场中，部分劳动者在寻找受雇机会的过程中存在许多障碍（如缺乏教育和语言障碍等），由于这些不利条件的存在，他们在求职过程中要么被降低工资待遇录取，要么遭到拒绝。在感知劳动力市场的前景黯淡的情况下，移民可能会考虑自谋职业，以避免与主流劳动力市场形成竞争，并由此达到向上的社会流动。其中，这一转变的关键在于自雇（self-employment）和受雇（wage-earner）的不同回报，即劳动力市场的不利因素必须与自雇经营的需求（表现为市场回报）相一致，以向移民提供激励自雇行为的动力。

有相关研究对此进行了验证。如加拿大的研究验证了劳动力市场分割、社会层级区隔与内部流动现象——低技术移民集中于建筑部门和小规模消费服务部门，他们在受雇过程中经过技术训练后，倾向于在原有部门开展自雇就业，而本土居民则有机会在更大规模的商业服务业部门就业并实现向上流动③。自雇就业和被雇就业之间的预期收入差异，会对自雇行为产生经济影响④，而雇佣就业时的歧视性工资收入也会促使移民选择自我就业⑤。

尽管该理论无法解释同样处于劣势地位的不同移民群体的自我就业率的差异，且由于过分夸大结构性因素而忽略文化性因素而受到批评，但在一定程度上，能较有效地解释我国外来工的职业流动的某些特征，即在多重分割的劳动力市场环境下，外来工倾向于通过自雇经营获得职业地位的提升。通常外来工首先选择易于进入但条件较差的受雇岗位就业，但基本趋势是由受雇就业逐渐走向自雇就业。受雇外来工的工作通常只是一种勉强生存的手段，而自雇外来工则有可能逐渐实现积累和向上流动，有希望获得一定的个体发展⑥。自雇外来工不仅经济社会地位比一般外来工要高⑦，而且还具有更强的留城意愿⑧和企业家的潜质，是最有可能实现市民化的群体⑨。

---

① Kim K C, Hurh W M, Fernandez M. Intra-Group Differences in Business Participation: Three Asian Immigrant Groups [J]. International Migration Review, 1989, 23(1): 73 - 95.

② Light I. Disadvantaged Minorities in Self-Employment [J]. Comparative Sociology, 1979, 20(1 - 2): 31 - 45.

③ Mata F, Pendakur R. Immigration, Labor Force Integration and the Pursuit of Self-Employment [J]. International Migration Review, 1999, 33(2): 378 - 402.

④ Johansson E. Self-Employment and the Predicted Earnings Differential—Evidence From Finland [J]. Finnish Economic Papers, 2000, 13(1): 45 - 55.

⑤ Hammarstedt M. The Predicted Earnings Differential and Immigrant Self-Employment in Sweden [J]. Applied Economics, 2006, 38(6): 619 - 630.

⑥ 万向东. 农民工非正式就业的进入条件与效果[J]. 管理世界, 2008(1): 63 - 74.

⑦ 李培林. 流动民工的社会网络和社会地位[J]. 社会学研究, 1996(4): 42 - 52.

⑧ 李树茁, 王维博, 悦中山. 自雇与受雇农民工城市居留意愿差异研究[J]. 人口与经济, 2014(2): 12 - 21.

⑨ 陈宇琳. 特大城市外来自雇经营者市民化机制研究——基于北京南湖大棚市场的调查[J]. 广东社会科学, 2015(2): 204 - 213.

2.1.4 经济空间演变动力相关理论

(新)马克思主义学派学者提出的“不均衡发展理论”是分析经济空间演变动力的最重要的理论工具,本节将对其进行重点介绍。

在对待“不平衡发展”问题的态度上,马克思主义学者的观点与主流经济学的观点不同。后者认为经济发展的不均衡性仅仅是一个暂时的状态,发展将使财富在各社会和地区扩散,从而使不均衡逐渐消失;而前者却提出,资本体系必然会导致发展的不均衡,空间不均衡是资本主义不断增长和避免危机的前提条件和驱动力量。因此,下文将主要从资本主义基本特征、资本主义内生矛盾、资本主义危机处理以及空间不平衡发展四个层面依次阐述(见图 2.8)。

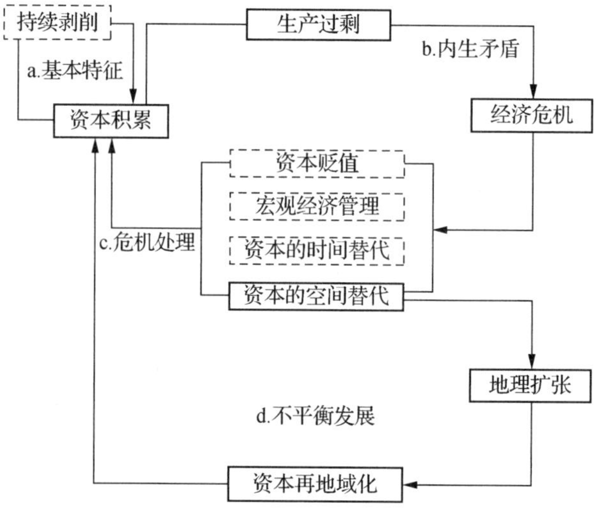

图 2.8 经济空间演变动力分析流程图

＊资料来源:笔者自制。

1) 资本主义的基本特征

马克思主义研究方法认为,资本主义是一个通过剥削创造价值的体系。资本主义体系的独特性在于:劳动力和公开市场上的其他商品一样,是可以买卖的;劳动力的价格需要满足一个工人穿衣、吃饭、居住、抚养下一代(未来的工人)的需要;价格会随地点和时间而变化,也会随着不同的工作类型和部门而变化,但整体上看,维持劳动力和劳动力再生产的收入决定了劳动力的平均工资;资本家(雇主)通过出售所生产的商品,可以获得劳动力创造产品的市场价值与劳动力价值的差额(即剩余价值),这种榨取剩余价值的现象被称作剥削,而资本家则通过剥削获得所积累的财富。

可见,资本主义是一个同时具有剥削性和活力性的体系,这一体系的基本特征为:

(1) 资本主义以利益为导向,整个体系的基本动力是通过经济交易获取利润。为了维持利润,资本主义体系必须不断发展。如果没有增长,利润就会减少。如果不创造获取利润的新机遇,现有的利润就会不断在竞争中被消磨掉。

(2) 价值的增加依赖于生产过程中对劳动力的剥削，即劳动力创造的价值与其自身价值的差值。

(3) 资本主义在技术上和组织上必然是有活力的。在激烈的竞争环境中，对利润的追求会不可避免地逼迫和要求资本家采用新技术和创新方法以从劳动力中榨取价值①。

2) 资本主义的内生矛盾

马克思主义经济研究方法的一个关键观点是：把资本主义的各种特征放在一起，并没有产生经济学所预测的商品和价格的和谐均衡，相反，产生的是一个经常发生危机并具有内在不稳定性的矛盾冲突体。其主要矛盾体现在两个方面：

(1) 增长的内在需求与获利之间的矛盾

资本主义通过劳动过程创造剩余价值，并通过不断的增长和扩张来积累更多的财富。越来越多的公司雇佣越来越多的人，生产越来越多的产品。最终随着时间的推移，抬高了劳动力市场的价格，但同时又由于商品供应量过多而降低了商品的价格。那么，如何在商品低价格的背景下实现劳动力成本的最小化以获利呢？

解决这一矛盾的一个方法是技术调整：竞争中的资本主义公司尝试通过技术改造，使产品生产比竞争者更具有成本效益。因此，资本家会推动减薪或在适当的时候使用机器代替工人来提高成本效益。这就引发了资本主义的第二个矛盾。

(2) 社会总需求与产品供应增长幅度的矛盾

采用机器代替人工的结果是产生劳动力的"后备军"，"后备军"在劳动力市场上处于弹性流动的状态，通常维持了较低的工资水平。如果在职者要价过高而被挤出劳动力市场，就总会有一些失业者来填补空缺。但是，维持于低水平的工人工资又如何能满足他们所生产产品的有效需求呢？

最终，从整个体系来看，经济趋向于发生"积累过度"的危机。资本家的商品会供过于求，或者会因为产品没有足够的市场需求而导致设备闲置。其直接结果就是：闲置的资本和闲置的劳动力同时同地存在，但却无法把他们结合起来从事有用的社会活动。

3) 资本主义的危机处理

资本主义作为一个系统，整体恢复赢利的途径和方式可概括为四种②：

(1) 资本贬值：这个过程包括系统中的价值毁灭、通货膨胀造成的货币贬值、失业造成的劳动力贬值(例如当一个重要的产业离开某个地方)、战争和军事对抗造成的生产能力贬值或毁灭性破坏等。新创造的价值使得系统重新运转，资本再度循环，整个过程也会产生巨大的政治、社会和环境成本。

(2) 宏观经济管理：构造新的方式把闲置的资本和劳动力重新整合，既包括在经济衰退期间通过大量的政府支出来创造就业机会和次级需求，也包括通过立法来设定一定的工作条件和工资水平标准来抑制对劳动力的过度剥削。这些策略保证了经济需求的稳定，也是广义的"社会管制"的一部分。

---

① 尼尔·寇，菲利普·凯利，杨伟聪. 当代经济地理学导论[M]. 刘卫东，马丽，张晓平，等译. 北京：商务印书馆，2012.

② Harvey D. Limits to Capital [M]. Oxford: Blackwell, 1982.

（3）资本的时间替代：把资源转向满足未来而不是现在的需求——例如投资建设新的公共基础设施，或者把过度积累的资本以贷款的形式用来推动未来的生产。这种方式也会强化危机产生的趋势，但却延后了其发生的时间。

（4）资本的空间替代：包括为资本主义生产开辟新空间、新市场、新的原材料来源等。这种方法不是通过信贷或贷款形式来扩展资本主义体系的时间领域，而是扩大其空间领域。这意味着要在全球范围内的新型工业化地区开拓新的生产空间，或者对老工业区进行重建和更新改造。

其中，最后一种避免危机的方法在本质上具有地理和空间特性，这涉及资本主义体系运转对空间的需求，以及在其结构逻辑影响下的特定空间的增值和贬值过程。在这一意义上，空间不仅仅是资本主义产生的容器，其所具备的经济特征也是资本主义体系成功运转的基本特征和内在规律。

4）不平衡发展：资本主义危机的空间解决方案

就上述资本的空间替代方式而言，资本主义在城市、区域和全球多个尺度上创造了空间，并在不同尺度上寻求危机的空间解决方案。

在城市尺度上，资本主义为满足特定时期经济增长需求而创造了各类空间和建筑景观（如早期工厂和工人住宅，后来的工业区郊区，以及再后来的高新技术园区等等），其增长的主要特征会随着时间发生变化：许多历史性的城市空间和地理景观变成了累赘，只有当它们彻底贬值之后，才可能在未来的某一时候重新获得开发和使用。而在一些特殊情况下，它们的利用价值被重新发现，但使用目的已与原来完全不同（如旧厂房被改造成创意园区，贫穷社区变成富人居住地等绅士化过程）。

在区域尺度上，发生着同样的经济地理变化：随着新型工业化地区竞争压力的加剧，欧美和北美的旧工业地区（美国“铁锈带”、德国鲁尔区等）陷入了经济衰退的困境。与工厂、工业区和城市一样，这些地区的劳动力也在逐渐减少，但在美国内陆、德国巴登-符腾堡等地区却呈现出经济增长的态势。

在全球尺度上，也发生着地区与地区间的发展转移：劳动密集型制造业从发达国家（欧洲和北美）向新型工业化（东亚和东南亚）国家转移，这种资本主义为克服危机，而在全球尺度上寻求地理解决方案的态势，也被哈维称作“空间修复”（fix spatial）①。

总体而言，资本主义经济总是处在一个不断变动的过程之中：不断地发现新空间或者对旧空间进行再开发。因此，资本主义的内在冲突不仅同资本的循环和积累过程相关，还与特定时期资本主义所创造的空间和建成环境相关。那些为满足资本主义特定时期需求所创造的地理景观，随着资本主义体系的逐渐演变，会渐渐变得过时、无利可图并且开始起阻碍作用，为了清理这些对未来发展的障碍，必须对它们进行改造，以便为新一轮的发展和开发让路。

正如资本主义必须创造物质形态一样，它的发展和变化也必须通过创造性破坏（creattive destruction）的过程来摆脱物质形态的束缚。虽然旧的景观和空间被摧毁了，但它们在未来某一时段可能还会获得再利用。这也表明，资本主义的一个核心过程是“跷跷板”式的

① Harvey D. Limits to Capital [M]. Oxford: Blackwell, 1982.

不均衡发展态势——一些地方获得大量投资而迅速发展起来，另一些地方却衰落了。随着时间的推移，跷跷板可能会摇摆回去，因而旧的空间也可能变成新的投资地。只要满足持续增长和避免危机的需要，资本主义系统这个跷跷板就会不断地运动下去①。不均衡发展是资本主义不断增长和避免危机的前提条件，而跷跷板从一个地方摇摆到另一个地方也是这个系统的固有特质②。这一理论视角对下文外来工就业空间演变的动因机制挖掘提供了理论依据和探寻思路，极具启发意义。

2.1.5 小结

本节对城市就业空间结构、城市居住空间演变、外来工就业和经济空间演变动力相关理论进行了介绍，可以看出：

(1) 在城市就业空间结构上，城市通常以单中心的土地利用模式为主，构成其就业基础和核心，但已呈现出由单中心到多中心演变的趋势；

(2) 城市居住空间存在着阶层演替，并同时发生着两种反方向的阶层演替过程和空间传递过程；

(3) 外来工被挤压在一个被多重分割的劳动力市场内(这种分割会随着制度性安排的变化产生变动)，其在劳动力市场的位置一定程度上决定了其在城市求职过程中的职业地位(低端)和产业分布(竞争行业)，而自雇经营则是外来工实现职业地位上升和社会流动的有效途径；

(4) 资本主义经济体系必然会引发时空发展的动态不平衡和经济增长的空间转移，这也是城市经济空间演变的重要推动力。

2.2 外来工就业空间的演变机理

2.2.1 分析层次架构

从某种意义上讲，外来工就业空间的形成和演变可以被看作是外来工劳动者在城市劳动力市场上进行交易，形成各类就业组合模式，并在城市空间上进行匹配的循环过程。因此，这一变化的时序和过程会涉及如下四个相互独立而又互为关联的层次构架(见图2.9)。

1) 第一层次为劳动力的供给端——外来工劳动力

改革开放后，隐藏在农业中的大量剩余劳动力被释放，外来工开始逐步进入大城市寻求就业，并在其后汇成了规模宏大的进城大军和势不可挡的“民工潮”，快速城市化与外来

① Smith N. Uneven Development [M]. Oxford: Blackwell, 1991.

② 尼尔·寇，菲利普·凯利，杨伟聪. 当代经济地理学导论[M]. 刘卫东，马丽，张晓平，等译. 北京：商务印书馆，2012.

工的迅猛增长相伴而生。近年来，随着我国进入城市化快速发展阶段的中后期，进城外来工整体规模数量开始进入缓慢增长（甚至负增长）阶段，80 后或者 90 后出生的“新生代”也逐渐替代老一代成为外来工的就业主体，并呈现出与老一代外来工不同的特征（普遍受教育程度和人力资本水平较老一代高，对融入城市也呈现出更高的期盼）。

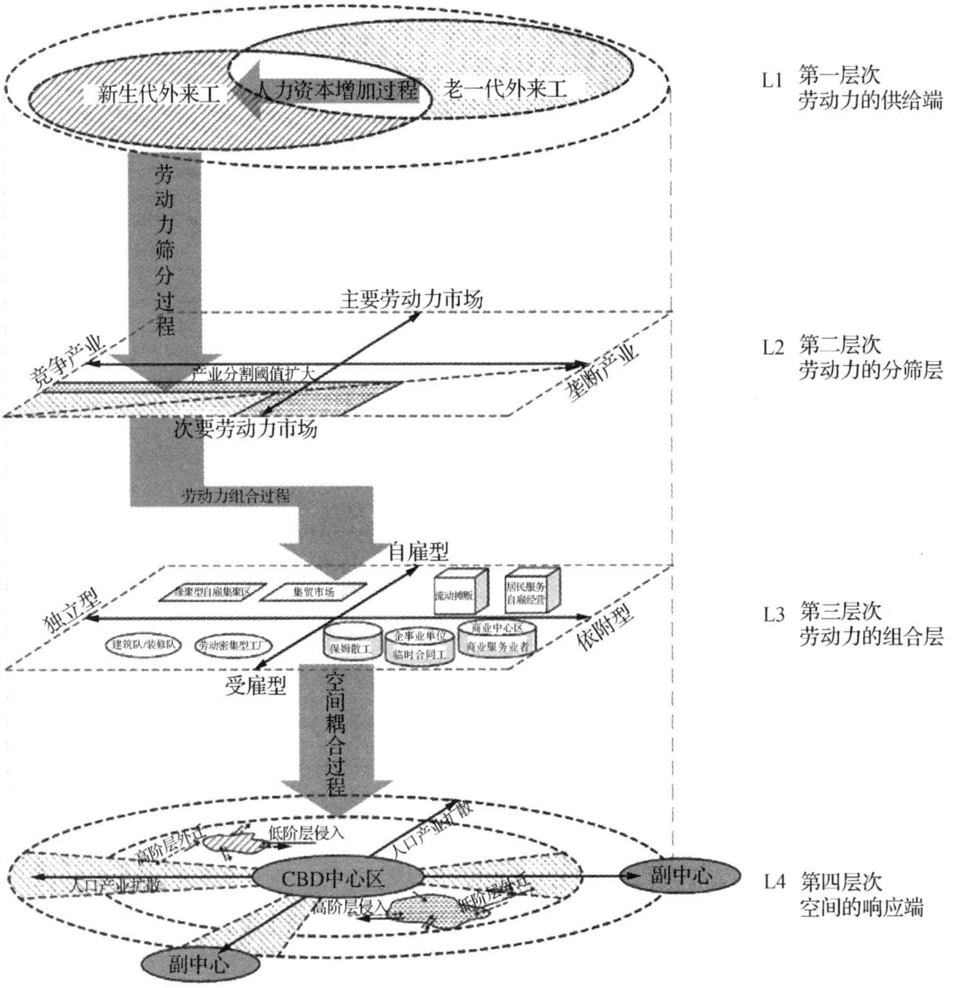

图 2.9 外来工就业空间演变机理的层次架构

＊资料来源：笔者自制。

2）第二层次为劳动力的分筛层——外来工所处的分割的劳动力市场

市场化改革以来，长期制约我国劳动力市场的城乡分割逐渐被打破，先是转至部门分割，其后产业分割又逐渐成为我国城市劳动力市场的主导结构。产业分割将我国产业划分为“竞争产业（向非国有经济开放的产业）”和“垄断产业（由国有单位垄断的产业）”，导致外来工通常只能在进入特定产业部门工作；同时，随着改革的深入，更多被国有单位垄断的产业开始面向非国有经济开放，产业分割的阈值不断扩大，外来工在城市中的就业面也逐步扩展。

表 2.1 外来工就业组合模式和典型的表现形式

		就业主体类型	
		独立型(外来工主体)	依附型(城市就业者/居民为主体)
雇佣状态类型	自雇型	A. 独立自雇型 A-1 集贸市场、专业市场(如北京动物园批发市场、南京白云亭农副产品批发市场、南京赛虹桥建材市场群等); A-2 缘聚型自雇集聚区(如北京"浙江村""河南村",南京"河南村"等)	B. 依附自雇型 B-1 城市社区内从事居民服务业的自雇经营(社区商业、餐饮、维修服务等); B-2 流动摊贩
	受雇型	C. 独立受雇型 C-1 建筑队和装修队; C-2 劳动密集型工厂	D. 依附受雇型 D-1 商业中心区内商业服务业外来工; D-2 企事业单位临时合同工; D-3 保姆和散工

* 资料来源:笔者自制。

3) 第三层次为劳动力的组合层——外来工的就业组合模式

外来工劳动力在劳动市场上组合,呈现出多种不同的就业形式,但根据就业者主体类型和外来工雇佣状态划分①,其组合模式可大致分为四类(具体表现形式见表 2.1)。随着不同的产业发展阶段和劳动力人力资本状况,各类组合模式所吸纳的外来工规模也呈现出不同的变化:在改革开放和城市发展初期,"独立受雇型"(如建筑队和装修队、劳动密集型工厂等)吸纳了大量就业外来工;其后,随着第三产业的发展和城市居民需求的不断提升,独立自雇型和依附型的就业组织也逐渐增多并吸纳了越来越多的外来工,形成了吸纳数量上的反超。

4) 第四层次为空间的响应端——城市空间结构

计划经济时期,城市规划和建设受政府干预较多,土地无偿划拨使城市地域功能处于较混乱状态。在市场化改革后,城市土地的有偿使用使得城市区位价值得以发挥,城市级差地租逐渐成为"过滤"城市经济活动和居住空间的重要因素。为了获得规模经济,企业和劳动力倾向于集聚,单中心城市由此而成。其后,随着中心的持续集聚和拥挤成本的不断提高,为缓解主中心压力,城市政府开始倾向于在外围建立次中心,以引导人口和产业扩散,城市空间结构又呈现出由单中心向多中心演变的趋势。同时,城市居住空间内部也伴生着一系列的阶层演替,如社区衰败(低阶层人口侵入和高阶层人口外迁)和反向的绅士化更新过程。外来工的各类就业行为即发生在就业空间不断集聚、扩散和居住空间持续阶层演替的过程之中。

综上所述,外来工首先进入劳动力市场,被劳动力市场分筛后向特定产业集聚,并形成各类就业组合模式,这批组合模式通过与城市空间发生各类互动,共同构成了外来工就业空间。当外来工发生职业流动及其相伴的空间转换时,他们又重新进入劳动力市场,循环上一过程。简言之,外来工就业空间的演变过程就是这四个层次各自变动并相互耦合的过程,如外来工人力资本的变化会影响其就业类型和产业方向,而产业分割阈值的扩大也会

① 选择此类划分的依据是:就业主体类型(以外来工是否为就业主体为标准)的划分一定程度上体现了该类就业形式与城市关联的密切性;雇佣状态的划分则反映出外来工自身在社会经济地位上的分化。同时,基于这种划分标准的就业组织形式会在城市中呈现出各类不同的空间表现,具体详见 2.2.2 节。

使外来工的就业组合模式更加多样化。其中,外来工就业组合模式和城市空间的互动关联则涉及演变过程中的空间转换过程,即外来工就业行为与城市空间的耦合关系,关于这一点,笔者将在下文着重论述。

2.2.2 空间耦合关系

笔者认为,外来工就业组合模式在城市就业空间中的转换涉及两个核心问题:其一是为何转换,即转换的初始动力问题;其二是能否转换,即转换的难易程度问题。笔者提出"空间反馈效应"和"空间黏着程度"两个概念,分别对此加以阐释。

1)空间反馈效应

笔者采用"空间反馈效应"的概念①,来描述外来工各类就业组合模式在同城市空间匹配的过程中,对所处空间(土地)价格造成的影响。空间反馈效应包含"正反馈"和"负反馈"两类。

其中,正反馈是指某类外来工就业模式对其所处空间的低效利用状况不断强化的现象。低效利用的土地(或空间)通常被称为低效用地,具有布局散乱、利用粗放、产出效益低、用途不合理等特征,且不具备区位比较优势,缺乏竞争力,是一种处于衰退期的低效益用地②。鉴于上述特征,低效用地与其他同区位的用地相比,往往会呈现出空间(土地)价格上的贬值趋势。同时,低效用地的空间进入门槛降低,又会吸引其他低效利用活动的进入。不断进入的低效活动一定程度上会导致空间的承载区间不断扩大,造成空间内部和周边空间的再次贬值,并反过来进一步刺激低效活动的加速集聚,再度造成空间的进一步贬值。总体而言,正反馈呈现出一种"土地低效利用集聚"和"空间持续贬值"的低效循环态势。

在正反馈效应下,其所在空间(及其影响的周边范围)的"潜在地租"与当前利用条件下的"实际地租"之间的差值(即地租差)会逐步扩大。随着正反馈效应的持续积累,地租差增大到一定程度时,就会促发城市更新活动(绅士化过程),原有地块实行产业升级或是直接拆建为商品房住区,其结果就是:原有的就业组合模式被转移,就业主体也发生了替换。

负反馈则是指某类外来工就业模式与其所处空间的低效利用状况相互抵消的现象。外来工的集聚并不会强化土地的低效利用状况,或是即便存在此种现象,也同时存在其他要素会对持续的低效利用状况及时进行纠正,以避免所处空间及周边空间贬值现象的发生,因而也不会形成更进一步的土地低效利用集聚状况。

进一步对外来工各类就业组合模式的空间反馈效应进行综合分析,可以发现:

从就业主体类型来看,"独立型"具有较明显的正反馈倾向。该类就业模式本身具有较为低层次和扁平化的特点,在满足城市特定发展的需要时,被大量引入城市空间内部。然而随着城市的不断增长和发展,这些类型通常会呈现出所占有空间的低效利用特征(如劳

① 反馈是经典控制论中的术语,可分为负反馈和正反馈。负反馈使输出起到与输入相反的作用,使系统输出与系统目标的误差减小,系统趋于稳定;正反馈则使输出起到与输入相似的作用,使系统偏差不断增大,使系统振荡,导致系统失稳。

② 洪惠坤,廖和平,曾彦,等.集约导向的重庆市低效工业用地退出机制研究[J].西南大学学报(自然科学版),2015,37(5):128-135.

动密集型工厂和集贸市场等),而这种低效特征通常还会吸引其他同类就业组合模式的空间集聚,使空间低效程度加深,并引发周边空间的贬值。相对来讲,“依附型”通常会呈现出负反馈调节的特征。这类就业组合模式的人员构成相对较为复合,与城市各类经济和社会活动的互动也较为密切,往往具有一定的自我纠偏特征,因而发生不断强化的空间低效利用现象的概率相对较低。

从雇佣状态类型来看,“自雇型”具有一定的负反馈倾向。该类就业模式中,外来工通常拥有更多的社会资本和社会网络①②,且经济层面、社会层面和文化层面的融入相对较深③,其在就业活动中通常会表现出更多的与城市居民或是其他就业者的互动,因而其在城市发展过程中也通常更容易表现出负反馈调节的效应。“受雇型”则更倾向于发生正反馈。尽管就业模式会随着就业性质不同而与城市间的互动关系呈现区别(如相比于制造业,商业和服务业的就业组织存在更多的与城市的互动),但由于受雇型外来工多数经济报酬很低,社会资本也较为有限,其与城市的交流更多的是服务和被服务层面的业务活动交流和工作交流,而社会融入的层次则相对较低,总体上对城市空间的占用会强化土地利用的低效特征,并通过吸引同类就业者就业和居住而愈加低效,在发展过程中总体呈现出正反馈调节的效应。

由此,在四种类型的就业模式中,“依附自雇型”在城市发展过程中倾向于呈现负反馈调节效应,是最为稳定的就业模式;“独立受雇型”则倾向于呈现相反的正反馈调节相应,是最容易引发空间贬值和低效循环的就业模式;其他两类则因会同时存在正负反馈相互抵充之现象,综合结果仍需具体分析。如“独立自雇型”就业模式(以专业市场为例),当其集聚成一定规模,持续吸引大量外来工在低端产业就业,并进而促发外来工在周边居住空间的大量集聚时,通常会引发上述提及的空间贬值和土地低效利用循环,并呈现出正反馈效应;而“依附受雇型”就业模式(如中心区商业服务业外来工),在中心区高度集聚并发展扩张的情况下,却会吸引更多的高端产业的就业者,同时也能为大量外来工提供就业,从而呈现出负反馈效应。

表 2.2 外来工各类就业模式的空间反馈效应

		就业主体类型	
		独立型(正反馈)	依附型(负反馈)
雇佣状态类型	自雇型(负反馈)	不确定(高度集聚时可能会呈正反馈)	负反馈调节(最稳定)
	受雇型(正反馈)	正反馈调节(最震荡)	不确定(高度集聚时可能会呈现负反馈)

*资料来源:笔者自制。

① 邹宇春,敖丹.自雇者与受雇者的社会资本差异研究[J].社会学研究,2011(5):198-224.

② 王文彬,赵延东.自雇过程的社会网络分析[J].社会,2012,32(3):78-97.

③ 陈宇琳.特大城市外来自雇经营者市民化机制研究——基于北京南湖大棚市场的调查[J].广东社会科学,2015(2):204-213.

2）空间黏着程度

笔者采用“空间黏着程度”的概念，来描述外来工各类就业组合模式发生空间转换[①]的难易程度。

劳动力自身具有比较强烈的本地性特征，每日职住通勤、劳动力的再生产[②]、地区依恋和地区认知倾向等因素通常会使得劳动者（工人和家庭）存在强烈的地方依恋性[③]，因而，劳动力通常也倾向于不发生空间移动。当劳动力需要被动进行空间转换时，转换的主要推动者（企业或政府等）需要付出一定的经济和社会成本。总体来看，劳动力在空间转换的过程中表现出一定的黏着性。同时，工人组织化程度的高低、劳动力在本地社会联系的强弱等要素也会影响这种空间黏着程度——高组织化程度、强社会联系会强化空间黏着力度，增加转换成本，进而加强空间转换的难度。

值得注意的是，由不同文化和制度历史衍生的各类劳动制度同样对空间转换的黏着程度具有显著影响，尤其是以户籍制度为基础的城乡二元就业制度，导致外来工和城市本地居民分别处于不同的就业制度和劳动保障制度之内。其中，由于各类制度和政策对后者倾斜，在后者被动进行空间转换的过程中，转换的主要推动者（企业或政府等）往往需要付出更高的经济或社会成本，因而空间转换的难度较高，表现出更高的黏着特征；而前者则因不具备这些优势，因而呈现出空间转换难度较低、黏着度较低的特征。

总体来看，在具有稳定住所且具有一定组织化程度和社会联系的本地劳动者中，空间转换会遇到相当大的阻力，并耗费较高的经济成本和社会成本；而对于不具备稳定住所、组织化程度不高、社会联系较弱的外来工来讲，空间转换过程则相对容易，耗费成本也相对较小。

黏着度的高低与空间转换成本（经济和社会）的高低紧密挂钩，因而也关联着外来工各类就业模式的空间转换次序：在同时发生正反馈效应积累时，黏着度低的就业类型由于空间转换成本较低，会首先发生空间转换；而对于黏着度高的就业类型，空间转换的时间会发生推迟——需待该类组织的空间正反馈积累到一定程度，即空间贬值形成的地租差足以弥补所耗费的成本时，空间转换才会发生。

进一步结合外来工的就业组合模式分析其空间黏着程度，可以发现：

从就业主体类型来看，“独立型”具有明显的流动特征，空间黏着度较低。首先，该就业组合模式的就业主体为外来工，他们大多数在城市内并没有稳定的居所，居住地可随就业地进行灵活转换，这就意味着他们通常不需要克服空间通勤上的障碍，劳动力再生产过程和地区依恋等要素（与城市本地居民相比）所发挥的作用也相对有限；其次，外来工的“非城市正式居民”的身份，也意味着当地政府不需要将其纳入“正常的”就业体系或劳动保障体系内，也无须为其提供其他各项就业相关服务（如解决企业搬迁所造成的失业安置问题等）；同时，由于外来工多数的社会互动多集中发生于外来工之间，而同城市关系相对较为

---

① 需要注意的是，笔者在此探讨的是作为某种就业组合模式其在空间中的转换，而不是该模式中个体外来工的空间转换，两者的内涵并不相同，且并不存在绝对的一致性，需加以区别。

② Peck J. Workplace：The Social Regulation of Labor Markets [M]. New York：The Guilford Press，1996.

③ 尼尔·寇，菲利普·凯利，杨伟聪. 当代经济地理学导论[M]. 刘卫东，马丽，张晓平，等译. 北京：商务印书馆，2012.

疏离，导致其在当地缺少社会联系，组织相对孤立和扁平化，这也意味着无法形成社会化组织为其争取相应权益。因此，该就业模式空间转换的阻力较小，经济成本和社会成本也相对不高，是最容易发生空间转换的类型。相对来讲，"依附型"（就业组合中以城市就业者或城市居民为主体）则具有较强的黏着度。外来工通常直接进入该就业模式职位网络的底层，与城市就业者共同构成了相对复合的就业组合模式。依赖于本地就业者和居民较强的本地性特征、社会化联系、组织化程度和相关制度保障，"依附型"就业模式整体上显现出比"独立型"更强的黏着度。

从雇佣状态类型来看，"自雇型"表现出更强的空间黏着度。相比受雇外来工，自雇外来工通常在本地拥有相对较高的社会资本、经济所得和固定住所拥有率；同时，地理区位也在一定程度上影响其经济活动效应，因而对空间转换的选择较为慎重，空间黏着度较强。相比而言，"受雇型"黏着度则相对较低。该类就业模式中，外来工通常被纳入所雇企业的统一管理之中，与城市社会的接触和关联相对较少，地理区位与自身薪酬的关系也并非特别紧密，因而对空间关注度并不高，通常是空间转换的被动接受者。

由此，四种类型的就业模式按照其对空间的黏着程度，又可划分为强、中、弱三类（见表2.3）。其中，"独立受雇型"作为黏着度最弱的就业模式，在外部环境发生变动时，最容易对外界做出反应，并发生空间转换；而"依附自雇型"则正好相反，对外部环境的敏感度最低，最不易发生空间转换。

表 2.3　外来工各类就业模式的空间黏着程度

		就业主体类型	
		独立型（流动）	依附型（黏着）
雇佣状态类型	自雇型（黏着）	中黏着度	强黏着度
	受雇型（流动）	弱黏着度	中黏着度

* 资料来源：笔者自制。

可以看出，各类外来工就业组合模式显现的空间黏着程度强弱与空间反馈效应类型具备一定的内在关联：易发生正反馈效应的就业模式（如独立受雇型）具有弱黏着度的特征，而易发生负反馈效应的就业模式（如依附自雇型）则具备强黏着度的特征。这就意味着各类型就业模式在空间转换的过程中可能会呈现出一定的次序渐进关系。如"独立受雇型"（如工厂等）就业模式是最易发生正反馈效应进而诱发地租差产生并逐步增大的就业类型，且其空间黏着度最弱，因而通常是空间转换的首要目标；大量外来工集聚的"独立自雇型"（如集贸市场、缘聚型自雇集聚区等）也较易促发正反馈效应，但由于其空间黏着度较前者高，所以在空间转移次序上会迟于前者，需待正反馈持续积累到一定程度后，地租差产生的利润足以弥补空间转换所消耗的成本时才会发生；而"依附自雇型"和"依附受雇型"通常具有负反馈效应，且空间黏着度较高，因此空间转换的经济成本和社会成本较高，较不易发生空间转换。

2.2.3 外来工就业空间演变的核心过程

结合上述四个层次和空间耦合关系的阐述，笔者概括外来工就业空间演变的核心过程如下：

(1) 发展初期，资本进入城市，城市扩张，激发了城市的劳动力需求，也吸引了外来工进入分割的劳动力市场进行交易，在特定行业集聚，形成各类就业组合模式，并在城市空间上表现出特定的空间分布形态。

(2) 随着城市发展和资本投入(或撤离)、各类就业模式和城市空间发生互动，引发各种空间反馈效应。

(3) 当某类就业模式发生空间正反馈，且正反馈积累到一定程度——地租差所产生的利润足以弥补由于空间黏着强度所耗费的成本时，即会促发城市更新(绅士化)过程，该类就业组织即会发生空间转换。

(4) 空间转换通常伴随着新的资本在另一地区和空间的替代性投入，这在一定程度上也意味着城市的继续扩张，于是再次发生(1)至(3)的变化过程。

值得注意的是，由于发生正反馈的就业组织类型通常为"独立型"，其最初进入城市时通常占据的是城市外围边缘地区。然而伴随着城市建成区的不断扩张，原本的边缘地带逐渐向中心城区靠近，其所占据的空间区位价值开始逐渐显现，潜在地租价格也逐渐增加。但另一方面，该就业组合模式的正反馈效应又会使其所处空间和周边地区成为地租低谷(land value vally)，潜在地租和实际地租的差值一旦促发城市更新过程，该类就业组合就会发生空间转换，并再次外迁至扩张后的城市外围边缘地区，如此往复循环。因此，可以说在一定程度上，外来工就业空间的演化过程就是地租低谷不断外移，并被逐渐利用、赚取利润的持续过程(见图 2.10)。

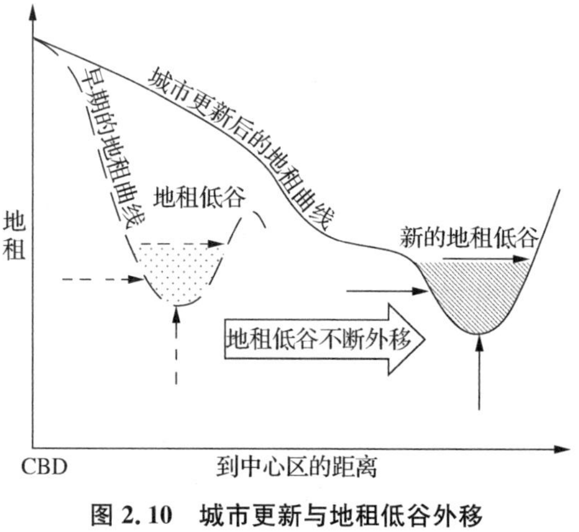

图 2.10 城市更新与地租低谷外移

* 资料来源：笔者自制。

因此，外来工就业空间演变的核心过程又可看作是两类循环要素共同参与的一套循环过程：一类是劳动力要素与空间的循环，外来工劳动力不断进入城市劳动力市场，形成各类就业组合模式，并与城市空间互动，进而在各类空间反馈效应和不同空间黏着程度的空间反应过程中不断进行空间转换的持续过程；另一类是资本要素与空间的循环，是资本为获取地租差产生的利润而在城市内不断运动，并致使正反馈效应产生的地租低谷不断外移的过程。

2.3　外来工就业空间的演变阶段和主要特征

随着参与循环的劳动力要素（外来工劳动力特征、其所在的劳动力市场、所形成的各类就业组合形式吸纳外来工的规模以及城市空间结构和形态）和资本要素（资本作用于空间的方式和程度）的持续变化，外来工各类不同就业组合模式与城市空间互动过程中差异性的空间反馈效应和空间黏着程度也逐渐凸显，相对应的各类就业组合的空间转换过程进而也被相继促发，外来工就业空间的演变会呈现出较为明显的阶段性特征。

2.3.1　阶段一：蛹化阶段（1992年以前）

1）分层次背景

劳动力供给端：随着改革开放后我国农村经济体制改革的逐步深入，农业劳动生产率大幅度提高，长期以来隐藏在农业中的大量剩余劳动力需要寻求出路，城乡之间的“摆动人口”开始出现①。但乡镇企业吸收外来工的能力相对有限②，因而大量外来工开始逐步进入大城市寻求就业机会，并在20世纪90年代初形成巨大的“民工潮”。这些外来工通常处于体力劳动的最佳劳动力年龄，且大多以受雇者身份进城务工，受教育程度总体上很低，学历构成以小学学历为主，文盲比例较高③。

劳动力分筛层：城乡分割的劳动力市场逐步开始扩展。一方面，城市允许农民进城务工、经商；另一方面，我国城市劳动力市场内部也发生了分化，形成体制内的劳动力市场（不完全竞争市场）和体制外的劳动力市场（完全竞争市场）。外来工处于体制外的劳动力市场内，大多数流向非公有制企业（“三资”和私营企业），少数则受雇于公有制企业成为合同工④。该阶段整体上呈现出外来工劳动力多、资金少的特征⑤，在供大于求的劳动力市场中，外来工获得的报酬极为有限。自雇经营（个体工商户）和受雇从业者间的收入落差明显，使一部分拥有资金和技术的外来工转向从事自雇活动⑥。

劳动力组合层：此阶段外来工各类就业组合模式的雏形均已显现。值得注意的是，虽

① 马戎．“摆动人口”与我国农村劳动力的转移[J]．农村经济与社会，1988(4)：33－38，62．

② 丁榕芳．当前农村剩余劳力转移中值得注意的一个倾向[J]．中国经济问题，1988(2)：52－56．

③ 段成荣，杨舸．改革开放30年来流动人口的就业状况变动研究[J]．中国青年研究，2009(4)：53－56，69．

④ 1986年，国务院颁布了国有企业实行劳动合同制暂行办法。此后，关于改革企业用工制度的有关文件相继出台，扩大企业的招工范围。

⑤ 蒙晨，邹农俭．关于亦工亦农阶层状况的调查[J]．人口学刊，1985(4)：26－31．

⑥ 吴晓刚．“下海”：中国城乡劳动力市场转型中的自雇活动与社会分层(1978—1996)[J]．社会学研究，2006(6)：120－146．

呈现出多样化的就业形式，但吸纳外来工的规模主次之分仍旧鲜明(见表 2.4)。其中，C-1和C-2是吸纳外来工最多的就业类型，其次则为A-1(内含大量受雇的外来工)；尽管A-2类由于其高组织化程度①、鲜明的文化边界和高防御性的特征而受到政府和学术界的广泛关注，但就所吸纳外来工规模来讲，远远不如前两类；而B-1、B-2、D-3则由于此时行业容纳的人口规模有限，同样也无能力吸引较多外来工；D-1和D-2尽管能提供一定数量的就业岗位，但其开放对象多为本地市民，仅向外来工有限开放。因此总体上，此时呈现出以“独立受雇型”为主、以其他类型为辅的状态(见表 2.4)。

表 2.4　蛹化阶段外来工主要就业形式及其吸纳的外来工规模

		就业主体类型	
		独立型(外来工主体)	依附型(城市就业者/居民为主体)
雇佣状态类型	自雇型	A. 独立自雇型 A-1 集贸市场(中)； A-2 缘聚型自雇集聚区(小)	B. 依附自雇型 B-1 城市社区内从事居民服务业的自雇经营(小)； B-2 流动摊贩(小)
	受雇型	C. 独立受雇型 C-1 建筑队和装修队(大)； C-2 劳动密集型工厂(大)	D. 依附受雇型 D-1 商业中心区内商业服务业外来工(小)； D-2 企事业单位内临时合同工(小)； D-3 保姆和散工(小)

* 资料来源：笔者搜集相关资料绘制。

空间响应端：改革开放以前，我国城市土地基本上以单一的无偿行政划拨方式供应。改革开放后，城市出现了一些个体工商企业和私营企业，这些企业在使用土地时不能和国有企业享受同等的福利，而需要收取土地使用费用。但整体上此阶段的城市土地还不具备商品属性②，城市建设方式仍处于土地划拨时代。

无偿划拨的土地供应方式意味着城市政府在城市规划和建设过程中拥有着绝对的话语权，而资本的参与程度则相对较弱。因此，尽管此时期资本向城市不断投入，城市空间总体上处于向外扩张态势，但城市的土地利用模式并不完全符合城市经济学理论中“单中心模型”(见 2.1.1 节)的经典描述，而是呈现出混杂性的同质色彩(具体表现为大量的工业用地和居住用地的混合)：从城市中心到外围，依次分布着城市中心(商业区或中央商务区)、城市中心区(大量工业和居住混合)、近郊区内沿(大量工业和居住混合区)、近郊区外缘(工业集中区和农业地区)、都市区内沿(农业地区)、都市区外缘(农业地区)等圈层地域③。城市实体地域仅限于近郊区内沿及其周围的紧临地域，其余的广大地段几乎都是人口缓慢增长的农业地域；在城市实体以内，地域类型也趋于单一，绝大多数地域属于工业、居住混合地带。

---

① 外来工建筑队和装修队通常是基于同乡关系组建，相对具有较强的组织性，但由于他们就业经营活动的直接关联对象主要是发包方，且具有强烈的临时性特征，进入城市社会生活的程度很低，因此并没有得到较高关注。

② 1987 年，深圳、广州、上海等地被批准开展国有土地有偿使用工作，并且深圳市被称为第一个以协议出让方式成交国有土地使用权的城市。1990 年国家颁布的《中华人民共和国城镇国有用地使用权出让和转让暂行条例》，在法律层面上恢复了国有土地的商品属性，这标志着无偿、无限期土地供应制度的终止，城市土地以商品形式进入市场。

③ 冯健，刘玉. 转型期中国城市内部空间重构：特征、模式与机制[J]. 地理科学进展，2007(4)：93-106.

2）空间耦合关系

此阶段，外来工及其所形成的各类就业组合形式开始进入城市空间，在与城市空间互动的过程中呈现出独特的空间分布态势。

“受雇型”就业形式多数处于企业的管理体系内，因此与城市的产业空间交融在一起，逐步流向城市发展和资本投资的密集区域。由于此时城市主要表现出工业和居住区的同步扩张特征，这也成为“受雇型”就业空间形成和变化的共同趋势。

“自雇型”（表2.4中A、B两类）则呈现出更为独特的与城市相互适应的态势。

其中，A-1（集贸市场）主要分布于此时城市实体的边缘（近郊区），可分为农贸市场（政府为解决大量农民进入城市出售农产品而设置的定点市场，自雇经营者也逐渐将其他商品带入农贸市场进行售卖）和其他商品交易市场两大类，逐渐吸引了大批周边农民以及部分拥有资金、技术、产品市场信息且不愿受雇赚取微薄薪水的外来工选择自雇经营①。

A-2（缘聚型自雇集聚区）通常在空间上靠近集贸市场，尤其是城乡结合部便利的交通区位、廉价的租金、集中的房源和宽松的环境②成为吸引其他自雇经营者的初始动力。

B-1类和B-2类一般以社区居民为服务对象，因此随着本地市民对社会服务的需求日益增长和多元化，外来工开始涉足社区，从事相关自雇服务经营行业，在空间上表现为对城市居住空间的占据。但此类就业形式容纳外来工规模相对较小，对当地社区的管理和社会生活影响不突出，且所从事的活动带有拾遗补缺的特点，拥有很强的边缘性和互补性③。

3）就业空间特征表现

总体看来，吸纳人口数量最多的C-2（劳动密集型工厂）在城市中心区、近郊区、近郊外缘均有分布；次多的C-1（建筑队和装修队）具有临时性的特征，主要集中分布于城市建设地区；A-1（集贸市场）则占据了城市实体的边缘地带，即城市的近郊区域；A-2（缘聚型自雇集聚区）则伴随A-1（集贸市场）在近郊集聚，两者共同形成了具有相当规模的外来工就业集聚区；B、D两类“依附型”就业形式吸纳外来工的规模有限，散布于城市中心、国企工厂和居住社区内（见图2.11）。

在空间结构特征上，虽然散步于城市各圈层的工厂吸纳了大量的外来工，但由于整体上布局分散，且空间利用强度不高，其就业中心特征④并不突出。反而是城市边缘（近郊区）的集贸市场群和缘聚型自雇集聚区，随着此类就业形式和空间对外来工的持续吸引，呈现出较高的就业密度，体现出一定的中心集聚特征。故而，此时外来工的就业空间极有可能呈现出近郊“中心”型的结构。由于此类中心吸纳的主要就业人口为外来工，本地就业者相对较少，又可将此类中心称为“独立型中心”⑤。

---

① 如1990年北京西城区全区集贸市场中共有个体户2 679户，从业人员4 230人。其中，外地农民工为3 104人，占从业人员总数的73.4%。资料来源见：时宪民.北京市个体户的发展历程及类别分化——北京西城区个体户研究[J].中国社会科学，1992(5)：19-38.

② 吴晓.“边缘社区”探察——我国流动人口聚居区的现状特征透析[J].城市规划，2003(7)：40-45.

③ 王汉生，刘世定，孙立平，等.“浙江村”：中国农民进入城市的一种独特方式[J].社会学研究，1997(1)：58-69.

④ 现有的就业中心相关研究中，就业中心被认为需具备两点特征：① 就业密度要显著高于周边区域；② 对总体的就业布局具有显著影响力。关于外来工就业中心定义的进一步详细论述可参见4.3.1节。

⑤ 按照就业主体是否是外来工，外来工就业中心可被划分为“依附型”中心和“独立型”中心两类。其中，“依附型”中心通常与城市的就业中心重合，相对来讲具有较高的门槛。外来工在该类中心大量集聚，具有一定的规模和密度，但该类中心所吸纳的就业者以本地劳动力为主。“独立型”中心所吸纳的就业者则以外来工为主，与“依附型”中心相比，该类中心是一类倒置的“低门槛”中心，持续吸引大量外来工就业。更详细的有关外来工就业中心的论述可见4.3.1节。

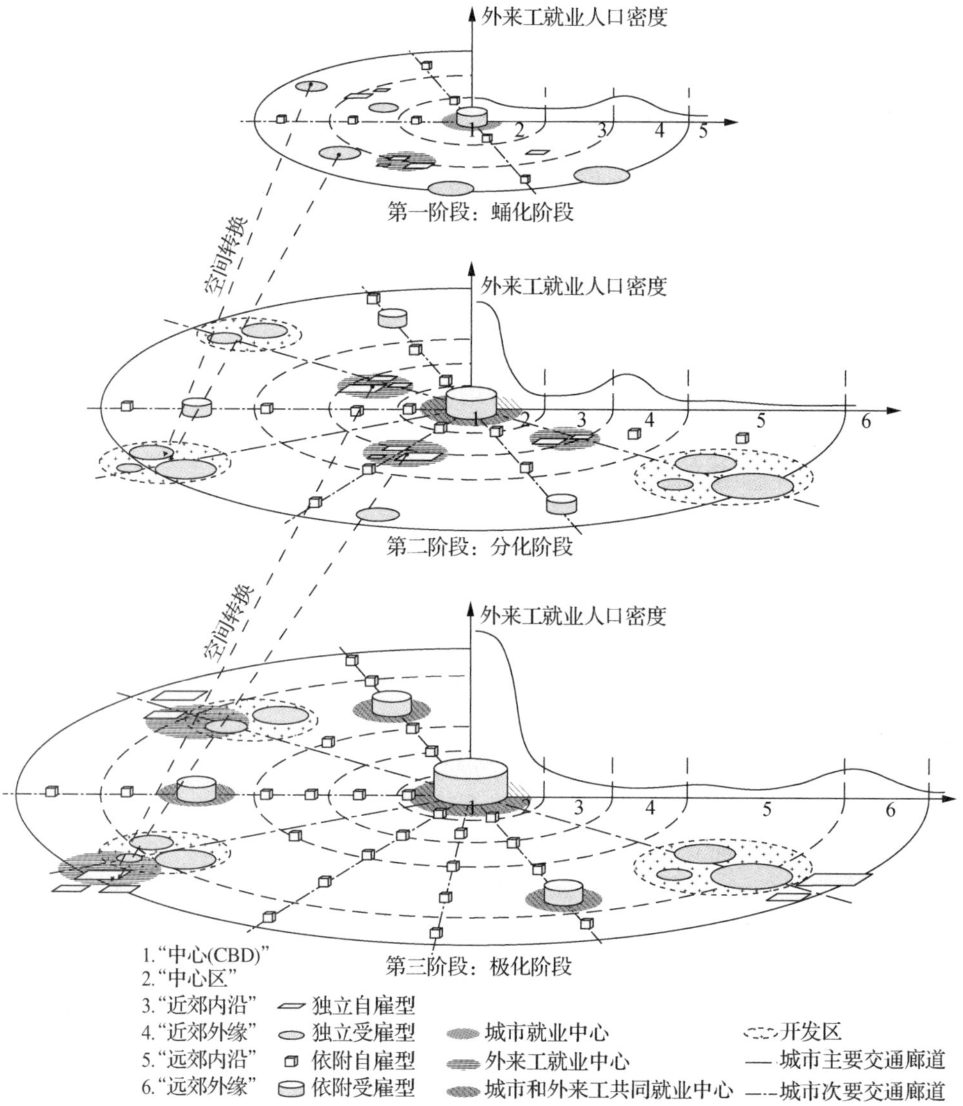

图 2.11 分阶段外来工就业空间特征表现

* 资料来源：笔者自制。

在空间生态特征上，外来工多为同质的青壮年劳力，并未因不同年龄而出现就业分化，受教育程度和人力资本水平普遍较低；尽管从业方向（工业和服务业）有不同，并存在着自雇和被雇的分化，但依托于城市整体上呈现出的居住工业混杂的同质特征，总体来看并不存在显著的空间分异现象。

在个体迁移上，这一时期大多数外来工的迁移体现在"城—乡"之间的候鸟摆动式迁移，外来工在结束城市中的一份工作后回乡，之后再次进城务工。同时，集贸市场成为外来工职业向上流动，从"农民工"向"生意人"进行二次分化，并完成身份转换的重要地点和渠道①。

① 时宪民. 北京市个体户的发展历程及类别分化——北京西城区个体户研究[J]. 中国社会科学，1992(5)：19-38.

2.3.2 阶段二:分化阶段(1992—2008 年)

1) 分层次背景

劳动力供给端:随着 1980 年代生育高峰①所形成的劳动力供给高峰的如期而至,我国农村劳动力的供给也在持续增加,新生代外来工逐步进入城市开始就业。与前一阶段相比,此阶段新增外来工的平均年龄不断提高,受教育程度构成也在不断升级——外来工的学历构成由以小学学历为主转变为以初中学历为主,文盲的比例也在持续下降;主要的流动模式也经历了从“单身、短期型”向“家庭化、长期型”转变。

劳动力分筛层:1992 年邓小平南方谈话后,我国经济改革进一步加快,外商和港澳台商直接投资项目大幅增加,城市开发区建设出现热潮,经济的快速发展对廉价农村劳动力产生了强烈需求。与此同时,我国国有企业改革深化,非国有经济进一步发展,劳动力市场的部门分割也逐渐弱化,产业分割成为主流。随着制造业、建筑业、批发零售贸易和餐饮业②、社会服务业、房地产业等产业向非国有经济开放,吸纳了大量外来工集聚。其中,制造业作为吸收外来工最多的行业,比例逐年增加,批发零售和餐饮业则成为吸纳外来工比例增长最快的行业。而建筑业、交通运输、邮电通信等行业虽然历年吸纳的外来工比例没有太大变化,但随着外来工绝对规模的提高,增长也相当迅速。

劳动力组合层:与上一阶段相比,此阶段各类就业组织吸纳外来工的规模均迅猛增加(见表 2.5)。C-1(建筑队和装修队)和 C-2(劳动密集型工厂)总体上仍为吸纳外来工最多的组织类型,但 A、B、D(尤其是 A-1 和 D-1)的从业人数猛增;而 B-1(社区内自雇经营)和 D-2(企事业单位内临时合同工)也随着城市居住空间和就业空间的发展逐步增加;A-2(缘聚型自雇集聚区)则呈衰退状态,吸纳能力逐渐减弱。总体上,除 A-2(缘聚型自雇集聚区)和 B-2(流动摊贩)外,其他各类就业模式吸纳外来劳动力的规模均有所增长,实现了由前一阶段的以“独立受雇型”为主向多类型综合主导的转化。

空间相应端:土地无偿性的行政划拨被有偿出让方式所取代,这使得城市空间价值尤其是区位价值得以发挥。此阶段城市进入内城更新和郊区扩张的双重繁荣时期,而城市级差地租逐渐成为“过滤”城市经济和社会活动的重要因素。此时大量城市的实体地域已基本上扩展到整个近郊区的外缘,而城市实体内部也呈现出经济活动和居住空间的分化和分异:承租能力弱的工业功能开始向地租相对较低的城市郊区转移,城市“三产”产业以及商务活动开始向城市中心集中,在人群分化上表现为中高经济收入群体的中产阶级开始侵入区位条件好的城市中心区,原本居住在城市传统中心的中低收入群体随着城市改造的拆迁

① 自从 1972 年我国实施强有力的计划生育政策以来,我国人口的出生率与生育率迅猛下降。但在 1981 年至 1990 年的十年时间中,我国人口的出生水平相对高于 20 世纪 70 年代末期和 90 年代以来的出生水平。这次出生高峰并不是由于妇女的生育率高引起的,而是由于当时人口的年龄结构所导致——育龄妇女,特别是旺育年龄妇女在总人口中所占的比重较高。

② 尽管在“下岗潮”时期,为保证城市下岗职工就业安置,各城市对外来工的职业、行业等做出一些管理要求限制,(如南京市商店营业员、宾馆服务员、保安、保管员等工种都被列为禁止使用外来劳动力的行列),但竞争化的劳动力市场上,雇主更倾向于选择工资较低的外来工,因而许多受限制的行业和工种仍有大批外来工就业。

过程不得不向城市边缘迁移①（绅士化过程），但同时郊区就业人口的快速发展也为新的就业中心的孕育提供了巨大能量。

表 2.5　分化阶段外来工主要就业形式及其吸纳的外来工规模变化

		就业主体类型	
		独立型（外来工主体）	依附型（城市就业者/居民为主体）
雇佣状态类型	自雇型	A. 独立自雇型 A-1 集贸市场、批发市场（中→大）； A-2 缘聚型自雇集聚区（小→小）	B. 依附自雇型 B-1 城市社区内从事居民服务业的自雇经营（小→中）； B-2 流动摊贩（小→小）
	受雇型	C. 独立受雇型 C-1 建筑队和装修队（大→中）； C-2 劳动密集型工厂（大→大）	D. 依附受雇型 D-1 CBD 内商业服务业外来工（小→大）； D-2 企事业单位内临时合同工（小→中）； D-3 保姆和散工（小→小）

*资料来源：笔者搜集相关资料绘制。

2）空间耦合关系

在此阶段，A-2（缘聚型自雇集聚区）和C-2（劳动密集型工厂）发生了较为明显的空间正反馈效应，并由于其相对较低的黏着度成为空间转换的首选对象。下面将分别进行论述。

（1）缘聚型自雇集聚区

缘聚型自雇集聚区通常落脚于城市边缘的城乡结合地带。一方面，以地缘和亲缘等传统纽带为依托，此类集聚区不断吸引外来工就业和聚居，并在空间上逐渐扩张壮大；城乡结合部宽松的管制环境既给了这类就业组织极大的发展空间，但同时这种城乡并存的"行政管理真空"也导致了各类社会问题的频繁出现，对社会治安具有负面影响，正反馈效应凸显。而另一方面，随着城市的发展和扩张，他们所占据的城市边缘位置逐渐成为城市的核心边缘甚至核心地带，土地的区位价值逐步显现。一边是不断吸引外来工进入的混乱低门槛集聚区，一边是逐渐增加的潜在地租，两者的差值产生巨大的利润（双轨制的城乡土地市场的存在也加大了该类空间转换过程可获取的地租差利润），于是"驱逐"该类就业组合模式具备了初始动力。作为"非正式居民"的"非正式就业"的"非正式组织"，对他们进行"驱逐"消耗的经济成本和社会成本极低，因此，缘聚型集聚区成为首先被"驱逐"的就业组织类型，相关主体或是转行，或是外迁至更远的城乡结合地带或城中村。于是此类就业组织所占据空间的地区不断外迁，占地不断缩小，吸纳的外来工规模也在不断降低。

（2）劳动密集型工厂

与缘聚型自雇集聚区类似，大量劳动密集型工厂分布于城市近郊地带，空气污染、低效利用等问题同样促发了该类组织和城市空间的正反馈效应。随着城市的扩张和潜在地租的增加，此类就业类型也成为被"驱逐"的对象，加之该类就业组织的极低空间黏着程度（见2.2.2 节论述），在城市"退二进三"政策下，此类空间较为轻易地被转至城市更外围的开发区。

① 冯健，刘玉. 转型期中国城市内部空间重构：特征、模式与机制[J]. 地理科学进展，2007(4)：93-106.

3) 就业空间特征表现

总体看来,各类组织类型都吸引了相当规模的外来工就业,但在空间分布上呈现出分化。其中,吸引外来工规模最大的C-2(劳动密集型工厂)逐渐外移至开发区;C-1(建筑队和装修队)的临时性特征,使其仍旧大量分布于城市建设地区;而D-1(CBD内商业服务业外来工)、D-2(企事业单位内临时合同工)则在城市中心大量集聚;A-1(集贸市场、批发市场)通常在原地扩张发展,A-2(缘聚型自雇集聚区)则相对萎缩并外移至更边缘的城乡结合部或城中村;B-1(社区内自雇经营)、B-2(流动摊贩)和D-3(保姆和散工)则随城市发展扩充至各社区。这一阶段,服务业和制造业在空间的分离逐渐显现,"依附型"和"独立型"也逐步呈现出空间上的分化(见图2.11)。

在空间结构上,CBD集聚了大量的商业服务业就业外来工,同时CBD内强大的空间利用强度使该区域成为外来工就业密度分布最高的区域,体现出一定的就业中心特征;城郊的集贸市场和批发市场群也在一定程度上集聚了外来工就业,虽然由于单位空间容量不足,而导致人口密度相较前者小很多,但仍能体现出一定的中心特性。而城市外围的劳动密集型工厂同样由于空间利用强度极小,虽有大量外来工分布,但整体上仍呈分散布局,中心特征并不突出。因而可以说,此阶段外来工在城市中存在两类中心——位于城市CBD的"依附型"中心和位于城郊的"独立型"中心。

在空间生态特征上,外来工自身呈现出老一代和新一代的分化;同时,随着城市本身制造业和商业服务业的分离,外来工也呈现出相应的职业分化,自雇和被雇的差异也随着大量受雇外来工(劳动密集型工厂)的外迁而在空间上呈现出来。总体而言,空间呈现出明显的分异特征。

在个体迁移上,与前一阶段"城—乡"之间的候鸟摆动式迁移不同,外来工倾向于在城市内部直接进行工作转换。随着社区服务需求的多元化和扩大化,社区内的自雇经营和集贸市场同时成为外来工职业向上流动、发生身份转换的重要地点。

2.3.3 阶段三:极化阶段(2009年至今)

1) 分层次背景

劳动力供给端:随着新生代逐渐成为外来工的主体①,外来工劳动力呈现出新的变化特征。与老一代外来工相比,新生代外来工受教育程度相对较高,人力资本也相对提高,但仍远低于同龄城市户籍人口的水平;同时,新生代外来工对城市生活有一定的融入期望,他们大多不想回到农村,而与中小城市相比,他们也更希望在大城市生活②。

劳动力分筛层:随着我国劳动力市场产业分割阈值的不断扩大,城市劳动力市场也逐步成熟,但纵向的基于人力资本(职业)的劳动分割作用更加明显。随着金融、信息等生产性服务业的快速发展和劳动密集型制造业的显著衰退,我国大城市内部的职业结构和收入

① 国家人口和计划生育委员会2010年流动人口动态监测调查数据表明,16～30岁(1980年代以后出生)的新生代外来工占外来工总数的47.0%。

② 段成荣,马学阳.当前我国新生代农民工的"新"状况[J].人口与经济,2011(4):16-22.

结构出现在高、低两端迅猛膨胀的极化趋势。高收入职业主要分布在金融、贸易等生产性服务业，包括管理人员和专业技术人员等，这些职业拥有较高的可支配收入；而低收入职业处于服务业低端的低技术工作岗位，主要包括在办公楼的工作场所以及餐馆、商店和住宅等生活区域，为高收入阶层提供各类劳务服务的劳动力，收入水平相对贫困化。其中，大量的外来工尤其是新生代外来工只能进入上述低收入职业中寻求就业。

劳动力组合层：与前一阶段相比，此阶段各类就业组织吸纳外来工的规模逐渐向两极分化(见表 2.6)。其中，各类“独立型”就业组织吸纳外来工的规模大幅减少，而各类“依附型”就业组织吸纳的外来工规模则显著提高，其中，又以 D－1(CBD 内商业服务业外来工)最为显著。

同时，组合模式还会呈现出“新生代”和“老一代”的分化：新生代通常对就业环境有所要求，与老一代相比，他们的就业体现出向制造业和居民服务业集中、从批发零售业和建筑业退出的趋势，因而 C－1(劳动密集型工厂)、B－1(城市社区内从事居民服务业的自雇经营)和 D－1(CBD 内商业服务业外来工)成为吸纳大量新生代外来工的就业组织。

表 2.6　极化阶段外来工主要就业形式及其吸纳的外来工规模变化

		就业主体类型	
		独立型(外来工主体)	依附型(城市就业者/居民为主体)
雇佣状态类型	自雇型	A. 独立自雇型 A－1 集贸市场、批发市场(大→中)； A－2 缘聚型自雇集聚区(小→小)	B. 依附自雇型 B－1 城市社区内从事居民服务业的自雇经营(中→中/新生代)； B－2 流动摊贩(小→小)
	受雇型	C. 独立受雇型 C－1 建筑队和装修队(中→小)； C－2 劳动密集型工厂(大→中/新生代)	D. 依附受雇型 D－1 CBD 内商业服务业外来工(大→大/新生代)； D－2 企事业单位内临时合同工(中→中)； D－3 保姆和散工(小→小)

* 资料来源：笔者搜集相关资料绘制。

空间响应端：随着我国经济发展逐步进入“新常态”，城市发展逐渐由增量发展向存量优化转型，城市结构也开始由单中心向多中心转变，空间趋向多极化。同时，三产产业和商务活动向城市中心集中，并部分向次中心集中，制造业等产业则继续外迁，有些甚至迁出了城市范围。与此对应的人群分化表现为：中高经济收入群体(以及为他们提供各类服务的低收入群体)逐步占据靠近城市中心(或次中心)的空间，而其他中低收入群体逐渐向城市边缘迁移。

2) 空间耦合关系

在此阶段，“依附型”就业形式主要体现为自身内部的更新和提升；“自雇型”就业形势中，A－2(缘聚型自雇集聚区)和 C－2(劳动密集型工厂)发生了较为明显的空间正反馈效应，并由于其相对较低的黏着度成为空间转换的首选对象。其中，又以 A－1(集贸市场、批发市场)的空间转换最为频繁和典型，下文将对其进行详细论述。

A－1(集贸市场、批发市场)的正反馈效应积累明显，尽管具有一定的空间黏着度，但总体上地租差的利润已足以弥补其空间转换所产生的成本，使该类空间成为此阶段空间转换的主要对象。集贸市场和批发市场同缘聚型自雇集聚区一样，长期存在着正反馈效应，即不断地吸引外来工集聚，空间本身存在低效利用现象，并在一定程度上诱发了周边空间的贬值。但是，由于集贸市场和专业市场本身具有正规性质，又与城市消费联系相对紧密，商户相对较多，且涉及部分本地下岗职工安置问题，因此其空间黏着度相对较强，空间转换的经济成本和社会成本也相对较高。不过，随着城市持续的扩张和发展，当正反馈积累达到一定的效应，地租差的利润已足以弥补空间转换的成本时，就不难看到有大量专业市场在此阶段发生空间转移，被迁至城市更外围的地区。

3) 就业空间特征表现

总体看来，“依附型”就业吸引的外来工人口规模在继续攀升，而“独立型”就业吸引的外来工规模开始下降。同时，前者占据了城市中心区的有利位置，后者则逐渐迁至城市外围，两类就业类型在吸纳人口规模上渐行渐远，在空间区位分布上也逐渐极化（见图 2.11）。

在空间结构上，CBD 集聚了大量商业服务业的就业外来工，同时 CBD 强大的空间利用强度使该区域成为外来工就业密度分布最高的区域，就业中心特征明显；同时，城市次中心的发展也会吸引外来工的大量集聚；而随着吸纳大量外来工的工厂、集贸市场和批发市场逐次外迁，远郊区域也极有可能是外来工高度集聚的就业中心。因而可以预判，此阶段外来工在城市中存在两类中心——位于城市 CBD/次中心的“依附型”中心和位于远郊的“独立型”中心。

在空间生态特征上，外来工本身老一代和新一代的分化会逐步加强，制造业和商业、服务业的分化也逐渐加剧；而自雇和被雇的空间分化程度则有所降低——两者的主流就业组织都已相继迁往城市边缘。

在个体迁移上，此阶段会延续前一阶段的特征，但随着新生代外来工在批发、零售业的退出①，加之大城市内集贸市场、批发市场等的逐步消退或外迁，这些传统外来工职业向上流动的途径会有所收窄，社区自雇经营可能成为外来工实现向上流动的最主要途径。

综上所述，外来工就业空间的演变总体上呈现出较为明显的阶段性演变趋势：

在空间结构上，外来工就业空间经历由近郊“独立型”中心的单类中心阶段，向近郊“独立型”中心和 CBD“依附型”中心的“双类中心”共存，再向远郊“独立型”中心＋CBD/次中心“依附型”中心的“双类中心”转变的过程；在空间生态上，外来工就业空间呈现出由混杂同质到逐渐分异的转变过程；在个体迁移上，外来工向上流动（由受雇转向自雇）的地点则呈现出以集贸市场、批发市场为主向以居住社区为主的转变。

值得注意的是，相较于前两个阶段（蛹化阶段和分化阶段），第三阶段（极化阶段）外来工就业空间的演变过程与城市空间发展矛盾最为突出②，对其研究具有典型的实践和政策意义，加之这一阶段具有时效特征，且实证研究数据更易获得，因此，本书以下章节的实证分析将以阶段三（极化阶段）为重点，以实证探讨并验证大城市外来工就业空间在这一阶段

① 目前，针对新生代外来工就业偏好的研究显示：与老一代外来工相比，新生代外来工从事制造业的比例较大，但从事批发、零售业和建筑业的比例则相对较少，新生代外来工呈现出从批发、零售业退出的趋势。详细分析可参见：段成荣，马学阳. 当前我国新生代农民工的“新”状况[J]. 人口与经济，2011(4)：16－22.

② 在蛹化阶段和分化阶段，外来工人口红利促发了城市产业发展，城市产业发展方向与外来工就业吸纳目标大致重合，两者具有方向的一致性和结构上的互补性；在第三阶段，城市空间发展与外来工就业吸纳的矛盾愈加突出——城市化进程的持续意味着还存在农村劳动力向城市逐渐转移的整体需求，而大城市基于提升自身竞争力的目标，追求更高的劳动生产率和土地利用效率，产业逐渐由劳动密集型、资本密集型转向并不具备吸收劳动力就业优势的技术密集型和知识密集型。

的演变特征。

2.4 本章小结

本章首先对可借鉴的相关渊源理论进行了梳理和阐述；其次，运用相关理论工具，对外来工就业空间的演变机理进行理论构架；最后，对我国大城市外来工就业空间的演化进行了阶段划分，并初步从就业空间结构、就业空间生态和就业空间迁移三方面的特征进行描述。研究结论如下：

1）城市就业空间结构、居住空间演变、外来工就业和经济空间演变动力相关理论的阐述

在城市就业空间结构上，城市通常以单中心的土地利用模式为构成的基础和核心，呈现出由单中心到多中心演变的趋势；城市居住空间存在着阶层演替，并同时发生着两种反方向的阶层替代过程和空间传递过程；外来工位于一个被多重分割的劳动力市场内（这种分割随着制度性安排产生一定的变动），其在劳动力市场的位置一定程度上决定了其在城市求职过程中的职业地位（低端）和产业分布（竞争行业），而自雇经营则是外来工实现职业地位上升和社会流动的有效途径；资本主义经济体系必然引发时空的动态不平衡和经济增长的空间转换，这也是城市经济空间演变的重要推动力。

2）外来工就业空间的演变机理

笔者提出四个层次架构以分析外来工就业空间的演变机理，它们分别为：① 劳动力的供给端；② 劳动力的分筛层；③ 劳动力的组合层；④ 城市空间的响应端。其中，③④两个层次的空间耦合过程又是促发外来工就业空间转换的主要要素。其中，“空间反馈效应”和“空间黏着程度”是城市空间转换涉及的两个核心问题，前者即转换的初始动力问题，后者则是转换的难易程度问题。空间正反馈效应会导致自身所在空间形成地租低谷，导致潜力地租和实际地租的地租差不断扩大，产生利润；而空间黏着度则反映出空间转换的成本。当利润足以弥补成本时，便会促发城市更新过程，空间转换就会发生（通常被外移）。在一定程度上，外来工就业空间的演化过程是地租低谷不断外移，并被逐渐利用、赚取利润的过程。

3）外来工就业空间的演变阶段和特征

笔者将我国大城市外来工就业空间的演化过程划分为三个阶段——蛹化阶段、分化阶段和极化阶段，并初步对各阶段外来工的就业空间结构、就业空间生态和就业空间迁移状况进行了描述。在空间结构上，外来工就业空间经历由近郊“独立型”中心的单类中心阶段，向近郊“独立型”中心和CBD“依附型”中心的“双类中心”共存，再向远郊“独立型”中心＋CBD/次中心“依附型”中心的“双类中心”转变的过程；在空间生态上，外来工就业空间呈现出由混杂同质到逐渐分异的转变过程；在个体迁移上，外来工向上流动（由受雇转向自雇）的地点则呈现出以集贸市场、批发市场为主向以居住社区为主的转变。

3 研究设计和基本概况

前章的理论分析对外来工就业空间的演变机理进行了一定的探讨，并在此基础上将我国外来工就业空间演变划分为蛹化、分化和极化三个阶段，并从就业空间结构、就业空间生态和个体就业轨迹三方面对大城市外来工就业空间演变的阶段性特征进行分析。

第3章至第6章将进入本书的实证章节，旨在通过案例城市的实证分析，一方面对上述理论假设进行实证验证，另一方面更深刻、细致地剖析外来工就业空间的演变。同时，鉴于外来工就业空间在极化阶段(第三阶段)的演变具有与城市空间发展矛盾最为突出、研究时效性和数据可得性最佳等特征，实证章节将主要选取这一时段作为研究的主要范围。

本章为研究设计章节，旨在对案例城市的就业空间及其演变展开粗略分析的基础上，设计行之有效的调研方案。本章主要分为三大部分：首先，选取案例城市并分析其就业空间的总体演变概况；其次，在此基础上，对选定的案例城市进行研究范围、研究对象和研究时段的划定，使研究具有可操作性，并进一步对调研方案进行设计，以获取具有信度和效度的调研数据；最后，基于调研数据对南京市外来工的人口演变特征、迁移特征和年龄分异特征进行描述，为后续的实证分析提供基本前提和认知背景。

3.1 案例城市选取及概况

3.1.1 案例城市选取

2010年的全国第六次人口普查结果显示，我国流动人口集中于珠三角、长三角、京津冀三大都市圈；而长三角作为全国第二大流动人口圈，集聚了一大批适合展开外来工就业空间演变研究的典型城市，南京便是其中之一。南京外来工在1980年代初仅有10万左右，至2014年年底已达172.89万人①，占总人口的21.04%，具有增长迅速、占比较高等特征；同时相关数据还表明，近年来，南京外来工的增长速率已有所下降，而没有延续近三十年来的持续、快速增长态势。不难看出，南京不但可以为外来工就业空间的研究提供充分的样本，其近年来外来工的减速增长现象也与前文分析的外来工就业空间演变的第三阶段(极化阶段)的背景大致吻合，选取其作为案例城市具有典型性。

另一方面，就业空间的动态演化研究需要相对口历史数据的支撑以及持续的研究跟踪。本人近十年来一直在南京进行学习和研究，对南京较为熟悉，所在课题组曾于2009年9月组织过针对南京市流动人口就业空间的相关数据问卷调查，具有相关历史数据的基础，

① 数据来自《南京市统计年鉴2015》，其外来工数据按南京市内非本地户籍人口计算。

因此选取南京市作为实证研究案例，有条件对外来工就业空间的演化进行研究。

3.1.2 就业空间概况

外来工就业的空间选择与城市提供的就业岗位密切相关，因而对所选城市的就业空间展开总体分析可看作是对外来工就业空间进行演变分析的大前提。本节试图以南京市2004年、2008年和2013年的就业岗位数据为基础，通过对近十年来南京市辖内行政区的就业人口分布和就业空间的格局变化进行大体梳理，以把握外来工就业研究的整体背景。

2004年、2008年和2013年的就业岗位数据分别来自《江苏经济普查年鉴2004》《江苏经济普查年鉴2008》和《江苏经济普查年鉴2013》，在范围上剔除了2013年刚刚撤县设区的溧水区和高淳区，采用赵虎①等学者采用的“南京都市区”②的范畴。在对城区、郊区的划分上，则参照与经济普查年鉴年份所对应的南京市统计年鉴(2004年、2008年和2013年分别对应2005年、2009年和2014年的南京市经济普查年鉴)对城区郊区的地域划分(见表3.1)，以2013年南京市区划调整后的区划③为标准进行修正，并结合城市功能的发展状况及其相对位置，将南京都市区的城郊进行重新划定(见表3.2)：调整在于将年鉴中认定为城区的建邺区划分至近郊范围，这主要是考虑到建邺区城市建设和功能发展的状况，与鼓楼、秦淮和玄武区相比略为滞后，而与郊区的雨花台区和栖霞区较为类似，因此将其同雨花台区、栖霞区同归为近郊；六合、浦口和江宁则由于其相对地理位置特性(与成熟发展的城区相距较远)而划归为远郊。具体的划分如图3.1所示。

表3.1 南京市统计年鉴对城区、郊区的地域划分表

年份	市区		县
	城区	郊区	
2004	玄武、白下、秦淮、建邺、鼓楼、下关	浦口、栖霞、雨花台、江宁、六合	溧水、高淳
2008	玄武、白下、秦淮、建邺、鼓楼、下关	浦口、栖霞、雨花台、江宁、六合	溧水、高淳
2013	无划分：玄武、秦淮(原白下、秦淮合并)、建邺、鼓楼(原鼓楼、下关合并)、浦口、栖霞、雨花台、江宁、六合、溧水、高淳		

* 资料来源：《南京市统计年鉴2005》《南京市统计年鉴2009》和《南京市统计年鉴2014》，分别对应2004年、2008年和2013年的数据。

表3.2 本书对南京都市区、城区、郊区的地域划分表

一级城郊	二级城郊	涉及城市发展功能	统计单位
城区	城区	功能成熟区	鼓楼、秦淮、玄武
郊区	近郊	新兴区，临近城市功能成熟区	建邺、雨花台、栖霞
	远郊	新兴区，远离城市功能成熟区	六合、浦口、江宁

* 资料来源：笔者自制。

---

① 赵虎. 中国都市区就业空间演化研究——以南京为例[M]. 南京：东南大学出版社，2014.

② 南京市共包含鼓楼、秦淮、玄武、建邺、江宁、浦口、栖霞、雨花台、六合、高淳、溧水11个区，其中高淳和溧水在2013年撤县设区。赵虎(2014)等人的研究将除高淳、溧水以外的9区认定为南京都市区范围。

③ 2013年，南京市进行区划调整，合并原秦淮、白下两区为新的秦淮区，合并原鼓楼、下关两区为新的鼓楼区，溧水县和高淳县分别在原区划范围内撤县建区。

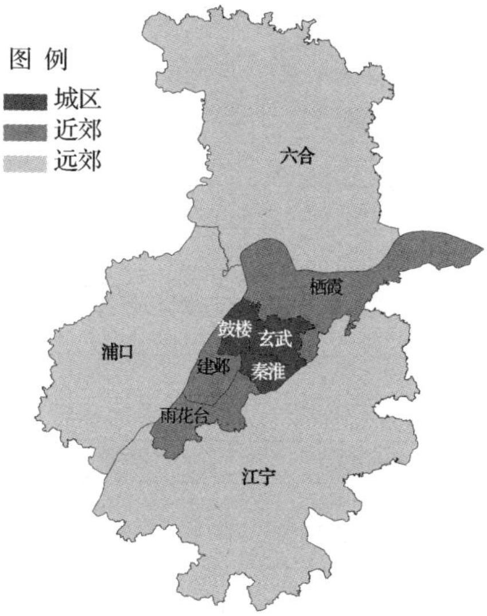

图 3.1 南京都市区(不包含溧水区、高淳区)各圈层范围示意图

＊资料来源:根据表 3.2 绘制。

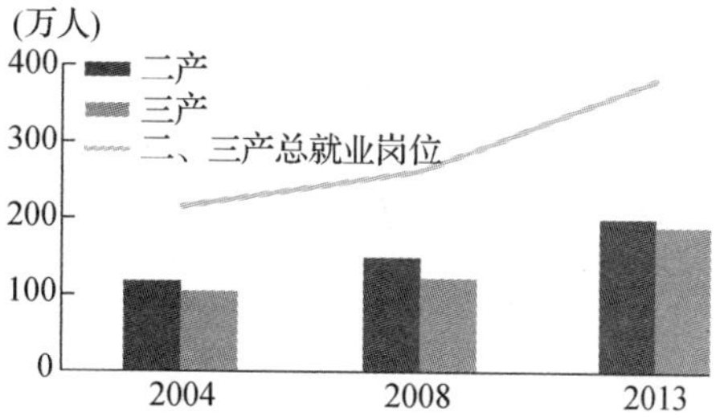

图 3.2 南京都市区就业岗位变动

＊资料来源:笔者根据《江苏经济普查年鉴 2004》《江苏经济普查年鉴 2008》和《江苏经济普查年鉴 2013》整理。

在上述基础上,根据三次经济普查年鉴的数据对南京市就业空间概况进行分析,发现其在总体演变上呈现如下特征:

1) 就业人口持续攀升,三产比例略有增长

自 2004—2013 年年底,南京市第二、第三产业从业人员总量呈现上升趋势。据经济普查数据显示,2013 年第二、第三产业从业人员总数达到 390.39 万人,较 2004 年增长了 75.9%。二产就业人数仍占较大比重,但二产、三产比例从 1.15 下降至 1.06(见图 3.2)。

2) 就业岗位分布密度呈圈层递减,远就业岗位增速呈圈层递增

从 2013 年就业岗位分布上看,呈现出极为明显的圈层递减分布。第一梯度为城区三区,平均就业岗位密度达 8 191.62 个/km^2,其中鼓楼区和秦淮区就业岗位密度分别达到 14 108.81 个/km^2、8 256.78 个/km^2,玄武区则由于紫金山和玄武湖所占面积的影响导致密度数值相对较小,但也达到 3 967.57 个/km^2;第二梯度为近郊三区,平均就业岗位密度达 1 134.94 个/km^2,但内部的就业密度相差很大,最高的建邺区为 3 133.61 个/km^2,接近城区的玄武区,而最低的栖霞区则为 677.14 个/km^2,数值更接近远郊各区县;第三梯度即为远郊三区,三区密度数值相对接近,平均就业岗位密度约为 295.51 个/km^2,约为城区的二十七分之一。

从 2004—2013 年就业岗位增速上看,远郊就业岗位呈倍数增长,浦口、江宁和六合区的增速分别达到 137.18%、98.96%和 77.40%;近郊除建邺区由于其城市副中心的特殊定位快速发展,呈 329.43%的超高速增长外,栖霞区、雨花台区增速分别为 71.89%和 58.33%,与远郊相比较低,呈中速增长态势;而城区仅鼓楼区增速相对较高,为 53.74%,秦淮区和玄武区分别只有19.44%和 1.27%,平均增速仅为 29.58%,总体上属于低速增长(见表 3.3)。

表 3.3　南京市总体就业岗位及其变化

		2013 年总体就业岗位数(个)	2013 年就业岗位密度(个/km²)	2004—2013 年总体就业岗位增长率	2004—2013 年总体就业岗位增长数(个)
城区		1 449 917	8 191.62	29.58%	330 975
其中	玄武区	297 568	3 967.57	1.27%	3 733
	秦淮区	404 582	8 256.78	19.44%	65 853
	鼓楼区	747 767	14 108.81	53.74%	261 389
近郊		692 314	1 134.94	116.19%	372 080
其中	建邺区	260 090	3 133.61	329.43%	199 524
	栖霞区	267 471	677.14	71.89%	111 861
	雨花台区	164 753	1 248.13	58.33%	60 695
远郊		1 165 498	295.51	100.10%	583 037
其中	浦口区	287 701	316.15	137.18%	166 399
	江宁区	550 894	352.46	98.96%	274 012
	六合区	326 903	222.23	77.40%	142 626

* 资料来源:笔者根据《江苏经济普查年鉴 2004》和《江苏经济普查年鉴 2013》整理。

3) 第三产业占比整体上升,第二产业占比逐步下降

城区、近郊、远郊的二产、三产就业岗位比均呈下降趋势(见表 3.4),表明整体上三产占比在上升,而二产占比在下降。但从具体的分区来看,建邺区和鼓楼区呈现出相反的二产占比上升趋势,这主要是由于建设工程量增多和大量建筑业就业人员的增加所致;其他七区的二产、三产比均呈下降趋势,其中以雨花台区表现最为明显,由 2004 年的 2.76 下降到 2013 年的 0.37,由二产主导反转为三产主导,其余区域则均在不改变主导产业的前提下有所变化。

表 3.4　南京市二产、三产就业岗位比

		二产和三产就业岗位比		
		2004 年	2008 年	2013 年
城区		0.48	0.48	0.42
其中	玄武区	0.25	0.20	0.15
	秦淮区	0.49	0.46	0.22
	鼓楼区	0.65	0.69	0.73
近郊		2.22	1.37	0.96
其中	建邺区	0.90	0.51	1.06
	栖霞区	2.89	2.33	1.50
	雨花台区	2.76	1.19	0.37
远郊		3.20	3.08	2.12
其中	浦口区	2.79	2.62	1.72
	江宁区	3.66	3.28	2.22
	六合区	2.91	3.20	2.37

注:二产、三产就业岗位比为二产就业岗位与三产就业岗位的比值。

* 资料来源:笔者根据《江苏经济普查年鉴 2004》《江苏经济普查年鉴 2008》和《江苏经济普查年鉴 2013》整理。

4）第三产业城区高基数慢增长，近郊和远郊低基数快增长，增长人数大致持恒

城区的三产就业岗位基数最大，2013 年共提供了近 102 万个就业岗位，但岗位增长率最低，2004—2013 年间，平均增长率仅为 34.95%，其中最低的玄武区增长率只有9.74%；与之相比，近郊和远郊的平均增速分别达到 255.06%和 168.96%，其中，以近郊的建邺区和雨花台区增速最为明显（增速分别达到 296.39%和 334.80%）。尽管近郊、远郊增速明显，但由于相对就业岗位基数较小，其净人口增长数并未超过城区，造成城区、近郊、远郊的三产就业人口增长数大致持恒（分别为 264 784、253 933 和 234 174）（见表 3.5）。

表 3.5　南京市第三产业就业岗位及其变化

		2013 年三产就业岗位数（个）	2004—2013 年三产就业岗位增长率	2004—2013 年三产就业岗位增加数（个）
城区		1 022 441	34.95%	264 784
其中	玄武区	258 680	9.74%	22 954
	秦淮区	330 781	45.25%	103 046
	鼓楼区	432 980	47.17%	138 784
近郊		353 490	255.06%	253 933
其中	建邺区	126 427	296.39%	94 532
	栖霞区	106 814	166.99%	66 808
	雨花台区	120 249	334.80%	92 593
远郊		372 772	168.96%	234 174
其中	浦口区	105 400	228.96%	73 360
	江宁区	170 706	187.35%	111 299
	六合区	96 666	105.01%	49 515

* 资料来源：笔者根据《江苏经济普查年鉴 2004》和《江苏经济普查年鉴 2013》整理。

5）第二产业城区低基数负增长，远郊高基数正增长，近郊则分异明显

2013 年城区的三区中，玄武区和秦淮区呈现出明显的低基数、负增长情况，两区就业岗位数分别约为 3.89 万和 7.38 万个，较 2004 年各自减少了约 1.92 万和 3.72 万个（近三成）；远郊与城区表现正好相反，不但就业岗位基数较大（总数近 78.92 万个），且平均增长率为 77.81%；近郊各区的表现则不尽相同，雨花台区呈现出和城区相同的低基数、负增长趋势，而栖霞区则呈现出远郊的高基数、正增长趋势。值得注意的是，城区的鼓楼区和近郊的建邺区虽然也表现出与远郊各区相同的变化趋势，但其主要原因在于近年来建设工程量增多而提供了大量的建筑业就业岗位所致，与远郊制造业为主的就业岗位变化趋势不可相提并论（见表 3.6）。

表 3.6　南京市第二产业就业岗位及其变化

		2013 年二产就业岗位数（个）	2004—2013 年二产就业岗位增长率	2004—2013 年二产就业岗位增加数（个）
城区		427 441	18.31%	66 156
其中	玄武区	38 887	−33.08%	−19 222
	秦淮区	73 786	−33.52%	−37 208
	鼓楼区	314 768	63.79%	122 586

续表

		2013年二产就业岗位数(个)	2004—2013年二产就业岗位增长率	2004—2013年二产就业岗位增加数(个)
近郊		338 554	53.42%	117 877
其中	建邺区	133 663	366.20%	104 992
	栖霞区	160 445	38.79%	44 841
	雨花台区	44 446	−41.83%	−31 956
远郊		789 213	77.81%	345 350
其中	浦口区	181 532	103.37%	92 270
	江宁区	378 630	74.10%	161 155
	六合区	229 051	67.04%	91925

* 资料来源：笔者根据《江苏经济普查年鉴2004》和《江苏经济普查年鉴2013》整理。

6）建筑业长期稳定主导，劳动密集型行业逐步向外转移

从法人单位从业数量[①]前三名分析各区的主导行业变化，可以看出：建筑业为城区、近郊和远郊所共有的长期而稳定的主导行业，而信息传输、软件和信息技术服务业已替代制造业成为城区主导行业，替代批发零售成为近郊主导行业；与此同时，制造业和批发零售业则逐步向远郊转移，直至成为远郊的主导行业，使部分劳动密集型为主的行业呈现出逐步向外转移的特征（见表3.7）。具体到各区的行业现况分布（2013年），可以发现：城区、近郊的各区主导行业各不相同，也各具特色；而远郊各区则呈现出略显单一的同质化特征。其中，城区的三区除批发零售业外，还在信息传输、软件和信息技术服务业，交通运输、仓储和邮政业，以及住宿和餐饮业等行业上交替领先，而近郊各区的主导行业也在制造业，建筑业，信息传输、软件和信息技术服务业，批发零售业和教育业中不断变换，只有远郊则较为同质，基本上都集中在制造业、建筑业和批发零售业这三大传统行业上。

表3.7　南京市主导行业变化表

		主导行业		
		2004年	2008年	2013年
城区		制造业/批发零售/建筑业	建筑业/批发零售/制造业(—)	建筑业/批发零售/信息传输、软件和信息技术服务业(＋)
其中	玄武区	交通运输、仓储和邮政业/信息传输、软件和信息技术服务业/制造业	批发零售/制造业/交通运输、仓储和邮政业	批发零售/信息传输、软件和信息技术服务业/交通运输、仓储和邮政业
	秦淮区	批发零售/制造业/建筑业	批发零售/建筑业/制造业	批发零售/建筑业/住宿和餐饮业
	鼓楼区	建筑业/制造业/批发零售	建筑业/批发零售/制造业	建筑业/批发零售/信息传输、软件和信息技术服务业

① 由于缺少分地区、分行业的个体经营户数据，此处仅能通过分地区、分行业的法人单位就业岗位数据进行替代性分析。由于个体户从业人员数相对法人单位用工人数较少，2004年、2008年和2013年分别占总人数的16.85%、19.07%、19.75%，因而笔者认为法人单位的就业岗位数据能在一定程度上准确反映南京市整体的主导行业变化。

续表

		主导行业		
		2004 年	2008 年	2013 年
近郊		制造业/建筑业/批发零售	制造业/建筑业/批发零售(一)	制造业/建筑业/信息传输、软件和信息技术服务业(+)
其中	建邺区	制造业/建筑业/租赁和商务服务业	建筑业/批发零售/制造业	建筑业/批发零售/信息传输、软件和信息技术服务业
	栖霞区	制造业/建筑业/教育	制造业/建筑业/交通运输、仓储和邮政业	制造业/建筑业/教育
	雨花台区	制造业/采矿业/建筑业	制造业/信息传输、软件和信息技术服务业/租赁和商务服务业	信息传输、软件和信息技术服务业/制造业/批发零售
远郊		制造业/建筑业/教育	制造业/建筑业/教育(一)	制造业/建筑业/批发零售(+)
其中	浦口区	制造业/建筑业/教育	制造业/建筑业/公共管理和社会保障	制造业/建筑业/批发零售
	江宁区	制造业/建筑业/教育	制造业/建筑业/教育	制造业/建筑业/批发零售
	六合区	制造业/建筑业/批发零售	制造业/建筑业/教育	制造业/建筑业/批发零售

注:标记"一"为转出主导行业,"+"为新增主导行业。

*资料来源:笔者根据《江苏经济普查年鉴 2004》《江苏经济普查年鉴 2008》和《江苏经济普查年鉴 2013》整理。

7) 个体经营户集中就业于四大行业,吸纳大规模外来工

由于绝大多数外来工的就业单位性质为个体经营户,因而仍有必要对南京市个体经营户的就业人数和岗位总体情况进行分析。相关数据显示,个体经营户行业主要集中在批发和零售业,住宿和餐饮业,居民服务、修理和其他服务业,以及制造业四大行业中,并逐年集中,四大行业总占比已由 2004 年的 78.63%上升至 2013 年的 89.63%,其中又以批发和零售业最为集中,占总个体经营户比重近一半(见表 3.8);而从城市总体来看,虽然个体经营户的就业人数占总行业人数的比例不到 20%,但占据了大量城市服务业岗位,甚至在批发和零售业,住宿和餐饮业,以及居民服务、修理和其他服务业三大行业中已是主导地位(前两者占比约在半数,后者则占到近四分之三的比例,见表 3.9),而这些行业恰恰也是吸纳大量个体户外来工就业的主流行业。

表 3.8 南京市个体经营户行业占比表

年份	个体经营户就业人数(人)	批发和零售业	住宿和餐饮业	居民服务、修理和其他服务业	制造业	四大行业总占比
2013	790 879	56.89%	15.69%	10.03%	7.02%	89.63%
2008	606 119	47.16%	14.57%	9.93%	11.46%	83.12%
2004	527 629	43.59%	14.08%	11.54%	9.42%	78.63%

*资料来源:笔者根据《江苏经济普查年鉴 2004》《江苏经济普查年鉴 2008》和《江苏经济普查年鉴 2013》整理。

表 3.9 南京市个体经营户分行业就业人数占行业从业人数表

年份	个体经营户就业人数(人)	占总行业人数比	批发和零售业占行业从业人数比	住宿和餐饮业占行业从业人数比	居民服务、修理和其他服务业占行业从业人数比
2013	790 879	16.85%	48.83%	53.56%	73.35%
2008	606 119	19.07%	52.25%	50.41%	77.55%
2004	527 629	19.75%	52.67%	53.10%	75.61%

*资料来源:笔者根据《江苏经济普查年鉴 2004》《江苏经济普查年鉴 2008》和《江苏经济普查年鉴 2013》整理。

综上所述，南京市就业空间总体上符合“圈层式”演化的规律，并间杂有“局部特殊发展”的轨迹。

圈层式演化特征具体表现为两个方面：其一，各圈层表现出不同的就业空间演化特征，即城区、近郊和远郊呈现出分异化的就业空间演化趋势。城区总体上就业人口基数较大，就业人口增速较慢，行业以三产为主，主导行业多样且较为高端；远郊则呈现出相反态势，就业人口基数较小，且就业人口增速较快，行业以二产为主，主导行业较为单一且多为传统行业；近郊则位于两个相对极端的“城乡连续统”上，各区在不同方面或偏向城区特性，或偏向远郊特性，总体表现出相对均衡的特征。其二，圈层间呈现出的产业传递关系，即城区、近郊和远郊三者之间存在制造业、批发和零售业等传统产业外迁（或者外部增长）的特征。城区的制造业和近郊的批发零售业外迁，代之以发展高附加值、高技术含量的新兴产业，尽管就业岗位数量增量相对较少，但实现的是存量的优化；而远郊则通过产业转移实现了自身的增量发展。

局部特殊发展的具体表现为个别区域发展独立于圈层式演化的规律之外，尤以鼓楼和建邺两区较为特殊。城区的鼓楼区和近郊的建邺区呈现出二产占比和二产人口显著升高的特征，而建邺区更是成长为南京市就业人口增长的引擎（呈 329.43%的超高速增长）。这些都与城市方向、政策重点等不无关系，使其可以跳出圈层式的普遍规律，而呈现出自己独特的轨迹。

3.2 研究设计

在缺乏专门针对外来工就业的普查情况下，如何对外来工的就业人口及其就业分布进行估算，并探讨其演变规律，以更有效、更精确地探析上述问题，便是本书的难点之一，也是研究设计的最主要部分。笔者试图通过横截面数据和纵贯数据相结合的数据采集和分析方法进行分析。

横截面数据：为不同年份（2009 年和 2015 年）南京市外来工的“社会—经济—空间”属性数据，具有整体特征，通过其纵向对比可有效描述外来工就业空间的结构演变和生态演变。

纵贯数据：为个体就业的时空回溯数据，主要包括外来工个体自进城（南京）以来就业发生变化的每一时间和空间信息，以及相关迁移原因。与面板数据相比，纵贯数据在数据结构和提供的信息方面更加丰富，可更精确和深入地分析外来工就业的迁移特征，探究外来工就业动态变化的深层原因。

3.2.1 调研方案

1）整体数据的获取

外来工隶属于流动人口范畴，当前我国对这类群体空间研究的数据主要来源于统计局发布的人口普查数据或抽样调查数据，并多以暂住人口、非户籍人口或农村户籍人口等数据进行替代分析，如第五次人口普查数据（2000 年）和第六次人口普查数据（2010 年）均包含常住人口、人户一致人口、户籍人口、农村户籍人口的相关信息。在之前众多的相关学者研究中，有的学者通过人口普查中的“常住人口减户籍人口”的计算方式①对流动人口数据进行替代，也有学者根据城区内农村户籍人口数对区域内外来工人数进行大概估算②。然而，以上数据统计均来自居住口径，用其探讨外来工(尤其是职住分离的外来工)的就业空间分布难免会产生一定的偏差。

好在经济普查数据弥补了人口普查数据在这一方面的短板，其统计口径不以“居住地”为依据而替代以“就业地”，然而，相关数据仅对分地区的不同行业或不同单位性质(如企业法人单位、事业法人单位、个体经营户等)的就业人数进行统计，并没有专门针对外来工的对口统计数据。

由此可见，居住口径数据中包含了外来工的社会属性，但仅包含和居住地相关的地理位置信息，不包含和就业地相关的地理位置信息，进而无法有效分析外来工的就业空间特征；而就业口径的数据也无法将外来工单独剥离出来进行分析。因此，在整体数据获取上，本书采取“居住—就业”关联的比例方法，通过如下三个步骤获取外来工的就业信息：① 外来工居住口径的数据获取；② 设计抽样问卷并配比发放，得到外来工的就业地和居住地的双重信息；③ 通过外来工就业地和居住地的比例转换数据，获取就业地口径的外来工数据。其中，步骤①外来工居住口径的数据可以采用公安局暂住人口的数据，步骤③的比例转换数据则可通过如下公式进行计算：

$$ME_i = \frac{ML_i}{P_i} \cdot Q_i \tag{3.1}$$

式中，ME_i 表示统计单元 i 的就业外来工数，ML_i 表示统计单元 i 的居住外来工数，P_i 表示问卷所得的统计单元 i 的居住外来工数，Q_i 表示问卷所得的统计单元 i 的就业外来工数。

由此，步骤②抽样问卷的设计和配比方法则为数据获取的最关键环节。本人所在课题组曾在 2009 年 6 月用此种方法获取 2009 年的外来工就业数据，为进行本书写作，笔者又于 2015 年 6 月采取相同方法获取 2015 年的外来工就业数据，具体调研方法和细节将在 3.2.3 节详细阐述。

2) 个体就业时空回溯数据的获取

此部分数据主要通过大抽样问卷获取，为便于调研外来工个体就业情况，其细化的问卷设计可以和整体就业数据调研所需的问卷结合编制，同样于 2015 年 6 月进行发放，具体调研方法和细节将在 3.2.3 节详细阐述。

3.2.2 研究范围

鉴于时间和精力的限制，笔者需要对研究范围进行重新划定，以在可操作的前提下最大限度地反映南京市外来工就业空间的分布和演化特征。

---

① 周婕，罗逍，谢波. 2000—2010 年特大城市流动人口空间分布及演变特征——以北京、上海、广州、武汉等市为例[J]. 城市规划学刊，2015(6)：56 - 62.

② 王慧，吴晓，强欢欢. 进城农民聚居空间和城市居住空间的关联研究——以南京市主城区为实证[J]. 城市规划，2015，39(5)：52 - 61.

前述分析(见 3.1.2 节)已对南京市都市区的整体就业空间和演变状况进行了大致分析，并得出其总体呈现出“圈层式演化＋局部特殊发展”的规律。城区的鼓楼区、秦淮区、玄武区为绝对的就业人口高密度区，远郊的浦口区、江宁区和六合区为绝对的就业人口低密度区，近郊的建邺区、栖霞区、雨花台区则彼此差异较大。若进一步对南京市非户籍人口分布进行分析①(见表 3.10)，则发现城区和近郊各区的非户籍人口占比相对较大，在此区域内生活的非户籍人口数超过人口总数近五分之一。尽管居住口径的地理数据无法精准地反映出该群体就业地状况，但作为参考，也可初步判断城区和近郊外来工就业的占比也会相对较高。

表 3.10　南京市常住人口和非户籍人口分布表

		常住人口数(万人)		非户籍人口数(万人)		非户籍人口所占比例	
		2013 年	2008 年	2013 年	2008 年	2013 年	2008 年
城区		298.75	294.23	83.64	72.12	28.00%	24.51%
其中	玄武区	66.05	63.37	15.87	12.29	24.03%	19.40%
	秦淮区	103.48	100.49	32.49	28.53	31.40%	28.39%
	鼓楼区	129.22	130.37	35.28	31.30	27.30%	24.01%
近郊		152.67	132.49	57.00	46.00	37.34%	34.72%
其中	建邺区	44.68	45.4	17.03	23.66	38.12%	52.11%
	栖霞区	66.41	51.6	22.76	8.65	34.27%	16.76%
	雨花台区	41.58	35.49	17.21	13.69	41.39%	38.57%
远郊		283.37	248.65	36.92	16.01	13.03%	6.44%
其中	浦口区	72.87	59.97	11.78	6.67	16.17%	11.12%
	江宁区	117.86	97.94	22.24	7.03	18.87%	7.18%
	六合区	92.64	90.74	2.90	2.31	3.13%	2.54%

＊资料来源:笔者根据《南京市统计年鉴 2009》和《南京市统计年鉴 2014》整理。

有鉴于此，笔者认为就业密度相对较大、外来工占比相对较高的城区和近郊同样可以更有效地反映外来工的就业状况，因此可初步将研究范围缩小至城区和近郊。此区域范围面积为 471.93 平方公里，至 2013 年年底含就业人口总数为 214.22 万人，常住人口总数为 451.42 万人，非户籍人口数为 140.64 万人。庞大的面积和人口使得数据获得依然较为困难，因此，笔者进一步结合南京城市建设状况(见图 3.3)，将研究范围限定至南京市绕城高速以内，即通常意义上的南京市主城区范围②。同时为了统计工作的便利开展，研究以行政区划的街道一级作为基本统计单元，并以此为基础对主城区的研究范围进行修正，最终形成了覆盖城区(玄武区、秦淮区、鼓楼区)和近郊(建邺区、栖霞区、雨花台区)6 区 41 个街道的研究范围(见图 3.4、图 3.5)③。

① 数据来自《南京市统计年鉴 2009》和《南京市统计年鉴 2014》。

② 该范围可大致对应第 2 章外来工就业空间特征表现中“中心区＋近郊内沿＋近郊外缘”的区域。

③ 南京市曾在 2013 年年初进行区划调整，因此 2009 年的研究单元与 2015 年略有差异(见附录 2)。本书研究范围和研究单元以 2015 年 9 月为准，对 2009 年的数据进行数据转换。

图 3.3　南京市城市建设斑块发展状况图

＊资料来源：宁昱西，吴晓，顾萌. 南京市进城务工人员的居住空间融入问题及规划应对[J]. 规划师，2016，32(11)：16 - 23.

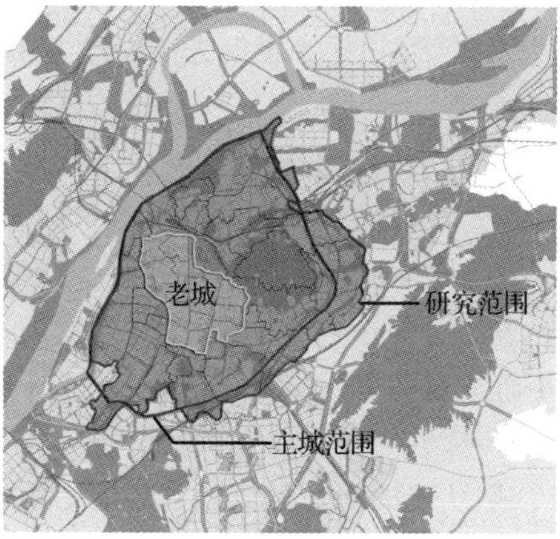

图 3.4　研究范围

＊资料来源：笔者自制。

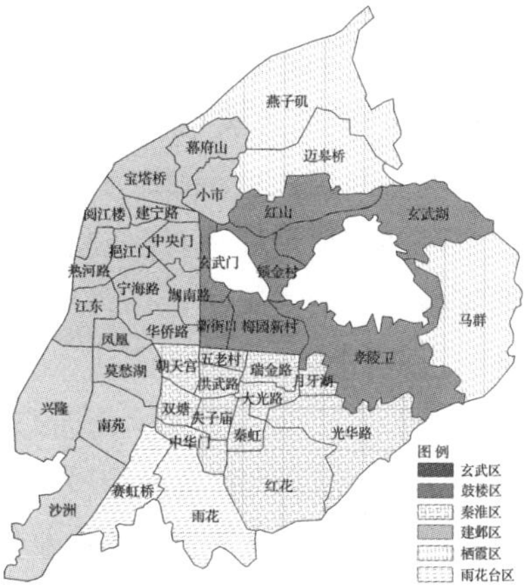

图 3.5　各统计单元范围(2015)

＊资料来源：笔者自制。

该范围具有就业密度高、外来工占比高、城市建设程度高的特点，便于展开后续的抽样调查，是在可操作前提下最能有效反映外来工就业分布和变化的范围；同时，尽管舍弃了远郊以及近郊的较大地区，导致范围内的主导产业为建筑业和第三产业，而制造业相对较少，但仍然具备"城区—近郊"的圈层体系和"局部特殊（建邺局部、鼓楼全部）发展"的特征（见 3.1.2 节），可与前章理论分析中的"中心区＋近郊内沿＋近郊外缘"的区域相对应；加之这一范围更具有就业岗位数量增量相对较少、注重存量优化的鲜明特点，完全为外来工就业空间的演化提供更为独特的地理背景。

3.2.3　问卷设计

抽样问卷设计和配比发放，是确保问卷结果具有较高信度和效度的关键环节，也是数据采集和研究展开的必要前提。

首先，关于数据的信度问题，主要涉及问卷的内容和发放形式的设计。

在问卷内容方面，用于整体性面板分析的南京市外来工的"社会—经济—空间"属性数据，需要对外来工人口的社会经济属性、居住地、就业地等属性信息进行搜集，但也有部分问题涉及隐私，而致使调研对象不愿做出回答，或为了避免麻烦而简化相关信息，因此在问卷内容设计上，这类信息均设计为封闭性选择问题，力求简单、明晰，问卷设计的选项也要尽量与2009年的问卷保持统一。而用于纵贯分析的个体就业时空回溯数据，则考虑到个体流动的动态性和过程的复杂性，采用结构性的问卷记录具有一定的难度，因此设计为开放式问题，以获取更为详尽的内容(见附录1)。

在发放形式上，考虑到开放式问题的答题难度以及部分被调查者由于教育背景等所限而无法完成问卷回答，所以采取访谈式发放，即调研人员按照问卷上的问题对被调查者进行访谈询问，并依照访谈内容在问卷上进行记录。所有调研人员前期均经过培训。

其次，关于数据的效度问题，主要涉及问卷的配比和抽样方式。

根据2010年第六次人口普查数据和公安部门的相关统计数据，研究范围内居住的外来工人数已达81.47万，如按照3 000份的问卷量来发放的话，抽样率也仅为3.68‰左右，样本量相对不足，可能无法有效反映外来工真实的就业分布。

针对这一问题，笔者根据空间抽样理论①②，通过抽样方式的调整来弥补样本数量上的缺陷。空间抽样理论认为，在先验知识不丰富的情况下，简单随机抽样的结果较合理；而当有足够先验知识的情况下，进行空间分层抽样能够使抽样的样点更具代表性，反之则越发不精确。由此，笔者采用“街道访谈＋配比分层抽样方法”，即在问卷发放之前，先通过各研究单元(街道)居委会和流动人口管理中心的访谈了解街道的概况特征，如哪些地区外来工居住较多，哪些地区外来工就业较多，本区域外来工多从事何种职业等。在对各研究单元有了大概了解的基础上，走访其就业地、居住地，并依照从事的职业比例等分层配比发放问卷。工作日集中于工作地发放，节假日则集中于居住地发放。

3.2.4 数据采集

具体的数据采集过程包括(见图3.6)：笔者和课题组调研人员通过各街道公安局的访谈获取2015年年末研究范围内各研究单元(街道)的暂住人口数据，人口总数为110.53万人。基于可操作性的考虑，按2‰的抽样率发放问卷2 210份，配比到各研究单元；然后根据在各研究单元所访谈的街道特征进行二次配比，对调查对象进行访谈式问卷调查。问卷于2015年6月进行发放，共计发放15天，最终获得有效问卷2 156份，其中，就业地有效问卷2 059份，居住地有效问卷2 050份；最后，再将2009年6月发放的问卷按照调整过的研究单元进行数据转码和对应整合，生成各研究单元的具体问卷发放数量统计表(见表3.11)。

① 姜成晟，王劲峰，曹志冬.地理空间抽样理论研究综述[J].地理学报，2009，64(3)：368-380.

② 高丽玲，李新虎，王翠平，等.空间抽样的理论方法与应用分析：以厦门岛问卷调查为例[J].地球信息科学学报，2010，12(3)：358-364.

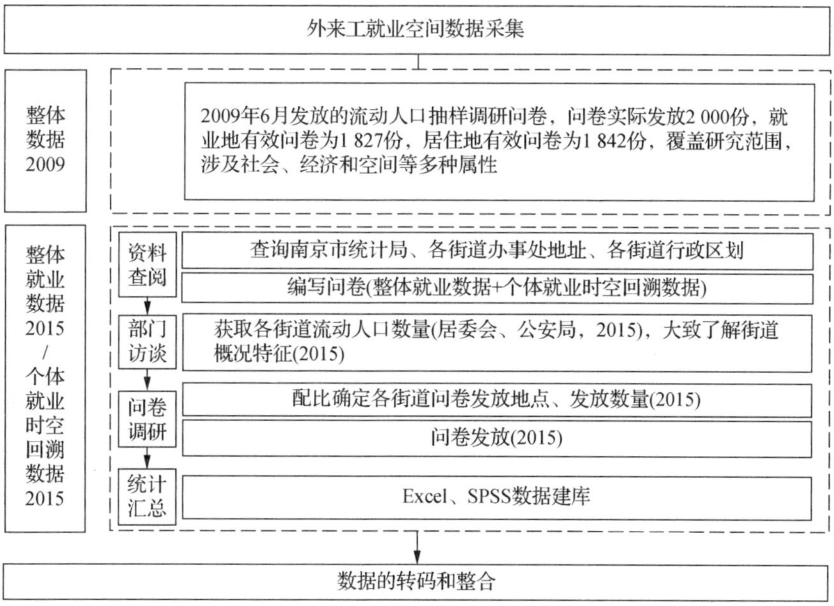

图 3.6 数据采集过程

＊资料来源：笔者自制。

表 3.11 研究范围内各统计单元发放问卷数量统计表

区	街道名称	居住地有效问卷		就业地有效问卷		区	街道名称	居住地有效问卷		就业地有效问卷	
		2015 年	2009 年	2015 年	2009 年			2015 年	2009 年	2015 年	2009 年
玄武	新街口	51	30	87	38	秦淮	五老村	36	23	38	22
	梅园新村	50	62	76	69		洪武路	37	71	32	85
	玄武门	11	23	18	23		大光路	35	52	29	50
	锁金村	21	13	32	18		瑞金路	23	22	24	28
	红山	76	53	53	47		月牙湖	16	16	35	19
	孝陵卫	33	20	30	22		光华路	83	63	64	49
	玄武湖	27	29	32	31		朝天宫	43	79	42	83
鼓楼	宁海路	46	29	40	31		秦虹	40	33	34	38
	华侨路	33	33	32	35		夫子庙	34	43	55	58
	湖南路	30	39	47	43		双塘	64	51	46	46
	挹江门	23	29	51	26		红花	104	29	78	30
	中央门	73	35	80	42		中华门	28	37	18	31
	江东	46	90	38	90	建邺	莫愁湖	120	43	142	44
	凤凰	52	32	55	25		南苑	82	31	82	26
	阅江楼	17	61	10	55		沙洲	114	39	97	35
	宝塔桥	60	51	37	46		兴隆	44	52	49	51
	幕府山	46	42	35	49	栖霞	马群	68	24	60	22
	热河路	23	30	28	34		迈皋桥	97	112	94	101
	建宁路	26	49	38	41		燕子矶	86	94	64	80
	小市	37	73	36	58	雨花台	雨花	54	62	59	56
							赛虹桥	61	51	62	50

＊资料来源：2009 年和 2015 年课题组关于外来工的抽样问卷。

3.2.5 单元划分和数据转换

考虑到本研究的数据采集单元为“街道”级别的行政单元，在一定程度上并不能准确反映市场中人口就业要素自发发展变化的规律。但由于不同街道所属的区级行政单元在引导人口就业过程中确实又起着不可忽视的作用，如前文（见 3.2.1 节）中“局部特殊发展”区域内就业人口的大规模增加现象，即少不了行政力量的干预。因此，在考察外来工就业空间的过程中，既要尽量消减以行政区划为依据而导致的数据失准现象，又不能忽视行政力量对于特定时空范围的非均衡影响（正面或负面）作用。主要操作有二：

其一，考虑到南京市本身的就业空间分布和演化即具有一定的圈层特征，本研究拟采用“圈层划分”方式对已获取的街道层面的外来工就业人口数据进行重新划分和分配，以冲淡行政区划单元所带来的局限。

其二，再结合南京市发展过程中的“特殊局部”，在圈层式分析单元划分上做出一定的调整。笔者认为，城市的“特殊局部”主要体现在城市发展方向上的不同侧重，因此在“圈层”的基础上加入“方向分区”的方法，二次细分划定分析单元。最终在此基础上，将以街道为基本单元的外来工就业数据转换为新单元的外来工就业数据，用以描述外来工就业空间的结构及演变。具体方法和内容可参见各章对应的分析单元和数据转换小节。

3.3 基本概况

3.3.1 外来务工人员就业结构的演变特征

以公安局暂住人口数据为基础，根据“居住—就业”的有效问卷数比例，对研究范围内外来工就业人口进行估算（具体方法见 3.2.1 节，公式 3.1）。在此基础上比较分析 2009 年和 2015 年的就业地有效调查分卷，可大体发现南京市外来工的就业人口结构已发生如下变化：

1）外来工就业规模增加，主城集聚态势初显

数据显示，2009 年研究范围内外来工就业人口规模约为 81.25 万人，占南京市总体常住人口数量的 10.71%，占南京市总体流动人口（非户籍人口）数量的 60.44%①；而 2015 年研究范围内外来工的就业人口规模约为 116.57 万人，占南京市总体常住人口数量的 14.19%，占南京市总体流动人口（非户籍人口）数量的 67.42%②。2009 年至 2015 年间，研究范围内的外来工总量增加 35.32 万人，增速为 43.47%，占总体常住人口的比例和占总体流动人口的比例均有所增加，也说明外来工的就业有向主城范围内集聚之趋势。

① 南京市 2008 年年底常住人口数量为 758.89 万人，其中非户籍人口为 134.43 万人。

② 南京市 2014 年年底常住人口数量为 821.61 万人，其中非户籍人口为 172.89 万人。

2）男性占比较大，但比例逐步降低，年龄结构呈老龄化特征

研究范围内男性外来工数量远大于女性外来工，但男女性别比已由 2009 年的 1.75 下降至 2015 年的 1.24，尽管男性仍占多数，但比例已逐步降低，这与研究范围内吸纳大量男性劳动力的制造业等产业外迁密切相关（见 3.1.2 节）。除性别结构外，外来工的年龄结构也发生了较大变化。通常外来工被认为是城市年轻劳动力的主要来源之一，2009 年超过半数的外来工年龄在 40 岁以下（比例达到 57.69%，以 29～39 岁的青壮年为主）；然而至 2015 年，这一比例已降至 47.55%，60 岁以上的外来工更是显著增多（从 1.97%上升至 5.73%），总体结构呈现出老龄化趋势（见图 3.7）。

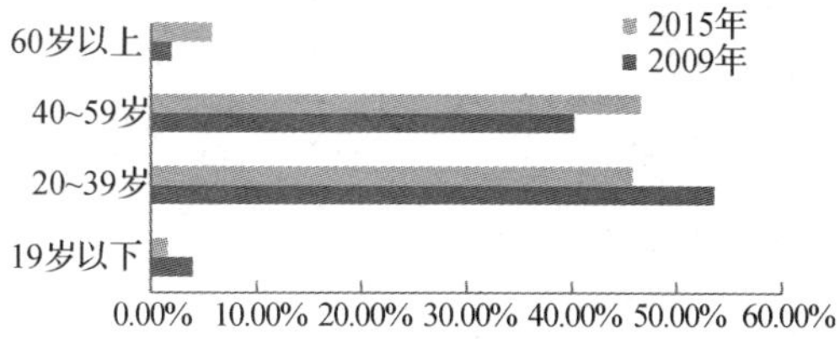

图 3.7　外来工年龄结构变化

＊资料来源：2009 年和 2015 年课题组关于外来工的抽样问卷。

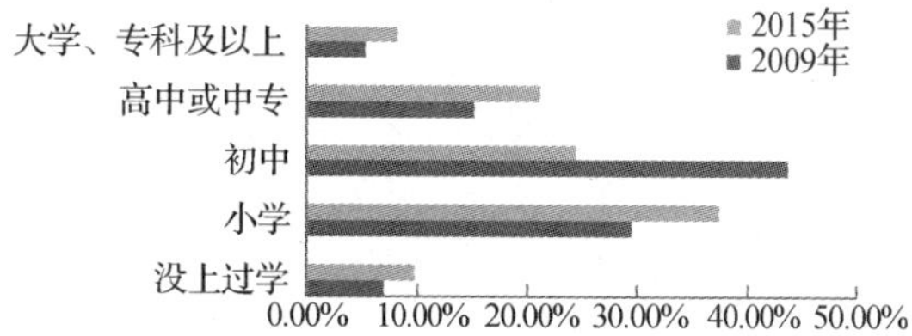

图 3.8　外来工受教育水平变化

＊资料来源：2009 年和 2015 年课题组关于外来工的抽样问卷。

3）低教育程度仍为主体，整体受教育水平呈上升趋势

绝大多数外来工的受教育程度较低（见图 3.8）。大多数外来工的受教育程度为小学或初中（2009 年和 2015 年外来工中小学和初中受教育程度比例分别为 72.90%和61.29%）。整体来看，受教育程度呈上升趋势。数据显示，低教育程度（初中及以下）的外来工在 2009 年的占比为 79.75%，这一数值在 2015 年下降至 70.97%，中等教育程度（高中或中专）的占比却由 15.11%上升至 20.97%，高等教育（大学、专科及以上）的占比也由5.15%上升至 8.06%。

4）安徽取代江苏成为外来工最大来源地，务工经商成为外来工进城的主流目的

安徽和江苏一直是南京外来工的两大主要来源地（见图 3.9），2009 年来自安徽和江苏的外来工占比达 67.43%，至 2015 年已上升至 76.83%；河南作为外来工的第三大来源地，占比已极少，仅为 5%左右。同时，南京外来工来源地还呈现出由以江苏为主向以安徽为主的转变趋向，虽然两者占比均有所上升，但安徽外来工由 2009 年的 32.02%上升至 2015 年的 40.94%，一举超越江苏成为外来工最主要的来源地。另一方面，以务工经商为目的的外来工比例持续增加，由 2009 年的 75.21%上升至 2015 年的 85.38%，谋生营利目的的“经济型流动”特征更显突出（见图 3.10）。

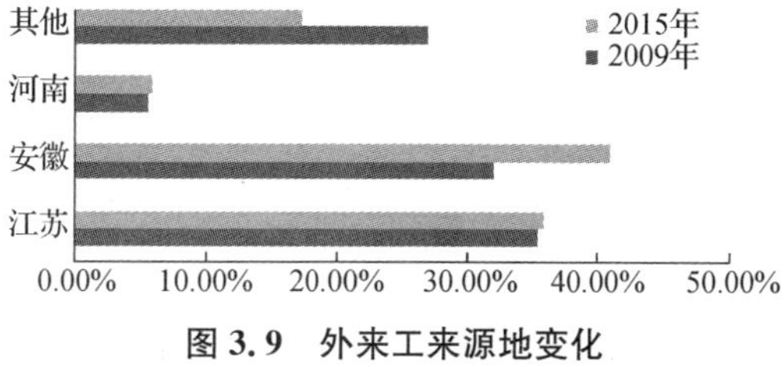

图 3.9　外来工来源地变化

＊资料来源：2009 年和 2015 年课题组关于外来工的抽样问卷。

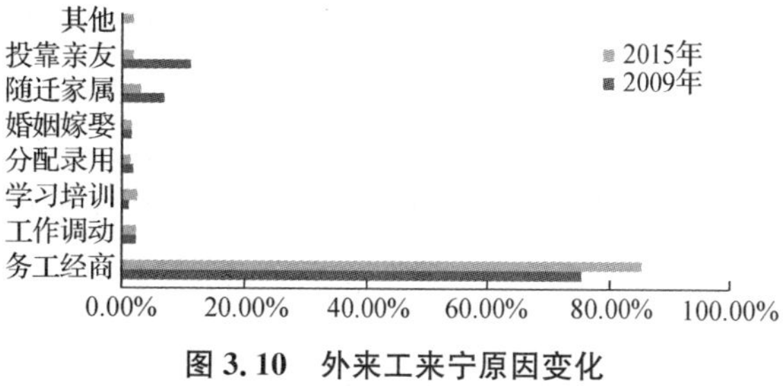

图 3.10　外来工来宁原因变化

＊资料来源：2009 年和 2015 年课题组关于外来工的抽样问卷。

5）就业方向以商业服务业和生产运输设备操作为主，前者逐渐占据绝对主导地位

外来工大量集聚于商业服务业人员和生产运输设备操作人员这两大职业①，且集聚程度不断呈上升趋势。数据显示，在2009年约有90.87%的外来工从事这两类职业，到2015年已升至95.53%。其中，商业服务业人员相对于生产运输设备操作人员而言，就业人口数量更多，且两者差距在不断拉大。至2015年，从事商业服务业的外来工已占据绝对主导地位，其就业人口数量由生产运输设备操作人员数量的1.76倍升至6倍，占全部外来工的81.93%（见图3.11）。这一转变实质上同城市整体的产业布局调整和结构变化（主要为制造业的外迁，见3.1.2节）密切相关。

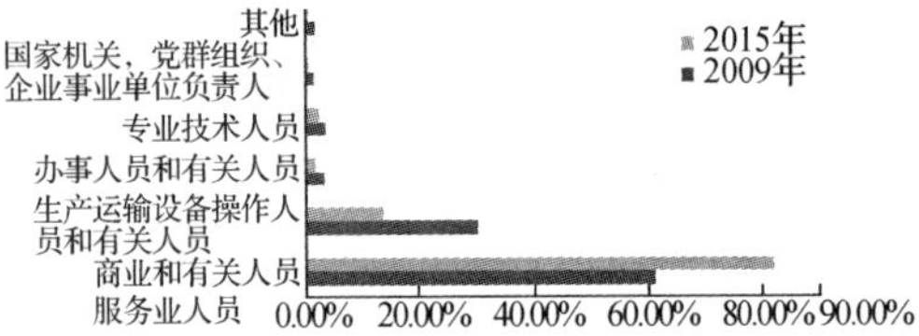

图3.11 外来工职业变化

*资料来源：2009年和2015年课题组关于外来工的抽样问卷。

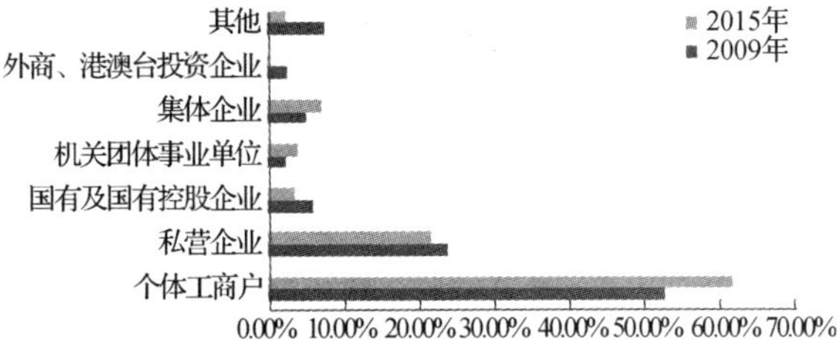

图3.12 外来工从业单位性质变化

*资料来源：2009年和2015年课题组关于外来工的抽样问卷。

6）就业性质以个体工商户和私营企业为主，个体工商户比例显著增大

外来工的就业单位性质主要包括个体工商户和私营企业两类，且有逐步集中之趋势，在这两类单位就业的外来工比例已由2009年的76.68%上升至83.39%，这一数值的提高与个体工商户比例的显著提升休戚相关。数据显示，2009年至2015年，个体工商户吸纳的外来工人数比例由52.82%升至61.83%，而私企吸纳的外来工比例则相对缩小，由23.86%降至21.56%（见图3.12）。这一变化同样受城市整体就业形势的影响：在外来工主要从事的几大行业中，个体经营户在批发和零售业、住宿和餐饮业、居民服务、修理和其他服务业行业中占比较多，私营企业则在制造业行业占比较多，随着城市制造业的外迁和服务业的集中，必然导致外来工在个体工商户就业比例的上升和在私营企业就业比例的下降。

3.3.2 外来务工人员就业结构的分异特征

以2015年6月采集的就业地有效分卷数据为基础，对外来工的个体迁移数据进行分析，大体上可反映当前时间断点（2015年）下南京市外来工就业结构的差异化特征。

1）外来工主体发生变更，半数以上在2009年以后进城

2015年个体回溯数据显示，在所有的外来工中，来宁不到一年的人占到人数总比例的13.84%（按来宁时间为2015年统计），一到三年内的约为22.88%（按来宁时间为2014年、

① 就行业对应来讲，职业分类属于商业服务业人员的外来工主要从事于批发零售、餐饮住宿业、房地产、社会服务等行业，而职业分类属于生产运输设备操作人员及有关人员的外来工则主要从事制造业、建筑业、运输业等行业。

2013 年、2012 年统计)，三至六年(按来宁时间 2011 年、2010 年、2009 年统计)约为19.77%，即总计一半以上的人口(约占 56.48%)在 2009 年以后(含 2009 年)才来到南京(见表 3.12)，2015 年就业外来工的主体和 2009 年相比已发生了巨大变更。

2) 一次迁移和二次迁移共同形塑就业空间的演化格局

2015 年的 2 059 份个体迁移调查问卷显示，共有 421 人(20.45%)曾在不同统计单元间更换过就业地。为考察二次迁移对就业格局演变的影响，笔者重点考察了 2009 年以后发生过就业地迁移的人群，发现在 2009 年至 2015 年间，有 1 703 人(82.71%)未发生过不同统计单元间的就业地更换，而 356 人(17.29%)在此期间发生迁移(见表 3.12)。可见，在原有格局(2009 年以前入宁、2009 年以后未发生迁移的外来工)的基础上，一次迁移(2009 年以后迁入，但未发生就业地迁移)的外来工和二次迁移(2009 年以后发生就业地变动)的外来工一起，共同塑造了就业空间的演化格局，考察外来工个体的就业迁移是我们解析外来工就业空间乃至城市就业空间格局的又一扇关键性窗口。

表 3.12　外来工迁移状况统计表

	2009 年以前来宁		2009 年以后(含 2009 年)来宁		总计人数	
	问卷人数	占比	问卷人数	占比	问卷人数	占比
总外来工人数	896	43.52%	1 163	56.48%	2 059	100%
发生迁移的外来工	264	12.82%	157	7.63%	421	20.45%
2009 年以后发生迁移的外来工	199	9.66%	157	7.63%	356	17.29%
2009 年以后未发生迁移的外来工	697	33.85%	1 006	48.86%	1 703	82.71%

* 资料来源：2015 年课题组关于外来工的抽样问卷。

3) 各年龄段教育水平差异巨大，年龄大小与受教育程度呈现负相关关系

在众多的社会衡量指标中，教育水平是与年龄差异最为相关的因素(见图 3.13)。年轻外来工(40 岁以下)相对老一代具有更高的教育水平。尤其是 20～29 岁年龄段的外来工，具有中等及以上教育水平的人数为低等教育水平的 2.22 倍；而在 30～34 岁、35～39 岁的年龄段中，这一比例骤降至 0.48，中等及以上教育水平人数仅为低等教育水平人数的一半；而在 40 岁以上的人群中，这一比例仅为 0.11，即仅有十分之一左右的人受过中等及以上教育。由此可见，年龄大小与受教育程度呈现负相关关联，而这种关系主要是由于不同年龄段的外来工出生时代和成长背景不同所致，即通常所说的代际差异。

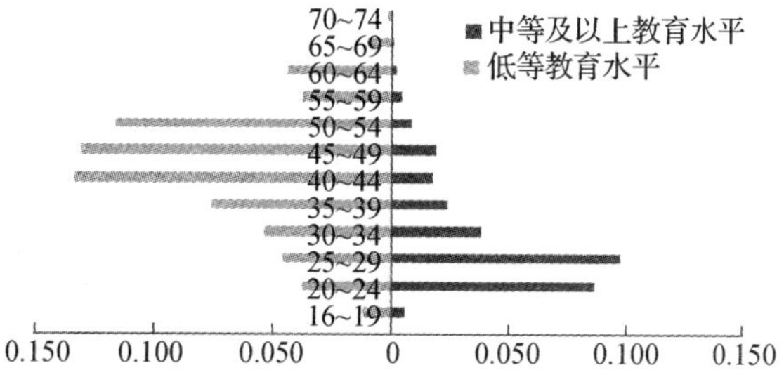

图 3.13　分年龄不同教育水平比例

* 资料来源：2009 年和 2015 年课题组关于外来工的抽样问卷。

4) 各年龄段人群就业特征差异明显，代际差异和生命周期共同作用

除却受教育水平外，分年龄段外来工在就业特征上也呈现出差异。在职业选择上，尽

管各年龄段整体上都存在商业服务业的集聚就业倾向,但仍表现出越年轻越向商业服务业集聚的趋势:在 29 岁以下年龄段的外来工中,从事商业服务业的人数与从事生产运输设备操作的人数的比值为 15.5;在 30～39 岁年龄段中,这一比值骤降为 5.31;在 40～49 岁、50～59 岁的年龄段中,这一比值则又逐渐降至 5.22 和 3.40;直至 60 岁以上的年龄段,由于生产设备制造业对体力和年龄的限制而导致从业人数减少,这一比值反而回升至 7.21(见图 3.14)。

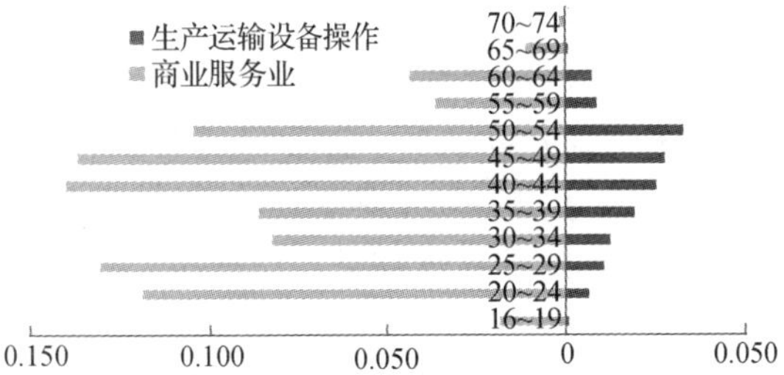

图 3.14　分年龄不同职业比例

* 资料来源:2009 年和 2015 年课题组关于外来工的抽样问卷。

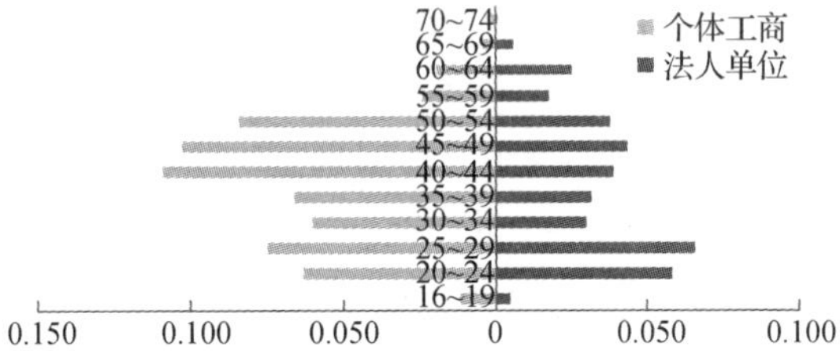

图 3.15　分年龄不同单位性质比例

* 资料来源:2009 年和 2015 年课题组关于外来工的抽样问卷。

在就业单位选择上,30～59 岁年龄段的外来工呈现出明显的个体工商户偏好;30～39 岁年龄段中,就业单位性质为个体工商户的人数与就业单位性质为法人单位的人数比值为 2.06;在 40～49 岁年龄段中,这一比值上升至 2.45;在 50～59 岁年龄段中,这一比值又降为 1.95。整体上个体工商户从业人数是法人单位从业人数的近 2 倍,而在 20～29 岁年龄段中和 60 岁以上年龄段中,这一比值分别为 1.11 和 0.77,两者从业人数相对均衡(见图 3.15)。

笔者认为,与代际差异所导致的整体教育水平差异不同,外来工在职业和就业单位性质上的选择差异是代际差异和年龄差异(生命周期)相结合的产物。如从代际差异角度来看,相较于老一代外来工,年轻一代外来工更不愿从事较脏、较累的建筑业,也更倾向于在相对较为正规的法人单位就职;而从生命周期角度来看,年轻人随着年龄的增长和资本的积累,更倾向于自立门户,自己成为个体工商户,而老一代外来工则由于体力因素也舍弃生产运输设备操作等职业,转而从事商业服务等职业。

5) 年轻人是外来工就业空间演化的重要主体,而中青年发生二次迁移的概率更高

由于年轻的外来工刚刚处于进城求职阶段,大部分都是在 2009 年以后入宁。数据显示,在 29 岁以下年龄段的外来工中,仅有 14.23%的人在 2009 年以前已经在南京工作。而在其他年龄段,2009 年之前进城的外来工则数量稍多(见图 3.16)。可见,年轻外来工是影响和改变 2009 年以来外来工就业空间格局的重要主体。

同时数据显示,中青年外来工(25～39 岁年龄段)具有最高的迁移概率,未迁移人数和迁移人数比为 2.80,这一数值在 25 岁以下的外来工中则达到 5.77,在 40 岁以上的外来工中则为 4.48。无独有偶,中青年外来工在 2009 年以后发生就业地迁移的概率也最大,未迁移人数和迁移人数比为 3.27;而在 25 岁以下和 40 岁以上的外来工中,这一数值分别为 5.77 和 6.07。因此可以说,对外来工的迁移研究还需聚焦于此类高迁移率的群体(见图 3.17、图 3.18)。

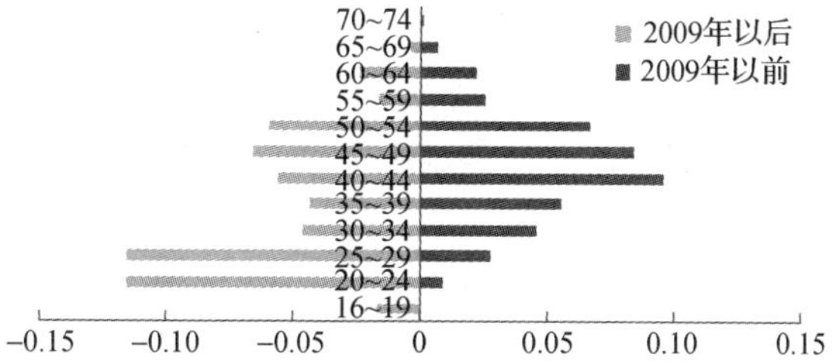

图 3.16　分年龄不同来宁时间比例

＊资料来源：2009 年和 2015 年课题组关于外来工的抽样问卷。

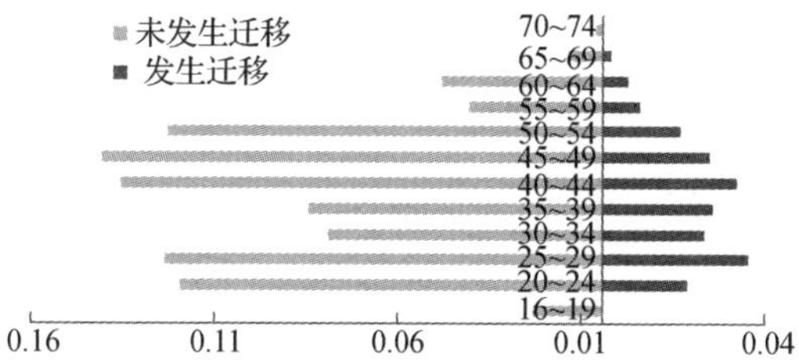

图 3.17　分年龄发生迁移比例

＊资料来源：2009 年和 2015 年课题组关于外来工的抽样问卷。

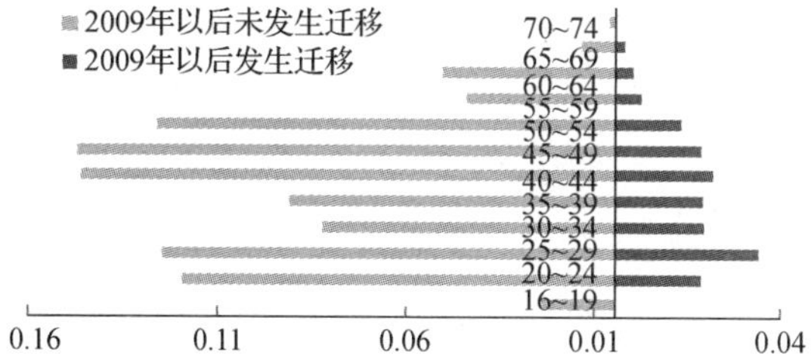

图 3.18　分年龄 2009 年后发生迁移比例

＊资料来源：2009 年和 2015 年课题组关于外来工的抽样问卷。

3.4　本章小结

本章首先论述了选取南京市为案例城市的有效性，并对其就业空间的演变特征进行大致分析，以为后续外来工就业空间的演变分析提供背景基础；其次，提出以“居住—就业”关联比例法为核心的调研方案，基于可操作性、真实性、有效性设计调研方案，采集研究所需数据；最后，基于调研数据对南京市外来工的就业人口演变特征、就业迁移特征和年龄分异特征进行描述，以为后续的实证分析提供基本前提。研究结论如下：

1）将南京市作为案例城市进行外来工就业空间考察具有典型性

南京市可以为外来工就业空间演变的实证研究提供充分的样本，近年来外来工的减速增长现象也呼应本研究侧重于演变第三阶段（极化阶段）的研究重点，作为案例城市极具典型性。

2）南京市就业空间的演变呈现“圈层式”演化＋“局部特殊发展”的轨迹

圈层特征表现为城区、近郊和远郊呈现出就业空间发展的不同趋势以及依次传递的产业替代关系；局部特殊发展体现为政策意图影响下的独立于圈层特征外的高速发展。这种圈层发展作为前提，可为外来工的就业空间分析提供框架。

3）可通过“居住—就业”关联比例法有效地获取就业地口径的外来工数据

选取主城区为研究范围可在可操作性前提下最有效地描述外来工就业特征。通过调研和问卷发放，可通过 2009 年和 2015 年的外来工整体数据考察外来工就业格局空间演变，并通过 2015 年问卷发放的外来工个体时空回溯信息考察外来工个体就业迁移。

4）外来工就业结构呈现明显变化，并呈现出分异特征

外来工就业人数总量增加，并更加向主城集聚；男性比例逐步降低，年龄结构呈老龄化

趋势;低等教育水平仍为主体,整体受教育水平呈上升趋势;就业方向集中于商业服务业和生产运输设备操作业,且商业服务业从业人员逐渐占据绝对主导地位;就业性质以个体工商户和私营企业为主,个体工商户比例显著增大。应重视结构变化所带来的空间演变。

半数以上外来工在2009年以后进城,外来工的一次迁移和二次迁移共同塑造就业空间演化格局;同时,分年龄差异显著,年龄大小与受教育程度呈现负相关关系,职业选择和就业单位性质也随年龄不同呈现变化。年轻人是外来工就业空间演化的重要主体,而中青年发生二次迁移的概率更高,应给予重点关注。

4 集聚:南京市外来务工人员就业空间的结构演变

前章已对南京市就业空间的演变做出归纳,并认为其呈现出圈层扩张,并具有"圈层式"演化+"局部特殊发展"的演变特征。那么,外来工就业空间作为整体之一部分,其就业空间整体呈现出什么样的结构特征?是否存在向心或离心的演化格局?其就业空间结构上又是否经历了不同类型中心体系的演变?其具体的变化特征又是如何?

本章首先会梳理现有外来工就业人口空间分布数据的研究状况,并试图进行分析单元和数据的转换,并在此基础上通过"就业空间分布的演化"以及"就业空间中心的演化"两方面来描述外来工就业空间的结构性特征。其中,在就业空间分布的演变分析中,主要通过总体格局、集聚特征和梯度特征三个维度判断外来工就业空间整体上的演变,而就业空间中心的演化分析则通过就业中心的识别方法,提取出外来工的就业中心,用以更深层次地描绘外来工就业空间结构;同时,在具体的演变分析中,笔者还会进一步关注外来工就业空间结构的演变特征与城市整体就业空间的关联,以更加细致、深入地剖析外来工就业空间结构的演化规律。

4.1 分析单元和数据转换

4.1.1 总体转换思路

以往的人口空间分布研究由于受到数据来源的制约,多以行政区域为分析单元,即多局限于街道层面和区县层面,但并不能准确反映市场中人口就业要素自发发展变化的规律。另一方面,行政力量在引导人口就业过程中确实又起着不可忽视的作用,如前文(见3.1.2节)"局部特殊发展"区域内就业人口的大规模增加现象,即少不了行政力量的干预。因此,可以说在考察就业人口分布的过程中,既要尽量消减以行政区划为依据而导致的数据失准现象,又不能忽视行政力量对于特定时空范围的影响(正面或负面)作用。

针对第一点,有学者采取转换分析单元的方法,以缓和行政分区所带来的数据精确度的误差。如王波、甄峰①曾采取行政区划与交通小区相结合的方法划分基本单元,并将区县层面的就业数据通过用地来修正分配到各个基本单元。然而,此种方法仅适用于分析对象是整体时,而无法区分出不同类型的群体。针对特定群体,王纪武等②通过圈层划分的方式

① 王波,甄峰.南京市区就业空间布局研究[J].人文地理,2011(4):58-65.

② 王纪武,邵雨莲.杭州市老龄人口空间分布及演化规律研究[J].城市规划,2015,39(5):47-51.

对街道层面老年人口数据进行划分。这种方法虽冲淡了行政单元的限制，却已预设了城市的圈层式发展结构，而忽视了城市不同的发展方向所带来的差异，即某些“特殊局部”。

由于南京市本身的就业空间分布和演化即具有一定的圈层特征，因此，本研究拟采用圈层划分方式对已获取的街道层面的外来工就业人口数据进行重新划分和分配，以冲淡行政区划单元所带来的局限。同时，再结合南京市发展过程中的“特殊局部”，在圈层式分析单元划分上做出一定的调整。笔者认为，城市的“特殊局部”主要体现在城市在发展方向上的不同侧重，因此在“圈层”的基础上加入“方向分区”的方法，重新划定分析单元，并在此基础上将以街道为基本单元的外来工就业数据转换为新单元的外来工就业数据，用以描述外来工就业空间的结构及演变①。

4.1.2 分析单元转换

分析单元的转换包括如下三个步骤：

1）确定基本点

圈层分析方法一般将城市中心作为基本点。西方众多的就业空间的研究文献多把城市的CBD作为城市的就业中心，在城市中心区的相关文献中，学者（杨俊宴等，2008）将新街口地区视为南京城市CBD所在地，而众多关于南京市就业空间的研究中（赵虎，2014；王慧等，2014）也是将新街口附近识别为城市就业中心。因此，可将新街口地区初步确定为基本点。在具体选择上，由于中山东路与中山路的交叉口（孙中山铜像处）附近为南京市商业最繁华地段，且几何上也基本位于南京市主城中心区，因此选取此点为圈层分析的基本点。

2）半径选取

研究范围的东西方向最远距离约为21.05 km，南北方向距离最长约为22.59 km。参考王纪武等②对杭州街道层面的老年人口数据的圈层转换的距离数据，笔者选取以1km为基本距离对研究范围进行圈层划分单元。

由此，可以新街口为基本点，以每隔1 km的距离将主城区划分为16个圈层，将研究范围全部包含在内。各圈层半径则为：

$$r_i = 1 + 1(i-1)\quad (i=1,2,\cdots,16)\quad (\text{单位:km}) \tag{4.1}$$

各圈层距城市中心的距离 R_i 即可表示为：

$$R_i = r_{i-1} + (r_i - r_{i-1})/2\quad (i=1,2,\cdots,16)\quad (\text{单位:km}) \tag{4.2}$$

3）方向分区

不同的行政区划是导致城市局部特殊发展的重要原因，其在城市空间上多体现为城市

① 尽管南京市总体的“圈层”特征判定是基于行政区划的“区县”一级单元得出，也是行政区划的“干扰”所致，但考虑到区县作为国家法律规定的一级行政区划和行政单元，行政力量在不同单元之间的差异是各单元人口就业分布和演化差异的重要作用，用此分析单元可一定程度地反映整体就业空间格局，并为后续的细分分析提供一定的参考和借鉴。但在更细分的“街道”一级单元中，“街道”作为区级行政区划的下级行政区划，并不是国家法律规定的一级行政区划，这就意味着：在同一区县的各个街道之间，行政政策上并无明显区分和倾斜，在这种情况下，街道一级的划分方式会导致一定的数据失准；在不同区县的各个街道之间，行政政策差异较大，行政力量对人口就业分布和演化影响较大。因此，需对“街道”这一层级分析单元进行“圈层+分区”的转换。

② 王纪武，邵雨莲. 杭州市老龄人口空间分布及演化规律研究[J]. 城市规划，2015，39(5)：47-51.

在发展方向上的不同侧重。以新街口地区为基准点，南京都市区各行政区划也呈现出较明显的方向特征，如鼓楼区分布在西北侧，玄武区在东北侧，建邺区位西南侧，秦淮区则占据大量东南部区域，栖霞区和雨花台区则分布在南部和东、北部的外围（见图 4.1）。鉴于方向上的一致化考量和单元对应的分析需要，在方向分区上，笔者采用以基准点为中心，东西南北正交方式将各圈层划分为四个象限。第一（东北方向）、二（西北方向）、三（西南方向）、四（东南方向）象限分别由字母 a、b、c、d 表示。将形成的 16×4 的新单元，由 U_{ij}（$i=1,2,\cdots,16$；$j=a,b,c,d$）表示。

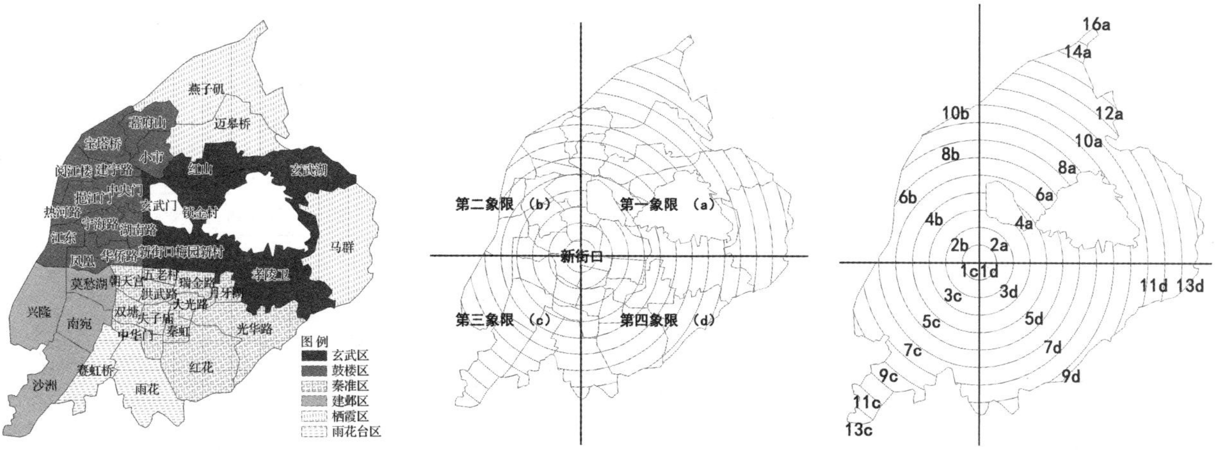

（a）街道行政区分布　　（b）分析单元的“圈层＋方向”转换　　（c）转换后的分析单元

图 4.1　分析单元转换图

＊资料来源：笔者自制。

4.1.3　应用数据转换

将以街道为单元的就业人口密度数据转换为新的分析单元的就业人口密度数据，主要方法如下：

（1）假设新的研究单元 U_{ij} 共包含或穿过 n 个街道，则 U_{ij} 的面积 A_{ij} 可以表示为：

$$A_{ij}=\sum_{m=1}^{n}A_m\quad(i=1,2,\cdots,16;j=\mathrm{a,b,c,d};m=1,2,\cdots,n)\tag{4.3}$$

其中，A_m 表示研究单元 U_{ij} 包含的第 m 个街道的面积；

（2）U_{ij} 的人口 P_{ij} 可以表示为：

$$P_{ij}=\sum_{m=1}^{n}\frac{A_m}{S_m}D_m\quad(i=1,2,\cdots,16;j=\mathrm{a,b,c,d};m=1,2,\cdots,n)\tag{4.4}$$

其中，P_{ij} 表示研究单元 U_{ij} 的就业人口，A_m 表示研究单元 U_{ij} 包含或穿过的第 m 个街道的面积，S_m 表示研究单元 U_{ij} 包含或穿过的第 m 个街道的行政总面积，D_m 表示研究单元 U_{ij} 包含或穿过的第 m 个街道的人口密度。

（3）研究单元 U_{ij} 的就业人口密度的计算模型则可表示为：

$$D_{ij}=P_{ij}/A_{ij}=\sum_{m=1}^{n}\frac{A_m}{S_m}D_m\Big/\sum_{m=1}^{n}A_m$$

$$(i = 1,2,\cdots,16; j = a,b,c,d; m = 1,2,\cdots,n) \tag{4.5}$$

分别将2009年和2015年的数据带入模型，求取不同分析单元外来工就业人口密度，如表4.1所示。

表4.1 新分析单元下就业人口密度表 (人/km²)

序号	距离(km)	a象限人口密度		b象限人口密度		c象限人口密度		d象限人口密度	
		2009年	2015年	2009年	2015年	2009年	2015年	2009年	2015年
1	0.5	4 887.40	16 985.59	5 330.55	5 059.37	16 203.26	12 925.00	10 267.30	20 145.02
2	1.5	4 524.73	13 649.44	4 412.06	6 742.84	13 785.55	14 918.86	14 368.56	16 144.97
3	2.5	3 395.03	7 305.82	3 819.87	6 636.32	6 992.87	19 593.76	11 090.13	13 987.70
4	3.5	1 827.74	3 662.91	3 991.66	7 091.60	3 832.47	9 705.66	8 343.58	11 829.37
5	4.5	1 925.68	3 552.07	4 467.89	8 732.22	2 492.31	4 529.64	3 103.31	9 069.97
6	5.5	2 033.67	1 831.27	5 036.48	5 790.25	2 219.68	3 080.56	1 527.49	5 011.49
7	6.5	2 078.62	1 573.29	3 241.57	1 271.06	1 924.50	2 400.94	1 445.46	2 764.82
8	7.5	2 111.66	1 539.58	1 597.58	731.96	1 276.04	1 612.17	14 73.50	2 237.14
9	8.5	2 050.34	1 408.03	439.19	256.82	539.21	866.48	1 130.90	1 446.20
10	9.5	1 944.79	1 527.40	1.54	0.97	145.07	421.85	226.53	318.20
11	10.5	1 527.36	1 360.66			123.46	359.00	71.74	149.64
12	11.5	971.08	935.21			57.56	167.38	55.58	153.60
13	12.5	493.08	576.93			0.09	0.26	27.66	39.96
14	13.5	113.76	128.43						
15	14.5	40.36	25.56						
16	15.5	1.36	0.86						

* 资料来源：2009年和2015年课题组关于外来工的抽样问卷。

为了能更细致地对外来工的就业空间结构进行描述，笔者也将2009年和2015年分职业①的外来工数据带入模型。由于外来工就业主要集聚于商业服务业人员和生产运输设备操作人员及有关人员两大类别，笔者仅对这两类外来工就业人口密度进行转换求取，结果如表4.2、表4.3所示。

表4.2 新分析单元下商业服务业人员就业人口密度表 (人/km²)

序号	距离(km)	a象限人口密度		b象限人口密度		c象限人口密度		d象限人口密度	
		2009年	2015年	2009年	2015年	2009年	2015年	2009年	2015年
1	0.5	3 223.83	16 134.96	3 306.66	4 693.72	9 912.83	10 792.02	7 257.38	19 201.14
2	1.5	2 863.27	12 511.19	2 692.72	5 824.63	8 107.03	12 761.14	9 883.01	15 449.21
3	2.5	1 969.19	5 964.24	2 581.46	5 893.72	3 284.38	17 411.34	7 686.86	12 139.16
4	3.5	954.45	3 004.11	2 624.46	6 435.78	1 941.08	8 376.96	5 780.76	10 088.01

① 按照职业分类标准，商业服务业人员包括批发零售、贸易餐饮业、金融、保险、房地产、社会服务人员；生产运输业设备操作人员包括制造业、建筑业、运输业人员。

续表

序号	距离(km)	a象限人口密度		b象限人口密度		c象限人口密度		d象限人口密度	
		2009年	2015年	2009年	2015年	2009年	2015年	2009年	2015年
5	4.5	730.42	3 055.79	2 435.91	7 412.46	1 072.63	3 893.34	2 158.68	7 295.73
6	5.5	833.51	1 460.14	2 231.37	4 770.03	925.18	2 437.89	919.44	4 017.66
7	6.5	881.50	1 207.89	1 414.77	1 064.79	840.86	1 656.72	788.03	2 280.89
8	7.5	910.82	1 112.85	784.84	585.00	568.24	1 096.61	808.13	1 928.47
9	8.5	924.56	955.69	221.27	195.42	264.15	524.86	541.40	1 313.53
10	9.5	880.76	1 033.15	0.85	0.52	78.34	223.58	120.86	290.34
11	10.5	685.82	954.75			66.67	190.27	33.01	136.60
12	11.5	453.47	653.77			31.08	88.71	15.01	141.31
13	12.5	220.33	438.04			0.05	0.14	17.71	35.97
14	13.5	55.12	96.59						
15	14.5	22.20	13.55						
16	15.5	0.75	0.46						

* 资料来源:2009年和2015年课题组关于外来工的抽样问卷。

表4.3 新分析单元下生产运输设备操作人员就业人口密度表 (人/km²)

序号	距离(km)	a象限人口密度		b象限人口密度		c象限人口密度		d象限人口密度	
		2009年	2015年	2009年	2015年	2009年	2015年	2009年	2015年
1	0.5	535.96	340.71	621.79	260.48	4 633.79	1 737.62	793.61	14.75
2	1.5	660.67	294.92	644.23	430.09	4 031.86	1 699.90	1 448.72	11.83
3	2.5	799.53	155.95	739.37	284.28	2 351.78	1 531.76	1 847.33	996.82
4	3.5	392.55	111.03	942.14	307.64	1 143.79	912.48	1 630.22	925.69
5	4.5	388.42	158.04	1 357.47	964.50	1 000.64	539.86	565.10	1 158.73
6	5.5	859.33	263.35	1 754.69	875.40	1 001.16	605.55	387.11	731.80
7	6.5	893.11	307.55	953.83	198.42	896.36	706.23	488.95	359.93
8	7.5	794.89	392.40	483.48	146.91	588.10	491.02	741.55	232.67
9	8.5	728.62	427.33	150.38	60.88	228.24	324.47	533.07	59.27
10	9.5	626.74	415.91	0.51	0.44	42.07	185.61	81.39	10.21
11	10.5	518.99	334.13			35.80	157.96	20.85	6.42
12	11.5	363.00	219.66			16.69	73.65	24.86	7.63
13	12.5	187.85	107.67			0.03	0.12	11.68	3.59
14	13.5	33.95	52.15						
15	14.5	13.32	11.50						
16	15.5	0.45	0.39						

* 资料来源:2009年和2015年课题组关于外来工的抽样问卷。

4.2 南京市外来工就业空间分布的演变

以转换过的分析单元和就业人口密度数据为基础，笔者试图从总体格局、集聚特征和梯度特征三个维度来概括 2009 年至 2015 年南京市主城区外来工的就业空间演变特征。

4.2.1 总体格局

根据 GIS 标准分类方法中的自然间断点分级法(Jenks)①将 2009 年和 2015 年的外来工就业人口密度分布分成 4 个层级(见图 4.2)，以用来判断外来工在就业分布上的总体格局特征。可以看出：

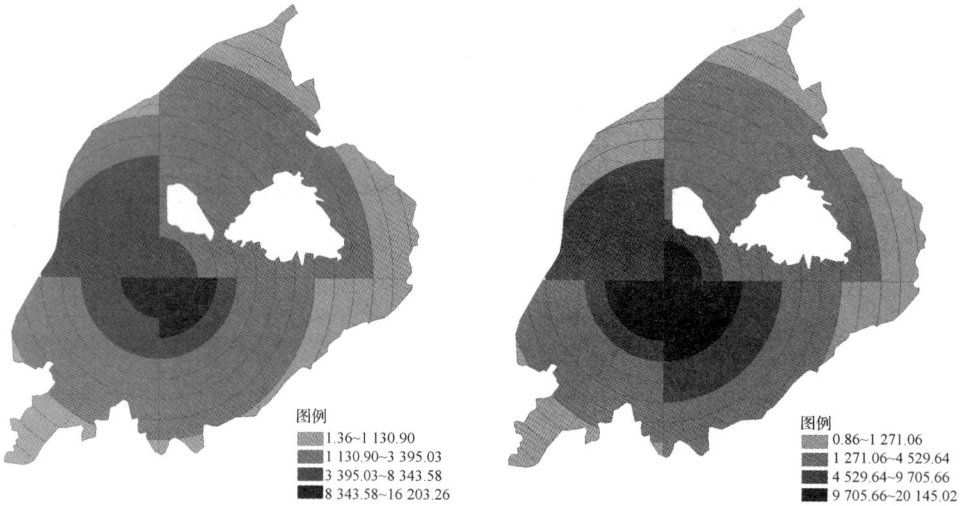

2009 年　　2015 年

图 4.2　基于自然间断点分级法的外来工就业人口密度分布(人/km²)

＊资料来源：2009 年和 2015 年课题组关于外来工的抽样问卷。

1) 2009 年

2009 年的外来工就业人口在空间分布上呈现出明显的“圈层”特征和“方向偏向”特征。第一层级为 1～2c、1～3d，即紧靠基准点的南部 5 个单元，为就业人口分布最为密集的区域；第二层级为 1～2a、1～6b，3～4c 和 4d 11 个单元，属于第一层级分别向外围(以西北方向为主)扩展的区域，为就业人口分布次级的密集区域，此层级显示出明显的方向性特征，即绝大部分区域位于西北部(第二象限)；第三层级为 3～11a，7～8b，5～8c 和 5～8d 19 个单元，为第二层级分别向外围扩展区域，相对而言外来工就业人口分布也较为密集；更外围

① 自然间断点分级法 (Jenks)是一种根据数值统计分布规律分级和分类的统计方法，能使类与类之间的不同最大化。任何统计数列都存在一些自然转折点、特征点，用这些点可以把研究的对象分成性质相似的群组，并可使各个群组之间的差异最大化。

的其余单元则为第四层级，位于主城北部、东部和西南边缘，外来工就业分布较为稀少（见表 4.4）。

表 4.4 2009 年外来工就业人口密度分布层级列表

	数量	圈层分布		分布方向	主要涉及的行政单元
第一层级	5	a	—	基准点南部，以东南方向为主	朝天宫、五老村、洪武路、瑞金路、夫子庙、大光路
		b	—		
		c	1～2		
		d	1～3		
第二层级	11	a	1～2	第一层级向外扩展，以西北方向为主	新街口、华侨路、湖南路、凤凰、江东、宁海路、热河路、挹江门、中央门、莫愁湖、南苑、双塘、中华门、秦虹、大光路、瑞金路
		b	1～6		
		c	3～4		
		d	4		
第三层级	19	a	3～11	第二层级向外扩展	梅园新村、玄武湖、玄武门、小市、红山、孝陵卫、燕子矶、迈皋桥、阅江楼、宝塔桥、幕府山、兴隆、南苑、赛虹桥、雨花、红花、光华路、月牙湖
		b	7～8		
		c	5～8		
		d	5～8		
第四层级	17	a	12～16	主城北部、东部和西南边缘	燕子矶、玄武湖、马群、沙洲、光华路、孝陵卫
		b	9～10		
		c	9～13		
		d	9～13		

* 资料来源：2009 年和 2015 年课题组关于外来工的抽样问卷。

2）2015 年

2015 年的外来工就业人口在空间分布上同样呈现出明显的“圈层”特征和“方向偏向”特征。第一层级为 1～2a、1～3c 和 1～4d，即紧靠基准点东北、西南和东南部的 9 个单元，为就业人口分布最为密集的区域；第二层级为 3a、1～6b、4c 和 5～6d 10 个单元，属于第一层级分别向外围扩展的区域，为就业人口分布次级的密集区域，此层级显示出明显的方向性特征，即绝大部分区域位于西北部（第二象限）；第三层级为 4～11a，5～8c 和 7～9d 15 个单元，为第二层级分别向外围（除西北方向）扩展区域，相对而言外来工就业人口分布也较为密集；更外围的其余单元则为第四层级，位于主城边缘，外来工就业分布较为稀少（见表 4.5）。

表 4.5 2015 年外来工就业人口密度分布层级列表

	数量	圈层分布		分布方向	主要涉及的行政单元
第一层级	9	a	1～2	基准点东北、西南和东南，以东南方向为主	新街口、朝天宫、莫愁湖、双塘、五老村、洪武路、瑞金路、夫子庙、大光路
		b	—		
		c	1～3		
		d	1～4		
第二层级	10	a	3	第一层级向外扩展，以西北方向为主	梅园新村、玄武门、华侨路、湖南路、凤凰、江东、宁海路、热河路、挹江门、中央门、莫愁湖、南苑、中华门、秦虹、雨花、红花、月牙湖
		b	1～6		
		c	4		
		d	5～6		

续表

	数量	圈层分布		分布方向	主要涉及的行政单元
第三层级	15	a	4～11	第二层级向东北、西南和东南扩展	梅园新村、玄武湖、玄武门、小市、红山、孝陵卫、燕子矶、迈皋桥、幕府山、兴隆、南苑、沙洲、赛虹桥、雨花、红花、光华路、月牙湖
		b	—		
		c	5～8		
		d	7～9		
第四层级	18	a	12～16	主城各方向边缘	阅江楼、宝塔桥、幕府山、燕子矶、玄武湖、马群、兴隆、沙洲、孝陵卫
		b	7～10		
		c	9～13		
		d	10～13		

＊资料来源：2009 年和 2015 年课题组关于外来工的抽样问卷。

3）演变特征

总体来看，2009—2015 年间，外来工的就业空间分布在总体格局上并未出现结构性的变化，即均呈现出“圈层”和“方向偏向”基本特征，具体表现为：最密集区均紧邻基准点分布，以东南方向为主，随着从“中心”向“外围”的距离增加，人口密度呈现出层级式降低；基准点西北区域虽然离最密集地区较远但人口密度衰减率也较小，绝大部分地区为人口分布的密集地区。

具体来看，2009—2015 年间，外来工的就业空间分布还显现出“高位扩张化”和“方向移动性”的特征。其中，“高位扩张化”表现为人口密度隶属于第一层级的单元数由 5 个上升至 9 个，表明就业人口在分布上呈现出更进一步的密集区扩张发展的趋势；“方向移动性”则主要表现为最密集区（第一层级）的东移和较密集区（第三层级）西北方向的衰减，表明传统上西北区域对外来工较为强大的就业吸纳能力有所减弱。这一变化与该区域（尤其是阅江楼和宝塔桥街道）产业升级、传统制造业的流失等因素密切相关[①]（见表 4.6）。

表 4.6 外来工就业人口密度分布层级对比表

	数量变化	圈层变化			方向变化	主要涉及的行政单元	
			增加	减少		增加	减少
第一层级	+4	a	+1～2a	—	东北方向的单元显著增加，方向上呈现东移趋势	新街口	—
		b	—	—		—	—
		c	+3c	—		双塘、莫愁湖	—
		d	+4d	—		夫子庙、秦虹、大光路、瑞金路	—
第二层级	−1	a	+3a	−1～2a	单元增减主要为上一层级的扩展，没有展现出明显的方向变化	梅园新村、玄武门	新街口
		b	—	—		—	—
		c	—	−3c		—	双塘、莫愁湖
		d	+5～6d	−4d		江东、热河、挹江门、中央门、建宁路	夫子庙、秦虹、大光路、瑞金路

① 2008—2013 年间，该区域所在的鼓楼区前三位的主导产业发生了由建筑业/批发零售/制造业向建筑业/批发零售/信息传输、软件和信息技术服务业的转变（见 3.1.2 节表 3.7）。

续表

	数量变化	圈层变化			方向变化	主要涉及的行政单元	
			增加	减少		增加	减少
第三层级	−4	a	—	−3a	在上一层级扩展基础上,西北方向单元显著减少,呈现出西北方向衰减区域	—	梅园新村、玄武门
		b	—	−7～8b		—	阅江楼、宝塔桥
		c	—	−5～6c		—	江东、热河、挹江门、中央门、建宁路
		d	+9d	—		光华路、孝陵卫、马群	—
第四层级	+1	a	—	—	在上一层级扩展基础上,西北方向单元显著增加,是第三层级西北方向衰减的结果	—	—
		b	+7～8b	—		阅江楼、宝塔桥	—
		c	—	—		—	—
		d	—	−9d		—	光华路、孝陵卫、马群

* 资料来源:2009 年和 2015 年课题组关于外来工的抽样问卷。

4.2.2　集聚特征

为进一步探讨外来工就业空间演变的集中化特征,采用集中化程度指数来探讨外来工就业空间分布的集中/分散趋势。集中化程度指数对地理要素空间集中程度进行对比的计量指标,其计算公式如下:

$$I=\frac{A-R}{M-R} \tag{4.6}$$

式中,I 为某地理要素的集中化程度指数($0\leqslant I\leqslant 1$);A 为该要素在区域内各统计单元累计百分比的合计数;M 为假定某地理要素分布的集中化程度达到最大时(即该要素 100%集中在某统计单元内,其洛伦茨曲线呈对角线)的累计百分比合计数;R 通常为假定某地理要素平均分布在区域内各统计单元时(表示集中化程度为最小,其洛伦茨曲线完全与对角线重合)的累计百分比合计数。

集中化程度指数位于 0～1 间。当 $I=0$ 时,表明某地理要素平均分布于区域内各统计单元;当 $I=1$ 时,表明某地理要素集中分布于区域内某一统计单元,而其余统计单元完全没有地理要素分布。$I\leqslant 30\%$表示集中化程度极低,$30\%<I\leqslant 50\%$表示集中化程度较低,$50\%<I\leqslant 70\%$表示集中化程度较高,$I>70\%$表示集中化程度极高。集中化程度指数数值越大,则说明该地理要素分布越集中①。

将外来工的就业人口密度数据带入集中化程度指数公式,计算外来工在就业分布上(总体和分方向)的集聚特征。同时,为更细致地反映外来工就业的集中特征,还对细分职业(商业服务业人员和生产运输设备操作人员及有关人员)的就业集中化程度指数进行计算。可以看出:

1) 2009 年

2009 年的外来工就业空间集中化程度指数为 59.08%,集中化程度较高,即就业人口在

① 罗仁朝,王德. 基于聚集指数测度的上海市流动人口分布特征分析[J]. 城市规划汇刊,2008(4):81-86.

某些地区存在较为集聚的现象，符合前节圈层特征的描述。进一步细化分析分职业的集中化程度指数发现，商业服务业外来工的就业空间集中化程度指数为 63.45%，略高于全体外来工，呈现出较高程度的集聚现象，而生产运输设备操作外来工的就业空间集中化程度指数为 53.68%，尽管也表现出较高程度的集聚，但相对前者而言仍显集聚程度较弱(见表 4.7)。

分方向看，2009 年南京市 a、b、c、d 各象限外来工就业密度集中化程度指数分别为 43.05%、33.73%、70.32%、65.99%，呈现出南部高度集中(西南极高、东南较高)和北部低度集中(东北、西北均较低，西北最为分散)的分布模式。进一步细化分析分职业分方向的集中程度发现，尽管存在不同的集聚程度组合方式——东北、西北、西南、东南分别为较高(商业服务业人员)—较低(生产运输设备操作人员)、较低—较低、极高—较高和较高—较高的组合，但仍呈现出与整体(全方向)相似(南部高度、北部低度)的集聚分布格局(见表 4.7)。

表 4.7　2009 年南京市外来工就业集中化程度指数表

	总体	第一象限 (a)	第二象限 (b)	第三象限 (c)	第四象限 (d)
全体外来工	59.08%	43.05%	33.73%	70.32%	65.99%
商业服务业外来工	63.45%	50.34%	36.41%	74.00%	67.94%
生产运输设备操作外来工	53.68%	36.69%	40.15%	65.13%	53.80%

* 资料来源：2009 年和 2015 年课题组关于外来工的抽样问卷。

2) 2015 年

2015 年的外来工就业空间集中化程度指数为 61.21%，集中化程度较高，即就业人口也在某些地区存在较为集聚的现象，符合前节圈层特征的描述。进一步分析分职业的集中化程度指数发现，商业服务业外来工的就业空间集中化程度指数为 63.24%，呈现出较高程度的集聚现象，而生产运输设备操作外来工的就业空间集中化程度指数为 56.38%，尽管也表现出较高程度的集聚，但相对前者而言仍显集聚程度较弱(见表 4.8)。

分方向看，2015 年南京市 a、b、c、d 各象限外来工就业密度集中化程度指数分别为 66.57%、45.51%、65.70%、61.73%，除西北地区较为均衡外，其他三个方向(东北区域、东南区域和西南区域)均呈现出较高集中的分布模式。进一步细化分析分职业分方向的集中程度发现，商业服务业外来工的就业集中化程度指数和全体外来工大致持平(前者略高于后者，差值在 4%以内)，生产运输设备操作外来工则呈现出与全体外来工不尽相同的集聚模式，仅南部区域呈现出与全体外来工相同的较高集中的模式，东北和西北分别呈现出与全体外来工相反的集聚模式(东北方向集中化程度指数较低，而西北集中化程度指数较高)(见表 4.8)。

表 4.8　2015 年南京市外来工就业集中化程度指数表

	总体	第一象限 (a)	第二象限 (b)	第三象限 (c)	第四象限 (d)
全体外来工	61.21%	66.57%	45.51%	65.70%	61.73%
商业服务业外来工	63.24%	70.29%	45.58%	68.06%	63.46%
生产运输设备操作外来工	56.38%	37.62%	50.83%	50.39%	68.72%

* 资料来源：2009 年和 2015 年课题组关于外来工的抽样问卷。

3）演变特征

总体来看，2009—2015 年间，外来工的就业集中化程度指数仅表现出了略微的上升（+2.13%），即仍维持了以“圈层式”特征为基础的较高集中态势，且集中程度有所上升。分职业的就业空间集聚程度同样无明显的剧烈变化，仍维持着较高的集中化，但商业服务业外来工的就业空间集中化程度指数有些许的下降（−0.21%），而生产运输设备操作外来工的就业空间集中化程度指数则有略微的上升（+2.74%）（见表 4.9）。

分方向看，北部区域和南部区域呈现出明显不同的变化趋势（见表 4.9）。北部区域呈现出较为显著的更加集聚的态势（东北、西北两地集中化程度指数变化差值分别为+23.52%和+11.78%），而南部区域则呈现出略弱程度的更加分散的态势（西南、东南两地集中化程度指数变化差值分别为−4.62%和−4.27%）。进一步细分职业分析发现，东北区域的集聚主要体现为商业服务业外来工的就业空间集聚，生产运输设备操作外来工的集聚程度并无明显变化；而西北地区的就业集聚则体现为商业服务业和生产运输设备操作人员的双重集聚；与西北地区相类似，南部地区的就业扩散体现为商业服务业和生产运输设备操作人员的双重扩散。

上述趋势受城市地形、城市产业布局和产业结构，以及城市发展方向等多重因素影响。东北区域由于地形限制（玄武湖和紫金山），导致商业服务业在中心区域大量集聚；而西北地区则由于退二进三、传统产业升级等产业布局的影响，造成传统制造业更加向沿江地区集中、商业服务业更加向城市中心集中，进而呈现出双重集中态势；而南部地区作为城市新的空间发展方向，开发了大片腹地，进而呈现出双重扩散的变化趋势。

表 4.9　2009—2015 年南京市外来工就业集中化程度指数变化表

	总体	第一象限 (a)	第二象限 (b)	第三象限 (c)	第四象限 (d)
全体外来工	+2.13%	+23.52%	+11.78%	−4.62%	−4.27%
商业服务业外来工	−0.21%	+19.96%	+9.17%	−5.94%	−4.48%
生产运输设备操作业外来工	+2.74%	+0.93%	+10.67%	−14.73%	−14.92%

＊资料来源：2009 年和 2015 年课题组关于外来工的抽样问卷。

4.2.3　梯度特征

为进一步探讨南京市外来工就业分布的梯度特征，本节以基准点为中心，绘制不同方向（象限）就业密度随半径距中心点距离的变化图，通过识别变化梯度曲线，来分析南京市外来工就业分布的差异化特征。

1）2009 年

绘制 2009 年各方向“就业人口密度—到中心点距离”的梯度变化图（见图 4.3），可以发现：

南部区域呈中心集中态势，商业服务业外来工和生产运输设备操作外来工均集中于距中心较近的圈层范围（距中心点约 3.5 km 范围内），并随距离中心点的增大而迅速衰减；

东北区域同样呈中心集中趋势，并以商业服务业人员为主，但仅在临近中心区域（距中心点约 2.5 km 范围内）出现人口密度较大区域，并随距离中心点的增大而迅速衰减；

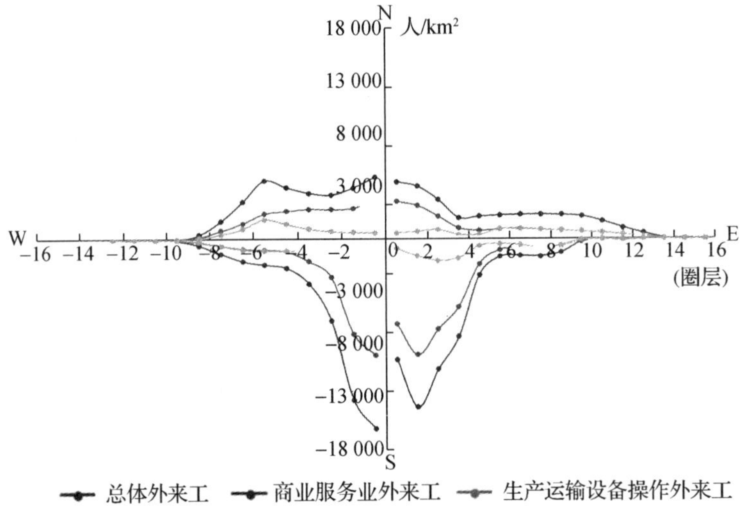

图 4.3　2009 年南京市外来工就业密度梯度图

＊资料来源：2009 年和 2015 年课题组关于外来工的抽样问卷。

西北区域则呈均衡分布态势，商业服务业外来工和生产运输设备操作外来工均较为均衡地分布于此，两者的密度变化规律同其到中心点的距离呈现一定程度的相反关系，且因为相互叠加而没有像其他方向出现明显的梯度递减规律（更接近于波浪式曲线）。

总体而言，南部和东北部区域均呈现出较为明显的"隆升"结构特征（靠近中心区域的就业密度值升高，靠近边缘区域的就业密度值降低），而西北区域呈现出较为"均质"的结构特征。

2）2015 年

绘制 2015 年各方向"就业人口密度—到中心点距离"的梯度变化图（见图 4.4），可以发现：

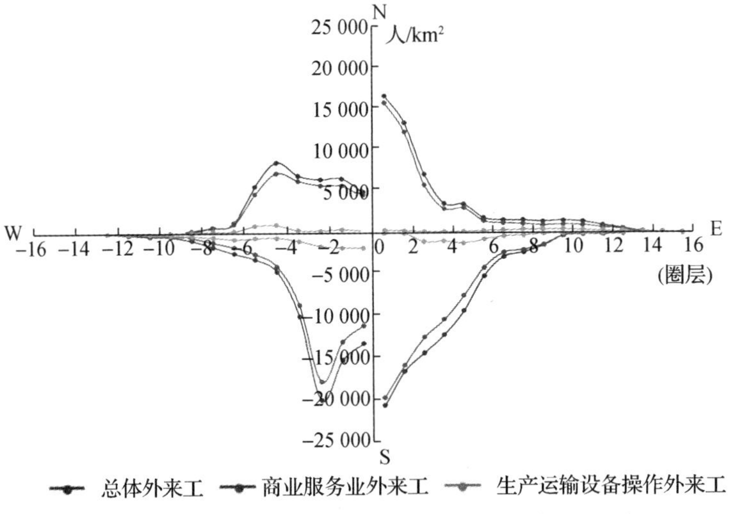

图 4.4　2015 年南京市外来工就业密度梯度图

＊资料来源：2009 年和 2015 年课题组关于外来工的抽样问卷。

南部和东北区域呈中心集中态势,并主要以商业服务业人员为主,集中于距中心较近的圈层范围(距中心点约 4.5 km 范围内),并随距离中心点的增大而迅速衰减;

西北区域则呈均衡分布态势,同样以商业服务业外来工为主,且没有像其他方向出现明显的梯度递减规律,而是随其到中心点距离的增加形成波浪式曲线。

总体而言,南部和东北部区域均呈现出较为明显的"隆升"结构特征,西北区域则呈现出较为"均质"的结构特征。

3)演变特征

总体来看,2009—2015 年间,南京市外来工就业人口密度梯度变化在四个方向上不尽相同(见图 4.5),结合前述的分方向集聚态势加以分析(见 4.2.2 节),可以发现:

东北区域表现出明显的集聚趋势,外来工在近中心地区持续集聚,并在距中心点 1.5 km 的范围内人口密度大幅增加,其后就业密度差值随着距离中心的增加而大幅下降,在距中心点 5.5 km 的范围外甚至出现了人口密度的减少。总体来看,呈现出"垂直向集聚"的特征,这可看作是"隆升"结构的延续与加强。

西北区域则表现为均衡状况下的集聚趋势,在距中心点 5.5 km 的范围内人口密度有所增加,但在 6.5~9.5 km 的范围内人口密度出现减少。总体来看,呈现出均衡状态下"水平向(向内)集聚"的特征,即从"均质"结构向"隆升"结构的转变趋势。

南部区域则表现为集聚状况下的分散趋势,总体上距中心点距离 2.5 km 的范围内人口密度显著增加(尽管西南区域距中心点距离 0.5 km 的范围内人口密度有所下降,就业高值点发生一定的偏移),其后就业密度差值就随着距中心距离的增加而逐步下降。总体来看,呈现出"垂直向集聚+水平向(向外)分散"的特征,呈现出"隆升"结构的"均质化"转变趋势。

这一梯度转变趋势与前节(见 4.2.2 节)所分析的集聚特征相互印证,反映了类似的集聚(和分散)规律,影响要素也基本相同,在此不再赘述。

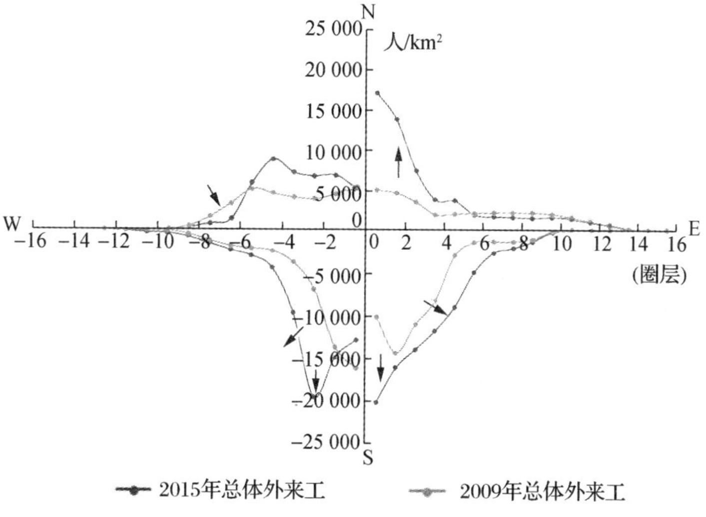

图 4.5　2009 年和 2015 年南京市外来工就业密度梯度对比图

* 资料来源:2009 年和 2015 年课题组关于外来工的抽样问卷。

4.2.4 小结

1）静态特征："圈层"和"方向"组合

综合来看，在静态分布特征上，2009 年和 2015 年外来工就业空间的分布模式呈现"圈层＋方向"的组合式特征。

圈层结构是外来工就业空间分布的基本特征，外来工就业最密集处为紧邻中心点区域，随着从"中心"向"外围"的距离增加，外来工就业密度呈圈层式的非线性衰减；

在圈层结构基础上，外来工就业空间还呈现出分布上的偏向现象，即以中心点为基准，东北、西南、东南三个方向呈现出较高的集中分布状态，且绝大多数外来工分布于中心圈层，呈现出明显的向心"隆升"结构；而西北方向则呈现出较分散状态，外来工分布呈现出较为明显的"均质"结构。

2）动态演变："向心"和"离心"并存

综合来看，在动态演变特征上，2009—2015 年间的外来工就业空间的演变模式具有"高位扩张化"和"方向移动性"的特征。

在总体保持圈层结构的"高位扩张化"（就业人口密集区扩张发展）的基础上，各方向出现不同的离心和向心变化趋势：

东北区域在距中心点 1.5 km 的范围内人口密度持续大量上涨，重构了外来工就业分布的第一圈层，并致使这一方向区域的外来工分布总体格局呈现显著的集中化趋势，即呈现出"垂直向上集聚"的"向心"演变特征，且强化并延续了"隆升"结构的特征；

西北区域在距中心点 5.5 km 的范围内人口密度有所增加，但在 6.5～9.5 km 的范围内人口密度却出现减少，呈现出均衡状态下"水平向（向内）集聚"的"向心"演变特征，显露出从"均质"结构向"隆升"结构的转变趋势；

南部区域则主要在距中心点 2.5 km 的范围内有人口密度的显著增加，并呈现出"垂直向集聚＋水平向（向外）分散"的特征，显露出"隆升"结构的"均质化"转变趋势。

4.3 南京市外来工就业空间中心的演变

在众多关于就业空间的研究文献中，有不少是围绕"就业中心"而展开的，主要涉及中心（包括主中心和次中心）的识别。城市的就业中心体系已成为城市就业空间结构分析的重要一环。前章对外来工就业空间演变的阶段性推演认为，外来工的就业中心体系会呈现出阶段性的演变特征。本节试图通过借鉴国内外城市就业中心研究方法，对南京市外来工的城市就业空间中心进行识别，用以分析判别南京市外来工就业中心的演变阶段，更深层地剖析外来工就业空间的结构及其演变。

4.3.1 中心定义

在国内外相关文献中，就业中心被认为必须具备如下两点特征：① 就业密度要显著高于周边区域；② 对总体的就业布局具有显著影响力[①]，这一影响力主要体现在其对整个地区的带动和辐射上面[②③④⑤]。据此，学者将就业中心的识别分为两个步骤：

其一，判别区域内就业密度的高值点，作为候选就业中心。此步骤所应用的方法主要包括门槛划定[⑥]、图形观察[⑦]和空间自相关方法[⑧⑨]，方法具体介绍可见 4.3.2 节。

其二，通过检验这些中心的影响力，确定就业中心。此步骤所应用的方法主要为参数模型回归分析法，通过城市单中心和多中心参数模型的建立和参数回归结果，判断城市单中心或多中心格局是否形成。

按照城市就业中心的定义，外来工就业中心也应具备如下特征：① 外来工的就业密度要显著高于周边区域的外来工就业密度；② 对总体的外来工就业布局具有显著影响力。实际上，外来工作为城市边缘人群，其就业空间多依附于城市总体就业格局而生，因而，仅仅满足上述①②条件并不完全适用于对其中心的判断。详解如下：

【条件 1】外来工就业密度显著高于周边的区域。此条件下可能包含如下几种情况：a. 外来工就业的绝对人口密度较高（和其他单元的外来工相比），但相对人口密度较低（和本单元其他类型群体相比）。该状况下，外来工就业的高密度分布依赖于其他类型人群的就业空间，此中心即为依附型中心。b. 外来工就业的绝对人口密度较高，相对人口密度也较高。该状况下，外来工为该空间的行为主体，此中心即为独立型中心[⑩]。

【条件 2】对总体外来工就业布局的影响力。此条件下可能会出现如下情况：① 依附型中心周边可能集聚有大量的高密度就业单元，并显示出对外来工总体就业分布的影响力——外来工就业密度随着距依附型中心距离的增加而逐步减小。然而这种集聚很有可能并非源于依附型中心本身所具有的空间集聚效应，而是其所依附的就业空间对周边产生的空间集聚效应，并传导至相邻空间的外来工，形成外来工在就业密度上的高值。这种间

① Gordon P, Richardson H W, Wong H L. The Distribution of Population and Employment in a Polycentric City: The Case of Los Angeles[J]. Environment & Planning A, 1986, 18(2): 161 - 173.

② McDonald J F, McMillen D. Employment Subcenters and Land Values in a Polycentric Urban Area: The Case of Chicago [J]. Environment and Planning, 1990(22): 1561 - 1574.

③ McMillen D P, McDonald J F. Suburban Subcenters and Employment Density in Metropolitan Chicago [J]. Journal of Urban Economics, 1998, 43(2): 157 - 180.

④ McMillen D P, Smith S C. The Number of Subcenters in Large Urban Areas [J]. Journal of Urban Economics, 2003, 53(3): 321 - 338.

⑤ 赵虎. 中国都市区就业空间演化研究——以南京为例[M]. 南京：东南大学出版社，2014.

⑥ Giuliano G, Small K A. The Determinants of Growth of Employment Subcenters [J]. Journal of Transport Geography, 1999(7): 189 - 201.

⑦ Gordon P, Richardson H W, Wong H L. The Distribution of Population and Employment in a Polycentric City: The Case of Los Angeles[J]. Environment & Planning A, 1986, 18(2): 161 - 173.

⑧ 秦波，王新峰. 探索识别中心的新方法——以上海生产性服务空间分布为例[J]. 城市发展研究，2010(6): 43 - 48.

⑨ 吴晓. 大城市进城农民的就业空间结构探析——以南京主城区为实证[J]. 城市规划学刊，2011, 198(6): 94 - 103.

⑩ 本节中"独立型"中心和"依附型"中心的概念与第二章中"独立型"中心和"依附型"中心的概念相吻合。详见 2.3.1 节.

接影响为传导式影响，与依附型中心本身并无相关。② 独立型中心作为城市边缘的亚人群所主导的就业中心，其空间可能无法对城市总体就业空间格局产生影响（当然也可能产生全局型影响），但却有可能通过局部的影响力而直接促成外来工在空间上的集聚。

由此，笔者认为，为了更清晰地了解外来工的就业空间结构，应在城市就业中心定义的基础上，对外来工就业的中心进行重新定义。外来工就业中心应具备如下特征：

① 外来工的就业密度要显著高于周边区域的外来工就业密度。就业根据其绝对密度和相对密度，可划分为依附型待选中心和独立型待选中心。

② 待选中心应对周边具有显著的影响力。其中，在影响类型上，依附型中心通常对周边产生间接的传导性影响，独立型中心通常对周边产生直接性影响；在影响大小上，两类中心都可能对总体就业格局产生全局型或局部型影响。由此，可进一步将中心分为间接全局型、直接全局型、间接局部型和直接局部型四类（见图 4.6）。

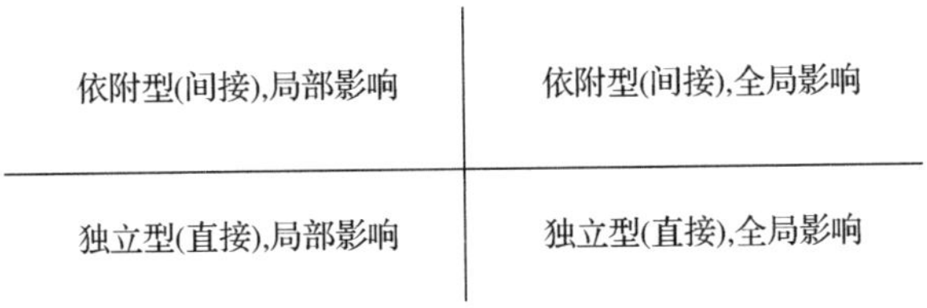

图 4.6　外来工就业中心类型图

＊资料来源：笔者自制。

③ 新识别的中心应与前轮识别的中心存在一定的空间距离间隔，如若与之前所判定的中心紧邻，则可视为前轮中心的空间延伸，而不能被判定为高值点并认为其具有影响力。

4.3.2　识别方法

依照上述修正后的中心定义及特征，对外来工就业空间中心体系的识别应包括如下关键步骤：① 识别待选中心；② 判断待选中心类型；③ 依照待选中心类型，对其就业空间格局（全局或局部）的影响力进行检验；④待选中心的再识别，然后重新回到步骤①进行新一轮的识别。在这一基础上，笔者借鉴前述城市就业中心（主中心或次中心）的识别的方法，结合现有数据的可得性，提出如下技术路线对外来工的就业中心体系进行识别（见图 4.7），具体方法如下：

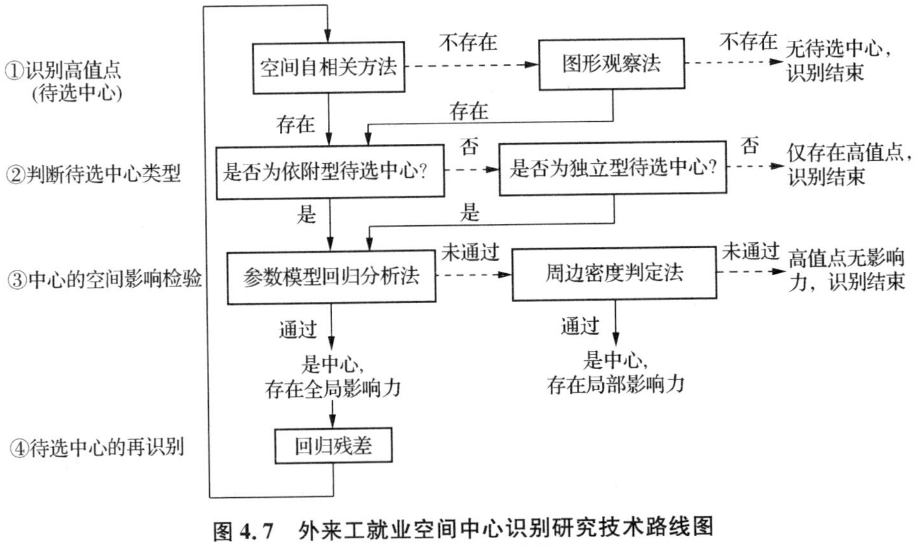

图 4.7　外来工就业空间中心识别研究技术路线图

＊资料来源：笔者自制。

1）识别高值点（待选中心）

现有识别高值点的方法主要有门槛划定法、图形观察法和空间自相关分析方法三大类。识别方法的具体操作及特征可见表 4.10。

结合各类方法的优点、缺点以及针对外来工的适用性，在识别高值点这一步骤中，笔者将首先运用空间自相关分析方法，对高值点进行筛选。如若运用空间自相关分析发现并不存在空间上具有相关关系的高值点区域，则运用图形观察法判定待选中心，以避免空间自相关分析可能存在的对仅具有局部影响力（或全局影响力较小）的高值点的忽视。

表 4.10　识别高值点的方法、具体操作及优缺点

名称	具体操作	优点	缺点
门槛划定法	以就业总量和就业密度两个指标进行门槛设定，若某地块的就业密度或就业总量大于某门槛值，可判定为就业中心	方法较简便	① 难以发现就业密度较低的中心，不太适用于就业密度梯度较大的区域；② 要求研究人员了解当地情况，以确定门槛值和相邻地块的概念
图形观察法	利用制图软件对分析单元的就业情况进行图形模拟，形成对城市就业空间梯度的直观识别（如直观考察就业密度分布图或人口密度等高线等），以判定就业中心	方法较简便	① 不太适用分析单元数量较多的区域；② 分组的标准对分析结果有一定影响
空间自相关法	认为就业中心的实质为空间集聚，即存在要素在空间分布上的自相关，通过全局空间自相关分析和局部空间自相关分析两个步骤识别就业中心	相对较客观	用于外来工的就业高值点分析时，很可能会忽视那些仅具有局部影响力或全局影响力较小的高值点

＊资料来源：笔者根据相关参考文献整理。

其中，空间自相关分析方法具体包括全局空间自相关分析和局部空间自相关分析两个步骤。

（1）全局空间自相关分析

首先，建立空间权重。空间权重的确定一般采用邻接标准或距离标准，n 个对象的空间权重可以通过定义一个二元对称空间权重矩阵 W 来表达。根据临近标准的不同，W_{ij} 的计算方法不同。在此，考虑到各统计单元区域面积不大，空间距离较小，选用基于距离的空间权重矩阵（distance based spatial weights），假定空间相互作用取决于地区间的质心距离。当单元 i 和单元 j 在距离 d 以内，空间权重矩阵元素 $W_{ij}=1$；当单元 i 和单元 j 在距离 d 以外，空间权重矩阵元素 $W_{ij}=0$。d_{ij} 可以通过质心的经纬度坐标计算。

$$W_{ij}=\begin{cases}1 & \text{单元 } i \text{ 与单元 } j \text{ 在距离 } d \text{ 以内}\\ 0 & \text{单元 } i \text{ 与单元 } j \text{ 在距离 } d \text{ 以外}\end{cases} \tag{4.7}$$

其次，运用全局自相关指标检验是否存在高值点。Moran 指数是用来表示全局相关性指标的常用表示方法，其计算公式如下①：

$$I=\frac{n\sum_{i=1}^{n}\sum_{j=1,j\neq 1}^{n}W(i,j)(x_i-\bar{x})(x_j-\bar{x})}{\left[\sum_{i=1}^{n}\sum_{j=1}^{n}W(i,j)\right]\sum_{i=1}^{n}(x_i-\bar{x})^2},\quad \bar{x}=\frac{\sum_{i=1}^{n}x_i}{n} \tag{4.8}$$

① 秦波，王新峰. 探索识别中心的新方法——以上海生产性服务空间分布为例[J]. 城市发展研究，2010(6)：43－48.

式中，x_i 为各个单元就业人口密度；$W(i,j)$是空间权重矩阵，如果统计单元 i 和统计单元 j 在距离 d 以内，则 $W(i,j)=1$，否则 $W(i,j)=0$。Moran 指数 I 的取值在$[-1,1]$之间，小于 0 表示负相关，大于 0 表示正相关。其绝对值越大，说明相关程度越大。Moran 指数 I 的计算结果可分别采用随机分布和近似正态分布两种假设进行检验。如果 Moran 指数 I 为正值，且通过检验，则认为可能存在高值点。

（2）局部空间自相关分析

局部 Moran 指数 I(LISA)的计算公式为①：

$$I_i = \frac{x_i - \bar{x}}{\dfrac{\sum_{j=1,j\neq 1}^{n} x_j^2}{n-1} - \bar{x}^2} \sum_{j=1}^{n} w(i,j)(x_j - \bar{x}) \tag{4.9}$$

式中，各参数的含义与 Moran 指数计算公式相同。根据计算出的检验统计量，对有意义的局部空间关联进行显著性检验，检验其在空间上是否为随机分布。当 I_i 为正时，统计单元 i 的空间关联可能有两种情况：高—高关联和低—低关联；当 I_i 为负时，统计单元 i 的空间关联也有两种情况：高—低关联和低—高关联。根据 LISA 的定义，相邻高—高关联统计单元的集聚即被认为是一个高值点；如果有多个高值点，则取 LIZA 值最大的作为第一高值点。

图形观察法则主要通过绘制就业密度分布图，并综合当地情况，判定待选中心。

2）判断待选中心类型

按照外来工就业中心的定义，应根据外来工就业的绝对密度和相对密度来判断待选的外来工就业中心是属于依附型还是独立型。然而，由于城市总体就业人口的对应数据缺失，笔者无法对外来工的相对就业密度进行定量分析。因此在此步骤中，主要依靠笔者对相关地区的了解以及借鉴其他资料中涉及的就业人口数据对其中心类型进行综合判断。其中，判断的主要标准就是：就业外来工是否为此区域最主要的就业群体。

3）中心的空间影响检验

依附型待选中心和独立型待选中心均有可能对整体和局部的外来工就业格局产生影响。笔者将首先对待选中心进行全局的空间影响检验，主要方法为参数模型回归分析法，即选取中心检验模型对其进行检验——如果检验通过，即可将其视为具有全局影响力的中心；如果检验不通过，该待选中心则不具备全局影响力。中心模型按照中心个数的不同，可分为单中心模型和多中心模型两类。在仅有一个中心的前提下，可采用人口密度数据，选取单中心参数模型进行检验。

单中心参数模型主要包括 Clark 模型、Smeed 模型和 Newling 模型，具体表达式如表 4.11 所示。三个模型都用于描述就业人口密度随距高值点距离增加而逐步较少的过程。由于在 Clark 模型中，系数 a 可清晰地表示中心的理论密度，系数 b 也可较清晰地描述中心影响力——b 的绝对值越大，Y(就业密度)随距离 r 增大的下降速度就越大，表明中心的影响力越强。因此，笔者认为选用 Clark 中心模型进行回归分析可更清晰地描述中心影响力，若检验通过，即可确定高值点为一个全局型就业中心。

---

① 秦波，王新峰. 探索识别中心的新方法——以上海生产性服务空间分布为例[J]. 城市发展研究，2010(6)：43-48.

如若检验未通过,则说明该待选中心并不存在全局的空间影响力,但还需进一步通过待选中心周边密度的考察和对当地状况的了解分析,判定其是否能够对区域的外来工就业产生影响。如果该区域确能吸引周边外来工,并产生空间集聚效应,即可判定其具有局部影响力。

表 4.11 单中心参数模型

模型类型	模型的表达式	参数意义	参数限定
Clark 模型	$Y(r)=ae^{br}$ (公式 4.10)	Y 是统计单元的就业人口密度,r 是统计单元中心点到高值点中心点的距离,a、b、c 为参数	$a>0, b<0$
Smeed 模型	$Y(r)=ar^{b}$ (公式 4.11)		$a>0, b<0$
Newling 模型	$Y(r)=ae^{br+cr^2}$ (公式 4.12)		$a>0, b>0, c<0$

* 资料来源:笔者根据相关参考文献整理。

4) 待选中心的再识别

如果待选中心通过单中心模型检验,说明存在一个对全局具有影响力的就业中心。在统计上,正的残差即意味着该统计单元的实际要素比单中心模型预测的高,因此可能还存在着另一个中心可以解释这部分"多出"的密度,仍需要利用回归的残差数据,重新按照步骤①②③进行第二个待选中心的再识别。以此往复,至第三个待选中心、第四个待选中心,直至识别中止。

值得注意的是,在用空间自相关分析法或图形观察法识别第二个待选中心时,应注意此待选中心应保证与之前所判定的中心具有一定的空间间隔距离(如果紧邻,则该区域只是此中心的空间延伸,而不能被判定为另一高值点);同时,在第二次进行步骤③中心的空间影响检验时,由于既存的一个中心已对全局产生影响,所以再次进行检验时需运用多中心模型进行检验,其模型表达式为:

$$Y(m) = \sum a_n e^{b_n r_{mn}} \tag{4.13}$$

式中,$Y(m)$是统计单元 m 的就业密度,r_{mn}是该单元 m 到高值点 n 的距离,a_n 和 b_n 是回归系数;系数 a_n 的值表示中心的理论密度,而系数 b_n 表示要素密度随距离 r 下降的速度,b_n 的绝对值越大,中心影响力越强。

4.3.3 识别过程

运用处理过的分析单元和数据(见 4.1 节),按照上述中心识别方法依序对南京市外来工的就业空间中心进行识别。具体过程如下:

1) 识别高值点

首先运用空间自相关分析方法,对高值点进行筛选,这具体包括全局空间自相关分析和局部空间自相关分析两个步骤。

(1) 全局空间自相关分析

根据各分析单元之间的距离关系,采用二进制距离标准权重矩阵,运用 GeoDa 空间统计分析软件进行处理,分别计算 2009 年和 2015 年南京市就业外来工的全局 Moran 指数 I,并采用 999 次随机检验其显著性水平 P-value 值,结果如表 4.12 所示。

可以看出，2009 年和 2015 年外来工就业的全局 Moran 指数均大于 0.6，且 P-value 值小于 0.01，表明研究单元之间存在较为明显的地理集聚关系，而不是均匀分布的。在具体数值上，2015 年的 Moran 指数大于 2009 年(+0.109 554)，表明空间相关关系在增加，空间分布呈现出更为明显的关联特征。

表 4.12　2009 年、2015 年南京市就业外来工全局 Moran 指数统计表

参数	2009 年	2015 年
全局 Moran 指数	0.675 408	0.784 962
P-value 值	0.001 0	0.001 0

* 资料来源：笔者自制。

(2) 局部空间自相关分析

利用局部空间自相关公式计算南京市外来工的就业局部自相关 Moran 指数 *I*(LISA)，并采用 999 次随机检验其显著性水平 P-value 值，在 0.01 显著性水平下，将所有空间单元分为高—高关联、低—高关联、低—低关联、高—低关联四种空间关联类型(见图 4.8)，从中列出高—高关联的 LISA 值(表 4.13)，同时根据 LISA 的定义，取 LISA 值最大的作为第一高值点。

表 4.13　2009 年、2015 年外来工的就业空间高—高关联单元 LISA 值

分析单元	2009 年		2015 年	
	LISA 值	P-value 值	LISA 值	P-value 值
1a	1.117 457 6	0.001 0	3.821 132 1	0.001 0
2a	0.669 911 0	0.001 0	2.301 515 7	0.001 0
3a	—	—	0.695 799 3	0.002 0
1b	1.156 866 6	0.001 0	0.347 468 4	0.001 0
2b	0.684 530 2	0.001 0	0.883 594 2	0.001 0
3b	0.367 200 9	0.002 0	0.590 339 4	0.001 0
1c	5.622 311 1	0.001 0	3.064 916 6	0.001 0
2c	4.647 513 6	0.001 0	3.331 916 7	0.001 0
3c	2.245 454 6	0.001 0	4.305 095 8	0.001 0
4c	0.537 330 9	0.002 0	1.511 934 1	0.007 0
5c	—	—	0.111 239 4	0.008 0
1d	3.737 933 8	0.001 0	5.306 683 5	0.001 0
2d	5.276 841 6	0.001 0	4.255 300 7	0.001 0
3d	4.828 859 2	0.001 0	3.966 843 7	0.001 0
4d	2.585 509 9	0.003 0	2.633 467 6	0.001 0
5d	0.152 940 1	0.003 0	1.137 945 1	0.007 0

* 资料来源：笔者自制。

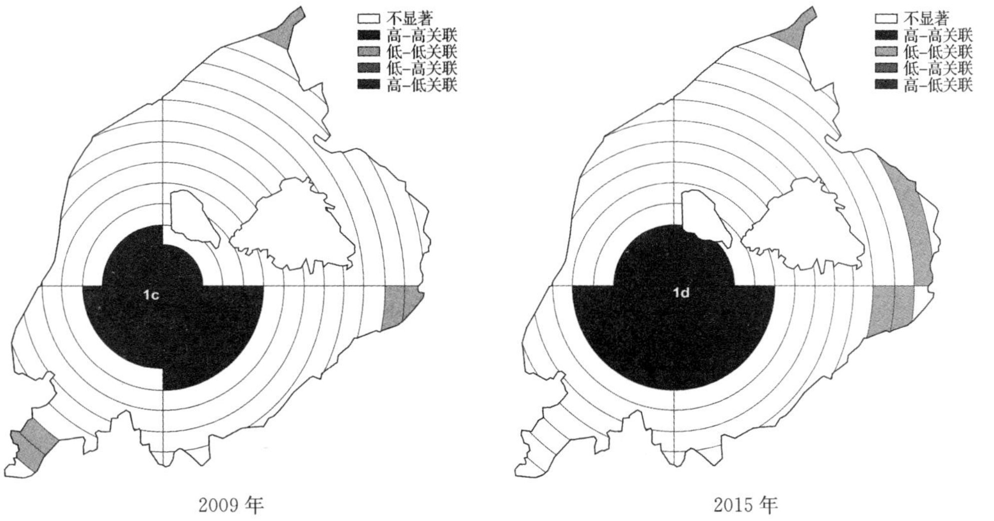

图 4.8 外来工的就业局部 Moran 空间关联类型图

*资料来源:笔者自制。

可以看出,2009 年和 2015 年南京市外来工就业空间高—高关联的单元均出现在基本点附近,呈现出要素间相互吸引的特征,而低—低关联的单元则少量分布于东部和东北部最外围,呈现出要素间相互排斥的特性。2009 年外来工的就业第一高值点为 1c 单元,这一结果也与 1c 单元 16 203.26 人/km^2 的外来工就业最高密度值相匹配;在 2015 年这一情况发生变化,1d 单元超越 1c 单元成为第一高值点,此时 1d 单元也成为外来工就业最高密度值(20 145.02 人/km^2)。总体看来,集聚的中心方向相对东移,但均紧邻基本点。

2) 判断待选中心类型

按照外来工就业中心的定义,根据外来工就业的绝对密度和相对密度判断待选的外来工就业中心为依附型还是独立型。识别出的 2009 年和 2015 年的高值点分别为 1c 单元和 1d 单元,就业人口密度分别为 16 203.26 人/km^2 和 20 145.02 人/km^2。由于缺少城市总体就业人口的数据,无法直接进行相对就业密度的量化。但笔者通过其他资料查阅可大概估算待选中心所在地区的就业人口密度,以判别此区域内外来工是否为最主要的就业群体。

尽管 1c 单元和 1d 单元在行政区划上分属于秦淮区朝天宫街道和五老村街道,但其所处位置紧邻南京市通常意义上的城市中心新街口,隶属于南京 CBD 范畴。根据现有的文献显示,2008 年五老村街道(新街口 CBD 区域内就业人口密度最大的街道)就业人口密度为 49 784 人/km^2,以此数据为参照标准可知,此区域内外来工仅占各类就业人口总数的 32.55%,而不是其就业主体;出于同样原因,尽管缺少 2015 年左右的此区域就业数据,但也可大致判断其在 2015 年 1d 单元的外来工也并不是此区域的主体。

因此,可判断此轮识别的 2009 年和 2015 年的待选中心均为依附型中心。

3) 中心的空间影响检验

在判定高值点为依附型待选中心的基础上,用单中心模型检验待选中心的全局影响。具体方法为:运用 GIS 提取各统计单元的中心到高值点(1c 单元和 1d 单元)中心的距离 r,

根据 Clark 模型单中心模型，运用 SPSS 分别对 2009 年和 2015 年南京就业外来工的就业密度进行参数回归检验，结果如图 4.9、表 4.14、表 4.15 所示。

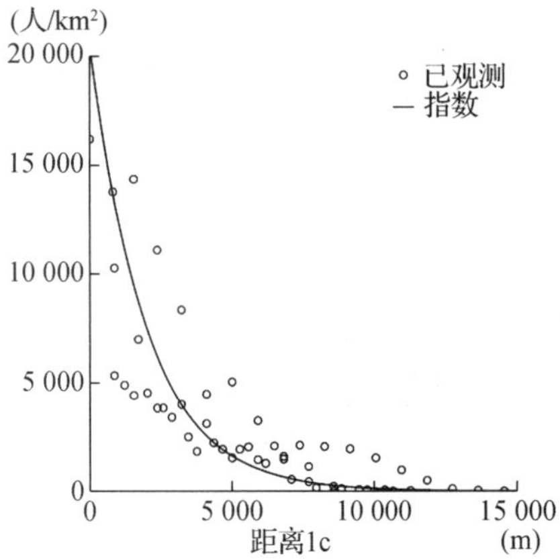

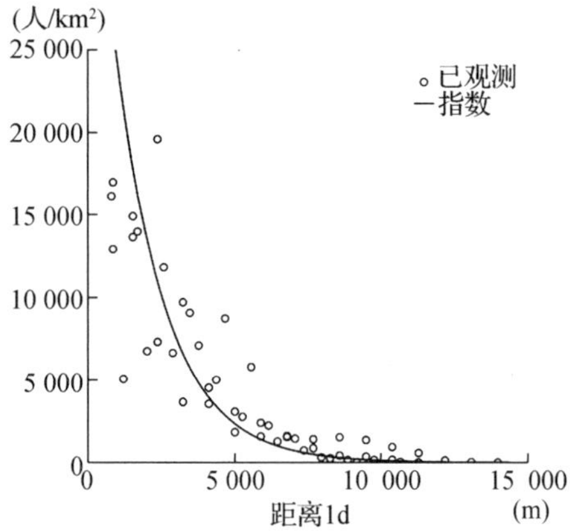

图 4.9　模型回归散点图

＊资料来源：笔者自制。

表 4.14　2009 年外来工就业单中心模型汇总和参数估计值

因变量：2009 年就业外来工

方程	模型汇总						参数估计值
	R^2	F	df_1	df_2	Sig.	常数(a)	b_1
指数	0.590	72.008	1	50	0.000	20 544.340	−0.001

自变量：距离分析单元 1c 的距离

＊资料来源：笔者自制。

表 4.15　2015 年外来工就业单中心模型汇总和参数估计值

因变量：2015 年就业外来工

方程	模型汇总						参数估计值
	R^2	F	df_1	df_2	Sig.	常数(a)	b_1
指数	0.694	113.488	1	50	0.000	43 321.969	−0.001

自变量：距离分析单元 1d 的距离

＊资料来源：笔者自制。

可以看出，2009 年和 2015 年的模型中 R^2 值分别为 0.590 和 0.694，模型拟合程度较好，通过单中心模型检验，可初步判定统计单元 1c 和 1d 分别为 2009 年和 2015 年外来工的就业中心，并具有全局影响力。具体来看，2009 年系数 a 值(常数)为 20 544.340，2015 年系数 a 值(常数)为 43 321.969，说明中心的理论密度显著增大，并远大于实际密度；同时，两者的 b 值均为−0.001，表明中心影响力较弱，且没有因为中心的理论密度增大而变强——这些也都从侧面显示出其附属中心的性质。

4）待选中心的再识别(第二轮)

再次运用空间自相关分析方法，对 2009 年和 2015 年南京市外来工就业单中心模型的回归残差进行分析。其全局空间自相关结果如表 4.16 所示。

可以看出,2009年和2015年外来工就业的全局Moran指数均大于0.3,且P-value值小于0.01,可能存在一定的空间集聚现象。

表4.16 外来工单中心模型回归残差的全局Moran指数统计表

参数	2009年	2015年
全局Moran指数	0.340 268	0.324 766
P-value值	0.001 0	0.002 0

*资料来源:笔者自制。

因此进一步利用局部空间自相关公式,计算2009年和2015年南京市外来工的就业残差局部自相关Moran指数*I*(LISA),并采用999次随机检验其显著性水平P-value值,在0.01显著性水平下,将所有空间单元分为高—高关联、低—高关联、低—低关联、高—低关联四种空间关联类型(见图4.10),并列出高—高关联的LISA值(见表4.17)。

表4.17 2009年、2015年外来工单中心模型回归残差的就业空间高—高关联单元LISA值

分析单元	2009年		2015年	
	LISA值	P-value值	LISA值	P-value值
6b	—	—	0.808 668 6	0.002 0
5c	—	—	0.175 542 9	0.009 0
5d	0.296 881 1	0.002 0	—	—

*资料来源:笔者自制。

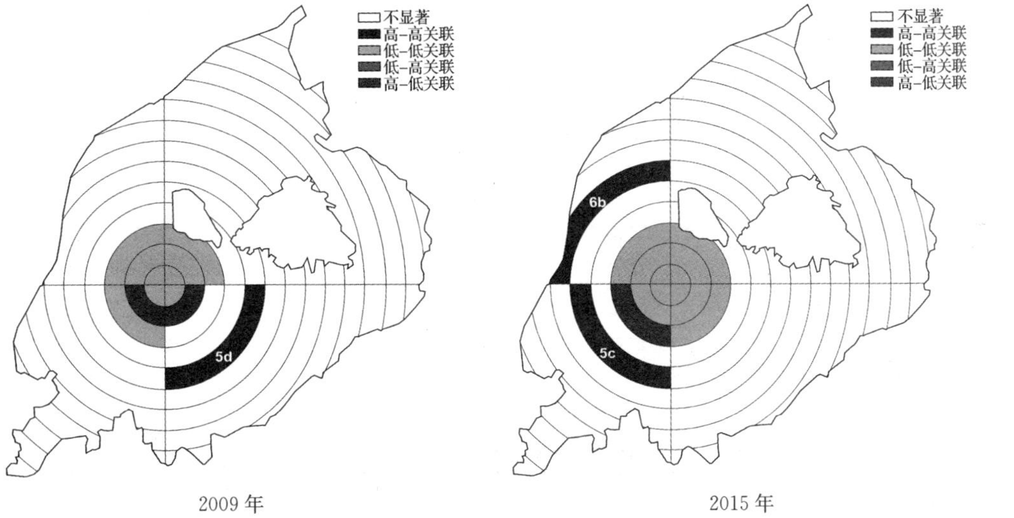

图4.10 外来工单中心模型回归残差局部Moran空间关联类型图

*资料来源:笔者自制。

可以看出,2009年高—高关联的分析单元仅5d一个,外来工就业人口密度为3 103.31人/km²,可待选为第二轮高值点。2015年空间高—高关联的分析单元为2个,其中6b单元为第一高值点,外来工就业人口密度为5 790.25人/km²。

5)判断待选中心类型(第二轮)

二次识别的2009年和2015年外来工就业高值点分别为5d单元和6b单元,就业人口密度在各年的数值分别为 3 103.31 人/km^2 和 5 790.25 人/km^2。其中，2009 年的就业高值点 5d 单元主要涵盖了秦淮区的中华门、秦虹、红花、月牙湖街道，该区域位于南京老城东南城墙外围区域，是极为典型的老城衰退地区，集聚了大量的城中村和相应配套的低端商业服务业；2015 年的就业高值点 6b 单元则涵盖了鼓楼区的江东、热河路、阅江楼、挹江门、建宁路、宝塔桥和小市街道，该区域位于南京老城西北城墙外围区域，集中了热河南路农副产品交易区（已搬迁）、建宁路生产资料及日用工业品市场等大市场。上述两个单元内的从业人员主要均为外来工（绝对密度和相对密度均较高）。由此，可判断此轮识别的 2009 年和 2015 年的待选中心 5d 单元和 6b 单元均为独立型中心。

6）中心的空间影响检验（第二轮）

在判定第一轮全局影响型中心和第二轮高值点为独立型待选中心的基础上，用多中心模型继续检验第二轮待选中心的全局影响。具体方法为：运用 GIS 提取各分析单元的中心到第一轮中心（2009 年为 1c 单元，2015 年为 1d 单元）的距离 r_1，各分析单元的中心到第二轮待选中心（2009 年为 5d 单元，2015 年为 6b 单元）的距离 r_2，根据多中心模型，运用 SPSS 对 2009 年和 2015 年南京就业外来工的就业密度进行参数回归检验，发现：回归通过所有检验，且 2009 年和 2015 年的回归测定系数 R^2 值分别为 0.757 和 0.821，模型拟合程度较高，故待选中心 5d 单元和 6b 单元可分别判定为 2009 年和 2015 年的具有全局影响力的另一中心。

回归具体参数如表 4.18、表 4.19 所示，从中可以看出，参数 a_1 和 a_2 的数值 2015 年均大于 2009 年，表明中心密度有较大提高；但参数 b_1 的绝对值在 2009 年和 2015 年均为 0.000，表明第一轮识别的中心所具有的全局影响力均较小，且影响力并没有在近几年中发生什么改变；参数 b_2 的绝对值在 2009 年和 2015 年分别为 0.000 和 0.001，表明第二轮识别的中心所具有的全局影响力同样较小，但在近几年有所提高。

表 4.18　2009 年外来工就业多中心模型参数估计值

参数	估计	标准误差	95%置信区间	
			下限	上限
a_1	13 640.168	1 459.629	10 705.386	16 574.949
b_1	0.000	0.000	−0.001	0.000
a_2	2 881.937	1 465.367	−64.381	5 828.256
b_2	0.000	0.000	−0.001	0.000

＊资料来源：笔者自制。

表 4.19　2015 年外来工就业多中心模型参数估计值

参数	估计	标准误差	95%置信区间	
			下限	上限
a_1	20 389.242	1 519.790	17 333.498	23 444.985
b_1	0.000	0.000	0.000	0.000
a_2	2 986.039	2 500.075	−2 040.699	8 012.778
b_2	−0.001	0.002	−0.005	0.003

＊资料来源：笔者自制。

7) 待选中心的再识别(第三轮)

再次运用空间自相关分析方法,对 2009 年和 2015 年南京市外来工就业多中心模型的回归残差进行分析(其全局空间自相关结果如表 4.20 所示)。可以看出,2009 年多中心回归残差的全局 Moran 指数 *I* 为 0.152 942,虽数值较小,但 P-value 值小于 0.05,可能存在空间相关关系。因此,进一步按前述方法计算 2009 年南京市外来工的就业残差局部自相关 Moran 指数 *I*(LISA),并采用 999 次随机检验其显著性水平 P-value 值,发现也在 0.01 显著性水平下,并无空间高—高关联的单元。2015 年多中心回归残差的全局 Moran 指数 *I* 为 0.049 89,且 P-value 值大于 0.05,检验结果并不显著,表明外来工总体的多中心模型回归残差的随机性较强,无高值点存在。

表 4.20　外来工就业多中心模型回归残差的全局 Moran 指数统计表

参数	2009 年	2015 年
全局 Moran 指数	0.152 942	0.049 89
P-value 值	0.003 6	0.200 0

* 资料来源:笔者自制。

因此按前述方法,继续选用图形观察法判断其是否存在待选中心的可能性。根据 GIS 标准分类方法中的自然间断点分级法(Jenks)将 2009 年和 2015 年的外来工多中心模型回归残差分成五个层级(见图 4.11),颜色越深表明外来工实际就业密度大于多中心模型预测值的幅度就越大。

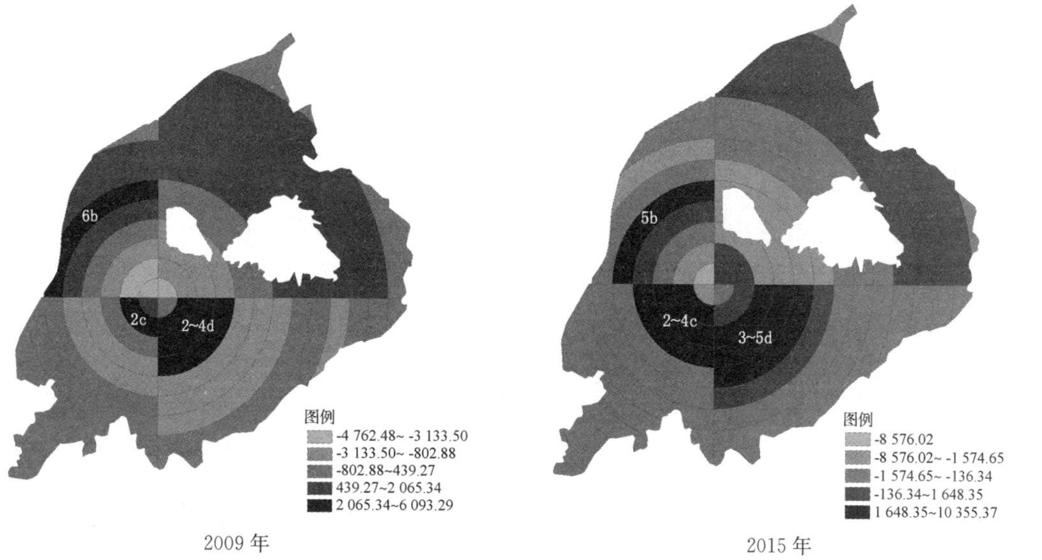

图 4.11　外来工多中心模型回归残差分布图(第一次多中心残差图形观察分析)

* 资料来源:笔者自制。

可以发现,2009 年显著高于预测值的区域分布大致分为三个区域:① 6b 单元为主的西北区域;② 2c 单元为主的中心点西南区域;③ 2～4d 单元为主的东南区域。鉴于前两轮识别出的中心分别为 1c 单元和 5d 单元,与②③两个区域在空间位置上紧临,因此②③可视为前两轮中心的空间延伸，而不能单独被判定为高值点。因此，在①区域中选取残差最高值，判定 6b 单元为此轮识别的高值点，此单元就业人口密度为 5 036.48 人/km²。

2015 年显著高于预测值的区域分布大致分为三个区域：① 5b 单元为主的西北区域；② 2～4c 单元为主的中心点西南区域；③ 3～5d 单元为主的东南区域。鉴于前两轮识别出的中心分别为 1d 单元和 6b 单元，其中 6b 单元与①区域在空间位置上紧临，此区域可视为 6b 单元中心的空间延伸，而不能被判定为高值点。因此，在②③区域中选取残差最高值，判定 4c 单元为此轮识别的高值点，此单元就业人口密度为 9 705.66 人/km²。

8）判断待选中心类型（第三轮）

第三轮识别的 2009 年和 2015 年的外来工就业高值点分别为 6b 单元和 4c 单元，就业人口密度在各年的数值分别为 5 036.48 人/km² 和 9 705.66 人/km²。

其中，2009 年的就业高值点 6b 单元与 2015 年第二轮识别出的中心相重合，涵盖了鼓楼区的江东、热河路、阅江楼、挹江门、建宁路、宝塔桥和小市街道，该区域位于南京老城西北城墙外围区域，集中了热河南路农副产品交易区（已搬迁）、建宁路生产资料及日用工业品市场等大市场。

2015 年的就业高值点 4c 单元则涵盖了秦淮区的中华门街道、建邺区的南苑街道和莫愁湖街道，该区域位于老城西南城墙外围区域，集中了南湖食品、副食品、酒水饮料批发区，五金、小机电等生产资料交易区以及兴隆家禽、水产品、肉类交易区。

上述两个单元内的从业人员主要均为外来工（绝对密度和相对密度均较高）。由此，可判断此轮识别的 2009 年和 2015 年的待选中心 6b 单元和 4c 单元均为独立型中心。

9）中心的空间影响检验（第三轮）

在判定第一轮、第二轮全局影响型中心、第三轮独立型待选中心的基础上，用多中心模型继续检验第三轮待选中心的全局影响。具体方法为：运用 GIS 提取各分析单元的中心到第一轮中心（2009 年为 1c 单元，2015 年为 1d 单元）的距离 r_1，各分析单元的中心到第二轮中心（2009 年为 5d 单元，2015 年为 6b 单元）的距离 r_2，各分析单元的中心到第三轮待选中心（2009 年为 6b 单元，2015 年为 4c 单元）的距离 r_3，根据多中心模型，运用 SPSS 对 2009 年和 2015 年南京就业外来工的就业密度进行参数回归检验，发现：回归通过所有检验，且 2009 年和 2015 年的回归测定系数 R^2 值分别为 0.785 和 0.841，模型拟合程度较高，故待选中心 6b 单元和 4c 单元可分别判定为 2009 年和 2015 年的具有全局影响力的另一中心。

回归具体参数如表 4.21、表 4.22 所示，从中可以看出，参数 a_1、a_2 和 a_3 的数值 2015 年均大于 2009 年，表明中心密度有较大提高；但参数 b_1 的绝对值在 2009 年至 2015 年略微下降（−0.001），参数 b_2 的绝对值略微上升（+0.001），参数 b_3 的绝对值则保持不变。表明各中心对全局的影响程度变化不一。

表 4.21　2009 年外来工就业多中心模型参数估计值

参数	估计	标准误差	95%置信区间	
			下限	上限
a_1	14 123.967	1 486.897	11 130.999	17 116.936
b_1	−0.001	0.000	−0.001	0.000
a_2	3 741.287	1 423.824	875.279	6 607.295
b_2	0.000	0.000	−0.001	1.766E−5
a_3	4 239.484	1 856.267	503.013	7 975.956
b_3	−0.001	0.001	−0.003	0.001

* 资料来源：笔者自制。

表 4.22　2015 年外来工就业多中心模型参数估计值

参数	估计	标准误差	95%置信区间	
			下限	上限
a_1	19 686.671	1 856.251	15 950.232	23 423.109
b_1	0.000	0.000	0.000	0.000
a_2	3 573.910	2 357.948	−1 172.393	83 20.213
b_2	−0.001	0.001	−0.004	0.002
a_3	5 518.987	2 164.678	1 161.715	9 876.259
b_3	−0.001	0.001	−0.002	0.000

* 资料来源：笔者自制。

10）待选中心的再识别（第四轮）

再次运用空间自相关分析方法，对 2009 年和 2015 年南京市外来工就业多中心模型的回归残差进行分析（其全局空间自相关结果如表 4.23 所示）。可以看出，2009 年和 2015 年多中心回归残差的全局 Moran 指数 I 仅为 0.119 158 和−0.011 220 4，数值较小，且 P-value 值大于 0.05，检验结果并不显著，表明外来工总体的多中心模型回归残差的随机性较强，无高值点存在。

表 4.23　外来工就业多中心模型回归残差的全局 Moran 指数统计表

参数	2009 年	2015 年
全局 Moran 指数	0.119 158	−0.011 220 4
P-value 值	0.075 0	0.488 000

* 资料来源：笔者自制。

因此，继续选用图形观察法判断其是否存在待选中心的可能性。根据 GIS 标准分类方法中的自然间断点分级法（Jenks）将 2009 年和 2015 年的外来工的多中心模型回归残差分成五个层级（见图 4.12），颜色越深表示外来工实际就业密度大于多中心模型预测值的幅度就越大。

可以发现，2009 年显著高于预测值的区域分布大致分为两个区域：① 2c 单元为主的中心点西南区域；② 2～4d 单元为主的东南区域。鉴于前三轮识别出的中心分别为 1c 单元、

5d 单元和 6b 单元，其中 1c 单元和 5d 单元与①②两个区域在空间位置上紧临，表明这些区域均可视为前轮识别中心的空间延伸，而不能被判定为高值点。识别过程就此结束。

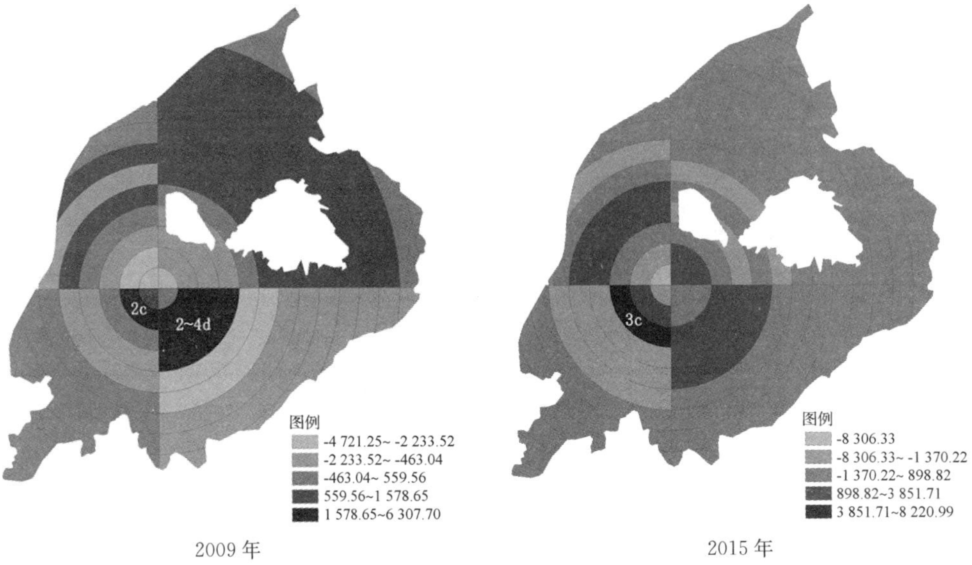

图 4.12　外来工多中心模型回归残差分布图(第二次多中心残差图形观察分析)

* 资料来源：笔者自制。

2015 年显著高于预测值的区域为以 3c 单元为主的中心点西南区域；鉴于前三轮识别出的中心分别为 1d 单元、6b 单元和 4c 单元，其中 4c 单元与此区域在空间位置上紧临，因此该区域也可视为 4c 单元中心的空间延伸，而不能被单独判定为高值点。识别过程就此结束。

4.3.4　识别结果

1) 2009 年

2009 年外来工就业中心识别流程及结果总结如表 4.24、图 4.13 所示。可见，2009 年南京市外来工就业空间可看作是由一个依附型中心和两个独立型中心共同构成的“双类中心”结构体系，中心分别对城市外来工就业空间产生全局型的传导型影响和直接型影响，但影响力均有限。

表 4.24　2009 年外来工就业中心识别流程

	识别高值点	判定待选中心类型	中心的空间影响检验	再识别方法
第一轮	1c	依附型中心	全局影响，影响较小(间接)	残差空间自相关分析
第二轮	5d	独立型中心	全局影响，影响较小(直接)	残差图形观察分析
第三轮	6b	独立型中心	局部影响，影响较小(直接)	残差图形观察分析
第四轮	无，识别结束			

* 资料来源：笔者自制。

其中，依附型中心具体区域为 1c 单元，就业人口密度为 16 203.26 人/km^2，远高于其他单元。其所处位置紧邻南京市通常意义上的城市中心新街口,隶属于南京 CBD 范畴①。根据现有的文献显示②,此区域内外来工约占各类就业人口总数的 32.55%,并不构成其就业主体;同时,尽管此中心对周边外来工的就业分布具有全局影响力,但并非由于外来工自身就业集聚所产生的空间集聚效应,而是其所依附的城市 CBD 对周边产生的空间集聚效应,并传导至相邻空间的外来工,而形成外来工在密度上的高值区域。

独立型中心(1)具体区域为 5d 单元,就业人口密度为 3 103.31 人/km²,在密度值上较高于周边相邻单元,主要包括秦淮区的中华门、秦虹、红花、月牙湖街道,尽管就业密度值与依附型中心相差悬殊,但由于其所在区域位于南京老城东南城墙外围区域,是极为典型的近郊的城乡结合地带,集聚了大量的城中村和相应配套的低端商业服务业。

独立型中心(2)具体区域为 6b 单元,就业人口密度为 5 036.48 人/km²,在密度值上较高于周边相邻街道,主要包括鼓楼区的江东、热河路、阅江楼、挹江门、建宁路、宝塔桥和小市街道,其所在区域为城市西北近郊边缘的大市场集聚区。

可见,独立型中心(1)和(2)均属于以外来工就业为主体的独立型中心,因此可与依附型中心区别开来。但值得注意的是,尽管两者都能直接影响周边产业和就业岗位的集聚,但整体来看对外来工就业分布的全局影响力并不显著。

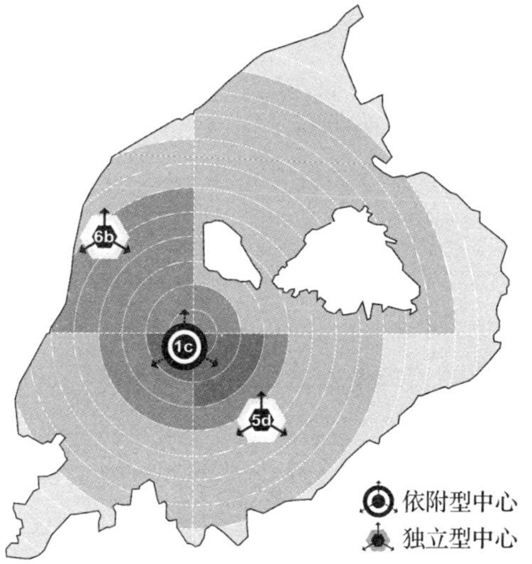

图 4.13 2009 年外来工就业中心体系

*资料来源:笔者自制。

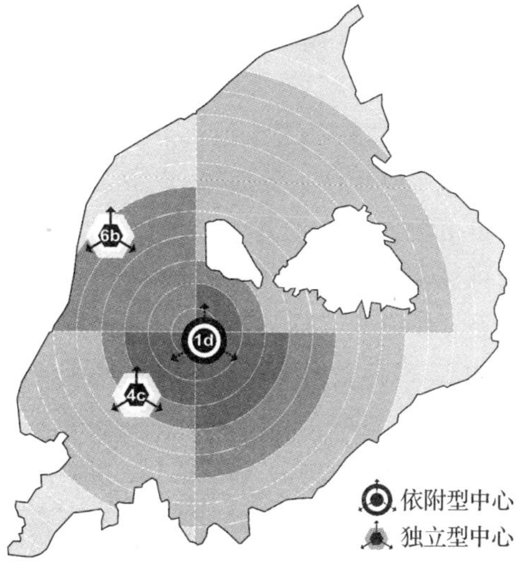

图 4.14 2015 年外来工就业中心体系

*资料来源:笔者自制。

2) 2015 年

2015 年外来工就业中心识别流程及结果总结如表 4.25、图 4.14 所示。可见,2015 年南京市外来工就业空间也可看作是由一个依附型中心和两个独立型中心共同构成的"双类中心"结构体系,中心分别对城市外来工就业空间产生全局型的传导型影响和直接型影响,但影响力同样有限。

① 杨俊宴,吴明伟. 中国城市 CBD 量化研究[M]. 南京:东南大学出版社,2008.

② 赵虎. 中国都市区就业空间演化研究——以南京为例[M]. 南京:东南大学出版社,2014.

表 4.25　2015 年外来工就业中心识别流程

	识别高值点	判定待选中心类型	中心的空间影响检验	再识别方法
第一轮	1d	依附型中心	全局影响，影响较小(间接)	残差空间自相关分析
第二轮	6b	独立型中心	全局影响，影响较小(直接)	残差图形观察分析
第三轮	4c	独立型中心	全局影响，影响较小(直接)	残差图形观察分析
第四轮	无，识别结束			

＊资料来源：笔者自制。

其中，依附型中心具体区域为 1d 单元，就业人口密度为 20 145.02 人/km^2，远高于其他单元。其所处位置紧邻南京市通常意义上的城市中心新街口，隶属于南京 CBD 范畴(杨俊宴，2008)，因此虽然缺少相应的城市总体就业人口的对比数据，但仍可判断出 2015 年此区域的外来工并不是构成此区域就业要素的主要群体。同时，尽管此中心对周边的外来工就业分布具有全局的影响力，但也并不是由于外来工自身就业集聚所产生的空间集聚效应，而是其所依附的城市 CBD 对周边产生的空间集聚效应，并传导至相邻空间的外来工，而形成外来工在密度上的高值区域。

独立型中心(1)具体区域为 6b 单元，就业人口密度为 5 790.25 人/km^2，在密度值上较高于周边相邻街道，主要包括鼓楼区的江东、热河路、阅江楼、挹江门、建宁路、宝塔桥和小市街道，其所在区域为城市西北近郊边缘的大市场集聚区。

独立型中心(2)具体区域为 4c 单元，就业人口密度为 9 705.66 人/km^2，在密度值上较高于周边相邻单元，主要包括秦淮区的中华门、秦虹、红花、月牙湖街道，其所在区域位于老城西南城墙外围的近郊区域，集中了大量食品、副食品交易市场以及五金、小机电等生产资料交易市场。

可见，独立型中心(1)和(2)均属于以外来工就业为主体的独立型中心，因此可与依附型中心区别开来。同 2009 年的两个独立型中心类似，两者尽管能直接影响周边产业和就业岗位的集聚，但整体来看对外来工就业的全局分布影响力并不显著。

3) 演变特征：非稳定的稳定结构

整体来看，2009 年至 2015 年间，外来工就业空间结构一直维持着“双类中心”结构体系，并没有出现明显的结构性变化。笔者认为，由依附型中心和独立型中心构成的“双类中心”结构体系成就了一段时间内大城市外来工就业空间的“稳定结构”模型。其中，依附型中心通常与城市的就业中心相重合，吸纳大量的高密度外来工就业；而独立型中心更趋于专业化和专门化(如以商业人员为主体的大市场和专业市场区域)，以外来工为就业主体，通常就业门槛较低，也更利于外来工社会资源和就业信息的获取。

具体来看，各类中心在这六年间也呈现出不同的发展趋势。

依附型中心(2009 年为 1c 单元，2015 年为 1d 单元)均为新街口 CBD 的范畴；六年间，外来工就业人口实际密度和多中心模型的理论密度均呈大幅上升趋势①，中心依靠 CBD 的中心影响力传导至外来工，导致区域及周边就业密度的增加，属于一种“扩展式”发展的中心。

① 依附型中心 2009 年外来工就业人口实际密度为 16 203.26 人/km^2，2015 年为 20 145.02 人/km^2；2009 年中心外来工就业人口理论密度为 14 123.967 人/km^2，2015 年为 20 145.02 人/km^2。

6b单元为2009年和2015年共同的独立型中心(在2009年被识别为第三中心，在2015年被识别为第二中心)，六年间，外来工就业人口实际密度有略微上升，但多中心模型的理论密度则呈下降趋势①，结合这一区域在就业空间分布上的梯度特征变化(见4.2.3节)，发现：6b单元的中心地位有所提升，主要是区域周边外来工就业密度值的相对减少所致，属于一种“内卷式”衰退的中心。

5d单元为2009年识别的独立型中心，且没有在2015年被识别。六年间，尽管5d单元外来工就业人口的实际密度呈现大幅上升趋势②，但主要是由于近年来对老城衰退区(夫子庙街道、秦虹街道、中华门街道一带)的大规模城市更新所致，与之伴随的产业转换以及建设容积率的提升引发了整体区域就业数量的增加。可见，其外来工就业人口增长的过程是“原有就业外来工迁出→城市就业人口+新的就业外来工迁入”，其原本作为外来工就业的高值点并影响周边就业分布的中心功能已经不复存在，属于一种“替代式”衰退的中心。

4c单元为2015年识别的独立型中心，且没有在2009年被识别。六年间，4c单元的外来工就业人口的实际密度呈现大幅上升趋势③，尽管其就业人口密度的变化趋势与5d单元类似，但实现途径并不相同。4c单元所在区域集聚了大量可提供外来工就业岗位的大市场，其人口密度增加更多地源于单纯的“新的就业外来工迁入”，属于一种“吸纳式”发展的中心。

由此，可归纳出南京市目前外来工的就业中心变化特征和发展类型(见表4.26)。可以看出，依附型中心依靠城市CBD的发展进行外溢扩展，总体来看，其发展模式呈现出较为单一的“扩展式”发展模式；而独立型中心则随着老城衰退—城市更新和劳动密集型产业升级的城市发展过程，可能呈现出“吸纳式发展—内卷式衰退—替代式衰退—吸纳式发展(另一区域)”的连环变动过程(见图4.15)；同时，依附型中心所在城市CBD的发展也会促使与其邻近的老城衰退区的更新，并在一定程度上诱发独立型中心的连环变动过程。两者共同构成了外来工就业中心的“稳定结构”模型(见图4.16)。

表4.26 外来工就业中心变化特征和发展类型

区域		2009年	变化特征			2015年	未来变化特征预测		
单元编码	区域特征	中心类型	区域发展特征	中心变化特征	变化趋势	中心类型	区域发展特征预测	中心变化特征预测	变化趋势预测
1c/1d	城市CBD	依附型中心	城市存量优化，产业升级	扩展式	发展型	依附型中心	城市存量优化，产业升级	扩展式	发展型
5d	东南近郊内沿，老城衰退区	独立型中心	进行城市更新	替代式	衰退型	非中心	完成城市更新	—	—

① 独立型中心(6b单元)2009年中心外来工就业人口实际密度为5 036.48人/km²，2015年为5 790.25人/km²；2009年中心外来工就业人口理论密度为4 239.484人/km²，2015年为3 573.910人/km²。

② 独立型中心(5d单元)2009年外来工就业人口实际密度为3 103.31人/km²，2015年5d单元没有被识别为中心，但就业人口密度上升至9 069.97人/km²。

③ 独立型中心(4c单元)2015年外来工就业人口实际密度为9 705.66/km²，2009年4c单元没有被识别为中心，其就业人口密度为3 832.47人/km²。

续表

区域		2009 年	变化特征			2015 年	未来变化特征预测		
单元编码	区域特征	中心类型	区域发展特征	中心变化特征	变化趋势	中心类型	区域发展特征预测	中心变化特征预测	变化趋势预测
6b	西北近郊内沿，大市场区域	独立型中心	进行城市更新	内卷式	衰退型	独立型中心	进行城市更新	替代式	衰退型
4c	西南近郊内沿，大市场区域	非中心	未进行城市更新，老城衰退	吸纳式	发展型	独立型中心	进行城市更新	内卷式/替代式	衰退型

＊资料来源：笔者自制。

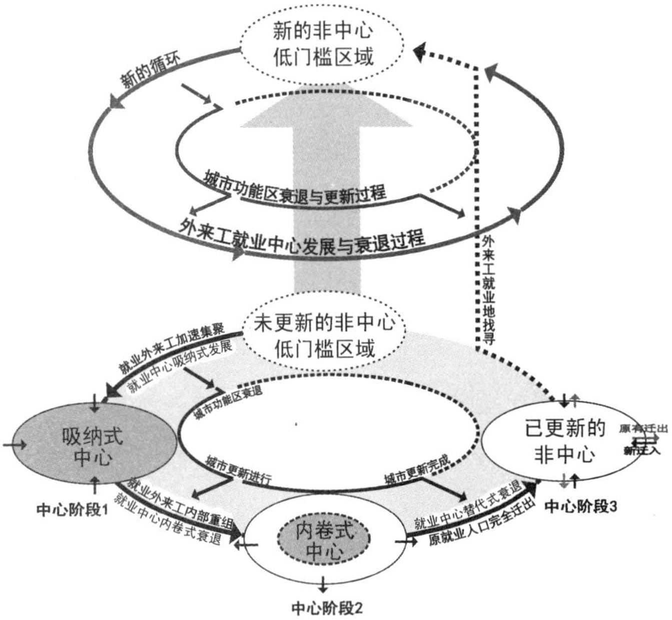

图 4.15　独立型中心连环变动过程

＊资料来源：笔者自制。

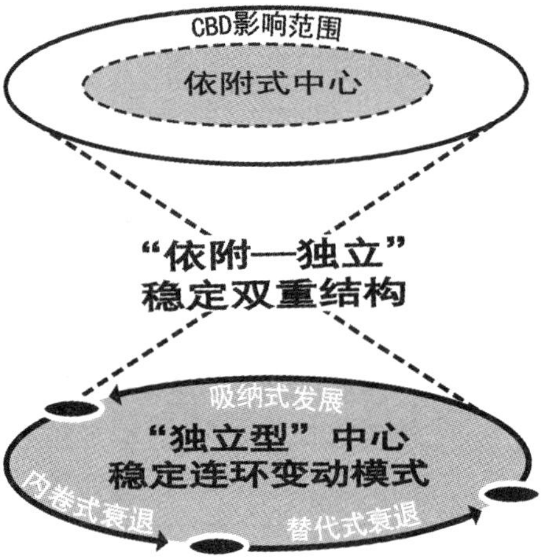

图 4.16　外来工就业中心的稳定模型

＊资料来源：笔者自制。

然而，无论是“扩展式”的依附型中心，还是“吸纳式”“内卷式”“替代式”的独立型中心，其变化都依赖于城市总体上的就业格局变化——“依附型”中心的扩展需要依靠 CBD 的发展外溢，“独立型”中心的变化也会伴随城市更新、传统产业的调整（产业升级、传统产业外迁等）等城市发展策略而发生内卷或被替代的衰退过程，并很可能随着城市更新和产业升级的完成而在另一低门槛区域重生，形成新的吸纳式中心。尽管外来工在城市中形成了自身独特的较为稳定的结构体系，但其仅仅是一个较为边缘的中心体系，叠加在城市总体的核心体系之中，形成了“非稳定的稳定结构”：稳定性在于其“依附—独立”的双重结构和“独立型”中心特定的连环变动模式，非稳定性在于其对外部（城市整体就业结构）变化的敏感性响应。

总体来看，与理论研究中外来工就业空间结构演变相呼应，南京市主城区外来工就业空间目前仍保持着近郊“‘独立型’中心＋CBD‘依附型’中心”的“双类中心”结构模式，但随着近郊"独立型"中心不断发生内卷型和替代型的衰退，逐渐呈现出向远郊"'独立型'中心＋CBD/次中心'依附型'中心"的"双类中心"结构模式的转变趋势。

4.4 本章小结

本章旨在从整体角度探讨外来工就业空间结构的特征和演变。笔者首先基于南京市就业空间的"圈层式演化＋局部特殊发展"的特征，提出"圈层＋方向"相结合的方式重新划定分析单元，并进行数据转换，以减少数据误差；在此基础上，通过"就业空间分布的演化"以及"就业空间中心的演化"两方面描述外来工就业空间的结构性特征。其中，就业空间分布的演变分析中，主要通过总体格局、集聚特征和梯度特征三个维度判断外来工就业空间整体上的演变，而就业空间中心的演化分析则通过就业中心的识别方法，提取出外来工的就业中心，用以更深层次地描绘外来工就业空间结构。研究结论如下：

1）更为精确的单元划分和数据转换

基于南京市就业空间的"圈层式演化＋局部特殊发展"的特征，借鉴以往学者对分析单元和数据转换方式，提出通过"圈层＋方向"的方式对分析单元和数据进行二次转换，在相对有效地减少行政区域对人口数据的限制，提高分析的准确度的同时，兼顾行政力量对于某些地区的非均衡影响（正面或负面）作用。

2）"圈层＋方向"组合的分布特征，"向心"和"离心"并存的演化趋势

基于转换过的分析单元和数据，外来工就业空间整体格局上呈现出显著的"圈层＋方向"特征。圈层结构是外来工就业的最基本特征，随着从"中心"向"外围"的距离增加，外来工就业密度呈现圈层式的非线性降低。以中心点为基准，东北、西南、东南三个方向呈现出较高的集中分布状态，具体表现为明显的"隆升"结构；而西北方向则呈现出较分散状态，外来工分布较为均衡，具体表现为明显的"均质"结构。

在动态演变上，外来工就业空间在总体保持圈层结构的"高位扩张化"（就业人口密集区扩张发展）的基础上，各方向呈现出不同的"向心"和"离心"的变化趋势。东北区域总体呈现显著的集中化趋势，表现出"垂直向上集聚"的"向心"演变特征，强化并延续了"隆升"结构的特征；西北区域呈现出均衡状态下"水平向内集聚"的"向心"演变特征，显露出从"均质"结构向"隆升"结构的转变趋势；南部区域则呈现出"垂直向集聚＋水平向（向外）分散"的特征，显露出"隆升"结构的"均质化"转变趋势。

3）针对性的就业中心定义和识别方法

在总结吸收国内外就业中心定义和识别方法的基础上，结合外来工就业的具体特质，对外来工就业中心进行定义，并通过中心性质和影响能力建立了外来工就业中心体系的类型矩阵，将外来工就业中心分为依附型全局影响、依附型局部影响、独立型全局影响、独立型局部影响四种类型。以此为基础，结合南京市外来工就业空间的实际状况，综合空间自相关分析法、图形观察法、参数模型回归分析法等提出外来工就业中心识别方法。

4）"双类中心"结构主导的南京市外来工就业空间结构

南京市外来工就业空间是由一个"依附型"中心和两个"独立型"中心共同构成的"双类

中心"结构体系，两类中心分别对城市外来工就业空间产生全局的传导型影响和直接型影响，但影响力均较小。

其中，"依附型"中心位于城市中心区，就业人口密度值相对较高，属于南京市CBD的范畴，外来工并不是此区域的主要就业主体。尽管依附型中心对周边的外来工就业分布具有全局的影响力，但这种空间集聚效应是依附其所在的CBD地区，并不是外来工本身，是一种传导型影响效应(间接影响)。

"独立型"中心位于城市近郊区，就业人口密度值相对较低，外来工是区域内最主要的就业主体，能在一定程度上影响周边产业和外来工就业岗位的集聚，是一种直接型影响效应。

5)"稳定结构"的非稳定演变模式

"依附型"中心和"独立型"中心共同构成的"双类中心"结构是目前构成的一种较为稳定的外来工就业中心体系模型。依附型中心与城市的就业中心相重合，吸纳大量的高密度的外来工就业；独立型中心则较为专业化和专门化，以外来工为就业主体，通常就业门槛较低，并更利于外来工社会资源和就业信息的获取。

依附型中心依靠城市CBD的发展进行外溢扩展，总体来看，其发展模式呈现出较为单一向的"扩展式"发展模式；而独立型中心则随着老城衰退—城市更新和劳动密集型产业升级的城市发展过程，可能呈现出"吸纳式发展—内卷式衰退—替代式衰退—吸纳式发展(另一区域)"的连环变动过程。同时，依附型中心所在的城市CBD的发展也会连带推动邻近的老城衰退区的更新，并在一定程度上诱发独立型中心的连环变动过程。

无论是"扩展式"的依附型中心，还是"吸纳式""内卷式""替代式"的独立型中心，其变化都依赖于城市总体上的就业格局变化——"依附型"中心的扩展需要依靠CBD的发展外溢，"独立型"中心的变化也会伴随城市更新、传统产业的调整(产业升级、传统产业外迁等)等城市发展策略而发生内卷或被替代的衰退过程，并很可能随着城市更新和产业升级的完成在另一低门槛区域重新发展，形成新的吸纳式中心。总体来看，其演变模式就是一种"稳定结构"的非稳定化——稳定性在于其"依附/独立"的多重结构和"独立型"中心特定的连环变动模式；非稳定性则在于其本身是一个附属和叠加于城市核心体系的边缘体系，对外部(核心体系)变化具有强烈的敏感性响应。

5　分异：南京市外来务工人员就业空间的生态演变

城市内部充满了差异与不平等，这些差异与不平等通常会反映至空间中，形成独特的空间模式；同时，这种空间模式也可能作为一种社会极化的要素，加剧了城市原本的差异与不平等现象。针对这一问题，众多学者以居住地为口径，采用因子生态(factorial ecology)研究方法探讨了城市内部不同群体的地理分布特征。这些分析揭示了充满了隔离、交叠和极化作用的纷繁复杂的城市社会生态，形成了分析城市的社会空间框架。

同样，外来工也是由类型化差异的不同群体构成(见3.3.2节)，透视这些不同类型群体在城市中不同的地理分布特征是探寻外来工就业空间及其演变研究的重要窗口。外来工在城市就业空间中的差异受哪些重要维度(笔者将这些影响就业空间差异的重要维度称为差异轴)的影响？这些维度是否形成了独特的空间生态特征？这种空间生态特征随着时间的变化会发生何种演变？又是什么影响和左右了这种演变？本章试图借鉴城市社会空间的分析框架，采用因子生态分析方法，对上述问题进行探讨。

本章首先会概括因子生态分析的研究方法，梳理该方法在以“居住地”为口径的城市社会空间分异中的应用，并探讨其是否适用于外来工就业空间生态分析；其次，从数据获取的现实出发，划定研究单元，选取具有针对性的指标体系，为后续的因子分析做准备；最后，运用因子分析方法，抽取影响外来工城市就业空间分异的差异轴，并从就业空间分异差异轴的因子演变、差异轴的空间演变以及就业空间生态结构特征演变三个层次，层层递进，剖析外来工就业空间的内部差异和特征变化。

5.1　因子生态分析研究及其应用

5.1.1　因子生态分析研究的方法

因子分析(factor analysis)作为各种社会研究中得到最广泛应用的技术之一，已经成为量度城市社会空间差异这个复杂问题方面被普遍接受的好方法(诺克斯和平奇，2005)。因子分析主要作为一种归纳手段，来分析各种社会、经济、人口和住房特征之间的相互关系，目的是证实存在于数据中的一般模型。从本质上讲，因子可以被看作是一类识别具有相似变化模式的成组变量的概括和综合技术，而这些被表述为新的混合变量的形式则称作因子(factor)或者成分(component)。每一个因子代表所输入数据的方差的可度量的量，而且像“常规”变量那样，可以可视化输出或作为输入数据参与其他统计分析。因子所描述的相关关系和空间模式被统称为因子生态(factorial ecology)。

通常因子方法使用过程中会产生一系列的混合变量(因子),每一个因子在统计意义上都是相互独立的,而且每一个因子均以此解释输入变量的总方差中的一部分信息。因为这项技术的目的仅仅是确定数据的协方差的主要维度,所以常常仅保留那些在所有原始变量中能够解释总方差中较大部分的因子。这些可以通过相关"特征值"识别出来——通常来讲,特征值的最小值应该是 1.0,特征值的大小与和它相关的因子解释力呈正比;因子的组成在输出结果的"负荷"上得到反映[负荷是在新的混合变量(因子)和每个原始输入变量之间计算得出的相关系数];各因子的空间表达来自各得分的向量,通过原始(标准化的)变量和相关负荷乘积的总和来计算;在此基础上,学者通常会采用最大方差法将因子轴进行旋转(rotation),以使它们最大限度地适合原始数据的模型。

5.1.2 因子生态分析研究的应用

以人口普查区和人口普查数据为主要分析单元和数据来源,众多西方学者通过能描述社会、经济、人口和住房特征等变量指标对城市社会空间结构(主要是居住分异结构)进行归纳。其中最主要的发现是:社会经济状况(socioeconomic status)、家庭状况(family status)/家庭生命周期特征和种族状况(ethnic status)被认为是影响其分异的最重要维度。这三个要素叠加在城市的物质空间之上,与城市形态经过复杂的相互作用,从而把各社会均质区分割成不同特性单元,构成了城市空间生态结构模型①。国内学者对广州②③、北京④、上海⑤、南京⑥⑦等地的研究也指出,社会经济状况、职业状况和移民状况(包括新移民或外来工两种类型)等要素同样是城市居住分异的重要维度,并形成了一定程度的社会极化现象。这一体系内,外来工作为社会经济意义上的边缘人群,在居住空间上也多呈边缘分布,并在某种程度上构成极化结构的另外一极。

这些以"居住地"为口径的分析为城市就业空间的分异提供了有效借鉴,但笔者认为,相比于就业空间,居住空间有其特殊性,在以居住地为口径的社会空间分析中所应用的变量并不完全适用于就业空间的分析。居住空间链接的是以住房市场为代表的消费环节,社会经济状况与住房的消费能力密切相连,而社会经济状况、家庭状况/生命周期以及种族状况均与住房的消费需求紧密相关。当人们能够在地理空间中充分自由流动,并按照其消费能力和消费需求选择适应的住房时,便会呈现出和这些维度有关的居住分异:在计划经济时期以及住房市场没有开放之前的中国,则呈现出典型的以职业和职位为主要维度的差异

① Murdie R. Factorial Ecology of Metropolitan Toronto, 1951—1961: An Essay on the Social Geography of the City[M]. Chicago: University of Chicago, Dept. of Geography, 1969.

② 许学强,胡华颖,叶嘉安. 广州市社会空间结构的因子生态分析[J]. 地理学报,1989 (4):385-399.

③ 郑静,许学强,陈浩光. 广州市社会空间的因子生态再分析[J]. 地理研究,1995(2):15-25.

④ 冯健,周一星. 北京都市区社会空间结构及其演化(1982—2000)[J]. 地理研究,2003,22(4):476.

⑤ 杨上广. 大城市社会空间结构演变研究——以上海市为例[J]. 城市规划学刊,2005(5):17-22.

⑥ 吴启焰,崔功豪. 南京市居住空间分异特征及其形成机制[J]. 城市规划,1999(12):23-26.

⑦ 王慧,吴晓,强欢欢. 进城农民聚居空间和城市居住空间的关联研究——以南京市主城区为实证[J]. 城市规划,2015,39(5):52-61.

分区①;其后随着住房市场的开放以及人口的自由流动,社会经济状况和移民状况也逐渐成为主要的差异轴②。

同和“消费需求”紧密联系的居住空间相比,就业空间更多的是和“生产需求”密切相关,这就意味着与住房消费紧密相关的社会经济状况、家庭状况/生命周期等要素可能并不构成就业空间分异的差异轴。由于人口普查数据多以“居住地”为口径,缺乏以“就业地”为口径的统计数据,因此一直以来国内外鲜少出现专门针对就业空间分异的研究,也缺乏可供参考的“典型”输入变量来测度形成就业空间分异的差异要素。

曾有学者通过调研数据对外来工的就业空间分异做出尝试性研究。如徐卞融和吴晓③基于“居住地”和“就业地”双重口径,采用因子分析方法分析南京市外来工的居住空间和就业空间分异。研究提取出职业状况、集聚方式、迁居特征、住房条件和经济地位五个要素是影响外来工就业空间分异的差异轴,并进一步将外来工就业空间聚类为以不同住房条件为主要划分标准的高、中、低社会经济地位的社会区④。但是,由于在就业空间分异所选取的变量指标中,研究者采用了与居住空间完全相同的指标体系,而没有反映出“就业”和“居住”分别侧重于“生产”和“消费”的不同属性,再加之研究者以“街道”作为研究单元,而在这街道层面,大多数外来工的就业地和居住地是重合的⑤,导致其所呈现的就业空间差异轴与居住空间的差异轴并无显著差别,最终的空间分异模式也是以居住状况和社会经济地位为主因子来呈现,而未充分体现外来工的就业空间特性。因此,如何筛选指标变量并划定分析单元,使其有效测度就业空间分异,尤其是外来工的就业空间分异,是本研究的重点之一。

5.2 指标体系选取和分析单元转换

5.2.1 指标体系选取

按前节所示,对指标体系的选取需要考虑如下三个要素:(1) 指标数据的可得性;(2) 需剔除可能的干扰要素(居住条件要素、社会经济要素),不相关的或影响较小的指标要素也可排除在外;(3) 指标需与就业外来工的人口、社会、经济和空间属性紧密关联,并充分反映其特征。

① 许学强等(1989)认为广州城市内部的核心有人口密集的功能混合区,逐渐向外延伸的干部居住区,包括上述区域的广大工人居住区,其间镶嵌的知识分子居住区以及最外层的农业人口居住区。郑静、许学强(1995)等把广州市中心区划分为七类社会区:人口密集混合功能旧城区、混合工人居住区、以交通通讯业从业者为主的聚居区、农业人口散居区、干部居住区、知识分子居住区和以移民为主的新开发区。

② 杨上广(2005)认为上海不同社会阶层存在居住空间隔离,并形成四大圈层。第一圈层为围绕 CBD 的内城区,主要居住着中高收入阶层;第二圈层为中环线附近的环间城区,主要分布着中等收入的普通工薪阶层;第三圈层为近郊区,是外来流动人口的主要聚居带,也成为城市中低收入人群的聚集区;第四圈层为远郊区,是上海独立型、经济型等高、中档别墅的分布区。

③ 徐卞融,吴晓.基于“居住—就业”视角的南京市流动人口空间分异研究[J].规划师,2010,26(7):113-120.

④ 其所形成的四类社会区具体为:(1) 拥有中等住房条件的省外经商人员聚集区;(2) 拥有低等住房条件的中高阶人员聚集区;(3) 拥有高等住房条件的新来人员聚集区;(4) 拥有低等住房条件的省内低阶人员聚集区。

⑤ 徐卞融,吴晓.基于“居住—就业”视角的南京市流动人口空间分异研究[J].规划师,2010,26(7):113-120.

1）指标数据的可得性

国内因子生态分析（主要是城市社会区分析）研究输入的“典型”数据以人口普查所能得到的数据为依据，主要包括性别比例、年龄构成、婚姻状况、受教育程度、职业状况、居住状况等，专门针对外来工的因子生态分子以上述指标为基础进行删减，并加入移民（进城）时间、来源地、家庭收入等指标①。

以上述指标体系为基础，结合项目组在2009年和2015年的两次配比抽样调查问卷可获得的就业外来工数据，列出基于数据可得性的指标体系列表（见表5.1）。所选指标体系包括人口构成、就业状况、移民状况、经济状况、住房状况五大类，下分十五个子类，包括67个变量，以此作为下一步指标取舍的基础性框架。

表5.1 基于数据可得性的指标体系列表

指标大类	指标子类	变量	
Ⅰ.人口构成	一、性别比例	1. 男性比例	
	二、年龄构成	2. 19岁及以下从业人口比重	3. 20～39岁从业人口比重
		4. 40～59岁从业人口比重	5. 60岁以上从业人口比重
	三、婚姻状况	6. 未婚人口比重	7. 有配偶人口比重
		8. 丧偶人口比重	9. 离婚人口比重
	四、受教育程度	10. 文盲人口比重	11. 小学文化程度者比重
		12. 初中文化程度者比重	13. 高中文化程度者比重
		14. 大专以上文化程度者比重	
Ⅱ.就业状况	五、职业状况	15. 国家机关、党群组织、企业、事业单位负责人比重	16. 专业技术人员比重
		17. 办事人员和有关人员比重	18. 商业服务业人员比重
		19. 生产运输设备操作人员比重	
	六、单位状况	20. 机关团体事业单位比重	21. 国有及国有控股企业比重
		22. 集体企业比重	23. 外商、港澳台投资企业比重
		24. 私营企业比重	25. 个体工商户比重
		26. 其他比重	
Ⅲ.移民状况	七、来宁时间	27. 一年以下比例	28. 一年到三年比例
		29. 三年到五年比例	30. 五年以上比例
	八、来源地	31. 江苏其他市比例	32. 安徽比例
		33. 河南比例	
Ⅳ.经济状况	九、家庭月收入	34. 低于500元比重	35. 500～1 500元比重
		36. 1 500～2 500元比重	37. 2 500～5 000元比重
		38. 5 000元以上比重	

① 指标数据通常通过普查数据获取，少数研究数据［如徐卞融，吴晓. 基于“居住—就业”视角的南京市流动人口空间分异研究［J］. 规划师，2010，26(7)：113－120.］通过调研问卷获取。

续表

指标大类	指标子类	变量	
V. 住房状况	十、住房来源	39. 工作单位提供住房比例	40. 自己租用住房比例
		41. 自己购买住房比例	
	十一、住房性质	42. 居住工地比例	43. 居住公房比例
		44. 居住店面比例	45. 居住商品房比例
		46. 居住经济适用房比例	47. 居住私房比例
	十二、住房面积	48. 人均 5 m^2 以下比例	49. 人均 5～10 m^2 比例
		50. 人均 10～25 m^2 比例	51. 人均 25 m^2 以上比例
		52. 人均面积	
	十三、厨房	53. 厨室内自用比例	54. 厨室内公用比例
		55. 厨室外自用比例	56. 厨室外公用比例
		57. 无厨房比例	
	十四、卫生间	58. 卫室内自用比例	59. 卫室内公用比例
		60. 卫室外自用比例	61. 卫室外公用比例
		62. 无卫室比例	
	十五、自来水	63. 自来水室内自用比例	64. 自来水室内公用比例
		65. 自来水室外自用比例	66. 自来水室外公用比例
		67. 无自来水比例	

* 资料来源：笔者根据相关参考文献整理。

2）干扰要素的剔除

剔除上述指标中对就业空间因子生态分析有干扰的要素是指标体系选取中的关键一步。

前节分析已指出（见 5.1.2 节），由于“居住地”相对于“就业地”来讲具有更多的“消费”属性，因而“经济状况”（和消费能力相关）和“家庭状况”（和消费需求相关）等要素成为其在地理空间上分异的重要衡量指标。上述两个要素与市场化的细分住房（不同于“住房状况”）相叠加，促成了不同社会阶层、不同生命周期（家庭状况）人群对不同住房进行自由流动和筛选，更容易呈现出在地理空间上的“具体的水平式”分异。

因而，“经济状况”“家庭状况”和“住房状况”作为指标，尽管与就业空间也有一定的关联，但与居住空间更为相关，在某些具体分析中，尤其是分析单元中居住地和就业地较为一致时，就会成为明显的干扰要素[徐卞融、吴晓（2010）关于外来工“居住—就业”空间分异的对比研究也说明了这一点]。由于本书数据来源同样以街道作为数据采集单元，外来工群体在这一数据采集单元内的“居住—就业”重合率相对较高，故而应在分析中将“经济状况”“家庭状况”和“住房状况”三类指标剔除。

将上述三大类指标与表 5.1 列出的基于数据可得性的指标体系列表一一对照，取舍如下：

（1）表中反映“经济状况”的指标子类为家庭月收入，应将其剔除。

（2）表中仅“人口构成”下的婚姻状况子类指标与“家庭状况”指标有关联，但其变量（未婚、已婚、离异、丧偶）并未过多反映其对住房消费需求的一面（与家庭人口数等指标变量相比),因此,该指标并不能成为干扰要素,无须修改。

(3) 表中反映"住房状况"的指标子类包括住房来源、住房性质以及住房面积和设施配备等反映住房条件的信息,笔者认为,反映住房条件的信息会对外来工就业分析产生干扰,但住房来源和住房性质等子类下的某些指标却与外来工就业状况密切相关。在探讨外来工就业的过程中,就业是否能够提供住房及其所提供的形式会成为影响外来工就业空间分异的主要要素之一,因此需要剔除"住房状况"大类下反映"住房条件"的子类,而设置与就业相关的"住房状况"指标子类,并慎重筛选变量。在此,笔者将衡量这一指标子类的变量分为工作单位提供住房比例(工地)、工作单位提供住房比例(非工地住宅)、工作单位不提供住房比例(租住)、工作单位不提供住房比例(其他)四项。

至此,剔除干扰后的指标体系包括人口构成、就业状况、移民状况和住房状况四大类,下分九个子类,包括 37 个变量(见表 5.2)。

表 5.2 剔除干扰要素后的指标体系列表

指标大类	指标子类	变量	
Ⅰ. 人口构成	一、性别比例	1. 男性比例	
	二、年龄构成	2. 19 岁及以下从业人口比重	3. 20~39 岁从业人口比重
		4. 40~59 岁从业人口比重	5. 60 岁以上从业人口比重
	三、婚姻状况	6. 未婚人口比重	7. 有配偶人口比重
		8. 丧偶人口比重	9. 离婚人口比重
	四、受教育程度	10. 文盲人口比重	11. 小学文化程度者比重
		12. 初中文化程度者比重	13. 高中文化程度者比重
		14. 大专以上文化程度者比重	
Ⅱ. 就业状况	五、职业状况	15. 国家机关、党群组织、企事业单位负责人比重	16. 专业技术人员比重
		17. 办事人员和有关人员比重	18. 商业服务业人员比重
		19. 生产运输设备操作人员比重	
	六、单位状况	20. 机关团体事业单位比重	21. 国有及国有控股企业比重
		22. 集体企业比重	23. 外商、港澳台投资企业比重
		24. 私营企业比重	25. 个体工商户比重
		26. 其他比重	
Ⅲ. 移民状况	七、来宁时间	27. 一年以下比例	28. 一年到三年比例
		29. 三年到五年比例	30. 五年以上比例
	八、来源地	31. 江苏其他市比例	32. 安徽比例
		33. 河南比例	
Ⅳ. 住房状况	九、就业相关的居住状况	34. 工作单位提供住房比例(工地)	35. 工作单位提供住房比例(非工地住宅)
		36. 工作单位不提供住房比例(租住)	37. 工作单位不提供住房比例(非租住)

* 资料来源:笔者自制。

3) 指标体系的再筛选

剔除干扰要素后的指标体系可大致满足外来工就业空间的因子生态分析需求,但还应根据研究条件(分析单元及数据精度等)对指标的变量进行再筛选,以求准确反映外来工就业空间的生态格局。

由于本书数据来源于配比抽样问卷,且样本数量有限,对于样本中占少数的类型群体(如 19 岁以下外来工和 65 岁以上外来工,受教育程度为大学、专科及以上外来工等)因样本量极少,在不同研究单元中的分布受配比影响极大,而不能准确反映其特征。因此,在具体描述各类子指标的时候,应避免那些针对少量样本而设置的变量,不求反映各单元的精确特征,但求客观反映其整体概况。因此,对照表 5.2,对具体变量进行如下选取和修正:

在人口构成大类中,指标一(性别比例)用男性比例进行变量描述不变;指标二(年龄结构)则由于 19 岁以下和 60 岁以上外来工样本量较少,因此选取“40 岁以下从业人口比重”作为变量指标描述外来工的年龄特征,该值越大,代表该地区就业的外来工人口结构越趋于年轻,反之则表明趋于老龄化;指标三(婚姻状况)则由于离异和丧偶样本量较小,而选用“未婚比例”作为变量描述外来工的婚姻特征,该值越大,代表该地区就业的外来工处于生命周期较早阶段,反之则表明越趋于生命周期后期,家庭要素就可能成为其就业选择的重要参考;指标四(受教育程度)考虑到就业外来工中缺少大专及以上受教育程度者,而低等教育程度(初中及以下)和高中教育程度人口相对较多,因此选用这两者的比例进行衡量。

在就业状况大类中,指标五(职业状况)由于外来工为国家机关、党群组织、企事业单位负责人,专业技术人员,办事人员和有关人员的极少,其职业多集中于商业服务业人员和生产运输设备操作人员,因此选取这两者比例进行衡量;指标六(单位状况)则由于外来工流向国家、事业单位、外企的比例相对少,而选取个体工商户和私企的比例作为变量进行衡量。

在移民状况大类中,指标七(来宁时间)选取一年以下和五年以上的比例作为衡量指标,旨在更清晰地识别出新移民或老移民的集中地区,同时考虑到其他变量(一年到三年、三年到五年的比例)并不能较清晰地反映出该项移民特征,因此将其剔除;指标八(来源地)则由于南京市外来工的来源地主要为江苏和安徽两地(第三来源地河南仅占不到 5%),因此在变量选择中将河南比例剔除;同时,考虑到在数据采集单元(街道单位)的范畴内,以不同省划分的来源地(尤其是江苏和安徽这种外来工来源大省)并不能清晰地反映出外来工在就业选择中的同源集聚的倾向,且在后续研究中发现各数据采集单元中江苏、安徽两省的来源地占比相当,并不能反映地区差异,故经综合考量,将指标八(来源地)剔除。

在住房状况大类中,指标九(就业相关的居住状况)由于工作单位不提供住房比例(非租住)样本量较小、工作单位不提供住房比例(租住)在各采集单元占比相当,不能反映地区差异等原因,而将此两项变量剔除。因此,主要选取工作单位提供住房比例(包括工地和非工地住宅)两项变量来判别与就业相关的居住条件影响。

综上所述,形成了最终的外来工就业空间因子生态分析指标体系表(见表 5.3),共包括四个指标大类、八个指标子类和 13 个变量。

表 5.3　外来工就业空间因子生态分析指标体系表

指标大类	指标子类	变量
Ⅰ. 人口构成	一、性别比例	1. 男性比例
	二、年龄构成	2. 40 岁以下人口比重
	三、婚姻状况	3. 未婚人口比重
	四、受教育程度	4. 高中比重
		5. 低等教育水平比重※
Ⅱ. 就业状况	五、职业状况	6. 商业服务业比重
		7. 生产、运输设备操作比重
	六、单位状况	8. 私企比重
		9. 个体工商户比重
Ⅲ. 移民状况	七、来宁时间	10. 来宁一年以下比重
		11. 来宁五年以上比重
Ⅳ. 居住状况	八、就业相关的居住状况	12. 工作单位提供工地居住比例
		13. 工作单位提供住房居住比例(非工地住宅)

※注:低等教育水平指初中及以下教育水平。
*资料来源:笔者自制。

5.2.2　分析单元转换

在分析单元上,基于与前章(见 4.1.1 节)同样的考量,本章采取同样的“圈层+方向”的方式对分析单元进行转换(见 4.1.2 节)。同时,为了更清晰地对南京市外来工的就业空间生态进行描述,笔者综合传统的南京主城区空间结构划分(以街道为基本单元,按照中心区、老城、主城三个分类,见图 5.1),参考南京城市建设发展的不同阶段(见图 3.3),进一步对分析单元重新进行分类划定,将南京市主城区划分为中心区、内圈层、中圈层、外圈层四类①;同时,延续原本的方向性描述,用 a、b、c、d 表示东北、西北、西南、东南方向,具体范围及特征如表 5.4 和图 5.2 所示。

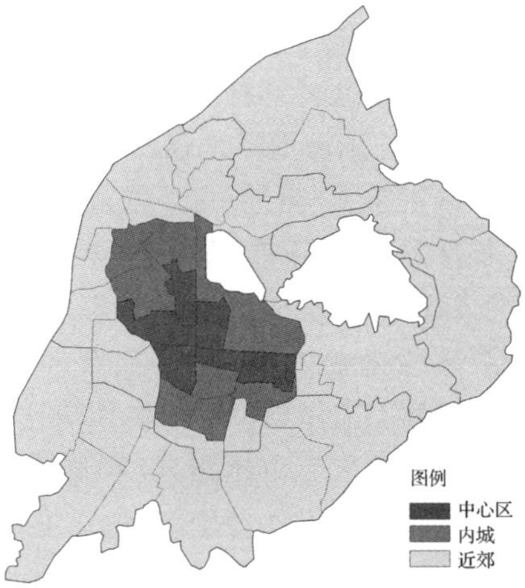

图 5.1　以街道为单元的南京市圈层划定分类
*资料来源:笔者自制。

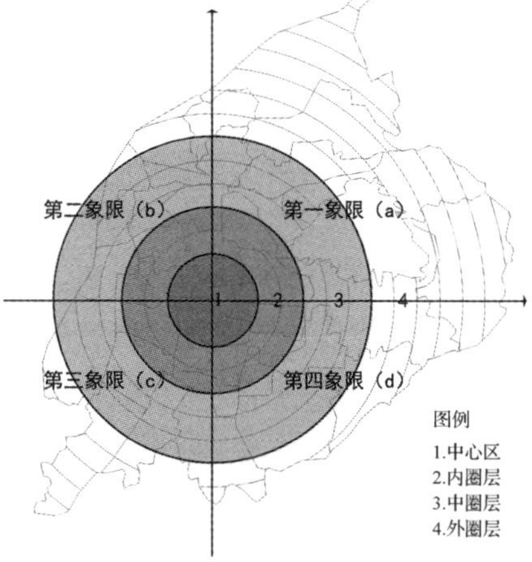

图 5.2　以新分析单元为基础的圈层分类
*资料来源:笔者自制。

① 此四个圈层范围可分别与 2.3 节中城市中心、城市中心区、近郊区内沿、近郊区外缘大致对应。

表 5.4 南京市主城区圈层划分表

	分析单元	涉及行政单元	建设状况	特征描述
中心区	1~2 圈层	华侨路、湖南路、五老村、新街口、朝天宫	1995 年前建成区	城市 CBD 区域
内圈层	3~4 圈层	瑞金路、宁海路、中央门、洪武路、大光路、梅园新村、玄武门、夫子庙、双塘、凤凰、莫愁湖、中华门、秦虹、月牙湖	1995 年前建成区	中心区向外扩展区域,形成商业地段、住宅区间隔分布的中心边缘区(城市更新地区)
中圈层(近郊内沿)	5~7 圈层	挹江门、江东、孝陵卫、锁金村、红山、小市、阅江楼、宝塔桥、热河南路、建宁路、赛虹桥、雨花新村、兴隆、南苑	1995—2005 年建成区	差异明显的城郊结合区,大市场、轻工业、住宅区、新城间隔分布(城市更新和城市拓展地区)
外圈层(近郊外源)	8~16 圈层	马群、迈皋桥、燕子矶、沙洲、红花、光华路、玄武湖、幕府山	2005 年后建成区	以住宅区、园区为主的新城开发建设区(城市拓展地区)

* 资料来源:笔者自制。

5.2.3 应用数据转换

在应用数据转换上,同样按照前文(见 4.1.2 节)的思路和方法进行因子生态分析指标变量的数据转换。数据转换结果如附录 4 所示。

5.3 南京市外来工就业差异轴的因子演变

根据对上文遴选出的 13 个变量(见 5.2.1 节)进行降维因子分析,以期得到更为集中和明确的主因子结果,以归纳外来工人口、社会和就业分布的相互关系的差异轴,并分析 2009 年和 2015 年差异轴上复合的静态特征和动态演变。

具体方法是:使用 SPSS 中 Analyze(Data Reduction—Factor)因子分析功能对 2009 年和 2015 年就业空间的 52(分析单元)×13(指标变量)的数据矩阵分别进行因子生态分析,在抽取方法中采用主因子法(principal components),以特征值(eigenvalues)大于 1 且累计方差贡献率达到 70%作为标准。

5.3.1 差异轴的因子静态特征

1) 2009 年

测出 KMO 值为 0.623,适合因子分析,于是对主轴采取最大方差旋转的办法,确保所输入的变量聚成四个主要维度(见表 5.5),一共能够解释初始数据组中方差的 80.360%。

因子Ⅰ:因子Ⅰ是这些变量中最重要的因子,仅此一项就解释了方差的 30%以上,检查该因子上的最高负荷,发现其与年轻人(四十岁以下比例)、较高教育程度(高中比例)、较少家庭因素考量(未婚比例)呈现出明确的正相关关系,与低受教育程度外来工(低教育水平)

呈现出明确的负相关关系。因此，因子Ⅰ将城市外来工中较高学历的年轻人群所在区域和较低学历的中老年人群所在区域剥离出来。可以说，因子Ⅰ构成了就业外来工以不同人口特征为纬度的最主要的差异轴。

表 5.5　2009 年就业外来工的因子结构

(A) 每个因子的解释力

因子	解释方差的百分比(%)	累积百分比(%)	特征值
Ⅰ	30.149	30.149	3.919
Ⅱ	23.504	53.652	3.055
Ⅲ	18.556	72.208	2.412
Ⅳ	8.152	80.360	1.060

(B) 因子的性质

因子	负荷	
Ⅰ 人口特征差异轴	40 岁以下比例	0.890
	高中比例	0.874
	未婚比例	0.779
	低教育水平比例	−0.880
Ⅱ 职业特征差异轴	生产运输设备操作人员比例	0.857
	个体工商户比例	−0.788
	商业服务业人员比例	−0.908
Ⅲ 住房特征差异轴	工作单位提供住房居住比例(非工地)	0.886
	私企比例	0.836
	工作单位提供工地居住比例	−0.769
Ⅳ 移民特征差异轴	五年以上比例	0.859
	一年以下比例	−0.761

* 资料来源：笔者根据 2009 年转换过的因子生态分析指标变量数据，利用 SPSS 软件计算而得。

因子Ⅱ：因子Ⅱ(解释了方差的 23.504%)与生产运输设备操作人员比例呈现出明确的正相关关系，与商业服务业人员、个体工商户比例呈现出负相关关系。因此，因子Ⅱ将城市中外来工两类不同职业占比较高的区域识别出来。其中，商业服务业人员比例高的区域个体工商户的比例也高。可以说，因子Ⅱ构成了外来工以不同职业特征为维度的差异轴。

因子Ⅲ：因子Ⅲ(解释了方差的 18.556%)与工作单位提供非工地住房比例、私企比例呈现出正相关关系，与工作单位提供工地比例呈现出负相关关系。因此，因子Ⅲ将城市中工作单位提供住所的两类不同形式(工地和非工地)占比较高的区域识别出来。其中，就业单位提供非工地类住所比例高的区域也具有私企比例高的特征。可以说，因子Ⅲ构成了外来工以不同住房特征(与工作相关)为维度的差异轴。

因子Ⅳ：因子Ⅳ(解释了方差的 8.152%)则是与外来工来宁五年以上比例呈现出正相关关系，与来宁一年以下比例呈现出负相关关系。因此，因子Ⅳ能够识别出城市中“新移民”比例高的区域和“老移民”比例高的区域。可以说，因子Ⅳ构成了外来工以不同移民特征为维度的差异轴。

综上所述，2009 年的南京市外来工就业空间生态可以看作是由人口特征、职业特征、住房特征和移民特征四个维度差异轴所共同构成的生态结构。这四个相互独立的维度及其所负荷的变量与前节所列出的指标评价体系（见表 5.3）相差并不大，说明此时外来工群体就业空间生态呈现出的各类属性特征（人口、社会、空间、就业特征等）彼此关联相对较小。

2）2015 年

测出 KMO 值为 0.561，适合因子分析，于是对主轴采取最大方差旋转的办法，确保所输入的变量聚成三个主要维度（见表 5.6），一共能够解释初始数据组中方差的 79.466%。

表 5.6　2015 年就业外来工的因子结构

（A）每个因子的解释力

因子	解释方差的百分比（%）	累积百分比（%）	特征值
Ⅰ	49.750	49.750	6.468
Ⅱ	19.179	68.929	2.493
Ⅲ	10.537	79.466	1.370

（B）因子的性质

因子	负荷	
Ⅰ 职业特征差异轴	生产运输设备操作人员比例	0.935
	男性比例	0.813
	工作单位提供工地居住比例	0.808
	私企比例	−0.690
	商业服务业人员比例	−0.831
Ⅱ 人口特征差异轴	40 岁以下比例	0.926
	未婚比例	0.829
	高中比例	0.802
	单位提供住房居住比例（非工地）	0.653
	低教育水平比例	−0.778
Ⅲ 移民特征差异轴	个体工商户比例	0.754
	五年以上比例	0.718
	一年以下比例	−0.624

* 资料来源：笔者根据 2015 年转换过的因子生态分析指标变量数据，利用 SPSS 软件计算而得。

因子Ⅰ：因子Ⅰ是这些变量中最重要的因子，仅此一项就解释了方差的近 50%。检查该因子上的最高负荷，发现其与生产运输设备操作人员比例、男性比例、工作单位提供住房（工地）比例呈现出明确的正相关关系，与商业服务业人员比例、私企比例呈现出负相关关系。因此，因子Ⅰ将城市中外来工两类不同职业占比较高的区域识别出来。其中，生产运输设备操作人员比例高的区域也具有男性比例高、居住工地比例高的特征，商业服务业人员比例高的区域也具有私企比例高的特征。可以说，因子Ⅰ构成了外来工以不同职业特征为维度的最主要的差异轴。

因子Ⅱ：因子Ⅱ（解释了方差的 19.179%）与年轻人（40 岁以下比例）、较少家庭因素考量（未婚比例）、较高教育程度（高中比例）、工作单位提供非工地住房比例呈现出明确的正相关关系，与低受教育程度外来工比例（低教育水平）呈现出明确的负相关关系。因此，因子Ⅱ将城市外来工中较高学历的年轻人群所在区域和较低学历的中老年人群所在区域剥离出来。其中，较高学历的年轻人群比例高的区域还具有单位提供住宅（非工地）比例高的特征。可以说，因子Ⅱ构成了就业外来工以不同人口特征为维度的差异轴。

因子Ⅲ：因子Ⅲ（解释了方差的 10.537%）与个体工商户比例、来宁五年以上外来工的比例呈现出正相关关系，与来宁一年以下外来工的比例呈负相关关系。因此，因子Ⅲ能够识别出城市中“新移民”比例高的区域和“老移民”比例高的区域。其中，“老移民”比例高的区域还具有个体工商户比例高的特点。可以说，因子Ⅲ构成了外来工以不同移民特征为维度的差异轴。

综上所述，2015 年的南京市外来工就业空间生态可以看作是由职业特征、人口特征和移民特征三个维度差异轴所共同构成的生态结构。这三个相互独立的维度将前节所列出的指标评价体系(见表 5.3)的变量进行了一定的归并和整合，说明此时外来工群体就业空间生态呈现出的各类属性特征(人口、社会、空间、就业特征等)彼此关联相对较大。

5.3.2 差异轴的因子动态演变

总体看来，2009 年至 2015 年间，影响外来工就业空间分异的差异轴呈现出“精简化”“复合化”和“重构化”的特征。

2009 年南京市外来工就业空间的差异轴包括人口特征、职业特征、住房特征和移民特征四个维度。这四个维度的差异轴在统计意义上具有相互独立的特征；而至 2015 年，差异轴维度减至三个(人口特征、职业特征和移民特征)，住房特征不再成为一个独立的维度出现，其原本的衡量变量也拆分转为人口特征和职业特征因子的负荷变量，使其呈现出比 2009 年更加复合的特征，并交互发生重构。这使得外来工群体的就业空间生态呈现出各类属性特征更加紧密化的趋势(见表 5.7)。

表 5.7 南京市外来工就业差异轴荷载的演变

<table>
<tr><th>差异轴</th><th>荷载值</th><th>人群特征</th><th>2009 年因子负荷</th><th>变化特征</th><th>2015 年因子负荷</th></tr>
<tr><td rowspan="5">人口特征</td><td rowspan="4">正相关</td><td rowspan="4">较高学历/年轻外来工</td><td>40 岁以下比例</td><td rowspan="4">复合</td><td>40 岁以下比例</td></tr>
<tr><td>高中比例</td><td>未婚比例</td></tr>
<tr><td rowspan="2">未婚比例</td><td>高中比例</td></tr>
<tr><td>单位提供住房居住比例(非工地)</td></tr>
<tr><td>负相关</td><td>较低学历/中老年外来工</td><td>低教育水平比例</td><td>—</td><td>低教育水平比例</td></tr>
<tr><td rowspan="5">职业特征</td><td rowspan="3">正相关</td><td rowspan="3">生产运输设备操作外来工</td><td rowspan="3">生产运输设备操作人员比例</td><td rowspan="3">复合</td><td>生产运输设备操作人员</td></tr>
<tr><td>工作单位提供工地居住比例</td></tr>
<tr><td>男性比例</td></tr>
<tr><td rowspan="2">负相关</td><td rowspan="2">商业服务业外来工</td><td>商业服务业人员比例</td><td rowspan="2">重构</td><td>商业服务业人员比例</td></tr>
<tr><td>个体工商户比例</td><td>私企比例</td></tr>
<tr><td rowspan="3">住房特征</td><td rowspan="2">正相关</td><td rowspan="2">居住于单位提供非工地住宅的外来工</td><td>工作单位提供住房居住比例(非工地)</td><td rowspan="2">精简</td><td rowspan="2">—</td></tr>
<tr><td>私企比例</td></tr>
<tr><td>负相关</td><td>居住工地的外来工</td><td>工作单位提供工地居住比例</td><td>精简</td><td>—</td></tr>
<tr><td rowspan="3">移民特征</td><td rowspan="2">正相关</td><td rowspan="2">老移民</td><td rowspan="2">来宁五年以上比例</td><td rowspan="2">复合</td><td>个体工商户比例</td></tr>
<tr><td>来宁五年以上比例</td></tr>
<tr><td>负相关</td><td>新移民</td><td>来宁一年以下比例</td><td>—</td><td>来宁一年以下比例</td></tr>
</table>

* 资料来源：笔者自制。

具体来看,较低学历的中老年外来工和城市新移民两类人群的属性特征并未发生变化。商业服务业外来工群体的属性特征则被重构,差异轴上的荷载呈现出了个体工商户向私营企业就业的转变,这意味着这一群体的某类属性随着时间的推移而被重构。

较高学历的年轻外来工、生产运输设备操作外来工和老移民三类人群的属性特征呈现出更加复合化的特征,使得这三类人群分别增加了某类附加的属性特征,其限定范围也有所收敛。因此,居住于单位提供住宅(非工地)的较高学历的年轻外来工、男性/居住工地的生产运输设备操作外来工(即建筑业外来工)以及个体工商户就业的老移民作为人口特征维度、职业特征维度、移民特征维度的代表性群体而被识别出来。

无论是属性重构的群体类型还是属性复合的群体类型,都可视为随着时间的变化而新兴集聚的某类群体,应给予重点的关注。

5.4 南京市外来工就业差异轴的空间演变

将外来工就业空间差异轴的因子值投射至空间上,通过显示各分异维度的空间表现,来分析各维度差异轴上的不同类型人群在就业空间上的分布模式及其演变特征。

5.4.1 差异轴的空间静态特征

根据前节所识别出的就业空间差异轴来看,可判定各维度差异轴的高低两端即为所识别出的各类人群的集聚地。因此,在具体操作上,笔者将因子值根据 GIS 标准分类方法中的自然间断点分级法(Jenks)[①]分成高、中高、中、中低、低五类,并主要解读高、低两类因子值所在单元(即差异轴识别出的各类人群的高比例集聚地区)的数量和圈层分布情况;同时,在空间表现的分析上,笔者则主要通过对这些高比例集聚地区所构成的"成片连续区"的分析,来探讨各维度差异轴的空间模式。

1) 2009 年

2009 年的南京市外来工就业空间生态可以看作是由人口特征、职业特征、住房特征和迁移特征四个维度差异轴所共同构成的生态结构。

因子Ⅰ:人口特征

人口特征差异轴按因子值高低,识别出"较高学历的年轻外来工"(40 岁以下/高中/未婚比例高)和"较低学历的中老年外来工"(低教育水平比例高)两类群体。因子值越大,"较高学历的年轻外来工"比例越高;因子值越小,则"较低学历的中老年外来工"比例越高。因子值分类和空间表现如表 5.8 所示。可见:

较高学历的年轻外来工:该类人群分布高比例的单元个数为 8 个;主要分布于东南中心区和东北外圈层,并在东北外圈层区域(第 10～16 圈层)连片分布;在空间模式上呈现出以外圈层为主的"单核+团块状"分布模式。

---

① 具体见 4.2.1 节。

表 5.8 2009 年外来工人口特征差异轴因子值及空间分布列表

<table>
<tr><th>特征</th><th>个数</th><th colspan="5">圈层分布/方向偏向</th><th>涉及的行政单元</th><th>空间模式</th><th>空间分布</th></tr>
<tr><td rowspan="10">年轻人/高学历
↕
中老年/低学历</td><td rowspan="5">8</td><td></td><td>中心区</td><td>内圈层</td><td>中圈层</td><td>外圈层</td><td rowspan="5">燕子矶、迈皋桥、玄武湖、马群</td><td rowspan="5"></td><td rowspan="10">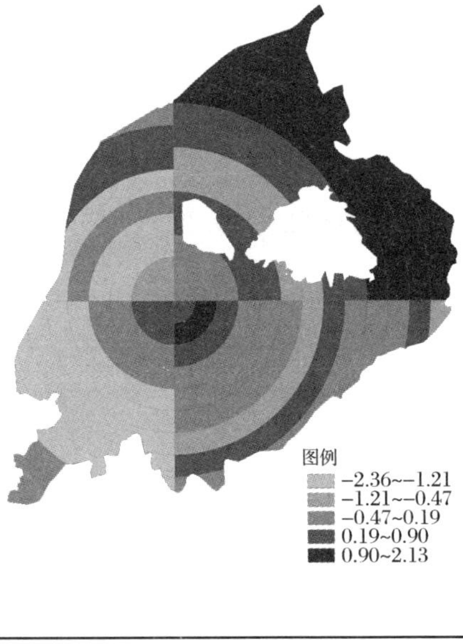</td></tr>
<tr><td>a</td><td></td><td></td><td></td><td>√</td></tr>
<tr><td>b</td><td></td><td></td><td></td><td></td></tr>
<tr><td>c</td><td></td><td></td><td></td><td></td></tr>
<tr><td>d</td><td>√</td><td></td><td></td><td></td></tr>
<tr><td rowspan="5">8</td><td></td><td>中心区</td><td>内圈层</td><td>中圈层</td><td>外圈层</td><td rowspan="5">宁海路、中央门、凤凰、兴隆、南苑、沙洲、赛虹桥</td><td rowspan="5">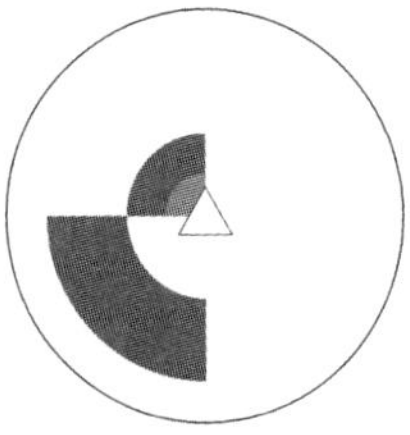</td></tr>
<tr><td>a</td><td></td><td></td><td></td><td></td></tr>
<tr><td>b</td><td></td><td>√</td><td></td><td></td></tr>
<tr><td>c</td><td></td><td></td><td>√</td><td></td></tr>
<tr><td>d</td><td></td><td></td><td></td><td></td></tr>
</table>

*资料来源：笔者自制。

较低学历的中老年外来工：该类人群分布高比例的单元个数为 8 个；主要分布于西南中圈层（第 5～9 圈层）和西北内圈层（第 2～4 圈层），并呈现出连续片区；在空间模式上呈现出以内圈层和中圈层为主的“散块状”分布模式。

总体来看，人口特征维度所识别的两类群体在空间分布上差异明显——受教育程度较高的年轻人群多集中于城市东北外圈层的新开发地区，而受教育程度较低的中老年人群多集中于城市西北的中心边缘区和西南的城郊结合部。

因子Ⅱ：职业特征

职业特征差异轴按因子值高低，识别出“生产运输设备操作外来工”（生产运输设备操作人员比例高）和“商业服务业外来工”（商业服务业人员/个体工商户比例高）两类群体。因子值越大，“生产运输设备操作人员”比例越高；因子值越小，则“商业服务业人员”比例越高。因子值分类和空间表现如表 5.9 所示。可见：

生产运输设备操作外来工：该类人群分布高比例的单元个数为 9 个；主要分布于东北、西南的中圈层区域（第 5～8 圈层）和东南、西南的外圈层（第 8～9 圈层），并在整体上与中高值单元共同组成了城市中圈层的连片区；整体上具有明显的西南偏向性；在空间模式上呈现出以中圈层和少数外圈层为主的“环状”分布模式。

商业服务业外来工：该类人群分布高比例的单元个数为 12 个；主要分布于东北、西北、东南的中心区（1～2 圈层）和西北、东南的内圈层（第 2～4 圈层）以及东南的外圈层（第 5～6 圈层），并与中低值单元共同构成了“中心区—内圈层”的连片区；具有东南地区的偏向性；在空间模式上呈现出以中心区和内圈层为主的“中心团块状”分布模式。

表 5.9 2009 年外来工职业特征差异轴因子值及空间分布列表

<table>
<tr><th rowspan="2">特征</th><th rowspan="2">个数</th><th colspan="5">圈层分布/方向偏向</th><th rowspan="2">涉及的行政单元</th><th rowspan="2">空间模式</th><th rowspan="2">空间分布</th></tr>
<tr><th></th><th>中心区</th><th>内圈层</th><th>中圈层</th><th>外圈层</th></tr>
<tr><td rowspan="8">生产运输设备操作人员
↕
商业服务业人员</td><td rowspan="4">9</td><td>a</td><td></td><td></td><td>✓</td><td></td><td rowspan="4">小市、红山、兴隆、南苑、赛虹桥、雨花、红花、光华路、孝陵卫</td><td rowspan="4">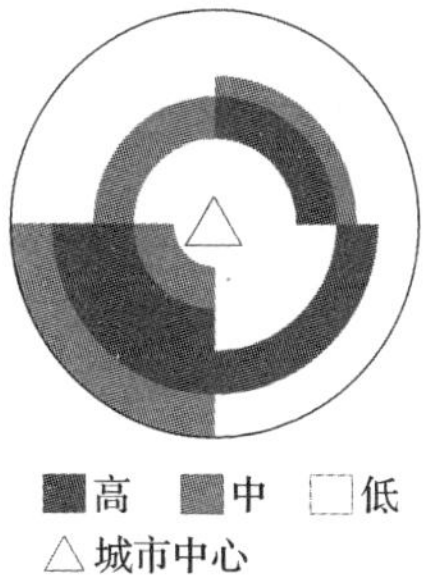
</td><td rowspan="8">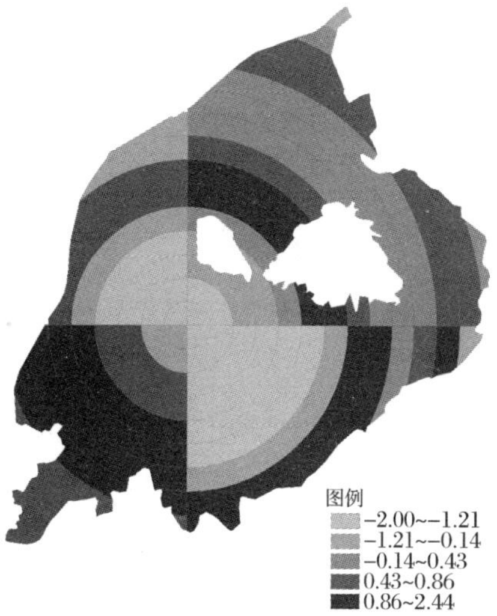
</td></tr>
<tr><td>b</td><td></td><td></td><td></td><td></td></tr>
<tr><td>c</td><td></td><td></td><td>✓</td><td>✓</td></tr>
<tr><td>d</td><td></td><td></td><td></td><td>✓</td></tr>
<tr><td rowspan="4">12</td><td>a</td><td>✓</td><td></td><td></td><td></td><td rowspan="4">新街口、华侨路、湖南路、宁海路、凤凰、中央门、五老村、洪武路、瑞金路、大光路、夫子庙、秦虹、月牙湖</td><td rowspan="4">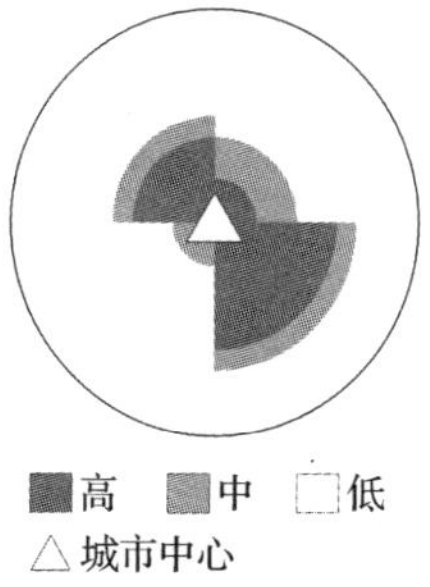
</td></tr>
<tr><td>b</td><td>✓</td><td>✓</td><td></td><td></td></tr>
<tr><td>c</td><td></td><td></td><td></td><td></td></tr>
<tr><td>d</td><td>✓</td><td>✓</td><td>✓</td><td></td></tr>
</table>

* 资料来源:笔者自制。

总体来看,职业特征维度所识别的两类群体在空间分布上差异明显——从事生产运输设备操作职业的外来工群体多集中于城市中间圈层的城郊结合区域,而从事商业服务业职业的外来工群体多集中于城市中心区和内圈层区域。

因子Ⅲ:住房特征

住房特征差异轴按因子值高低,识别出"居住于单位提供非工地住宅的外来工"(单位提供非工地住宅居住/私企比例高)和"居住于工地的外来工"(单位提供工地居住比例高)两类群体。因子值越大,"居住于单位提供非工地住宅的外来工"比例越高;因子值越小,则"居住于工地的外来工"比例越高。因子值分类和空间表现如表 5.10 所示。可见:

居住于单位提供非工地住宅的外来工:该类人群分布高比例的单元个数为 3 个;仅在东南最外圈层(第 11～13 圈层)连片集聚;在空间模式上呈现出以外圈层为主的"点状"分布模式。

居住于工地的外来工:该类人群分布高比例的单元个数为 4 个;仅在西南的外圈层区域(第 10～13 圈层)连片分布;在空间模式上呈现出以外圈层为主的"点状"分布模式。

总体来看,住房特征维度所识别的两类群体在空间分布上差异并不特别明显——两类群体均倾向于集聚在城市最外围的新建区。

表 5.10　2009 年外来工住房特征差异轴因子值及空间分布列表

特征	个数	圈层分布/方向偏向	中心区	内圈层	中圈层	外圈层	涉及的行政单元	空间模式	空间分布
非工地住宅 ↕ 工地住宅	3	a					马群		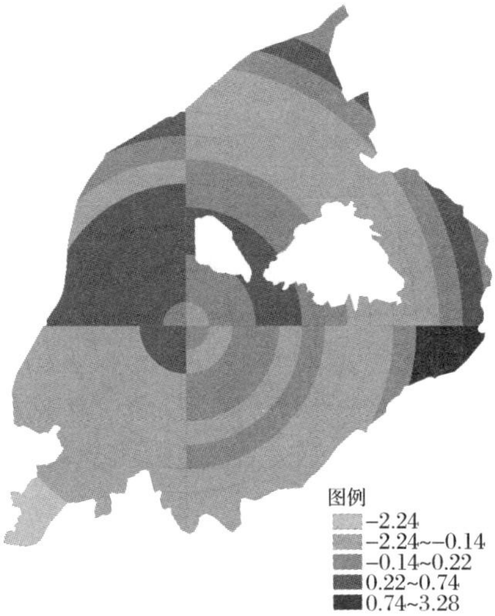
		b							
		c							
		d				✓			
	4	a					沙洲	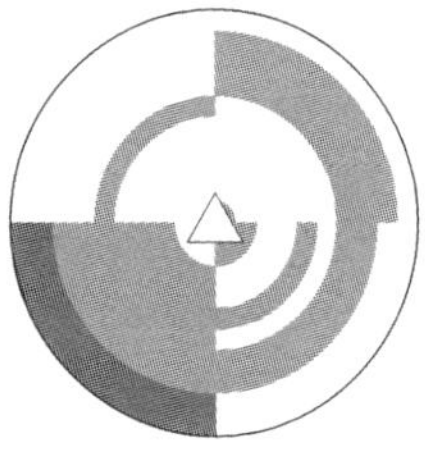	
		b							
		c				✓			
		d							

* 资料来源：笔者自制。

因子Ⅳ：移民特征

移民特征差异轴按因子值高低，识别出“老移民”（来宁五年以上比例高）和“新移民”（来宁一年以下比例高）两类群体。因子值越大，“老移民”比例越高；因子值越小，则“新移民”比例越高。因子值分类和空间表现如表 5.11 所示。可见：

老移民：该类人群分布高比例的单元个数为 12 个；在西南的中心区和内圈层（第 1～4 圈层）、东南的中圈层和外圈层区域（第 5～6、10～13 圈层）连片分布，具有较明显的西南偏向特征，并与中高值单元共同组成了城市南部的连片集中分布区；在空间模式上呈现出多圈层分布的“散块状”分布模式。

新移民：该类人群分布高比例的单元个数为 1 个；位于东北中圈层（第 5 圈层），并没有形成集中连片分布，仅中低值单元在城市北部地区连片分布；在空间模式上呈现以中圈层为主的“点状”分布模式。

总体来看，移民特征维度所识别的两类群体空间分布差异较为明显——老移民比例较高的区域位于城市南部，多集中于城市西南部中心区和中心边缘区，以及东南的城郊结合区和新建区；而新移民比例较高的区域则位于城市东北中圈层（南京火车站附近区域）。

表 5.11 2009 年外来工移民特征差异轴因子值及空间分布列表

特征	个数	圈层分布/方向偏向					涉及的行政单元	空间模式	空间分布
老移民 ↕ 新移民	12		中心区	内圈层	中圈层	外圈层	朝天宫、莫愁湖、双塘、中华门、南苑、秦虹、月牙湖、马群	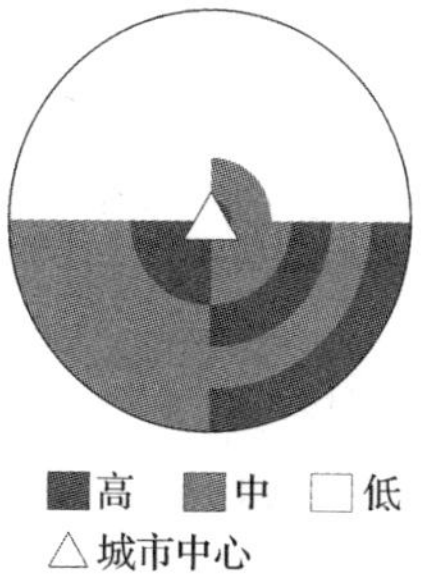	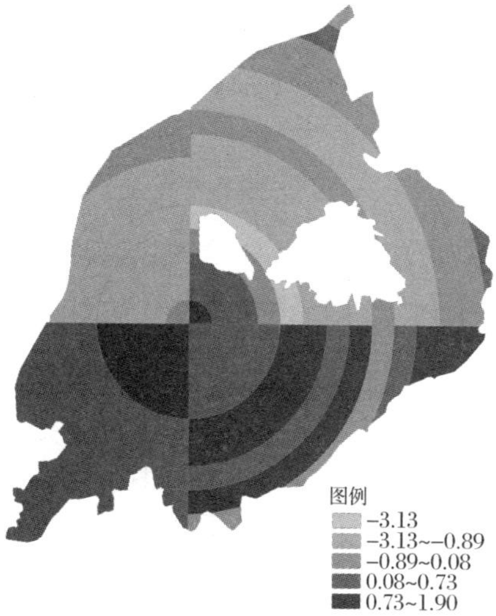
		a							
		b							
		c	√	√					
		d			√	√			
	1		中心区	内圈层	中圈层	外圈层	锁金村	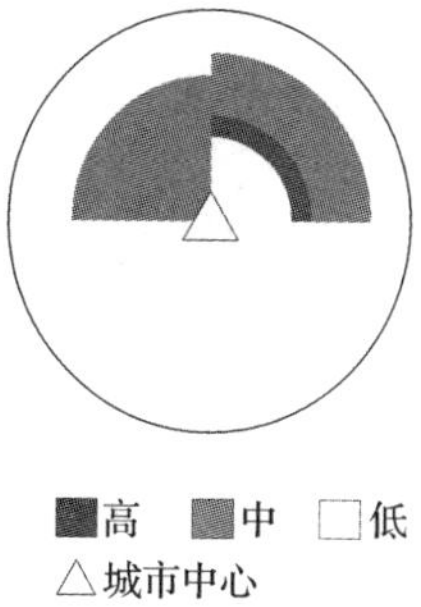	
		a			√				
		b							
		c							
		d							

* 资料来源:笔者自制。

2) 2015 年

2015 年的南京市外来工就业空间生态可以看作是由职业特征、人口特征和移民特征三个维度差异轴所共同构成的生态结构。

因子Ⅰ:职业特征

职业特征差异轴按因子值高低,识别出"生产运输设备操作外来工"(生产运输设备操作人员/居住工地/男性比例高)和"商业服务业外来工"(商业服务业人员/私企比例高)两类群体。因子值越大,"生产运输设备操作人员"比例越高;因子值越小,则"商业服务业人员"比例越高。因子值分类和空间表现如表 5.12 所示。可见:

生产运输设备操作外来工:该类人群分布高比例的单元个数为 1 个;位于城市东北外围区域,并没有形成成片连续区,其与中高值单元共同组成了城市东北外圈层(第 14～16 圈层)和西南外圈层(第 9～13 圈层)的连片区;高比例单元在空间模式上呈现出以外圈层为主的"点状"分布模式。

商业服务业外来工:该类人群分布高比例的单元个数为 9 个;在东部的中心区和内圈层区域(第 1～5 圈层)连片分布,并与中低值单元共同构成了城市中心区、内圈层、中圈层和东南外围圈层的大规模连片区;高比例单元在空间模式上呈现出以中心区和内圈层为主的"中心团块状"分布模式。

总体来看,职业特征维度所识别的两类群体在空间分布上差异较为明显——从事生产运输设备操作职业的外来工群体(主要为建筑业从业者)集中于城市东北和西南外圈层的城市新建区,而从事商业服务业职业的外来工群体多集中于城市东部的中心区和内圈层区域。

表 5.12　2015 年外来工职业特征差异轴因子值及空间分布列表

<table>
<tr><th rowspan="2">特征</th><th rowspan="2">个数</th><th colspan="5">圈层分布/方向偏向</th><th rowspan="2">涉及的行政单元</th><th rowspan="2">空间模式</th><th rowspan="2">空间分布</th></tr>
<tr><th></th><th>中心区</th><th>内圈层</th><th>中圈层</th><th>外圈层</th></tr>
<tr><td rowspan="8">生产运输设备操作人员
↕
商业服务业人员</td><td rowspan="4">1</td><td>a</td><td></td><td></td><td></td><td>√</td><td rowspan="4">马群、燕子矶</td><td rowspan="4">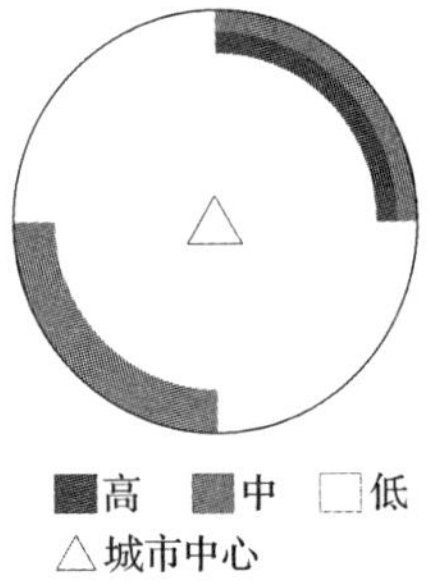
</td><td rowspan="8">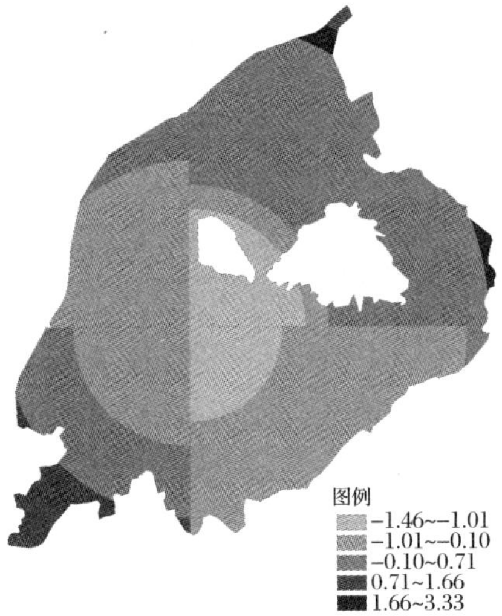
</td></tr>
<tr><td>b</td><td></td><td></td><td></td><td></td></tr>
<tr><td>c</td><td></td><td></td><td></td><td></td></tr>
<tr><td>d</td><td></td><td></td><td></td><td></td></tr>
<tr><td rowspan="4">9</td><td>a</td><td>√</td><td>√</td><td></td><td></td><td rowspan="4">新街口、梅园新村、玄武门、锁金村、五老村、洪武路、瑞金路、大光路、夫子庙</td><td rowspan="4">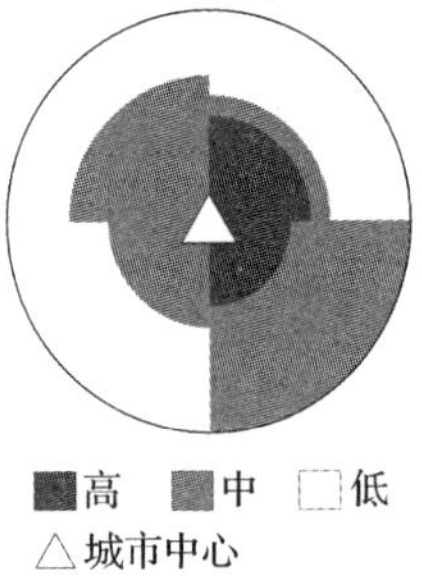
</td></tr>
<tr><td>b</td><td></td><td></td><td></td><td></td></tr>
<tr><td>c</td><td></td><td></td><td></td><td></td></tr>
<tr><td>d</td><td>√</td><td>√</td><td></td><td></td></tr>
</table>

* 资料来源:笔者自制。

因子Ⅱ:人口特征

人口特征差异轴按因子值高低,识别出“较高学历的年轻外来工”(40 岁以下/未婚/高中/单位提供非工地住宅比例高)和“较低学历的中老年外来工”(低教育水平比例高)两类群体。因子值越大,“较高学历的年轻外来工”比例越高;因子值越小,则“较低学历的中老年外来工”比例越高。因子值分类和空间表现如表 5.13 所示。可见:

较高学历的年轻外来工:该类人群分布高比例的单元个数为 3 个;仅在东北外圈层(第 12～14 圈层)分布,并没有形成成片连续区;中高值单元则在东北的中心区(第 1～2 圈层)、内圈层(第 1～5 圈层)和东部外圈层区域(第 12～13 圈层)连片分布;高比例单元在空间模式上呈现出以外圈层为主的“点状”分布模式。

较低学历的中老年外来工:该类人群分布高比例的单元个数为 9 个;在北侧区域中圈层(第 7～10 圈层)和西部中心区(第 1 圈层)连片分布;在空间模式上呈现出以中心区和中圈层为主的“单核+团块状”分布模式。

总体来看,人口特征维度所识别的两类群体在空间分布上差异明显——受教育程度较高的年轻人群仅在城市东北和东南最外围的新建区有高比例的集聚,而受教育程度较低的中老年人群则多集中于城市中心区西部和北部城郊结合区域。

表 5.13 2015 年外来工人口特征差异轴因子值及空间分布列表

特征	个数	圈层分布/方向偏向					涉及的行政单元	空间模式	空间分布
年轻人/高学历	3		中心区	内圈层	中圈层	外圈层	马群、燕子矶	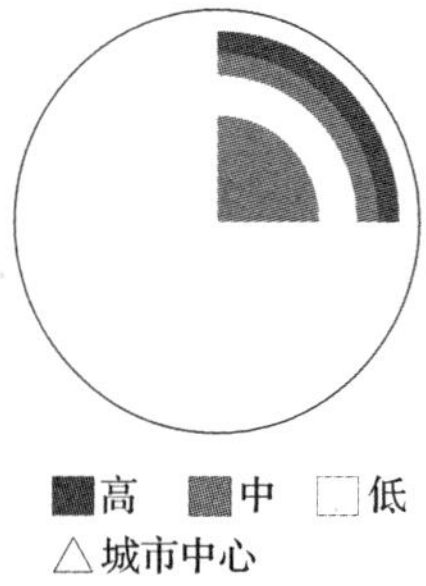	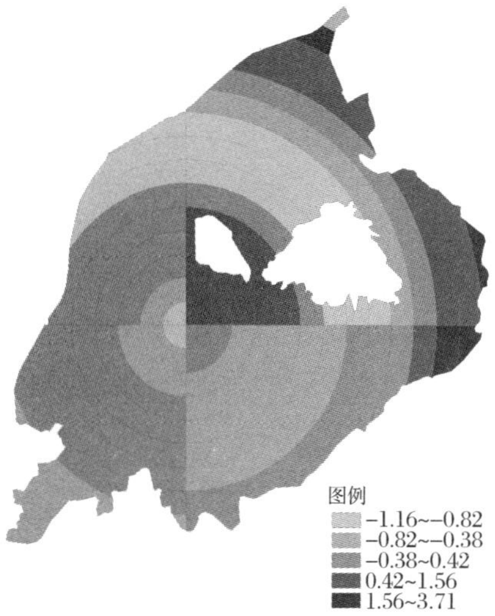
		a				✓			
		b							
		c							
		d							
↕ 中老年/低学历	9		中心区	内圈层	中圈层	外圈层	朝天宫、华侨路、阅江楼、宝塔桥、幕府山、小市、红山、迈皋桥	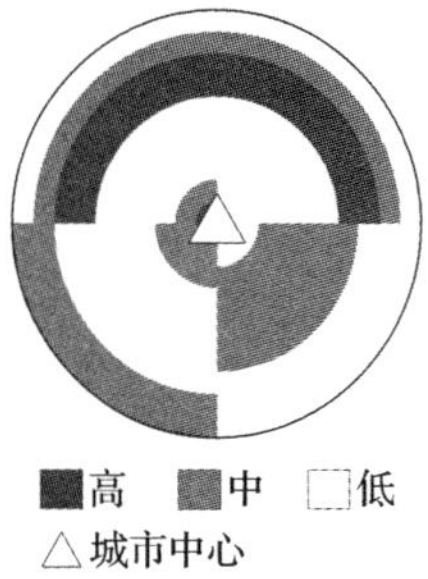	
		a							
		b	✓		✓				
		c			✓				
		d							

* 资料来源:笔者自制。

因子Ⅲ:移民特征

移民特征差异轴按因子值高低,识别出“老移民”(个体工商户比例/来宁五年以上比例高)和“新移民”(来宁一年以下比例高)两类群体。因子值越大,“老移民”比例越高;因子值越小,则“新移民”比例越高。因子值分类和空间表现如表 5.14 所示。可见:

老移民:该类人群分布高比例的单元个数为 5 个;在东北外圈层(第 14 圈层)和东南外圈层(第 9 和第 13 圈层)散点分布,但在东南中圈层(第 5~6 圈层)连片分布,具有东南偏向性,并与中高比例单元共同组成了城市南部连片集中分布区;高比例单元在空间模式上呈现出以中圈层和外圈层为主的“散块状”分布模式。

新移民:该类人群分布高比例的单元个数为 7 个;在东北中心区(第 1~2 圈层)、西北中圈层(第 5 圈层)、西南外圈层(第 10~13 圈层)均有分布,并与中高比例单元共同组成了城市北部中心区—内圈层连续区和城市东北、西南外圈层连续区;高比例单元在空间模式上呈现出多圈层分布的“散块状”模式。

总体来看,移民特征维度所识别的两类群体在空间分布上差异较为明显——老移民比例较高的区域位于城市南部,并多集中于城市东南部中间圈层的城郊结合区域,而新移民集中于在城市中心区的东北和西南最外围郊区地带。

表 5.14　2015 年外来工移民特征差异轴因子值及空间分布列表

特征	个数	圈层分布/方向偏向	中心区	内圈层	中圈层	外圈层	涉及的行政单元	空间模式	空间分布
老移民 ↕ 新移民	5	a				√	中华门、秦虹、月牙湖	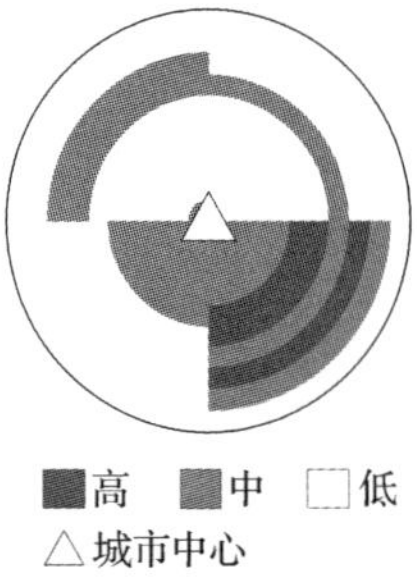	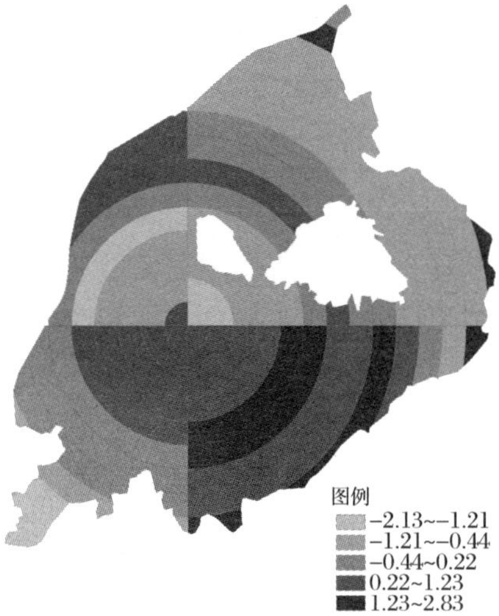
		b							
		c							
		d			√	√			
	7	a	√				新街口、沙洲	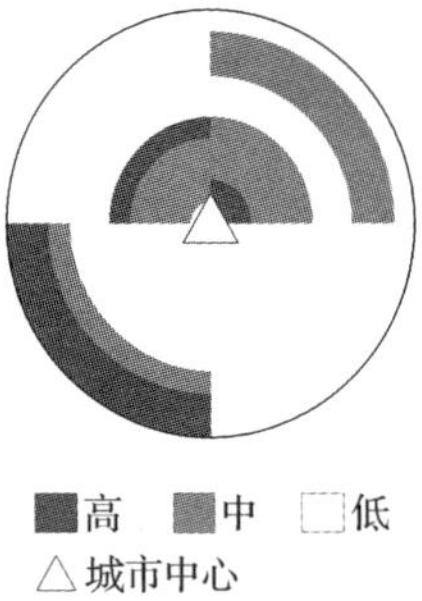	
		b			√				
		c							
		d				√			

*资料来源：笔者自制。

5.4.2　差异轴的空间动态演变

尽管 2009 年至 2015 年间，影响外来工就业空间分异的差异轴呈现出“精简化”“复合化”和“重构化”的特征，但相似维度的差异轴对比仍有助于对就业空间生态模式进行动态分析。因此，笔者以 2015 年的三个维度的差异轴为准，比对 2009 年和 2015 年职业特征、人口特征、移民特征三个共同维度差异轴所标识出的各类外来工群体及其空间分布的变化模式。

在具体探讨方式上，笔者将重点关注各维度识别出的各类外来工群体比例最高的地区(即差异轴的最高值和最低值单元)数量、圈层、方向偏向和空间模式的变化，以判别各类外来工群体的就业空间演变类型及其相应的圈层演变模式和演变方式。

1）职业特征差异轴

职业特征差异轴识别出以“生产运输设备操作外来工”和“商业服务业外来工”两类职业为主要特征的群体。

生产运输设备操作外来工：2009 年至 2015 年间，该类人群的属性特征由生产运输设备操作人员比例的独立指标转变为生产运输设备操作人员/居住工地/男性比例相结合的复合指标，显示出生产运输设备操作外来工以建筑工人为主的演化趋势；相应的，高比例单元的数量由 9 个显著降至 1 个，其分布的范围也从中圈层和邻近的外圈层等城市更新区域外移至外圈层最边缘的城市新建区——总体呈现出“指标复合化、数量萎缩化、圈层外移化”

的特征,具体在空间上则呈现出中间“环”状向外围“点”状的转变(见表 5.15)。

表 5.15 生产运输设备操作外来工就业生态演变

		2009 年特征	2015 年特征	演变特征		
负荷		生产运输设备操作人员比例	生产运输设备操作人员比例	复合化		
			居住工地比例			
			男性比例			
高比例数量		9	1	萎缩(−8)		
空间分布	圈层	中圈层/外圈层(城市更新区域)	外圈层(城市新建区)	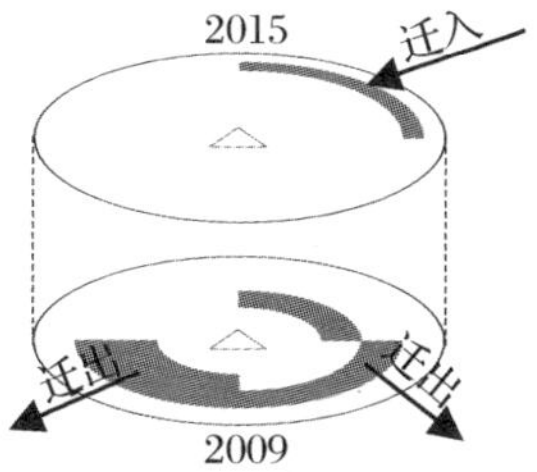	削减型	类型
	方向	西南偏向	东北		外移型	圈层模式
	模式	环状	点状		替代式迁入集聚+属性收敛式	方式

* 资料来源:笔者自制。

这些转变特征同中圈层区域的产业升级和城市更新密切相关,随着中圈层和邻近的外圈层等城郊结合部各类工厂的外迁,从事生产运输设备操作的人员大为减少,且主导群体转变为建筑工人,并集中于城市新建区内能大量提供建筑业岗位之处。该类群体的空间分布总体上呈衰减趋势,呈现出由“替代式迁入集聚”(旧人、旧地迁出+新地、新人迁入)和“属性收敛”(属性特征增加导致的其限定范围收窄)两者共同作用下的“外移削减型”演变模式。

商业服务业外来工:2009 年至 2015 年间,该类人群的属性特征由商业服务业人员/个体工商户比例指标转变为商业服务业人员比例/私企比例指标,显示出商业服务业外来工与私企就业更趋密切的关联;高比例单元的数量则由 12 个微降至 9 个,但分布的范围保持以中心区和内圈层为主不变——总体呈现出“指标重构化、数量轻度萎缩化、圈层内方向性移动”的特征,具体在空间上则保持着“中心团块状”模式不变(见表 5.16)。

表 5.16 商业服务业外来工就业生态演变

		2009 年特征	2015 年特征	演变特征		
负荷		商业服务业人员比例	商业服务业人员比例	重构化		
		个体工商户比例 2	私企比例			
高比例数量		12	9	轻度萎缩(−3)		
空间分布	圈层	中心区和内圈层(城市更新区域)	中心区和内圈层(城市更新区域)	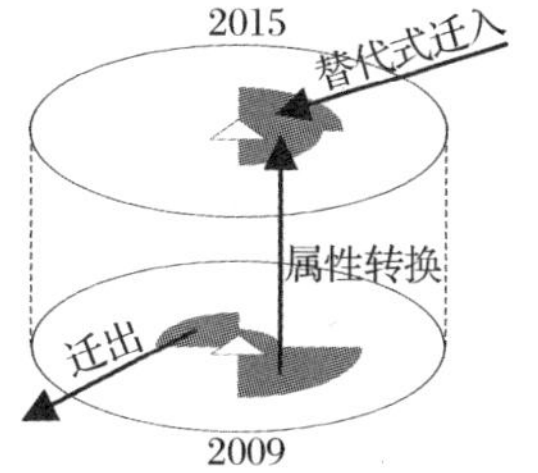	调整型	类型
	方向	东南偏向	东部		圈层内移动型	圈层模式
	模式	集中块状	集中块状		替代式迁入集聚式+属性转换式	方式

* 资料来源:笔者自制。

这些转变特征同样离不开所在区域(中心区和内圈层)的产业升级和变动,随着规模和质量普遍更高的“私营企业”侵入和接替“个体工商户”，更多的商业服务业外来工倾向于流向私企就业。加之就业于个体工商户的外来工和就业于私企的外来工在工作转换上较为简单，导致该类群体的空间演变既包括替代式的变化（旧人迁出、新人迁入），也包括属性转换式的变化（同类人群的工作转换），呈现出“替代式迁入集聚＋属性转换”的“圈层内部调整型”演变模式。

2）人口特征差异轴

人口特征差异轴识别出“较高学历的年轻外来工”和“较低学历的中老年外来工”两类代际为主要特征的群体。

较高学历的年轻外来工：2009 年至 2015 年间，该类人群的属性特征由 40 岁以下/高中/未婚比例指标转变为 40 岁以下/未婚/高中/单位提供非工地住宅比例指标，较高学历的年轻人呈现出居住在单位提供的住宅（非工地）的属性特征；由于指标更为复合化，其相应的高比例单元数量由 8 个减至 3 个，其分布的范围也从“中心区＋较大规模的外圈层”的混合态转为小规模的外圈层——总体呈现出“指标复合化、数量萎缩化、圈层减少化”的特征，具体在空间上则呈现出“单核＋团块状”向外围“点状”的转变（见表 5.17）。

表 5.17　较高学历年轻外来工的就业生态演变

<table>
<tr><td colspan="2"></td><td>2009 年特征</td><td>2015 年特征</td><td colspan="3">演变特征</td></tr>
<tr><td colspan="2" rowspan="4">负荷</td><td>40 岁以下比例</td><td>40 岁以下比例</td><td colspan="3" rowspan="4">复合化</td></tr>
<tr><td>高中比例</td><td>未婚比例</td></tr>
<tr><td rowspan="2">未婚比例</td><td>高中比例</td></tr>
<tr><td>单位提供非工地住宅比例</td></tr>
<tr><td colspan="2">高比例数量</td><td>8</td><td>3</td><td colspan="3">萎缩（－5）</td></tr>
<tr><td rowspan="3">空间分布</td><td>圈层</td><td>中心区＋外圈层（城市新建区）</td><td>外圈层（城市新建区）</td><td rowspan="3">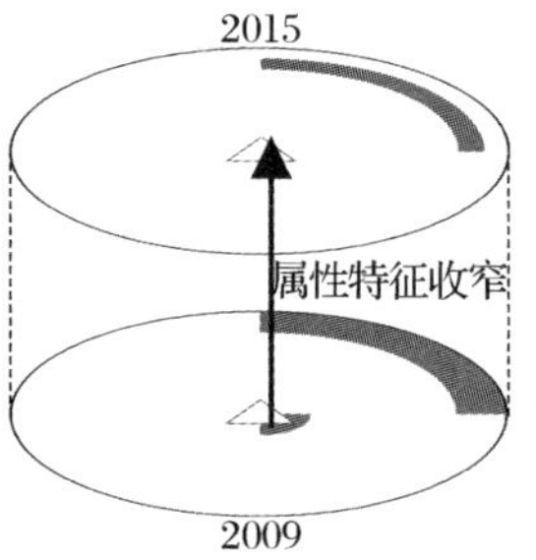
</td><td>削减型</td><td>类型</td></tr>
<tr><td>方向</td><td>东北</td><td>东北</td><td>无明显圈层特征型</td><td>圈层模式</td></tr>
<tr><td>模式</td><td>点＋块状</td><td>点状</td><td>属性收敛式</td><td>方式</td></tr>
</table>

＊资料来源：笔者自制。

这些转变特征主要与城市新建区的大规模开发密切相关，这些地区的新兴企业通常会提供周边租金较低廉的住宅供员工居住，使得没有家庭负担的年轻人更倾向于在此集聚。总体来看，由于 2015 年的荷载仅识别出此类特定的年轻外来工群体，很好地解释了其日益萎缩的空间演变模式，即“属性收敛”导致的“削减型”演变模式。

较低学历的中老年外来工：2009 年至 2015 年间，该类人群的属性特征保持着低教育水平比例的独立指标不变；相应的，高比例单元的数量由 8 个微增至 9 个，其分布的范围也由西北内圈层和西南中圈层转变为西北中心区和北部中圈层——总体呈现出“数量微弱扩展化、圈层重构化”的特征，具体在空间上则呈现出“散块状”向“单核＋团块状”的转变（见表 5.18）。

表 5.18 较低学历的中老年外来工的就业生态演变

		2009 年特征	2015 年特征	演变特征		
负荷		低教育水平比例	低教育水平比例	—		
高比例数量		8	9	轻度扩展(+1)		
空间分布	圈层	内圈层和中圈层（城市更新区域）	中心区和中圈层（城市更新区域）	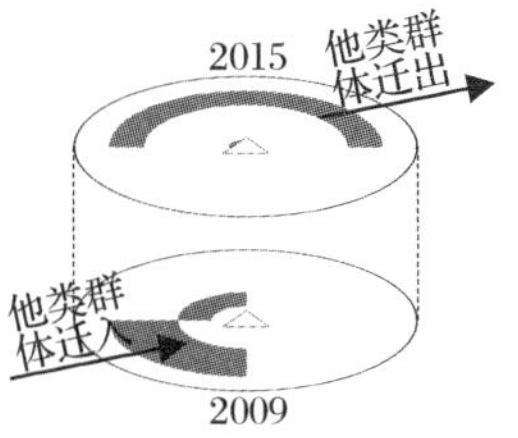	重构型	类型
	方向	西部	北部		无明显圈层特征型	圈层模式
	模式	散块状	点+块状		他类群体迁入稀释+迁出残留式	方式

＊资料来源：笔者自制。

这些转变特征同样与所在区域的产业升级和城市更新密切相关，但与之前分析的几类群体不同的是，低学历外来工的重构性集聚更多的是一种被动式的且完全反方向的重构。原本的集聚地（西北内圈层和西南中圈层——分别处于城市更新完成阶段和城市更新未发生阶段）吸引了较大量的年轻/高学历的外来工迁入，使得低学历外来工的比例被稀释；而新的集聚地（北部中圈层——处于城市更新开始阶段），发生了大量外来工尤其是年轻/较高学历的外来工迁出行为，使得残留的低学历外来工比例浓缩集聚。因此，该类群体的空间分布总体呈微弱扩展的趋势，并在空间演变模式上呈现出他类群体“迁入稀释+迁出残留”影响下的“重构型演变”模式。

3）移民特征差异轴

移民特征差异轴识别出“老移民”和“新移民”两类以进城时间为主要特征的群体。

老移民：2009 年至 2015 年间，该类人群的属性特征由来宁五年以上比例的独立指标转变为个体工商户/来宁五年以上比例相结合的复合指标，显示出老移民以个体工商户就业为主的演化趋势；相应的，高比例单元的数量由 8 个显著降至 3 个，其分布的范围也从南部的各个圈层缩减至东南部的中圈层和外圈层——总体呈现出“指标复合化、数量萎缩化、圈层减少化”的特征，具体在空间上则呈现出各圈层均集聚分布的“散块状”向中圈层、外圈层“散点状”的转变（见表 5.19）。

表 5.19 老移民的就业生态演变

		2009 年特征	2015 年特征	演变特征		
负荷		来宁五年以上比例	个体工商户比例 来宁五年以上比例	复合化		
高比例数量		8	3	萎缩(−5)		
空间分布	圈层	多圈层	中圈层和外圈层	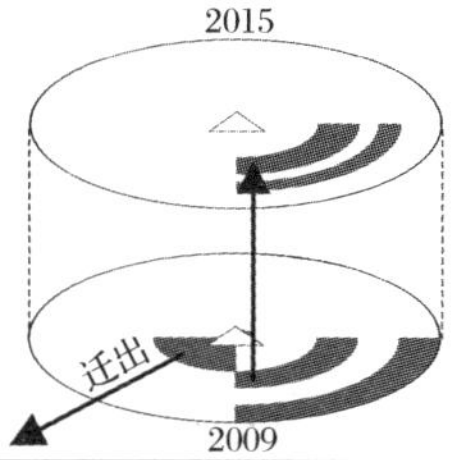	重构型	类型
	方向	南部	东南		无明显圈层特征型	圈层模式
	模式	散块状	散点状		迁出分散式+属性收敛式	方式

＊资料来源：笔者自制。

这些转变特征主要与城市中心区和内圈层较大规模的城市更新密切相关，这些地区的老移民多随着城市更新的进行而迁出，导致其空间分布在这些地区呈衰减之势，空间演变模式呈现出（旧人）迁出导致的“削减型”模式；同时，2015 年荷载识别出的老移民具有个体工商户的职业属性，该属性特征的收敛，也是其总体萎缩和分布空间减少的重要原因之一。综上所述，该类群体的空间分布总体上呈萎缩化趋势，并在空间演变上呈现出群体“迁出分散＋属性收敛”导致的“削减型”演变模式。

新移民：2009 年至 2015 年间，该类人群的属性特征保持着来宁一年以下比例的独立指标不变，但高比例单元的数量却从 1 个显著增至 9 个，其分布的范围也由东北中圈层向多方向和各圈层扩散，总体呈现出“数量微弱扩展化、圈层分布重构化”的特征，具体在空间上则呈现出“点状”向“散点状”的转变（见表 5.20）。

新移民集聚本身就反映出了外来工最新的迁入趋势，其与城市对新移民的吸纳存在着极大的关系。因而，该类人群的集聚地变化即是新兴的城市外来工的吸纳区。2009 年其为城市东北中圈层（南京火车站附近区域），而 2015 年伴随着旧城更新和新城发展，新外来工的吸纳区变更为：① 不断更新造血、人口频繁流动的东北部中心区；② 城市更新过程中产生的临时性建设工人所集聚的西北中圈层；③ 开发建设过程中的临时性建设工人和新就业人员所集聚的城市新区。因此，该类群体的空间分布总体上呈扩展化的趋势，并在空间演变上呈现出“迁入集聚”所导致的“增添型演变”模式。

表 5.20 新移民的就业生态演变

		2009 年特征	2015 年特征	演变特征		
负荷		来宁一年以下比例	来宁一年以下比例	—		
高比例数量		1	9	扩展(＋8)		
空间分布	圈层	中圈层（城市更新区域）	多圈层	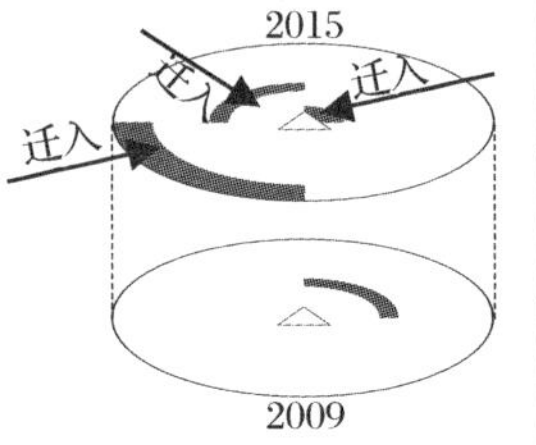	增添型	类型
	方向	东北	无偏向		无明显圈层特征型	圈层模式
	模式	点状	散点状		迁入集聚式	方式

＊资料来源：笔者自制。

将上述外来工各类群体的空间演变类型、模式和演变方式列表归类，如表 5.21 所示。总体来看，外来工群体的就业空间生态演变与城市的更新及发展过程是两个相耦合的动态过程，不同类型的外来工群体的集聚和分散过程和其自身的属性特征、所处的城市空间位置、所处空间的城市建设发展阶段，以及其他类群体的集聚和分散等均有着不同程度的相互关联，并呈现出差异化的空间演变特征。

表 5.21 外来工群体空间演变类型、模式和方式归纳表

空间演变类型	空间演变模式	空间演变方式
• 削减型 • 增添型 • 调整型 • 重构型	• 外移型 • 圈层内移动型 • 无明显圈层特征型	• 替代式迁入集聚式 • 属性转换式 • 属性收窄式 • 迁出分散式 • 迁入集聚式 • 他类群体迁入稀释式 • 他类群体迁出残留式

＊资料来源：笔者自制。

5.5 南京市外来工就业空间生态结构演变

5.5.1 就业空间生态结构的静态特征

1) 2009 年

根据 2009 年外来工就业差异轴的社会主因子的得分,运用 SPSS 软件,对各统计单元进行聚类分析。聚类分析时选用社会研究中较常使用的 Ward's Method 聚类法和 Euclidean Distance 测度方法,并绘制聚类龙骨图,以判别适合的聚类划分方式。其后,根据各类就业区在主因子上的平均得分绘制就业区特征判别表,综合考虑特征判别表的数值和主因子的荷载变量情况,对各就业区的特征加以研判。

分析显示,2009 年南京市主城区外来工就业空间可被聚为七类(见表 5.22、图 5.3),具体特征如下:

表 5.22 2009 年外来工就业空间生态结构

	就业区分类	人口状况	职业状况	居住状况	移民状况
A	商业服务业外来工集聚区	0.14	−1.22	−0.02	0.68
B	新来宁的中老年商业服务业外来工集聚区	−1.57	−1.37	0.48	−0.87
C	生产运输设备操作外来工集聚区	−0.84	1.01	−0.35	0.72
D	工厂(包住宿)的老移民集聚区	0.61	2.44	3.28	1.90
E	建筑工集聚地	−0.21	0.51	−2.24	0.69
F	新移民集聚区	0.57	0.38	0.56	−3.13
G	无主导特征的混合区	0.59	0.34	0.05	−0.72

* 资料来源:笔者自制。

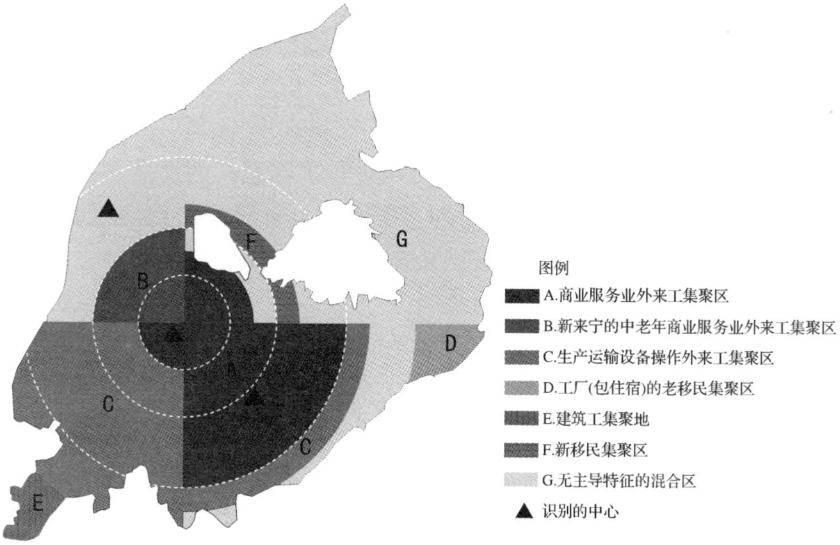

图 5.3 2009 年南京市主城区外来工就业空间生态结构

* 资料来源:笔者自制。

第一类集聚区:以个体工商户为主的商业服务业外来工集聚区。该类区域职业状况主因子的平均值较低,其特征为商业服务业外来工占比高、个体工商户占比高。主要分布在中心区大部分地区和东南区域的内城和近郊。

第二类集聚区:新来宁的中老年商业服务业外来工集聚区。该类区域人口状况主因子和职业状况主因子的平均值最低,移民状况主因子的平均值也相对较低,其特征为40岁以上低学历外来工占比高、低学历外来工占比高、商业服务业外来工占比高、个体工商户占比高、来宁一年以下外来工占比高等特征。主要分布在内城西北地区。

第三类集聚区:生产运输设备操作外来工集聚区。该类区域职业状况主因子的平均值相对较高,其特征为生产运输设备操作人员占比较高。集中分布于内城和近郊的西南区域。

第四类集聚区:工厂就业的老移民集聚区。该类区域居住状况主因子、职业状况主因子、移民状况主因子平均值最高,其特征为单位提供住宅(非工地)占比高、来宁五年以上占比高、生产运输设备操作人员占比高,综合考虑,可大致判定其主要分布群体为工厂就业的老移民。集中分布于主城东南最外边缘的工厂区。

第五类集聚区:建筑工集聚区。该类区域居住状况主因子的平均值最低,其特征单位提供住宅(工地)占比高,可大致判定其主要分布群体为建筑工。主要分布于主城西南最外边缘城市的新建地区。

第六类集聚区:新移民集聚区。该类区域移民状况主因子的平均值最低,其特征为来宁一年以下外来工占比高,其主要分布群体为新移民的外来工。集中围绕火车站、汽车站的中下层社区及其周边的临时就业机会较多的地区分布。

第七类集聚区:无主导特征的混合区。该类区域各项主因子的平均值并无明显高低,因此并无明确主导特征,可视为无主导特征的混合区。

总体来看,在主导属性上,2009年南京市主城区外来工就业空间生态体现出以两大职业类型为主导的分异特征,两类职业在空间占用上平分秋色,商业服务业外来工多分布于内圈层区域,生产运输设备操作外来工多分布于外围圈层区域,各类其他特征的集聚区分不同方向嵌入其中。

可见,2009年南京市主城区外来工就业空间生态呈现出“圈层”和“方向”同存的分异特征。尽管将城市建设区按照建设时序和空间结构进行了圈层式的性质划分,其具有的圈层式用地结构和产业分布特征也使得外来工的不同职业群体呈现出由商业服务业到生产运输设备操作业的圈层式向外的分布模式,但总体来讲方向性分割是其另一重要特征,各圈层内部——尤其是由于不同区划所划分出的不同方向区域——的城市特性也更具多样性,不同类型的外来工群体(尤以不同人口特征和不同移民特征的外来工为主)依照适合自己的特性选择就业地,形成异质性区域,并构成了各类群体混合交融、遍布分布的异质性特征。

2) 2015年

同样采用系统聚类法对2015年外来工就业差异轴的社会主因子的得分进行分析。研究显示,2015年南京市主城区外来工就业空间可被聚为五类(见表5.23、图5.4),具体特征如下:

表 5.23　2015 年外来工就业空间生态结构

	主要属性特征	职业状况	人口状况	移民状况
A	新来宁的年轻商业服务业外来工集聚区	−1.19	1.28	−1.99
B	新来宁的商业服务业外来工集聚区	−0.89	0.32	−0.84
C	建筑工人集聚区	1.05	−0.42	−0.34
D	年轻的老移民集聚区	0.65	2.73	1.19
E	无主导特征的混合区	−0.46	−0.39	0.67

＊资料来源:笔者自制。

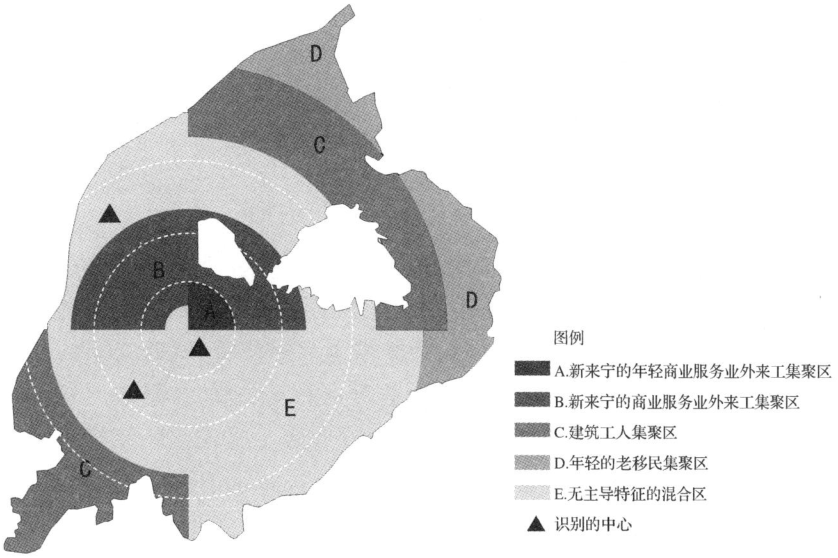

图 5.4　2015 年南京市主城区外来工就业空间生态结构

＊资料来源:笔者自制。

第一类就业区:新来宁的年轻商业服务业外来工集聚区。该类区域移民状况和职业状况主因子的平均值最低,人口状况的平均值较高,其特征为来宁一年以内外来工占比高、商业服务业外来工占比高、40 岁以下低学历外来工占比高。主要分布在城市 CBD 核心范围的东北部。

第二类就业区:新来宁的商业服务业外来工集聚区。该类区域职业状况和移民状况主因子的平均值均较低,其特征为商业服务业外来工占比较高、来宁一年以内外来工占比较高。主要分布于城北的中心区、内城和近郊范围。

第三类就业区:建筑工人集聚区。该类区域职业状况主因子的平均值最高,其特征为建筑业外来工占比高。主要分布于西南和东北的主城边缘地带(亦即城市的近郊外缘区域)。

第四类就业区:年轻的老移民集聚区。该类区域人口状况主因子和移民状况主因子的平均值最高,其特征为 40 岁以下年轻外来工占比高、较高学历外来工占比高、来宁五年以上外来工占比较高。主要分布于主城东部边缘的城市新建地区,以马群街道和玄武湖街道为主。

第五类就业区：无主导特征的混合区。该类区域各项主因子的平均值并无明显高低，因此并无明确主导特征，可视为无主导特征的混合区。

总体来看，在主导属性上，2015 年南京市主城区外来工就业空间生态仍体现出以两大职业类型为主导的分异特征，但在空间占用上，商业服务业外来工占据了主城中心区和内圈层的绝大部分区域，而生产运输设备操作外来工空间占用的比例已经极少，并基本退至研究区域的最外围，各类其他特征的集聚区则在此基础上间杂分布。

可见，2015 年南京市主城区外来工就业空间生态呈现出较明显的圈层分异特征，而方向分异特征并不显著。其中，核心区、中心区和最外围边缘分别集聚了大量特定人群，呈现出异质性的特征，如中心区大规模造血所形成的人口迁入大量新移民、最外边缘的建设地区吸纳了大量建筑工人，而主城最外边缘的建成新区则吸引大量的年轻外来工集聚。中间圈层整体则呈现各类人群混合的同质性的特征。

5.5.2 就业空间生态结构的动态演变

前节(5.4.2 节)已对各类群体的空间演变类型、模式进行探讨，并认为外来工群体的就业空间生态演变与城市的更新和发展是两个相耦合的动态过程，不同类型的外来工群体的集聚和分散过程于其自身的属性特征、其所处的城市空间位置、所处空间的城市建设发展阶段以及其他类群体的集聚和分散均有着不同程度的相互关联，并呈现出各不相同的空间演变特征。这些群体及其所占据的空间汇聚起来，在整体上呈现出的结构演变特征则是本节探讨的重点。笔者将主要从属性特征、空间结构两方面依次剖析。

1）主导属性的演变：高阶集聚化

2009 年至 2015 年间，外来工就业空间生态主导属性由商业服务业和生产运输设备操作共同主导转变至仅由商业服务业主导，由低学历的中老年主导转变为由高学历的年轻外来工主导，由老移民主导转变为由新移民和老移民共同主导(见表 5.24)。总体来看，呈现出高阶集聚化的特征，即拥有更高学历的年轻外来工在城市中心范围大量集聚，出现更多的年轻外来工集聚区。

表 5.24　南京市外来工就业空间生态主导属性的演变

		2009 年特征	2015 年特征	变化特征
主导属性	职业	商业服务业外来工和生产运输设备操作外来工	商业服务业外来工	属性重构，呈现人力资本低阶化特征
	人口	较低学历的年老外来工	较高学历的年轻外来工	
	移民	老移民	新移民和老移民	
就业区类型		较多样(共 7 类集聚区)	较单一(共 5 类集聚区)	多样减弱趋势

* 资料来源：笔者自制。

另一方面，从就业区类型来看，外来工就业空间生态主导属性还呈现出多样性减弱的趋势。2009 年外来工就业区可大致分为七类，至 2015 年则简化至五类，某些特定人群集聚地(如新移民集聚区、工厂就业的老移民集聚区)逐步消散。

上述演变特征一方面与这一阶段外来工所从事的某类属性就业岗位在城市的消退或

兴起密切相关，[如主城内工业逐步迁至外围，导致年纪偏大、学历偏低的生产运输设备操作外来工大量减少，工厂就业集聚区逐步消失；大量新型服务业(快递员、送餐员、房产销售等)的迅速发展也吸引了大量从事此类商业服务业的外来工]，进而引发这些较高学历的年轻外来工在城市中心区域持续大量集聚。另一方面，这一转变也与城市的更新建设不无关系，如南京火车站和中央门汽车站地区，在2009年集聚了大量新来宁从事临时工的外来工，是典型的新移民外来工的集聚区，但伴随新一轮的城市整治(汽车站搬迁改造、周边城中村的拆迁)，这些外来工所依存的就业空间和居住空间已不复存在，新移民集聚区至2015年已消失殆尽。

2）空间结构的演变：空间圈层化

2009年至2015年间，外来工就业空间生态的空间结构由原本的“方向＋圈层”共同主导的模式转变为“圈层”主导模式(见表5.25)，原本的“圈层＋方向”的混杂分割通过圈层内部的同质化过程愈加圈层化，反映出外来工群体内部在这六年间的空间变化特征：建筑业工人持续外移，占据主城最外围边缘集聚，城市外围的新区也成为大量年轻外来工的集中就业地，城市核心区商业服务业持续发展，吸纳大量年轻较高学历外来工集聚，这两者之间的中间圈层则没有明显的属性特征。同时，外围地区工厂集聚地的外迁和中心地区新移民集聚地(火车站和汽车站附近)消散，各圈层内部的异质性特征也正逐渐削减，更趋于同质化。

表5.25　南京市外来工就业空间生态结构的演变

	2009年结构特征	2015年结构特征	未来变化特征预测
属性特征	多样	同质	同质化
空间特征	“圈层＋方向”共同作用特征	圈层为主，方向为辅	圈层化
	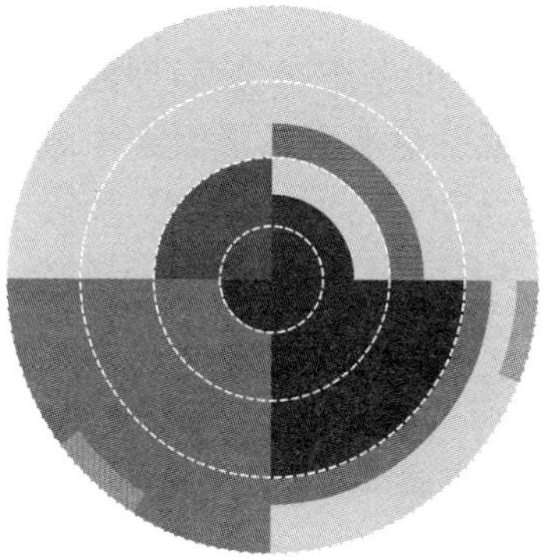	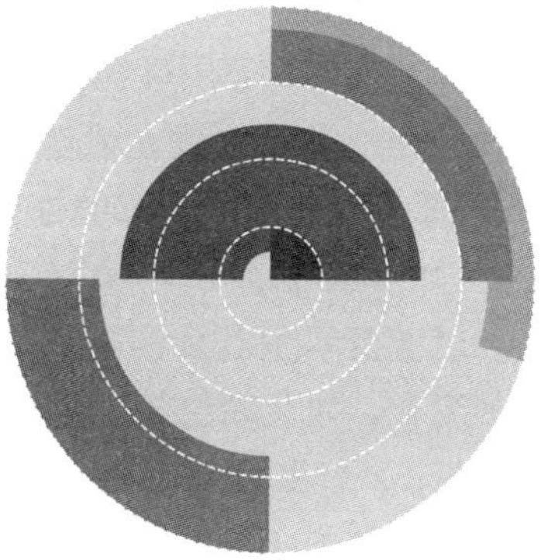	

* 资料来源：笔者自制。

上述这种变化的趋势实际上与城市就业空间的结构化趋势和城市内部的更新过程密切相关。城市就业空间本身存在着产业圈层化发展的趋势，致使外来工就业的空间生态结构也随之发生变化。而伴随城市内部逐渐发起的对城市功能区的更新，各圈层内部(尤其是中间圈层)吸引特定外来工就业的低门槛区域(接纳低学历年老外来工、新来宁临时工的就业区)也随之减少，并创造出一种类似于“绅士化”的就业区域(接纳城市就业者和高学历较年轻外来工的就业区)；而各圈层由于自身特性的不同也会导致其“绅士化”的类型有所差别，在圈层内部同质化的同时形成了圈层间的异质化，这尤其体现在城市中心区的最核心(CBD 区域)和外围新建区(新工业区或新城区域)中，中心区大规模造血所形成的人口迁入大量新移民，最外边缘的工业园区和新区建设吸引大量的年轻人集聚；而“内—中”圈层边界、“中—外”圈层边界作为各异质区间的混合地带，并没有发生这种“绅士化”的转变，还存在大量的低门槛区域，成为混杂区。

综上所述，笔者认为，外来工就业空间生态的动态演变是一个主导特性高阶化、空间分布圈层化的分异的过程，其发生的重要原因之一则是城市就业空间的持续“绅士化”过程(正反馈积累到一定程度后为赚取地租差的行动)，构成了外来工就业空间生态与城市就业空间互动的耦合过程：城市功能区的较大规模更新所触发的就业空间“绅士化”过程，使得人力资本相对较差的外来工外迁，迫使他们进入其他低门槛就业区域。一方面，就业空间的“绅士化”过程创造了更多的就业岗位，并吸纳了大量城市就业者和人力资本较优质的外来工，极有可能成为其特定的集聚地，呈现出高阶化的转变。而低门槛区域对这些外来工群体(尤其是人力资本较差的外来工)的吸引也可能在一定程度上诱发该城市功能区的衰退，加速正反馈效应的发生，并吸引决策者对该地区进行城市更新项目，进行新的“就业空间绅士化——低阶外来工涌入其他低门槛区域——诱发低门槛区域再次绅士化”的循环过程。而在每一次的循环过程中，较低人力资本的外来工就业集聚地被逐离出区域，原先的外来工就业集聚地与周边区域愈加同质化，逐渐形成愈加同质化和圈层化的外来工就业空间生态。总体来看，低人力资本的外来工的入侵和拥有高社会地位人群的过滤，共同改变着外来工就业空间的生态格局。

5.6 本章小结

本章旨在探讨外来工作为异质性群体的就业空间的生态和演变，即通过因子生态方法探讨城市内部不同群体外来工的就业地理分布特征。笔者概括了因子生态分析的研究方法，并探索了针对外来工就业空间生态的指标体系选取；在此基础上，运用因子生态分析方法，抽取影响外来工城市就业空间分异的差异轴，并从就业空间分异差异轴演变、差异轴的空间模式演变以及就业空间生态结构特征演变三个层次，层层递进，剖析外来工就业空间的内部差异和特征变化。研究结论如下：

1) 针对性的外来工就业空间的因子生态研究指标体系

在总结吸收了国内外因子生态研究和应用的基础上，笔者提出应重新建立外来工就业空间生态的指标体系，并以指标数据的可得性为基础，剔除“经济状况”和“家庭状况”等干扰要素，重新构建“住房状况”等要素，并依照分析单元和数据精度对指标进行再遴选，构建了具有针对性的外来工就业空间的因子生态研究指标体系。

2) 影响外来工就业空间生态的差异轴演变

衡量外来工就业空间的 2009 年南京市外来工就业空间差异轴包括人口特征、职业特征、住房特征和移民特征四个维度，识别出较高学历的年轻外来工、较低学历的中老年外来工、商业服务业外来工、生产运输设备操作外来工、居住单位提供宿舍的外来工、居住工地的外来工、新移民和老移民八类外来工人群；2015 年，差异轴维度为人口特征、职业特征和移民特征三个维度，识别出的人群与 2009 年基本一致，总体呈现出“精简化”“复合化”和“重构化”的特征。

3) 外来工就业空间生态差异轴的空间演变

差异轴所识别出的各类外来工群体的空间演变类型可归纳为削减型、增添型、调整型和重构型四类，而空间演变模式则分为外移型、圈层内移动型和无明显圈层特征型；在具体的演变方式上，主要包括可替代式迁入集聚式、属性转换式、属性收窄式、迁出分散式、迁入集聚式、他类群体迁入稀释式、他类群体迁出残留式。总体来看，外来工群体的就业空间生态演变与城市的更新和发展过程是两个相耦合的动态过程，不同类型的外来工群体的集聚和分散过程与其自身的属性特征、其所处的城市空间位置、其所处空间的城市建设发展阶段以及其他类群体的集聚和分散均有着不同程度的相互关联，并呈现出各不相同的空间演变特征。

4) 外来工就业空间生态空间呈现出“属性高阶集聚化、空间分布圈层化”的特征

2009 年外来工就业空间可划分为七类就业区，分别为：① 以个体工商户（自雇）为主的商业服务业外来工集聚区；② 以低学历中老年为主的商业服务业外来工集聚区；③ 生产运输设备操作外来工集聚区；④ 工厂就业的老移民集聚区；⑤ 建筑工集聚区；⑥ 新移民集聚区；⑦ 无主导特征的混合区。

2015 年则可划分为五类就业区，分别为：① 新来宁的较高学历年轻商业服务业外来工集聚区；② 新来宁的商业服务业外来工集聚区；③ 建筑工人集聚区；④ 较高学历的年轻的老移民集聚区；⑤ 无主导特征的混合区。

在就业空间生态演变上，呈现出属性高阶集聚化、空间分布圈层化的特征，呈现出由“圈层＋方向”分割为主导向“圈层”分割为主导的转变，圈层间的分化日趋明显，圈层内则更趋于同质化。

6 迁移:南京市外来务工人员就业时空的个体轨迹

外来工就业空间的形成与重塑不仅源于某一时间阶段内千万外来工个体择业行为的集合呈现,还离不开外来工个体随时间流转而发生的就业地的流迁。课题组2015年的外来工问卷显示,至少超过五分之一的外来工群体发生过统计单元间的迁业行为(即在不同街道间迁业),由此而形成的个体就业迁移轨迹其实同外来工的就业结构和生态特征是彼此关联和互为因果的。前两章运用外来工整体的就业面板数据(2009年和2015年),已对外来工就业空间的结构特征和生态特征演化进行了探讨,但是外来工在就业迁移的动态过程中会呈现出何种轨迹特征?时间和空间对于外来工的就业轨迹又会产生何种作用?这些问题并没有得到充分的理解和阐释。

本章首先会借鉴相关个体时空轨迹分析的理念,构建外来工就业迁移轨迹分析的“时间—空间—社会”路径分析方法;其次,运用“时间—空间—社会”框架,分维度探讨外来工就业迁移的轨迹特征,并着重探讨外来工个体就业轨迹变化中所受到的时间、空间和社会层面上的制约;最终在此基础上,进一步考察时间和空间在外来工就业流动(尤其是向上流动)中所发挥的作用。

6.1 外来工就业轨迹分析方法

6.1.1 相关研究方法梳理

目前,运用纵贯数据对行为轨迹进行分析的方法主要有如下三种类型:

1) 时间地理学视角的短期空间行为轨迹研究

时间地理是一种表现并解释时空间过程中人类空间行为与客观制约之间关系的方法论,其基本模型描述了日常个人活动的空间制约和时间制约①②③。每个人在时空间移动中所遇到的环境结构,可以通过将空间压缩为水平 x 轴和竖直 y 轴构成的二维平面,用垂直方向的 z 轴代表时间在图上加以表示(见图6.1)。运用这种“路径”表示方法,受相同制约

① Hägerstrand T. What about People in Regional Science? [J]. Urban Planning International,1970,24(1):6-21.

② Shaw S,Yu H,Bombom L. A Space-Time GIS Approach to Exploring Large Individual-Based Spatiotemporal Datasets[J]. Transactions in GIS,2008,12(4):425-441.

③ Yu H,Shaw S. Exploring Potential Human Activities in Physical and Virtual Spaces: A Spatio-Temporal GIS Approach. [J]. International Journal of Geographical Information Science,2008,22(4):409-430.

的人群会被汇聚成时空上的活动束，进而得以分析个体的时空轨迹和相应的客观制约。

时间地理学对于时空路径的分析适用于短时段（通常以小时或天为单位来计量）的日常空间位置变化，其将移动进行概念化“制约”，且更注重物质实体性，但对社会因素的考量则相对有限。

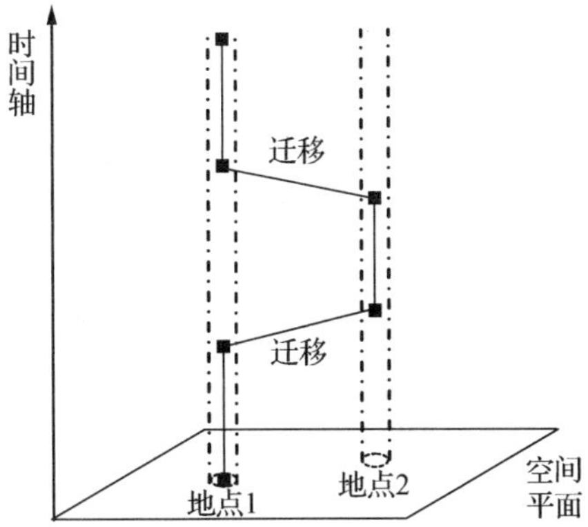

图 6.1　时间地理学视角的短期时空路径表示方法

*资料来源：改绘自 Yu H，Shaw S. Exploring Potential Human Activities in Physical and Virtual Spaces：A Spatio-Temporal GIS Approach[J]. International Journal of Geographical Information Science，2008，22(4)：409－430.

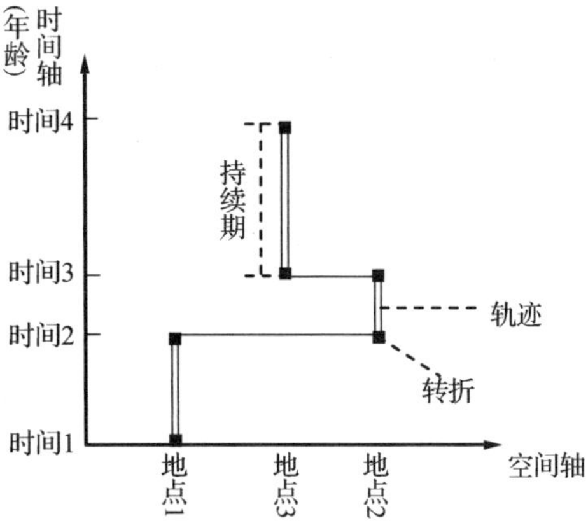

图 6.2　生命历程视角的长期时空轨迹表示方法

*资料来源：改绘自柴彦威，塔娜，张艳. 融入生命历程理论、面向长期空间行为的时间地理学再思考[J]. 人文地理，2013(2)：1－6.

2）生命历程视角的长期空间行为轨迹研究

生命历程理论将个体看作是在一生中按照一定顺序不断扮演社会角色和参与生命事件的主体，试图通过描述个体重要事件的生命轨迹及转折的结构和顺序，将生命的个体意义与社会意义相联系起来。相对于时空地理学，生命历程视角提供了长期空间行为的研究范式，侧重同龄群体效应（时间通常按反映生命历程的年龄来计量）和地理效应，并能够较好地分析长期空间行为和社会环境之间的互动关系。尽管生命历程理论与时空地理学理论同样注重制约，但其主要集中于社会结构、社会关系的影响层面，反而对实体空间的分析相对不足，且不重视事件状态变化的空间路径和社会空间影响表达①。

柴彦威等②试图将生命历程理论和时间地理学相融合，以探讨适合长期时空间行为研究的路径表达（见图 6.2）。就迁移而言，迁移过程与停留时间的相对时长差异明显，因此其路径的基本模式表现为驻点内部的时间轴延伸和驻点之间的空间水平轴延伸。在这个由时间轴和空间轴构筑而成的个体发展轨迹（trajectory）中，转折点（transition）和持续期（duration）要素是关注的重点③——转折点是个体生命事件发生变化的时间和方向，可帮我们理解生命轨迹的延续性、断裂性以及内外部因素对生命历程的影响；持续期则是生命事件从一个状态转向另一个状态的时间跨度，受相同制约的人群会在相同的持续期内被汇聚成时空上的活动束，进而可以分析相应客观制约下的时间效应和地理效应。

① 刘望保. 生命历程理论及其在长期空间行为研究中的应用[J]. 人文地理，2015(2)：1－6.

② 柴彦威，塔娜，张艳. 融入生命历程理论、面向长期空间行为的时间地理学再思考[J]. 人文地理，2013(2)：1－6.

③ 刘望保. 生命历程理论及其在长期空间行为研究中的应用[J]. 人文地理，2015(2)：1－6.

3）社会流动视角的外来工就业轨迹研究

社会学领域通常将职业地位作为社会阶层的主要指示器①，同样也有学者将外来工的职业与社会阶层相对应，透过外来工的就业轨迹考察外来工的社会流动②③。

研究显示，不同代际的外来工会呈现出不同的流动轨迹：① 在外来工从农村到城市的迁移过程中，老一代外来工多在城乡间呈现出钟摆式流动轨迹，新生代则呈现出由乡到城的单向流动趋势。② 在城市内部的迁移过程中，老一代外来工多呈现出社会水平流动的普遍特征——尽管初次职业流动后（乡到城阶段）职业地位普遍上升，但再次职业流动后的地位却变化微小④；而新一代外来工则呈现出倒 U 型流动的普遍特征——前几次流动是垂直地向上流动，但当流动次数达到某一个特定的阈值后，就会呈现出逆向选择或向下流动的特点。

社会流动视角的就业轨迹研究并不注重时空路径的表达，笔者参照相关研究对其路径表达方法进行抽象总结（见图 6.3），可以看出：该类研究更注重在社会流动轴向上对研究对象变化趋势和时序性做出抽象表达，而并未对其变化的具体空间和时间进行关注并如实标记。

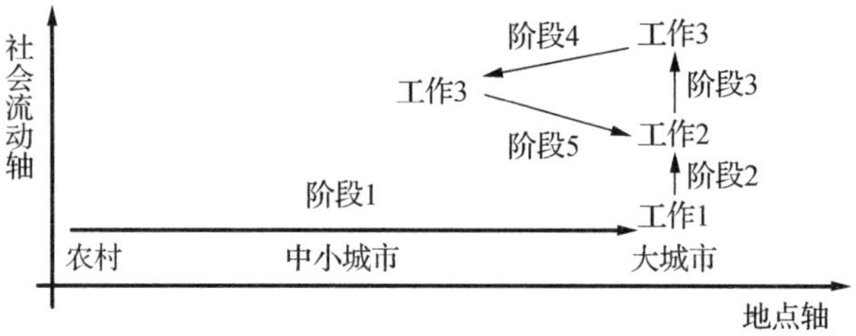

图 6.3　社会流动视角的外来工就业轨迹路径表达方法

*资料来源：改绘自欧顺仙，肖扬，李志刚. 新生代农民工的社会空间流动研究——以深圳富士康为例[J]. 城市规划，2016，40(4)：69－74，112.

6.1.2　外来工就业轨迹的研究方案设计

1）就业轨迹分析的维度建构

借鉴时间地理学、生命历程理论的"时—空"迁移轨迹研究，同时结合社会流动视角的专门针对外来工就业轨迹的研究，笔者认为，可构建"时间—空间—社会"复合的三维路径表达方法，用以描述外来工在城市内部随时间而产生的空间变化，以及随之而发生的社会地位（社会阶层）变化（见图 6.4）。

其中，"空间—时间"这一组关系借鉴了生命历程理论对长期时空间行为研究的路径表达方式，用以表述外来工在城市内部的就业迁移：用空间要素构建 x 轴，用时间要素构建 y

① 仇立平. 职业地位：社会分层的指示器——上海社会结构与社会分层研究[J]. 社会学研究，2001(3)：18－33.

② 符平，唐有财. 倒"U"型轨迹与新生代农民工的社会流动——新生代农民工的流动史研究[J]. 浙江社会科学，2009(12)：41－47.

③ 欧顺仙，肖扬，李志刚. 新生代农民工的社会空间流动研究——以深圳富士康为例[J]. 城市规划，2016，40(4)：69－74，112.

④ 李强. 农民工与中国社会分层[M]. 北京：社会科学文献出版社，2012.

轴——通过驻点之间的空间轴(x 轴)上的延伸,来表现就业外来工在空间上的变动,通过驻点内部的时间轴(y 轴)上的延伸来表示就业外来工在时间上的持续。

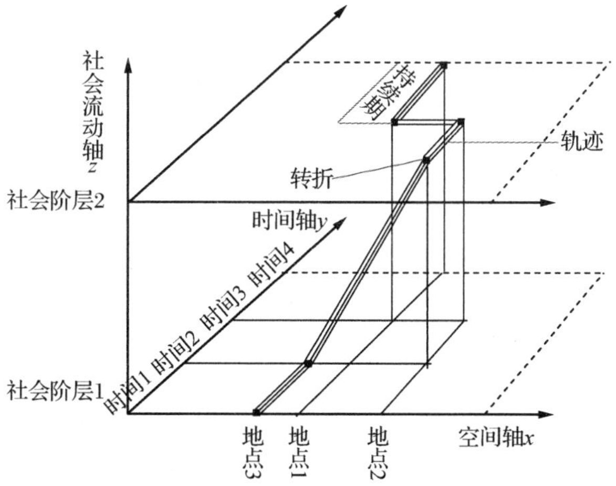

图 6.4　外来工就业时空轨迹的"时间—空间—社会"三维路径表达方法

＊资料来源:笔者自制。

外来工是职业迁移行为的高发生群体,因此,与单纯考虑其就业迁移和变动(即时间和空间上的变动)相比,对其职业流动所可能伴随的社会流动状态进行研究更具意义。因此,笔者在上述方法所构建的"空间—时间"这一组关系上增加了"社会"维度,用以表述外来工在城市内部就业迁移过程中所伴随的社会阶层流动:加入由社会要素构建的 z 轴,生成由空间(x 轴)、时间(y 轴)和社会(z 轴)所构成的三维坐标体系——通过驻点在 z 轴上的变化来表现外来工在就业迁移过程中的社会阶层变动,通过"时间—社会"这一组关系来反映外来工随时间变化所发生的社会流动特征(向上流动、向下流动、水平流动),而通过"空间—社会"这一组关系来反映外来工随空间变化所发生的社会流动特性。

2) 就业轨迹分析的单位建构

时间地理学通过"制约"的界定将个体移动进行概念化,探讨在时空上汇集成为"活动束"群体所受到的相同制约。以生命历程为基础的长期空间行为轨迹研究也侧重于探讨相同制约的人群在相同的持续期内被汇聚成的时空上的"活动束"。可见,对"活动束"和"制约"是个体时空轨迹探讨的重点。本书所构建的"时间—空间—社会"三维路径分析框架内,受相同制约的人群被汇集成的"时间—空间—社会"活动束也是分析的重点所在,而"时间—空间—社会"各维度测度单位的设定则对"活动束"的测度结果有重大影响。

(1) 时间维度的尺度设定——年龄拼接

在时间维度上,不同年份、不同年龄和不同进城时长都可作为时间的单位尺度。以年份作为时间尺度,外来工的个体就业迁移在时间轴上会汇集成相同年份的活动束,可反映出不同年份城市发展或政策变化下的外来工就业迁移;以年龄作为时间尺度,外来工的个体就业迁移在时间轴上则汇集成相同年龄群体的活动束,显示出同龄群体效应,可反映出不同生命历程或是不同代际的外来工就业迁移;以进城时长作为时间尺度,外来工的个体就业迁移在时间轴上则汇集成相同进城经历的活动束,可反映出不同进城时间和不同工作经验积累下的外来工就业迁移。

本书重点探讨的是南京城市内部 2009 年至 2015 年间外来工的就业空间演化，本章同样侧重于从个体迁移角度分析这六年间的外来工就业空间变动，因此，时间尺度的选取需反映 2009—2015 年这一特定时期内的外来工就业迁移。与此同时，外来工的就业空间还呈现出明显的以年龄为特征的空间分异(见第五章)，因此，同龄群体的迁移特征也是本章的关注焦点。考虑到进城时间长短对外来工的城市生活经历和工作经验积累可能同样具有较大影响，并会进一步影响外来工的就业迁移特征，因此笔者在重点关注年龄效应的同时，还会在具体分析中额外关注外来工进城时间长短与就业迁移的关联。

综合以上考虑，笔者认为，时间尺度的选取应尽量能够反映特定年份内(2009—2015 年)外来工的迁移状况，还应着重考虑不同年龄外来工群体的就业迁移特征。如何同时反映年份特征和年龄特征成为时间纬度尺度设定的重点。

古杰、周素红、闫小培①等所尝试的“年龄拼接法”给笔者提供了新的思路。在这项对于广州市居民居住迁移时空路径的生命历程特征研究中，由于作者采集的迁移基础数据仅为近十年(1997—2007 年)间的居住迁移状况，而并非居民一生中的居住迁移状况，因此，作者假设居民的居住迁移历程如洋葱细胞分裂一样具有某种固定同构的生命历程规律，并以连续年龄为时间尺度，通过不同个体的连续年龄阶段来替代生命历程的方式，对居民迁移时空路径的生命历程进行剖析。

尽管与本书的分析目的大相径庭，但此种方法可有效实现本书的分析目的——可同时反映迁移者的年份特征和年龄特征。因此，笔者在此借鉴这种“年龄拼接法”，将时间尺度设定为年龄拼接。具体的操作是：截取外来工 2009—2015 年间就业迁移数据以反映城市发展特定的年份特征，通过不同个体的连续年龄阶段拼接反映外来工的年龄特征。

由此，在外来工“时间—空间—社会”三维路径分析框架内，时间尺度可确定为拼接年龄，路径所记载的行为数据则限定为 2009—2015 年间。

(2) 空间维度的尺度设定——区位拼接

在空间维度上，目前的时空路径分析的空间尺度主要包括两种类型：一种是由经度和纬度表示的二维地理坐标，空间表现为一个二维平面(见图 6.1)；一种是指代性质的记号，如某类地点等，空间表现为一维轴线(见图 6.2)。相比较来讲，前者更能显示空间的区位特征，并更适用于“活动束”的分析；后者则通常不显示出区位特征，更适用于具体的微观分析。

本书所构建的“时间—空间—社会”分析框架中，空间是一维轴线。因此，将二维空间进行一维化处理，并使其能够像二维平面一样反映出区位特征是空间维度尺度设定的重点。

由于本书数据采集的基本单元为街道单元，且通过前文分析，外来工就业空间具有圈层和方向性的特征，因此，笔者采取按圈层和方向特征对各街道进行赋值的方法，使反映区位特征的地理坐标一维化为数值。具体的操作可分为分层和排序两个步骤。

【分层】按照南京市城区、郊区的分类，以及城区内部中心区、老城、主城分类，参考南京城市建设发展的不同阶段(见图 3.3)，将街道单元分成由内到外六个层次——中心区、内城、内城外缘、郊区内沿、郊区外沿和其他地区(研究范围内为前四个层次②)；按照东北、西

① 古杰，周素红，闫小培. 生命历程视角下的广州市居民居住迁移的时空路径[J]. 地理研究，2013，32(1)：157－165.

② 此四个圈层范围可分别与 2.3 节中城市中心、城市中心区、近郊区内沿、近郊区外缘大致对应。

北、西南、东南的方向将街道单元分成四个方向①(见图 6.5)。

【排序】按照街道所在圈层(中心区—内城—内城外缘—郊区内沿—郊区外沿—其他顺序)、街道所在方向(第一象限至第四象限距离)、街道中心距城市中心新街口距离(由短到长)的顺序，将街道单元的空间坐标进行转译。

最终得到一维化的空间编码(见表 6.1、图 6.6)。

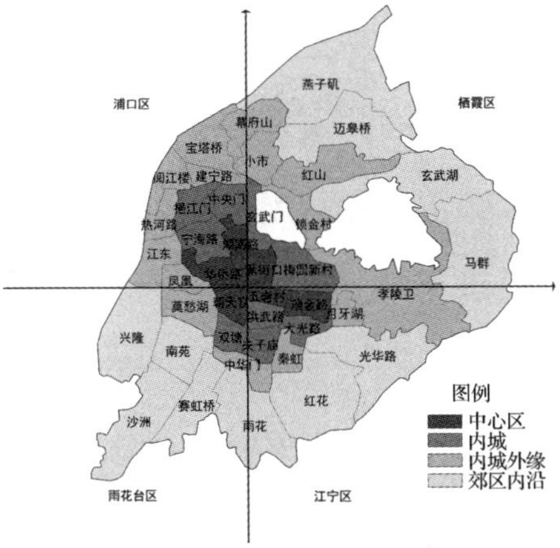

图 6.5 南京主城区街道分层图

＊资料来源：笔者自制。

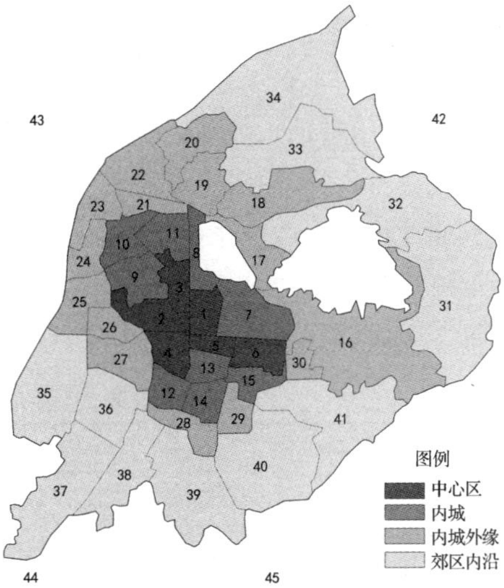

图 6.6 一维化空间编码图

＊资料来源：笔者自制。

表 6.1 空间单元转码

圈层		a(东北方向)	b(西北方向)	c(西南方向)	d(东南方向)
城区	中心区	新街口街道(1)	华侨路街道(2) 湖南路街道(3)	朝天宫街道(4)	五老村街道(5) 瑞金路街道(6)
	内城	梅园新村街道(7) 玄武门街道(8)	宁海路街道(9) 挹江门街道(10) 中央门街道(11)	双塘街道(12)	洪武路街道(13) 夫子庙街道(14) 大光路街道(15)
	内城外缘	孝陵卫街道(16) 锁金村街道(17) 红山街道(18) 小市街道(19) 幕府山街道(20)	建宁路街道(21) 宝塔桥街道(22) 阅江楼街道(23) 热河路街道(24) 江东街道(25) 凤凰街道(26)	莫愁湖街道(27) 中华门街道(28)	秦虹街道(29) 月牙湖街道(30)
郊区	郊区内沿	马群街道(31) 玄武湖街道(32) 迈皋桥街道(33) 燕子矶街道(34)		兴隆街道(35) 南苑街道(36) 沙洲街道(37) 赛虹桥街道(38)	雨花街道(39) 红花街道(40) 光华路街道(41)
	郊区外沿	栖霞区其他街道(42)	浦口区街道(43)	雨花区其他街道(44)	江宁区街道(45)
其他		其他城市(46) 农村(47)			

＊资料来源：笔者自制。

① 如果某街道被多个方向切割，则认定其被切割后最大面积的部分所在方向为其分布方向。

（3）社会维度的尺度设定——职业分层

在社会维度上，学者通常将职业地位作为衡量社会地位和分层的指标。总体上，外来工在城市的社会分层体系中处在较低的位置①，但在外来工内部，同样存在着职业分层。职业的流动也是外来工个体获得或改变社会地位的重要途径之一。如何将这种职业变动与其社会地位进行关联，是社会维度尺度设定的重点。

在现有的相关文献中，学者通常依照综合的社会经济地位指标，主观对外来工的职业进行分类并进行地位分层：李强②将外来工职业总结并分为 9 类［包括农林牧渔劳动者、非技术工人（体力劳动）、技术工人（体力劳动）、商业和服务业人员、一般办公室职员、一般或初级专业技术人员、中级专业技术人员、个体户、私营企业主］，并根据综合社会经济地位指标把其职业排出先后次序，以判定外来工职业流动是否带来地位变动；而王超恩、符平③则基于职业声望、待遇和权力的综合考量，将外来工所从事的职业划分为低端、中端和高端三个不同层级，具体的职业类别如表 6.2 所示。

表 6.2　外来工职业类别与职业分层

职业分层	职业类别
低端职业	自谋职业、非技术工人/干苦力、技术工人或熟练工人（低端）、服务行业人员（低端）
中端职业	办公室一般工作人员/销售人员、服务行业人员（中端）
高端职业	工程师及高级技术人员、中层及以上管理人员、私营企业主

*资料来源：笔者根据王超恩，符平．农民工的职业流动及其影响因素——基于职业分层与代际差异视角的考察［J］．人口与经济，2013(5)：89－97 整理。

以上学者对于外来工的职业地位的分层多过于笼统，且其覆盖的职业范围与笔者问卷调查的职业有所差别。因此，笔者在此采用类似的方式，对外来工的职业地位进行重新划定。具体的操作可分成职业汇总和职业分层两个步骤：

【职业汇总】依照本次调查问卷获取的职业数据，对外来工从事的职业进行汇总。

【职业分层】结合李强、王超恩等学者对外来工的职业地位分层，笔者基于工作所需技术程度、经济地位（待遇）、社会地位（声望）等因素，主观对外来工的职业地位进行层级的重新划分，并进行赋值（见表 6.3）。

其中，第一层级和第二层级涵盖了绝大部分城市外来工的职业，是研究的重点。两类层级的划分主要基于就业者的劳动关系（被雇和自雇/雇人），划分的主要依据是，相对于第一层级外来工来讲，第二层级外来工（自雇/雇人经营者）通常具有更高的职业声望④和经济地位，并多数具有企业家的潜质，是最有可能市民化的群体⑤。因而，跨层级的就业迁移也是就业轨迹研究的重点。

---

① 李强．农民工与中国社会分层［M］．北京：社会科学文献出版社，2012．

② 李强．中国大陆城市农民工的职业流动［J］．社会学研究，1999(3)：95－103．

③ 王超恩，符平．农民工的职业流动及其影响因素——基于职业分层与代际差异视角的考察［J］．人口与经济，2013(5)：89－97．

④ 李强．农民工与中国社会分层［M］．北京：社会科学文献出版社，2012．

⑤ 陈宇琳．特大城市外来自雇经营者市民化机制研究——基于北京南湖大棚市场的调查［J］．广东社会科学，2015(2)：204－213．

表 6.3　本书所用的外来工职业分层类别和赋值

职业分层	次级分层	职业类别	具体职业	赋值
无业/农业	0～1	无业、农林牧渔劳动者	回老家务农、无业状况	0
第一层级（被雇）	1～1	非技术工人/干苦力 相互流动	勤杂工、清洁工、保姆、保安、快递员、环卫工、废品回收、发放传单、搬运工、工地看门、装广告牌、拆迁队	1
	1～2	服务行业人员（低端）	餐厅服务员、营业员、其他服务接待、正规工厂工人	2
	1～3	服务行业人员（中端） 办公室一般工作人员/销售人员	销售、导购、房产中介、公司职员、编辑员、美容顾问、制图员	3
	1～4	技术工人或熟练工人	理发师、电工、家电维修、厨师、技术工人、运输工、建筑工人	4
第二层级（自雇/雇人）	2～1	个体工商户/私企老板	自雇经营——摆摊、卖饼等	5
	2～2		自雇/雇人经营——开店经营	6
第三层级	3～1	专业技术人员、管理人员	工程师及高级技术人员、中层及以上管理人员	7

＊资料来源：笔者自制。

在第一层级和第二层级内部，笔者也对职业类别进行了次一级的划分，除了综合社会经济地位指标的考虑因素外，还着重突出了流动难易度的影响。在次级划分内部，水平流动相对容易（但是 1～4 因具体职业所需专业技术门槛，水平流动难度仍较大）；而向上流动则由于所需的专业技术（或资金）更高，难度增大。

综上所述，由年龄拼接、区位拼接和职业分层所构建的外来工就业时空轨迹分析框架得以构建。接下来，对外来工在城市内部的就业轨迹特征进行分维度的探讨，通过活动束分析外来工就业迁移的制约机制，并进一步探讨空间要素在其中的催化或阻碍作用，这是本章进一步分析的重点。

6.2　外来工就业迁移数据处理和基本概况

6.2.1　外来工就业迁移的数据处理

1）数据来源

就业迁移外来工的数据均来源于 2015 年的调查问卷。数据既包括被调查者的基本属性，比如年龄、性别、工作状况、未来发展意愿等内容，也包括就业迁移的次数、年份、具体位置以及原因等信息。在就业地 2 059 份有效问卷中，共有 450 份有效问卷记载了在 2009 年至 2015 年间的迁移信息，占比为 21.86%。其在各研究单元的具体问卷发放数量统计如表 6.4 所示。

表 6.4　研究范围内各统计单元有效问卷数量和含迁移信息问卷数量统计表

区	街道名称	总问卷数(份)	含迁移信息问卷数(份)	迁移问卷数占比(%)	区	街道名称	总问卷数(份)	含迁移信息问卷数(份)	迁移问卷数占比(%)
玄武	新街口	87	17	19.54	秦淮	五老村	38	8	21.05
	梅园新村	76	20	26.32		洪武路	32	7	21.88
	玄武门	18	8	44.44		大光路	29	12	41.38
	锁金村	32	12	37.50		瑞金路	24	7	29.17
	红山	53	11	20.75		月牙湖	35	5	14.29
	孝陵卫	30	6	20.00		光华路	64	16	25.00
	玄武湖	32	9	28.13		朝天宫	42	8	19.05
鼓楼	宁海路	40	7	17.50		秦虹	34	8	23.53
	华侨路	32	6	18.75		夫子庙	55	13	23.64
	湖南路	47	19	40.43		双塘	46	14	30.43
	挹江门	51	12	23.53		红花	78	19	24.36
	中央门	80	12	15.00		中华门	18	6	33.33
	江东	38	10	26.32	建邺	莫愁湖	142	16	11.27
	凤凰	55	11	20.00		南苑	82	15	18.29
	阅江楼	10	2	20.00		沙洲	97	21	21.65
	宝塔桥	37	2	5.41		兴隆	49	5	10.20
	幕府山	35	13	37.14	栖霞	马群	60	14	23.33
	热河路	28	0	0		迈皋桥	94	27	28.72
	建宁路	38	10	26.32		燕子矶	64	15	23.44
	小市	36	11	30.56	雨花台	雨花	59	8	13.56
						赛虹桥	62	8	12.90

* 资料来源:2015 年课题组关于外来工的抽样问卷。

2）数据处理

就业迁移外来工的数据处理则包括三步:“时间—空间—社会”数据库的建立、时空路径的生成及分析,以及 3D 和 2D 展示。

【“时间—空间—社会”数据库的建立】数据库的建立除了 6.1.2 节所包含的各维度数据,即外来工在 2009—2015 年迁移过程中的时间数据(年龄)、空间数据(区位)和社会数据(职业地位)之外,还包含了行为人的基本属性,如性别、来宁时间、婚姻状况、工作状况、未来留城意愿等。

其中,时间数据(年龄)和空间数据(区位)等为赋值数据,不同被调查人的路径数据会相互重叠,不利于后续活动束的观察和分析。因此,笔者按照调查问卷的先后次序,对重叠的数据通过“+0.01”的方式进行错位化处理,使其在各维度上呈现出相错而非重叠的展示。

【路径的生成与分析】分为两个步骤:首先,利用 3DGIS 的分析工具,生成就业迁移的时空路径曲线;其次,利用属性计算工具测度迁移路径的长度,并计算出每一年龄段、每一社会流动阶段迁移地点的中心坐标。

【3D 和 2D 展示】借助 GIS 的 Arc scene 和 Arc map 模块进行展示,形成“时间—空间—社会”三维的路径曲线,并从“时间—空间”“时间—社会”和“空间—社会”三个层面,两两组合来分析外来工就业迁移的路径特征。

6.2.2 外来工就业迁移的基本概况

2015 年的 2 059 份个体迁移调查问卷显示,共有 421 人(20.45%)曾在不同统计单元间更换过就业地(即发生二次迁移)。其中,2009 年至 2015 年间,共 356 人(17.29%)发生二次迁移,除却无固定地点的多次迁移和回老家又往返等迁移类型,共计 509 人次发生过街道间的二次迁移。

1) 中青年外来工的二次就业迁移绝对人数最多,相对比例更高

在绝对人数上,25~29 岁年龄段的外来工发生二次迁移的人数最多(90 人),其次为 40~44 岁年龄段(68 人),其后依次为 35~39 岁年龄段(61 人)、20~24 岁年龄(57 人)和 30~34 岁年龄段(54 人)。按其占该年龄段总外来工的比例来讲,这些年龄段的外来工(20~39 岁年龄段)整体都显示出了更高的迁移比例,均超过平均的 21.86%。这显示出中青年外来工具有绝对人数多、年龄段内迁移占比高的特点。

45~49 岁年龄段、50~54 岁年龄段的外来工尽管二次迁移的绝对人数也具有一定的规模(48 人和 44 人),但年龄段内迁移占比则较少(15%~20%)。

19 岁以下年龄段和 55 岁以上年龄段则由于其工作状况分别处于初始萌芽期和衰退期,绝对人数和年龄段内迁移占比都较少(见图 6.7)。

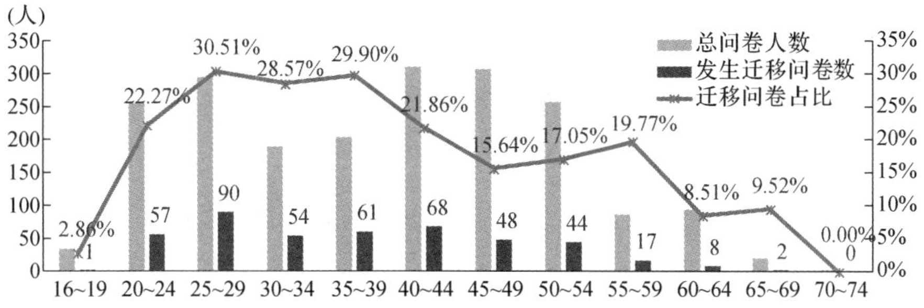

图 6.7 分年龄段外来工就业二次迁移的问卷数及比例(2009—2015 年间)

* 资料来源:2015 年课题组关于外来工的抽样问卷。

2) 外来工就业迁移因来宁时间的长短不同,存在适应期、调整期和稳定期的差别

在绝对人数上,来宁 5 年内的外来工发生就业二次迁移的总人数最多(181 人),但按其占该来宁时长段总外来工的比例来讲,时长段内部迁移占比较少(17.19%)。这固然与研究选取的截面(2009—2015 年,共 6 年)相关,但也在一定程度上反映出其就业进入了适应期的特征。

来宁 1 年以下和 1~2 年内的外来工发生就业二次迁移人数较少,时长段内部迁移占比也相对较少(分别为 4.56%和 13.27%);来宁 3~5 年的外来工二次迁移人数较多,时长段

内部迁移占比也增大(28.15%)。

来宁6~10年的外来工发生就业二次迁移的总人数和时长段内部迁移占比均较大(数值分别为153人和32.48%),处于这一阶段的外来工具有较大的迁移概率,处于就业的调整期。

来宁11~15年、16~20年和21年以上的外来工发生就业二次迁移的总人数分别为62、43和11人,占比分别为22.79%、23.76%和13.41%。与6~10年和3~5年时段的人相比,绝对迁移人口总数和时长段内部迁移占比也较低,就业行为趋于稳定,可以看作是就业的稳定期(见图6.8)。

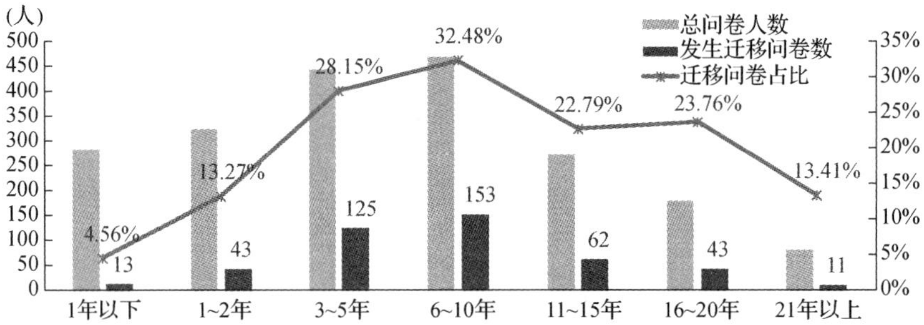

图6.8 分进城时间外来工就业二次迁移的问卷数及比例(2009—2015年间)

*资料来源:2015年课题组关于外来工的抽样问卷。

3) 就业迁移以已婚外来工为主,但未婚外来工内部的迁移占比更高

在绝对人数上,由于已婚外来工是南京市外来工的构成主体,相应的,已婚外来工发生就业二次迁移的总人数也最多(364人),在已婚外来工内部占比21.71%,也构成了就业二次迁移的主体。未婚外来工的就业二次迁移人数仅为86人,但其在未婚外来工内部具有更高的二次迁移概率(占比23.18%),可见,婚姻状况及其所影响的家庭状况对外来工的就业二次迁移具有一定的影响(见图6.9)。

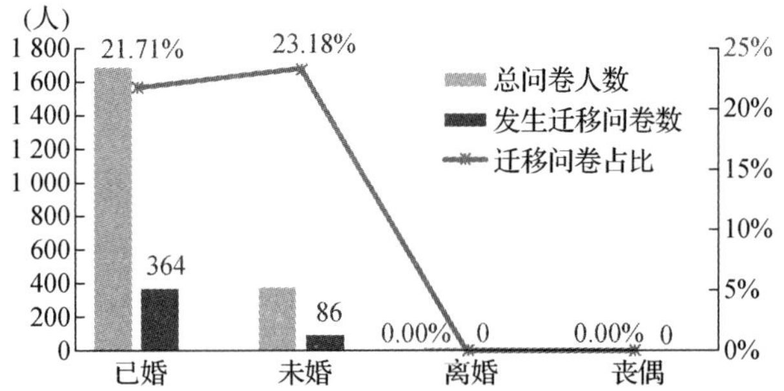

图6.9 分婚姻状况外来工就业二次迁移的问卷数及比例(2009—2015年间)

*资料来源:2015年课题组关于外来工的抽样问卷。

4) 就业迁移以初中学历的外来工为主,但学历越高的外来工内部迁移占比越高

在绝对人数上,由于初中学历外来工是南京市外来工的构成主体,相应的,具备初中学历的外来工发生就业二次迁移的总人数也最多(174人)。但从各类学历内部迁移占比来讲,初中学历外来工的内部迁移占比仅为23.08%,而高中或中专、大学或专科的外来工具有更高

的内部二次迁移比例(分别为25.32%和27.06%)，没上过学、小学和大学以上学历的外来工内部二次迁移占比则较初中学历外来工小，并依次递减(分别为19.89%、16.23%和0)。

总体来看，在小学至大学的学历范围内，随着外来工学历的提升，其内部二次迁移的概率则越大，说明在一定区间内，外来工的学历高低与迁移发生概率成正相关关系，学历越高的群体，随着其在城市中生活经验越丰富、人力资本越雄厚，则越倾向于发生(尤其是街道间的)二次迁移(见图6.10)。

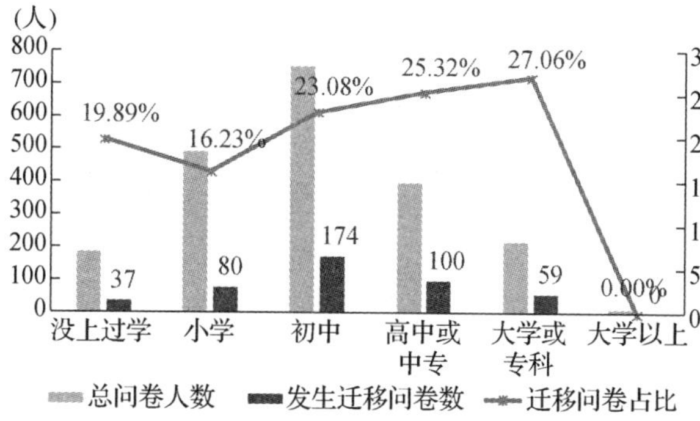

图6.10　分教育程度外来工就业二次迁移的问卷数及比例(2009—2015年间)

*资料来源：2015年课题组关于外来工的抽样问卷。

5) 绝大多数外来工的就业迁移行为是职业地位的水平流动，部分实现了向上流动

在450个迁移样本中，职业地位水平流动的外来工为300人，占总迁移人数的66.67%；向上流动的外来工人数为109人，占比为24.22%；向下流动的外来工人数为35人，占比为7.78%；其余为少数呈U型或倒U型流动的外来工(仅6人)，占比仅为1.33%(见图6.11)。

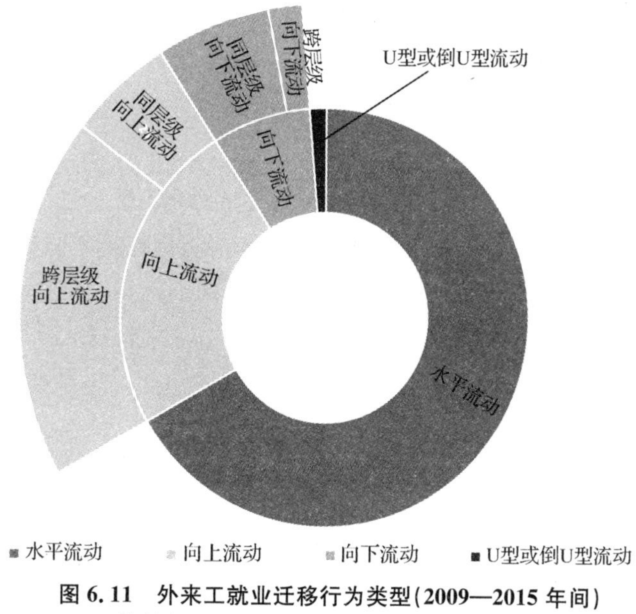

图6.11　外来工就业迁移行为类型(2009—2015年间)

*资料来源：2015年课题组关于外来工的抽样问卷。

其中，在发生向下流动的外来工中，近8成(27人，占比77.14%)外来工为同层级的向下流动(如由餐厅服务员、营业员向下流动至勤杂工、清洁工等)，仅较少部分发生跨层级的向下流动(如摆摊、卖饼等自雇经营向下流动至营业员等)。这一状况在发生向上流动的外来工中则正好相反，近8成(84人，占比77.06%)外来工为跨层级的向上流动，少部分发生同层级的向上流动(见图6.11)。

6.3 外来工就业轨迹“时间—空间—社会”分析

借助GIS的Arc scene和Arc map模块进行展示，叠合生成“时间—空间—社会”复杂的三维路径曲线。为了删繁去绕，更为清晰地把握“三棱柱”研究结构中各变量之间的关联，下文将两两组合，并分别从俯视(时间—空间)、左视(时间—社会)、右视(空间—社会)三个层面交叉分析外来工就业迁移的路径特征(见图6.12)。

在具体的分析环节中，本书还将在路径观察的基础上，用统计学方法进行补充剖析和解释。值得注意的是，由于时间、空间和社会三维要素体现的外来工就业迁移过程中不同维度的要素——如迁移的时间路径(包括年龄和来宁时间)一定程度上反映的是外来工的人群特性，迁移的空间路径则可被理解为一种迁移方式和手段，而迁移的社会路径则可被看作为迁移的最终目的或结果——因而，在交叉分析中，不同的组合会有不同的侧重要点：

其中，时间—空间这一组关系更倾向于反映不同类型群体的迁移方式和手段，因此，在具体分析中，笔者将以年龄和来宁时间为线索，探讨不同年龄外来工和不同来宁时间外来工的空间迁移特征(迁移距离和迁移圈层)；

时间—社会这一组关系更倾向于反映出不同类请群体的迁移目的或结果，因此，在具体分析中，笔者参照上一组关系，着重探讨不同年龄和不同来宁时间外来工所呈现出的迁移目的或结果；

而空间—社会这一组关系更倾向于反映社会迁移(目的)和空间迁移(方式)的关联的关系。因此，在具体分析中，笔者将重点探究不同社会流动状态的空间迁移(迁移距离和迁移圈层)偏好，对迁移外来工通常采取何种空间策略、不同空间策略会达到的社会效果应进行关注。

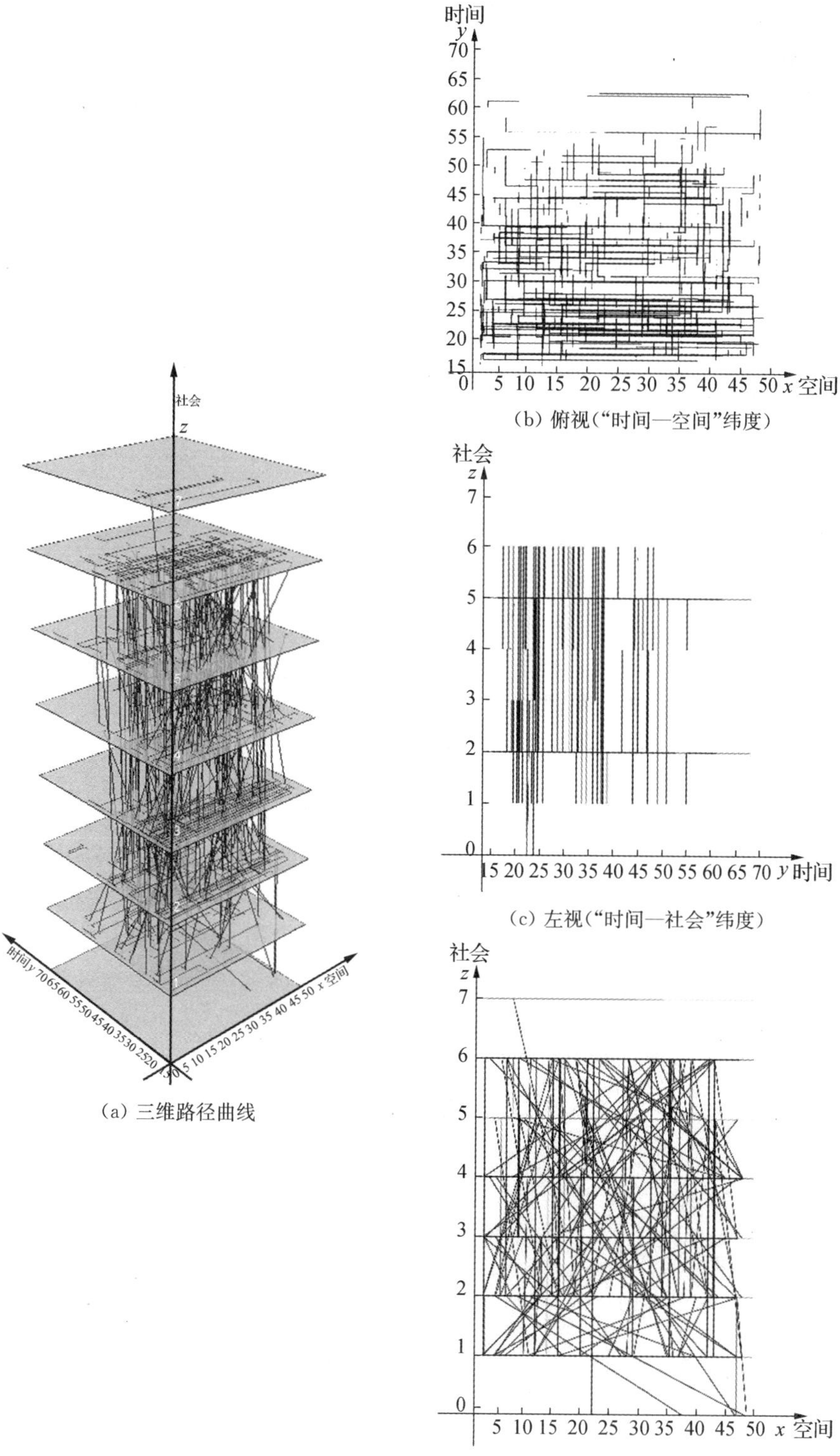

(a) 三维路径曲线

(b) 俯视（“时间—空间”纬度）

(c) 左视（“时间—社会”纬度）

(d) 右视（“空间—社会”纬度）

图 6.12　外来工就业迁移的“时间—空间—社会”三维路径曲线

*资料来源：2015 年课题组关于外来工的抽样问卷。

6.3.1 就业迁移的“时间—空间”轨迹特征

1）“时间—空间”活动束：年轻外来工的跨区域迁移和年长外来工的短距离迁移

俯视的“时间—空间”二维呈现的平面（见图6.13）可反映出不同年龄外来工的空间迁移行为路径。可以看出，外来工的就业迁移行为在A区域范围（$x\in[0,41]$，$y\in[19,28]$）内集聚成最主要的活动束，在图形上呈现出大量密集空间轴（x轴）的横贯延伸，显示出19～28岁这一年龄段外来工在空间上变动较强的跨区域的特征。

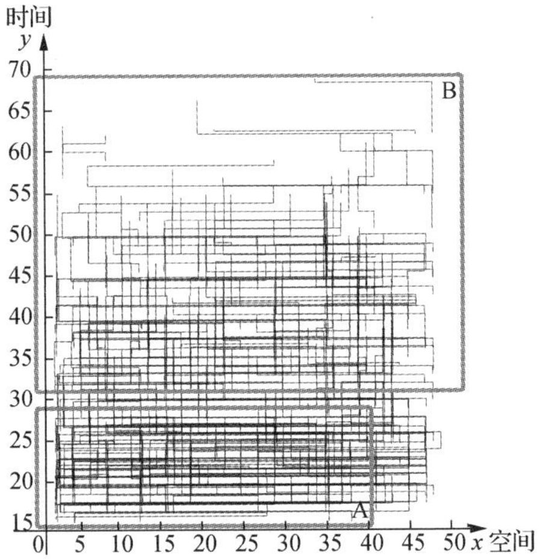

图6.13 “时间—社会”维度外来工迁移路径

＊资料来源：2015年课题组关于外来工的抽样问卷。

外来工的就业迁移行为在B区域范围（$y\in[30,68]$）内则没有集聚明显的活动束，其在图像上仅表现出细碎的空间轴（x轴）横向延伸活动束，相对呈现出短距离迁移的特征。

总体来看，不同年龄段的外来工在就业空间迁移上呈现出不同的空间制约：年轻人所受的空间制约较少，呈现出跨区域迁移的特性；其他年龄段的就业空间迁移则相对受到较大程度的空间制约。

2）年龄与空间迁移

进一步运用统计学方法验证不同年龄呈现出的空间迁移的距离偏好。具体的操作方法是：统计2009年至2015年间外来工历次就业迁移时的年龄、迁移前地点和迁移后地点，计算迁移前后就业所在地与城市中心（新街口）的距离，并计算其距离差作为外来工就业迁移距离①。

计算不同年龄外来工的迁移距离的平均数和中位数，并把年龄和其对应的迁移距离（平均数/中位数）关系用二维坐标系的散点图来表示。横轴表示发生就业迁移时的年龄段，纵轴表示迁移前后就业地与城市中心的距离差。结果如图6.14所示，平均数和中位数均呈现出无特别明显规律的震荡图形。

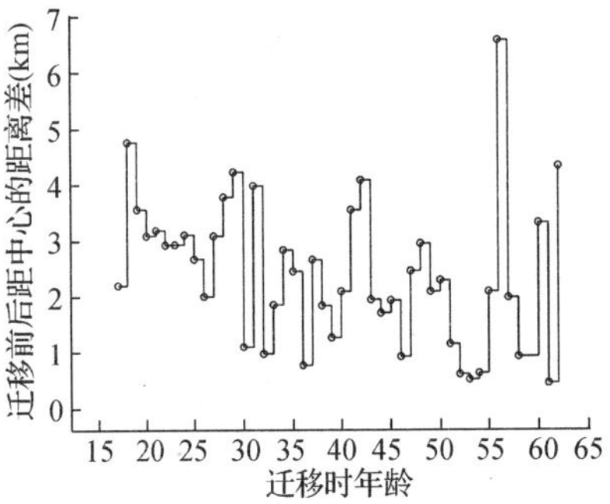

（a）平均数

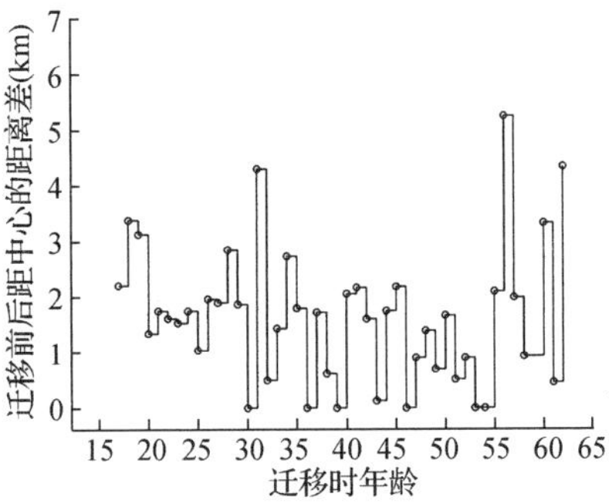

（b）中位数

图6.14 分年龄外来工就业迁移距离

＊资料来源：2015年课题组关于外来工的抽样问卷。

① 此计算将迁移中涉及无固定地点和回老家的人次剔除，共计509人次。

为更进一步挖掘年龄与空间迁移距离的关系,笔者进一步将外来工的年龄段进行分组,计算不同年龄段空间迁移距离的平均数和中位数,把年龄段和其对应的平均迁移距离关系用二维坐标系的散点图来表示,结果如图 6.15 所示。平均数和中位数的关系曲线较为类似,考虑到平均数具有更能利用所有数据的特征,笔者采用平均数值对年龄和就业迁移空间距离的关系进行分析。距离和年龄所组成的关系曲线可视为由两段起点不同的"下行曲线"和尾部"震荡曲线"组成。

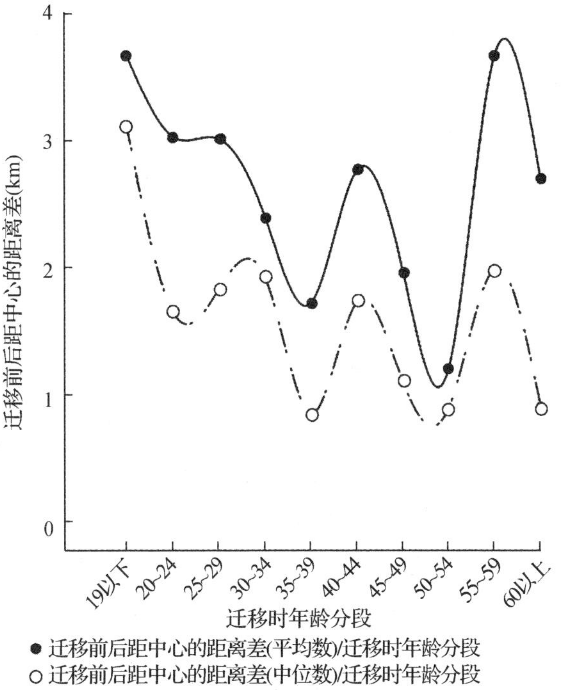

图 6.15　分年龄段外来工就业空间迁移距离

* 资料来源:2015 年课题组关于外来工的抽样问卷。

第一段下行曲线呈现出 39 岁以下年龄段外来工(通常意义上的新生代外来工)空间迁移的行为特征,随着年龄增长,他们就业空间迁移的距离在整体上呈不断缩减趋势。

第二段下行曲线呈现出 40～55 岁年龄段外来工(通常意义上的老一代外来工)就业空间迁移的行为特征,呈现出与第一段同样的随年龄增长就业空间迁移距离下行的趋势。

第三段"震荡曲线"承接 50～55 岁年龄段外来工,呈现出 55 岁以上年龄段外来工空间迁移的行为特征,其空间迁移距离呈现出剧烈的高低震荡特征。

笔者认为,这些特征从侧面反映出生命周期和代际双重要素对外来工空间迁移距离的影响。一方面,相较于老一代外来工,新生代外来工具有更高的受教育程度,其工作找寻方式受空间的限制更小,其伴随就业而发生的空间迁移的距离会更大。随着年龄的增长,外来工对其所在空间的依赖会逐步增强,进而迁移距离降低。而相对于年轻外来工(39 岁以下)和中年外来工(40～54 岁),绝大多数步入老年的外来工(55 岁以上)处于职业生涯的末端,其工作找寻呈现两种相异的空间态度:极端的空间依赖倾向(在原本就业地周边进行工作迁移)或是极端不关注空间(哪里可以提供住宿和更好的待遇就去哪里,空间附着性低)。

加之这一年龄段的外来工本就规模有限，因而在抽样统计后呈现出剧烈的高低震荡特征。

再进一步探讨不同年龄外来工空间迁移的圈层和方向特征①。笔者统计了不同年龄外来工在圈层内和圈层间迁移的状况(见图 6.16)，发现其呈现的规律基本与迁移距离类似。

年龄段在 30～34 岁、35～39 岁和 45～49 岁的外来工内部的圈层内迁移比例较高(分别为63.49%、56.41%和 58.93%)，远大于总体的圈层内迁移比例(48.92%)，可见该年龄段具备圈层内迁移概率较高的特征，迁移距离也相对较小；而 20～24 岁、25～29 岁和 40～44 岁年龄段的外来工则表现出更高的圈层间迁移概率(分别为 59.43%、55.44%和55.77%，大于总体 51.08%的外迁比例)。

同时，除 20～24 岁年龄段的内迁概率(37.74%)远大于外迁概率(21.70%)，迁移方向并没有表现出明显的与年龄相关的内迁或外迁倾向(19 岁以下和 55 岁以上年龄段由于样本量较低，存在偏差，在分析中并未采纳相关数据)，两者概率大致相当。

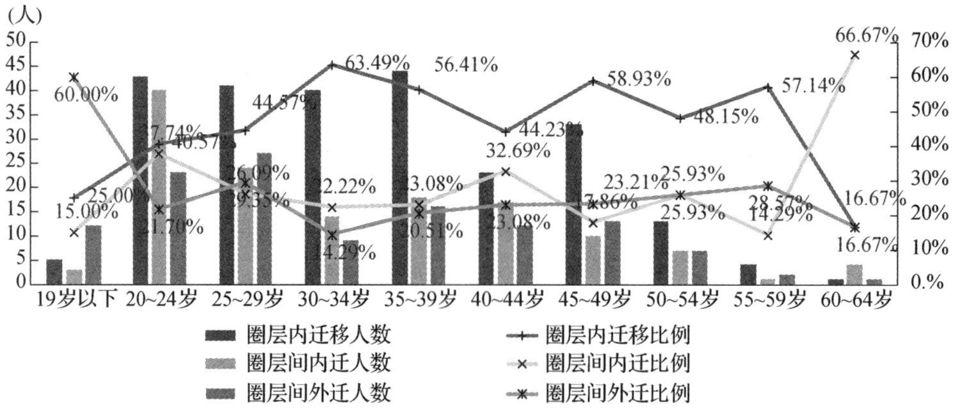

图 6.16　分年龄段外来工就业迁移圈层和方向

＊资料来源：2015 年课题组关于外来工的抽样问卷。

总体来看，不同年龄段的外来工会表现出不同的空间迁移距离偏好——年龄越大，迁移距离越短，空间依赖性越强。除却 24 岁以下外来工具有明显的内迁偏好外，其余各年龄段外来工对迁移方向并无明显偏好。

3) 来宁时长与空间迁移

前节(6.2.2 节)中笔者曾依照外来工就业迁移发生的概率，推测外来工就业依照来宁时长不同，存在一定的适应期、调整期和稳定期。在此，笔者将进一步探讨不同来宁时长的外来工是否存在空间迁移距离偏好。具体的操作方法是：统计 2009—2015 年间外来工历次就业迁移时的来宁时间、迁移前地点和迁移后地点，计算迁移前后就业所在地与城市中心(新街口)的距离，并计算其距离差作为外来工就业迁移距离②。

把来宁时长和其对应的迁移距离(平均数和中位数)关系用二维坐标系的散点图来表

① 在共计发生二次迁移的 509 人次中，外来工发生圈层内迁移人次为 249 人次(占比为 48.92%)，圈层间迁移人次为 260 人次(占比为 51.08%)，圈层间迁移和圈层内迁移人数大致持平。在圈层间迁移中，内迁人次为 138 人，外迁人次为 122 人，也大致持平。

② 此计算将迁移中涉及无固定地点和回老家的人次剔除，共计 509 人次。

示,横轴表示发生就业迁移时外来工的来宁时间,纵轴表示迁移前后就业地与城市中心的距离差,结果如图 6.17 所示。平均数和中位数均呈现出较为规律的波浪震荡图形。可见与年龄相比,来宁时间与外来工就业空间迁移的关联更大。

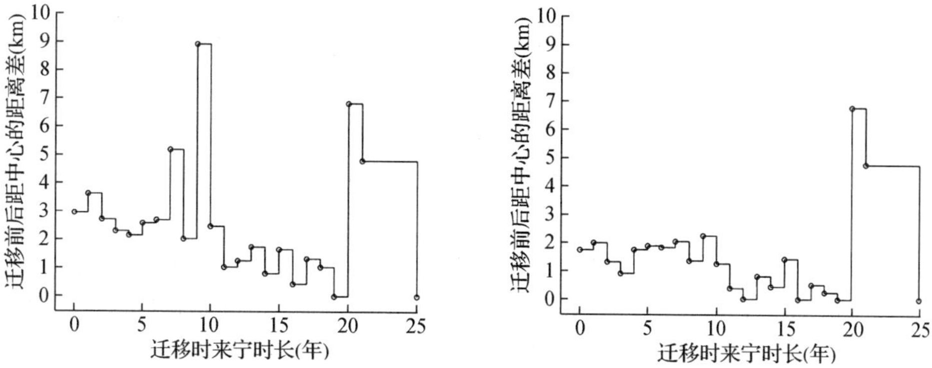

(a) 平均数　　(b) 中位数

图 6.17　分来宁时长外来工就业迁移平均距离

＊资料来源:2015 年课题组关于外来工的抽样问卷。

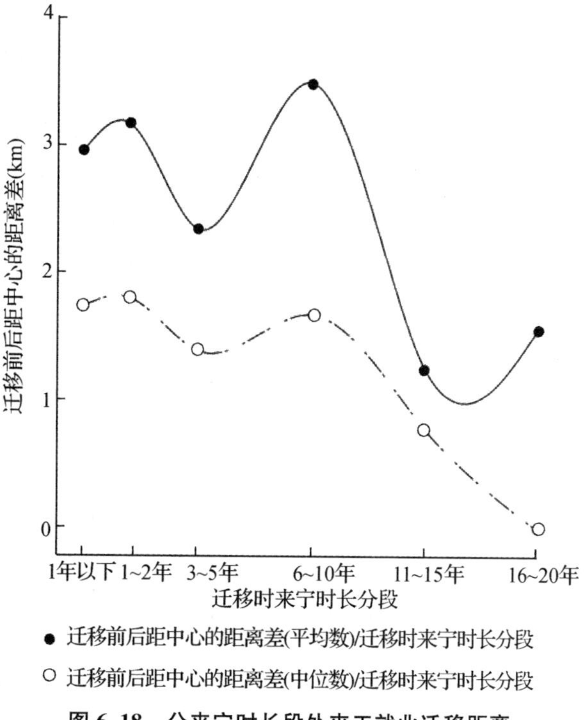

图 6.18　分来宁时长段外来工就业迁移距离

＊资料来源:2015 年课题组关于外来工的抽样问卷。

为更进一步找寻来宁时长与空间迁移的规律,笔者对来宁时长进行分段①,计算不同来宁时长段的空间距离(平均数和中位数),把来宁时长段和其对应的平均迁移距离关系用二维坐标系的散点图来表示,结果如图 6.18 所示。平均数和中位数的关系曲线较为类似,但在曲线尾端(来宁时长段在 16～20 年)略有差异。考虑到此阶段来宁外来工样本量较小,且数据中存在个别数据变动较大的情况,因此采取中位数值对来宁时长和就业迁移空间的关系进行分析。来宁时长和距离所组成的关系曲线可视为由两段“上行曲线”和两段“下行曲线”组成的“M”型曲线。

第一段上行曲线呈现出来宁 2 年内外来工的空间迁移特征。在这一阶段,外来工就业空间迁移距离相对较大(中位数值约 1.7 km),且随来宁时长的增加而呈增长之势;

① 由于来宁 20 年以上的外来工样本量极少(仅 2 个),因此在此轮分析中,笔者剔除了 20 年以上年龄段的样本,仅将年龄段分为 1 年以内、1～2 年、3～5 年、6～10 年、11～15 年、16～20 年。

其后为第一段下行曲线，相较于来宁 2 年内的外来工，来宁 3～5 年的外来工就业空间迁移距离呈逐步减小的趋势(减至 1.39 km)；

其后为第二段上行曲线，相较于来宁 3～5 年的外来工，来宁 6～10 年的外来工就业空间迁移距离又开始逐步增长(升至 1.67 km)；

其后为第二段下行曲线，相较于来宁 6～10 年的外来工，来宁 11～20 年的外来工就业空间迁移距离骤减，并达到最低值。

总体来看，上述 M 形波浪震荡曲线也反向折射出来宁时间对外来工空间依赖的影响。同迁移概率类似，外来工就业空间的迁移偏好也存在一定的适应期、调整期和稳定期之分。具体而言：

来宁前 5 年内，外来工处于就业行为的适应期，其来宁时长和空间距离关系体现为 M 型的第一个“∧”——初始空间迁移距离较大，其后略微上升(3 km 左右)，在适应以后空间迁移距离逐步减少，空间依赖度有所增加。

来宁 6～10 年期间，外来工处于就业行为的调整期，其来宁时长和空间距离关系体现为 M 型第二个“∧”的上行线——在适应期积累了一定的人力资本和社会资本之后，外来工在这一区段更倾向于进行跨区域的空间移动，空间依赖度有所降低。

来宁 10 年以上期间，外来工处于就业行为的稳定期，其来宁时长和空间距离关系体现为 M 型第二个“∧”的下行线——经历了调整期后，外来工的就业迁移距离骤减(低至约 1.5 km)，空间依赖度达到最高。

此外，不同来宁时间外来工空间迁移的圈层和方向特征显示(见图 6.19)，随着外来工来宁时间的加长，其圈层间的迁移比例也呈逐步下降趋势，呈现出愈加稳定的迁移特征，但迁移并没有表现出明显的内迁或外迁的方向特征，在此不再进行赘述。

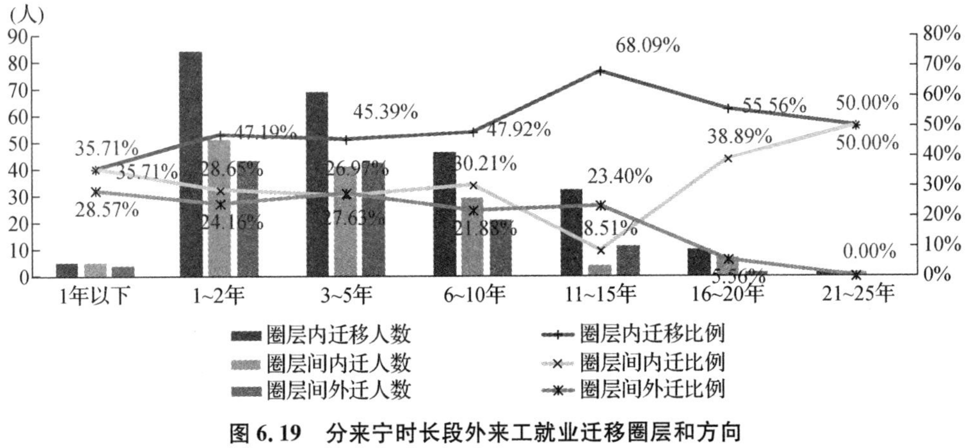

图 6.19　分来宁时长段外来工就业迁移圈层和方向

＊资料来源：2015 年课题组关于外来工的抽样问卷。

总体来看，与年龄相同，不同来宁时长段的外来工会表现出不同的空间迁移距离偏好——来宁时间越长，迁移距离越短，空间依赖性越强。来宁时长与迁移方向的关联则并不显著。

4) 小结

综上所述，外来工就业迁移的时空活动束主要表现为两类：第一类为年轻外来工的跨区域迁移,该类群体空间限制相对较小;第二类为年长外来工的短距离迁移,该类群体空间限制相对较大。

进一步的分析表明,不同年龄外来工的就业空间迁移距离具有一定的偏好,迁移年龄和迁移的空间距离关系可视为由两段起点不同的"下行曲线"和尾部"震荡曲线"组成的图案,可分别对应空间迁移过程中的新生代、老一代和年老外来工。新生代相对于老一代外来工具有更长的迁移距离,而不同代际的外来工随年龄的增长(生命周期的变动),其空间迁移距离逐步缩短,呈现出更强烈的空间依赖程度。除却 24 岁以下外来工具有明显的内迁偏好外,其余各年龄段外来工对迁移方向并无明显偏好。

与年龄相比,外来工来宁时长与其空间迁移距离的关联则更大。两者关系可抽象为一个 M 型曲线。其第一个"∧"、第二个"∧"的上行线和下行线分别对应空间迁移过程中的适应期、调整期和稳定期。不同来宁时段的外来工呈现出不同的空间依赖程度,对空间迁移距离产生影响。来宁时长与迁移方向的关联则并不显著。

6.3.2 就业迁移的"时间—社会"轨迹特征

1)"时间—社会"活动束:不同年龄的差异化社会迁移路径

左视的"时间—社会"二维呈现的平面[见图 6.20(a)]能够反映出不同年龄外来工的职业地位垂直迁移路径。可以看出,不同年龄外来工呈现出 5 组差异化的社会迁移路径。

路径 A:在 $y\in[18,22]$,$z\in[1,3]$的区域范围内集聚成活动束,显示 20~22 岁年龄段外来工的职业地位变动主要发生在第一层级内部,并集中于非技术工人、低端服务业和中端服务业之间的流动。同时,这一阶段范围也是社会地位向下流动发生的最密集区域[见图 6.20(c)]。

路径 B:在 $y\in[24,28]$,$z\in[3,6]$的区域范围内集聚成活动束,显示 24~28 岁年龄段外来工的职业地位变动主要发生于第一和第二层级之间,集中表现为中端服务业向个体工商户的向上流动。这一阶段也是跨层级向上流动行为发生的最密集区域[见图 6.20(b)]。

路径 C:在 $y\in[35,42]$,$z\in[2,5]$的区域范围内集聚成活动束,显示 35~42 岁年龄段外来工的职业地位变动主要发生于第一和第二层级之间,与 24~28 岁年龄段相比,此年龄段外来工更倾向于从低端服务业向个体工商户的向上流动。

路径 D:在 $y\in[44,48]$,$z\in[1,2]$的区域范围内集聚成活动束,显示 44~48 岁年龄段外来工的职业地位变动主要发生于第一层级内部,并集中于非技术工人和低端服务业之间的流动。

路径 E:在 $y\in[53,60]$,$z\in[4,5]$的区域范围内集聚成活动束,显示 53~60 岁年龄段外来工的职业地位变动主要发生于第一和第二层级之间,与 24~28 岁、35~42 岁年龄段相比,此年龄段的层级间流动人数相对较少,并主要表现为技术工人向个体工商户的向上流动。

总体来看,由于同层级内部外来工就业流动较为简易,因而年轻外来工(18~22 岁)和中老年外来工(44~48 岁)更易在层级内部发生职业地位的流动。青壮年外来工(24~28 岁、35~42 岁)则更倾向于发生跨层级的向上流动,而这同其年龄段可能拥有的城市工作经验、职业资历以及资金的积累密切相关。此外，部分老年外来工(53～60 岁)也发生了与之类似的跨层级的向上流动，他们的向上流动更倾向于通过前一阶段技术工作(通常为需要体力劳动的工作)所积累的资金得以实现。

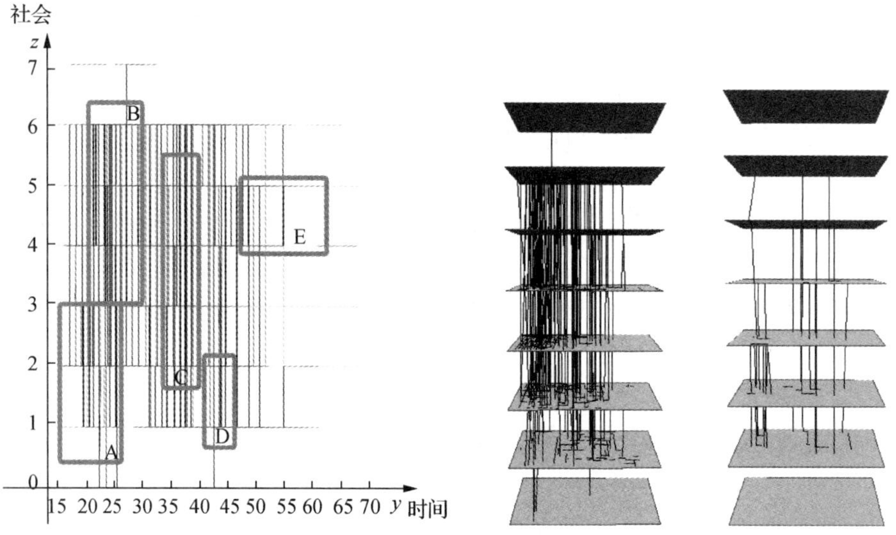

(a) “时间—社会”维度路径活动束　　(b) 向上流动　　(c) 向下流动

图 6.20　“时间—社会”维度外来工迁移路径

＊资料来源：2015 年课题组关于外来工的抽样问卷。

2) 年龄与社会流动

由于前述三维路径更适合观测外来工职业地位的垂直流动，而对其水平流动观测不足，因此，笔者进一步运用统计学方法，探讨不同年龄外来工呈现出的社会流动偏好。具体的操作方法是：统计 2009—2015 年间外来工历次就业迁移时的年龄、迁移前职业地位和迁移后职业地位，明确迁移前后职业地位的变化类型(包括上升、下降和平行)，并统计分年龄段外来工迁移前后职业地位变化的类型分布及其占比，结果如图 6.21 所示。可以看出，在各年龄段，外来工发生水平流动的人数都最多，其次为向上流动，向下流动的人数最低。

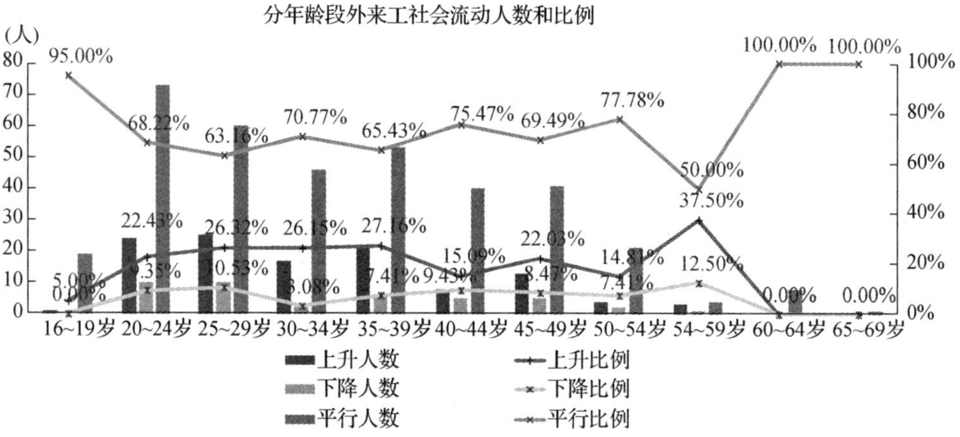

图 6.21　分年龄段外来工社会流动人数和比例

＊资料来源：2015 年课题组关于外来工的抽样问卷。

在水平流动的外来工中，绝对人数以 20～24 岁年龄段为最高，其次为 25～29 岁和 35～39 岁年龄段。但从内部占比来讲，这些年龄段发生水平流动的概率则相对较低（分别为 68.22%、63.16%和 65.43%，均不到 70%）。实际上，20～54 岁年龄段的外来工呈现出相近似的水平流动比例（最低 63.16%，最高 77.78%），而 19 岁以下年轻人和 60 岁以上老年人尽管水平流动的人数相对较少，但内部发生水平流动的概率占比极高（大于 95%），反倒是 54～59 岁年龄段外来工的水平流动概率最低（50.00%）。

在向上流动的外来工中，绝对人数以 25～29 岁年龄段为最高，其次为 20～24 岁和 35～39 岁年龄段。但从内部占比来讲，54～59 岁年龄段外来工内部的上升流动概率占 37.50%，拥有最高的上升流动概率；而 20～39 岁年龄段和 45～49 岁年龄段的上升流动概率相仿（集中在 20%～30%的区间内），相对来讲上升流动概率也较高；接着则为 40～44 岁、50～54 岁年龄段，内部上升流动概率分别为 15.09%和 14.81%；19 岁以下和 60 岁以上外来工的上升流动概率极低。

在向下流动的外来工中，绝对人数以 25～29 岁年龄段为最高，其次为 20～24 岁、35～39 岁年龄段。但从内部占比来讲，除 19 岁以下和 60 岁以上的外来工基本不存在向下流动外，其他各年龄段内部的向下流动概率均基本持平，集中于 2%～13%的区间范围内。

进一步对跨层级和层级内的垂直流动类型进行统计发现（见图 6.22）：

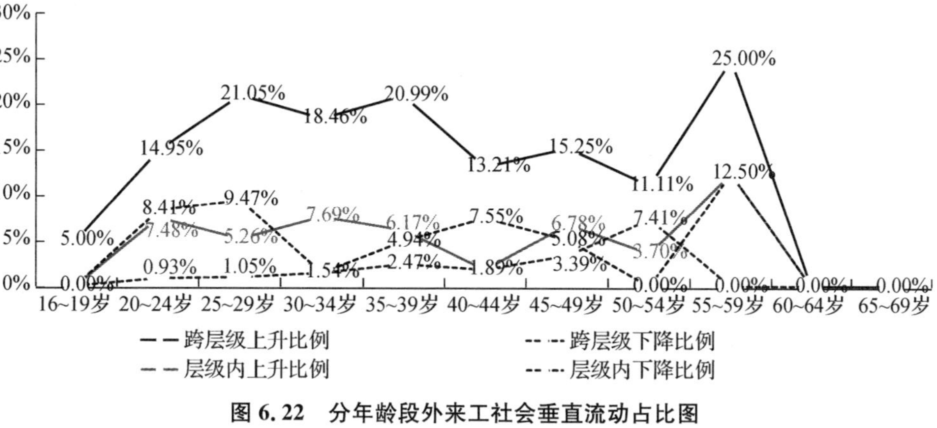

图 6.22　分年龄段外来工社会垂直流动占比图

* 资料来源：2015 年课题组关于外来工的抽样问卷。

从向上流动类型来看，几乎在各年龄段，层级间向上流动的概率都高于层级内的向上流动。其中，25～39 岁和 55～59 岁年龄段具有极高的跨层级的向上流动概率（位于 18.46%～25%区间），基本与层级内的向上流动年龄段一致。这一结果也与“时间—社会”路径活动束的观测结果一致。

从向下流动的类型来看，除 50～54 岁年龄段的外来工内部有较高的跨层级下降概率外，其他各年龄段的层级内向下流动概率都高于跨层级的向下流动概率。其中，20～29 岁、40～44 岁、55～59 岁年龄段内部具有较高的层级内向下流动概率①。

综合来看，不同年龄段外来工的社会流动存在着不同偏好（或规律），显示出一定的生命历

① 这些年龄段的人同样具有较高的层级内向上流动概率，但由于绝对人数较少，“时间—社会”活动束的观测仅识别出 20～22 岁年龄段的向下流动。

程规律。20 岁以下和 60 岁以上的外来工社会流动基本为平行流动，20～59 岁年龄段为其社会垂直流动的主要阶段，且主要以向上流动为主。尤其是 25～39 岁年龄段和 55～59 岁年龄段，是发生向上流动概率最大的年龄段(包括跨层级和层级内两类)，应给予重点关注。

3) 来宁时长与社会流动

上节已证明，相较于年龄，来宁时长对外来工就业空间迁移的偏好影响更大。因此，笔者在此进一步探讨来宁时间是否对外来工社会流动产生影响。具体的操作方法是：统计 2009—2015 年间外来工历次就业迁移时的来宁时长、迁移前职业地位和迁移后职业地位，以明确迁移前后职业地位的变化类型(包括上升、下降和平行)，并统计不同来宁时长段外来工迁移前后职业地位变化的类型分布及其占比，结果如图 6.23 所示。

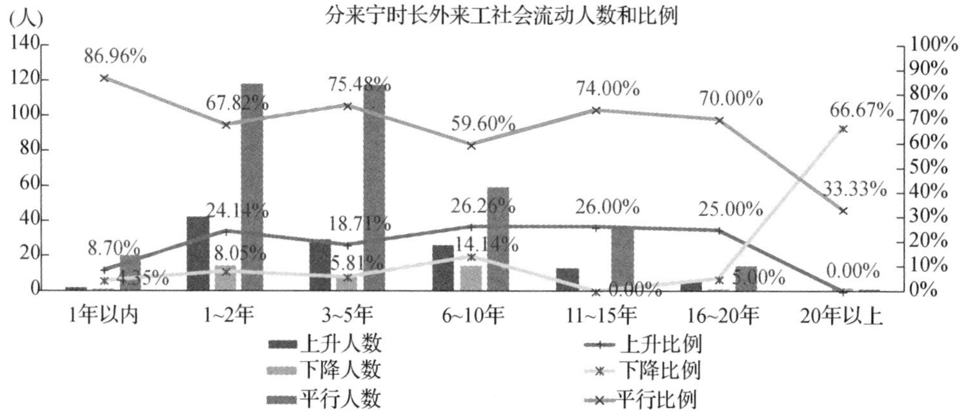

图 6.23　分来宁时长段外来工社会流动人数和比例

＊资料来源：2015 年课题组关于外来工的抽样问卷。

可以看出，来宁 20 年以上的外来工由于样本量较少(仅 3 个样本)，而来宁 1 年以内外来工又刚进入南京工作，两者都具有一定的特殊性，因而社会流动类型比例与其他时间段呈现出较大不同。但在其他各来宁时间段内部，外来工的各种社会流动类型的概率基本持平(平行流动的概率位于 59.6%～75.48%区间，向上流动的概率位于 18.71%～26.26%区间，下降流动的概率则位于 0%～8.05%区间)。若进一步对跨层级和层级间的垂直流动类型进行统计则又会发现，各类垂直流动的概率也基本持平(见图 6.24)。

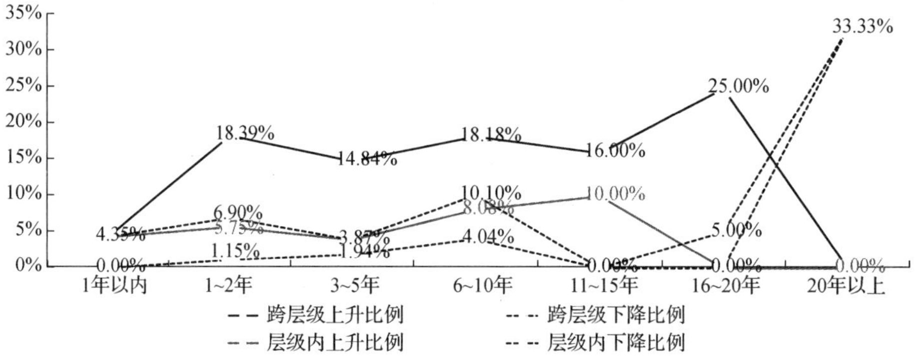

图 6.24　分来宁时长段外来工社会垂直流动占比图

＊资料来源：2015 年课题组关于外来工的抽样问卷。

由此可见,尽管来宁时长对外来工就业空间迁移的偏好影响较大,但来宁时长与职业变动所带来的社会地位流动并无较大关联。

4) 小结

综上所述,外来工就业迁移的"时间—社会"活动束主要集中于五类,涵盖了各年龄段外来工,并表现出不同的跨层级和层级间的垂直流动特征:年轻外来工(18～22 岁)和中老年外来工(44～48 岁)更易在层级内部发生职业地位的流动;青壮年外来工(24～28 岁、35～42 岁)和部分老年外来工(53～60 岁)则更倾向于发生跨层级的向上流动。

进一步的分年龄段统计分析验证了上述活动束观测的结果:20 岁以下和 60 岁以上的外来工的社会流动基本为平行流动;20～59 岁年龄段为其社会垂直流动的主要阶段,主要以向上流动为主。尤其是 25～39 岁年龄段和 55～59 岁年龄段,是发生向上流动概率最大的年龄段(包括跨层级和层级内两类)。

有意思的是,与对空间迁移的影响相反,来宁时长与社会流动的关联并不显著。

6.3.3 就业迁移的"空间—社会"轨迹特征

1) "空间—社会"活动束:向上流动的短距离迁移

右视的"空间—社会"二维呈现的平面[见图 6.25(a)]能够反映出发生垂直向社会流动的外来工的空间迁移路径。可以看出,尽管有较多的社会垂直流动行为发生于跨区域迁移[见图 6.25(b)、6.25(c),在"空间—社会"迁移路径图中表现为斜线],但迁移主体主要为短距离迁移的向上流动的外来工(在"空间—社会"迁移路径图中表现为直线),他们在"空间—社会"迁移路径中集聚成为大量垂直方向的活动束,初步表明外来工社会垂直流动(尤其是向上流动)过程中受到一定程度上的空间制约。

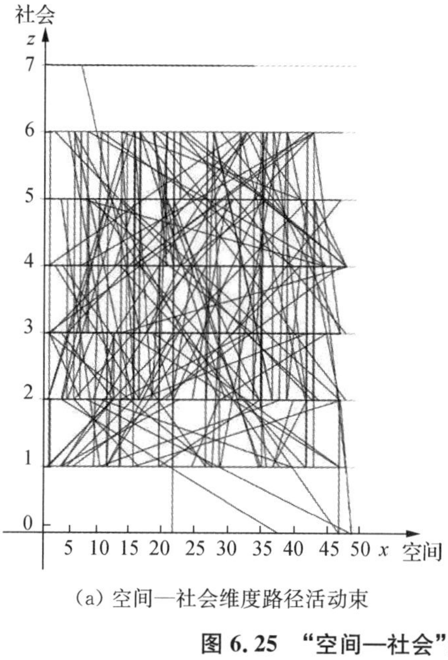

(a) 空间—社会维度路径活动束

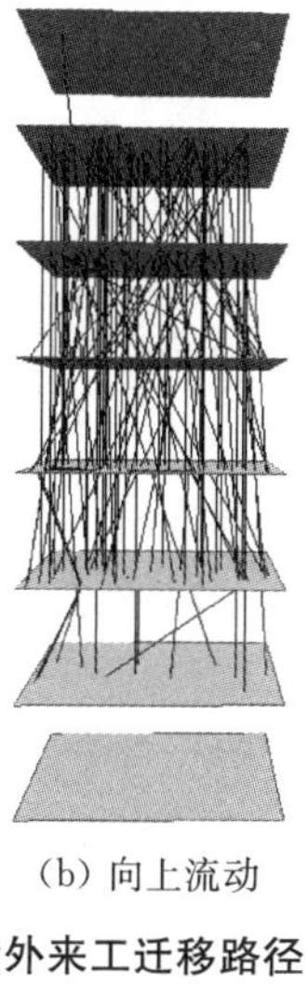

(b) 向上流动

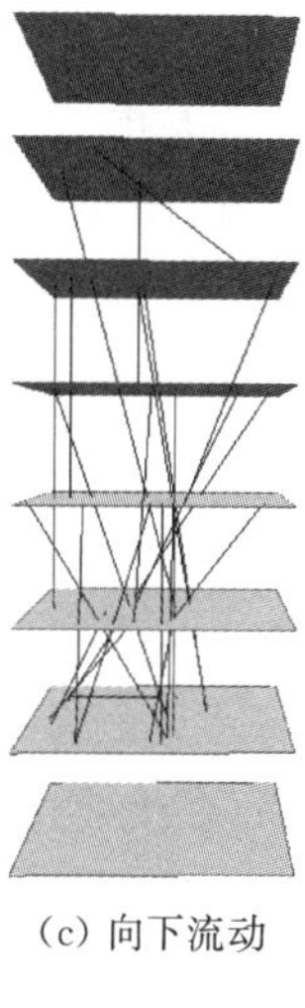

(c) 向下流动

图 6.25 "空间—社会"维度外来工迁移路径

* 资料来源:2015 年课题组关于外来工的抽样问卷。

2）社会流动与空间迁移

由于前述三维路径更适合观测外来工职业地位的垂直流动，而对其水平流动观测不足，因此，笔者进一步运用统计学方法，探讨不同社会流动人群的空间迁移距离偏好。具体的操作方法是：统计 2009—2015 年间外来工历次就业迁移发生前后的职业地位和空间位置①，明确迁移前后职业地位的变化类型（包括上升、下降和平行），计算迁移前后就业所在地与城市中心（新街口）的距离，并计算其距离差作为外来工就业迁移距离。

进一步将社会流动类型细分，将社会流动类型在平行流动、向上流动（跨层级/层级间）、向下流动（跨层级/层级间）的基础上，进一步进行不同层级的划分（主要涉及第一层级和第二层级），并计算各类型社会流动外来工迁移距离的平均值、中位数和标准差，结果如表 6.5 所示。

表 6.5　不同社会流动类型外来工迁移的平均距离

社会流动类型	迁移距离平均值(km)	迁移距离中位数(km)	标准差	样本量(人次)
平行——第一层级内	2.11	1.01	2.83	250
平行——第二层级内	2.08	0.93	3.11	107
向上——跨层级(第一层级—第二层级)	1.99	0.92	2.80	78
向下——第一层级内	2.37	1.07	3.64	28
向上——第一层级内	3.00	2.46	3.19	23
向下——跨层级(第二层级—第一层级)	2.17	0.87	3.12	10
向上——第二层级内	1.53	0.00	2.18	6
平行——第三层级内	1.76	1.09	1.66	3
向下——第二层级内	4.12	4.12	0.00	1
向上——跨层级(第一层级—第三层级)	1.09	1.09	0.00	1

* 资料来源：2015 年课题组关于外来工的抽样问卷。

可以看出，绝大多数迁移为第一和第二层级内部的平行迁移（分别为 250 人次和 107 人次），其次为第一层级向第二层级的向上迁移（78 人次）和第一层级内部的垂直流动（共 51 人次）。相对来讲，跨层级的向下流动、第二层级内的垂直流动、第三层级内的平行流动，以及第一层级到第三层级的向上流动人次较少。鉴于这些流动类型样本量较少，数据可能不具有代表性。因此，下文仅对迁移人次较多的前五类社会流动类型的迁移距离进行分析。

数据显示，第一层级向第二层级的向上流动的外来工迁移距离的平均值和中位数均最短（分别为 1.99 km 和 0.92 km）；其次为第二层级内的平行流动（平均值为 2.08 km，中位数为 0.93 km），第一层级内部的平行、向下流动则相对迁移距离较长，而第一层级内的向上流动则迁移距离最长，平均值高达 3 km。总体来看，涉及第二层级流动的外来工，其空间迁移距离具有相对较短的特征，而第一层级内部流动的外来工，则相对迁移距离较长。

这一特征从侧面反映出不同社会流动群体呈现出的不同空间依赖特征。从事第二层级职业的外来工多为个体工商户，空间选址是其就业过程中的重要一环，对其收入产生直接影响，因而在就业选择过程中，对空间的关注度较高，依赖性也更强。而从事第一层级职业的外来工多为雇员，其对空间的选择往往是被动的，其重要性也居于收入、发展潜力等诸

① 此计算将迁移中涉及无固定地点和回老家的人次剔除，共计 509 人次。

多要素之下,因而对空间的关注度相对较低,依赖性也更弱。

尤其值得注意的是由第一层级向第二层级流动的外来工。这类群体主要涉及由“打工者”到“老板”(个体工商户)的流动,对于积累了人力资本、社会资本和资金的“打工者”来讲,他们在向需要考虑空间选址的“老板”(个体工商户)过渡的过程中,空间位置的选择尤为重要,并通常会选取所熟知的环境以实现这种身份的转换。因此,这一类群体的空间迁移距离最短,也是最具空间依赖性的群体。

而各社会流动类型外来工空间迁移的圈层和方向特征显示(见图 6.26),与向上流动和平行流动相比,向下流动外来工具有更低的圈层内迁移概率(跨层级向下流动和层级内向下流动的圈层内迁移比例分别为 40.00%和 37.93%),具有更高的圈层间外迁比例(跨层级向下流动的外迁比例为 40.00%)。但整体来看,不同迁移方向的外来工不同社会流动类型的概率表现并无巨大差异(圈层内迁移外来工的各社会流动概率保持在 37.93%~50.55%,这一数值在圈层间内迁中为 24.14%~40%,在圈层间外迁中为 20.00%~31.03%,波动不大),表明迁移方向与外来工的社会流动类型并没有显著的关联。

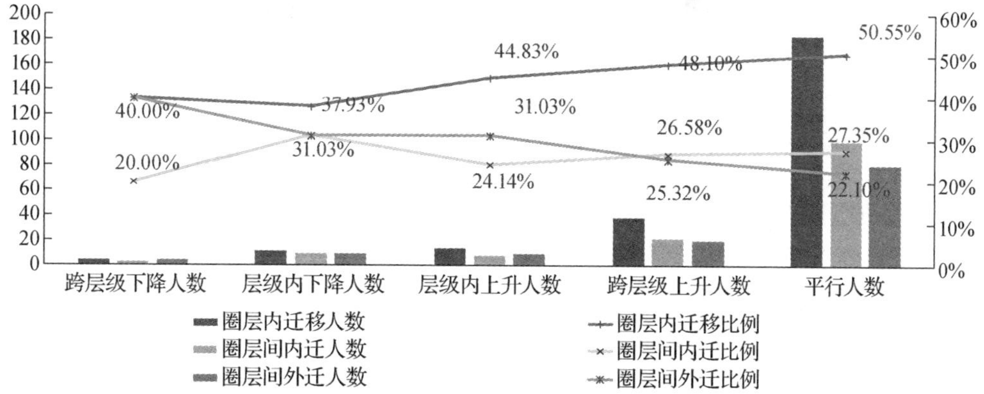

图 6.26　不同社会流动类型外来工的空间圈层和方向

* 资料来源:2015 年课题组关于外来工的抽样问卷。

3) 小结

综上所述,外来工就业迁移的“空间—社会”活动束主要集中于短距离迁移的向上流动,在“空间—社会”迁移路径中表现为垂直方向的直线,反映出外来工社会向上流动过程中受到一定程度上的空间制约。

进一步的统计分析验证了上述活动束的观测结果。大多数外来工的迁移为圈层内的短距离迁移。同时,涉及第二层级流动的外来工平均迁移距离相对较短;第一层级内部流动的外来工平均迁移距离相对较长,表明个体工商户相比雇员具有更高的空间依赖特征;而第一层级向第二层级流动的外来工由于具有“身份转换”特征,平均空间迁移距离最短,是最具空间依赖性的群体。

与其他社会流动类型相比,向下流动外来工具有更高的圈层间外迁概率,但总体来讲,社会流动与迁移方向的关联则并不显著。

6.3.4 小结："时间—空间—社会"框架下的外来工就业轨迹特征

总体来看，外来工就业迁移轨迹受到时间（年龄和来宁时间）、空间（迁移距离）以及社会地位三者的共同制约，呈现出复合化的相互关联特征（见图 6.27）。这些制约要素又相互交织影响，构成了相对复杂并具有一定内在逻辑的迁移关联。

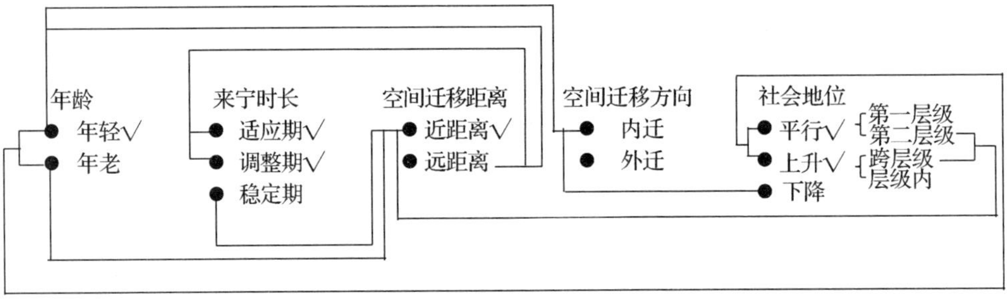

图 6.27 就业迁移"时间—空间—社会"职业要素关联图

＊资料来源：笔者自制。

1）时间和空间依赖的正相关

在"时间—空间"这一组相互关系中，呈现明显的时间和空间依赖的正相关特征——年龄越大/来宁时间越长，就业迁移距离越短，空间依赖性越强。具体表现为：

（1）年轻外来工更倾向于跨区域的就业迁移，所受空间限制相对较小；年长外来工更倾向于短距离迁移，更具空间依赖特征。24 岁以下外来工具备更大的内迁概率，但总体来讲，各年龄段外来工对迁移方向并无明显偏好。

（2）外来工就业迁移的空间距离偏好显示出代际差异和生命历程的共同作用。相对于老一代外来工，新生代外来工总体具有更长的迁移距离。而在不同代际内部，随着外来工年龄的增长（生命周期的变动），其空间迁移距离逐步缩短，呈现出更强烈的空间依赖程度。

（3）相比于年龄，外来工来宁时长与空间迁移距离的关联更大，而与迁移方向的关联则并不显著。外来工的就业迁移可按照不同来宁时间分为适应期、调整期和稳定期。三个阶段内外来工的迁移距离的变化可分别描述为"∧""/"和"\"，总体关系可抽象为一个 M 型曲线。适应期和调整期中外来工的空间迁移距离较长，而稳定期的空间迁移距离则较短，呈现出更高的空间依赖性。

2）时间（生命历程）与社会流动的关联

在"时间—社会"这一组相互关系中，呈现明显的时间（尤其是年龄相关的生命历程）和社会流动的关联特征——外来工的社会流动特征显示出较为明显的同龄群体效应，而与来宁时间则无较大关联。具体表现为：

（1）20 岁以下和 60 岁以上的外来工的社会流动基本为平行流动，20～59 岁年龄段为其社会垂直流动的主要阶段，主要以向上流动为主。尤其是 25～39 岁年龄段和 55～59 岁年龄段，是发生向上流动，尤其是跨阶层向上流动概率最大的年龄段。

（2）活动束的垂直流动观测显示：年轻外来工（18～22 岁）和中老年外来工（44～48 岁）

更易在层级内部发生职业地位的流动;青壮年外来工(24～28 岁、35～42 岁)和部分老年外来工(53～60 岁)则更倾向于发生跨层级的向上流动。

3) 社会流动(向上流动)与空间依赖的正相关

在"空间—社会"这一组关系中,呈现明显的社会流动(尤其是向上流动)和空间依赖的正相关特征,与第二层级职业相关的流动更是具有极其明显的空间依赖特征。具体表现为:

(1) 总体上,大多数外来工的就业迁移为短距离迁移;相应的,绝大多数的垂直流动都是短距离迁移,跨区域迁移的概率较小,具有极大的空间依赖特征。

(2) 向下流动外来工具有更高的圈层间外迁概率,但总体来讲,社会流动与迁移方向的关联则并不显著。

(3) 在各类就业迁移行为中,第一层级内部的迁移平均距离相对较长,与第二层级职业相关的迁移(包括第二层级内部迁移、第一层级与第二层级之间)平均距离相对较短。表明相对于第一层级外来工(雇员),第二层级外来工(自雇/雇人的个体工商户)具有较高的空间依赖特征。其中,又以第一层级向第二层级流动的外来工平均迁移距离最短,是最具空间依赖性的群体。

6.4 时间、空间作用下的外来工向上流动

本章的前三小节在"时间—空间—社会"框架下,对外来工的个体就业迁轨迹移特征进行了探讨。本节将着重关注时间和空间要素对外来工向上流动的影响。

如果一个社会能够创造更多的向上流动的机会,那么这个社会就是充满活力的,是在不断进步的。同样,人们由于对向上流动的向往而不断地进行知识积累,这也是经济增长的潜在动力①。外来工的跨层级向上流动不仅仅是"打工者"到"老板"的跨越过程,还是外来工个体实现经济和社会地位上升,并进一步立足和融入城市的重要条件之一。因此,对跨层级向上流动的研究是为外来工提供合理向上流动途径的重要前提。

前节结论显示,外来工的社会流动有两大特征:第一,向上流动呈现出一定的生命历程规律特征;第二,跨层级向上流动具有强烈的空间依赖特征。本节将在这两个主要结论的基础上,采用质性分析方法,以问卷中具有访谈性质的个体迁移案例为数据,粗略探讨生命历程和空间特征对外来工向上流动的作用和影响。

6.4.1 生命历程与社会向上流动

通常认为,个体的知识、才能和机会是向上流动实现的重要前提②,而中青年处于职业生涯的上升期,且在学习和工作(这一行为与生命历程间接相关)过程中的经验积累和能力提升与这个前提条件密切相关,这也是中青年外来工具有较高向上流动概率的重要原因之

① 唐世平.社会流动、地位市场与经济增长[J].中国社会科学,2006(3):85-97.

② 吴晓,魏羽力.城市规划社会学[M].南京:东南大学出版社,2010.

一。与此同时，相关案例也显示，其他生命历程的相关要素，如婚姻、生小孩、子女抚养和衰老(年纪大干不了原来的职业)等，对外来工的向上流动同样具有重大影响，并在一定程度上促发了外来工的向上流动。

首先，对于适婚年龄的外来工来讲，婚姻不仅代表新的家庭的组建，还是新的生产单位的构建，由于婚姻而带来的新的劳动力的加入，使其成为外来工向上流动的重要途径之一。编号为 202、208 和 236 受访对象的就业流动经历就充分显示了婚姻(及其所带来的新生产单位的组建)在就业向上流动中所发挥的作用。

> 受访对象(编号 202)：女，30 岁，已婚，初中学历，江苏盐城人。2007 年(22 岁)来南京。2007—2011 年在江宁私企做职员，期间一直在江宁卫岗路租私房住。2012 年(27 岁)结婚，婚后和老公一起在光华路街道四方新村开餐馆，并在该小区租商品房居住。
>
> 受访对象(编号 208)：女，32 岁，已婚，初中学历，安徽安庆人。2005 年(22 岁)来南京，最开始在五老村街道大行宫附近的私企餐馆里打工，并在附近租用商品房。2011 年(28 岁)结婚，婚后与老公一起在光华路街道银龙花园附近开小吃店，并在该小区租房。
>
> 受访对象(编号 236)：女，26 岁，已婚，高中学历，安徽宿州人。2008 年(19 岁)来南京。2008—2011 年在锁金村街道做餐饮类服务员，租住在锁金村林业大学附近的城中村。2011 年(22 岁)结婚，并与老公一起在夫子庙姚家巷小区开重庆小面店，并在该小区租用商品房。

除婚姻外，生育和特定的子女抚养阶段也是诱发外来工向上流动的重要因素。第二层级的职业因为自雇经营性质，相比时间要求相对苛刻的第一层级职业来讲，具有更大的灵活性和自主性。因此，这一上升转换对那些具有一定的资金或技术(经验)积累，同时需要“兼业”进行家庭服务的外来工(尤其是女性外来工)来讲极具吸引力，也是他们向上转变的重要动力之一。编号 243 受访对象的就业迁移经历也印证了这一点。

> 受访对象(编号 243)：女，30 岁，已婚，高中学历，江苏扬州人。2007 年(22 岁)来南京，在夫子庙物流公司做职员，2010 年生孩子离职，其后在夫子庙街道长乐路沃尔玛内开服装店，这样也可以有时间照顾小孩。自来宁后一直住在老公单位(红花街道，大明路附近)。

部分年老外来工也基于照顾孙子和孙女的需要，从雇员转向自雇经营。这一转变通常发生于主干家庭，并在新生儿的诞生之后得以实现。与那些需要“兼业”进行生育和抚养子女等家庭服务的外来工类似，主干家庭的中老年外来工(通常也是女性)担任了这一责任，并与前者一样实现了向上流动的转变。通常来讲，他们的这一转变需要在其子女的助力下实现(具体可参见编号 280 和 233 受访对象的就业迁移经历)。

> 受访对象(编号 280)：女，42 岁，已婚，没上过学，安徽六安人。2009 年(36 岁)来南京。2009—2013 年一直在新街口做保洁员。自来宁后一直住在红花街道响水桥社区。2013 年，由于孙女出生，辞掉保洁工作，其后在儿子的帮助下在响水桥

社区做个体小商贩。

受访对象(编号233):女,55岁,已婚,初中学历,安徽滁州人。1999年(39岁)来南京。1999—2006年一直在湖南路做小时工,2006—2010年间在南京大学鼓楼校区做保洁员,这期间一直在工作地附近租房住(与丈夫同住)。2010年(50岁)南京大学校区搬迁,且儿子媳妇在秦虹街道秦虹苑小区买房子,因此选择在秦虹苑小区租店面做针补,并帮助儿子媳妇照看小孩。

除家庭结构的改变外,衰老带来的劳动力性质转变也是外来工寻求向上流动的一大主要动因。对于那些年老的外来工来讲,其由雇员转为自雇经营的向上流动也相对更为被动。随着年龄的增大,他们已不能胜任原本的高体力需求工作。而相比城市退休人员,他们又缺少足以支持生活开销的退休金和养老保险。因此,在城市中再次谋职,并寻求更轻松、待遇更好的工作成为他们就业迁移的目标。利用长期的城市生活经历以及前期的资本和人脉积累,从事所需资金和技术相对较少的自雇经营项目,则是其实现向上流动的主要途径(具体可参见编号93和164受访对象的就业迁移经历)。

受访对象(编号93):男,57岁,已婚,初中学历,江苏宿迁人。1999年(41岁)来宁打工,从事装修工作。1999—2008年一直住在挹江门街道福建路附近的平房(中间由于拆迁换过一次)。2008年由于房东收房,在建宁路街道铁路北街租了一间12平方米的私房住(目前夫妻两人居住)。2014年(56岁)时,由于年纪较大、干不动装修工作而选择在建宁路菜市场开豆制品店。以后打算离开南京回老家。

受访对象(编号164):男,53岁,已婚,初中学历,江苏盐城人。2004年(42岁)来南京做建筑工人。2004—2010年在五老村街道文昌巷租平房,后由于房东收房,改搬至六合里(与家人同住)。2011年(49岁)时,由于年纪较大,建筑工作太辛苦干不动,所以选择在住处附近开一家修锁店。以后打算离开南京回老家。

综上所述,结婚、生育、抚养子女、衰老等与生命历程休戚相关的要素在外来工向上流动的过程中产生重要影响。他们或带来生产单位的转变,或促发对生产劳动类型的新的需求,或引起劳动力特征的转变,并根据生命历程所处的不同阶段,促发了不同途径的向上流动。

6.4.2 空间类型与社会向上流动

前节(见6.3.3)已显示,外来工的就业迁移在空间上多为短距离迁移,向上流动也多发生于短距离迁移之中。外来工群体的空间迁移(尤其是跨层级向上流动群体的迁移)具有极大的空间依赖特征,发生跨区域迁移的概率并不大,且社会(向上)流动与迁移方向的关联并不显著。可见,基于城市层面的空间区位属性的探讨,对于外来工个体的向上流动而言意义较为有限,反而是在更微观层面上的与外来工就业(尤其是第二层级自雇经营就业)相关的"不同空间载体类型"要素更值得关注。

已有的研究将外来自雇经营者的就业模式概括为两大类型:一类为聚居模式(又称飞地模式),依托的主要空间载体为依靠同乡、同族或同业网络而自发形成的、兼具居住和就业功能的外来工集聚地(即前章所提的缘聚型自雇集聚区概念,见 1.3.3 节论述),如北京"浙江村"[①][②]"河南村"[③]、广州"湖北村"[④][⑤]等,美国以唐人街为代表的少数族群集聚区也属于这种类型。此类模式以外来工聚居区为依托,经济体由同族(乡)群体成员运作,在形成排他性的同时,也提供了避免和本地劳动力市场竞争的就业机会,为个人乃至整个群体向上流动提供了可行途径[⑥][⑦]。

另一类为寄居模式。国外学者特指那些深入到下层社区从事商业活动的中间人弱势族裔企业家[⑧][⑨],国内"城中村"内部的外来经营者、摊贩等多属这一类型,此类模式以城市下层社区(城中村)为依托,是一种拾遗补阙的依附式经济。

笔者走访南京发现,随着历次城市建设和拆迁,第一种基于同族同乡关系网络而搭建的缘聚型就业集聚地(聚居模式)在南京主城范围内已基本绝迹,而第二种"寄居模式"的下层社区(城中村)则是众多外来自雇经营者的集聚地。

实际上,除了以"城中村"为代表的下层社区外,南京还存在大量其他类型的空间载体,吸纳了大规模自雇/雇人的外来工,如城市中心区、大型专业批发市场、社区菜场和服务中心以及占据公共空间的流动商贩等。这些空间载体都是外来工由受雇上升至自雇或雇佣他人过程中的重要空间和场所。

笔者根据外来工的就业部门类型、就业集聚规模、空间进入难易程度、政府空间管制态度等等,可将外来自雇经营者的空间载体划分为五种集聚类型,依次是:

a. 依附集中型。此类空间载体主要位于城市中心(城市级或区级中心),就业地多为办公楼、商场等,其所容纳的就业部门类型多为正规部门,集聚了相对较多的就业人群和较大的就业规模,但相对来讲外来工占比并不多,且多为受雇状态下的雇员。由于租金、技术要求和企业竞争力等诸多原因,这一空间类型载体具有高门槛特征,其进入难度很大,同时,此类空间类型也是城市空间整治的强化地区。

b. 独立集中型。此类空间载体主要位于城市内特定的专业街区,就业地多为大型批发市场和专业市场,所容纳的就业部门是正规和非正规部分相掺杂,集聚了较多就业人群,且外来工占比极高,其中自雇、雇佣他人和受雇的外来工均较多。此类空间一方面由于绝大多数从业者均为外来者,因而相对城市中心而言,进入门槛较低;但另一方面相对于小规模

① 项飚.跨越边界的社区——北京"浙江村"的生活史[M].北京:生活·读书·新知三联书店,2000.

② 王汉生,刘世定,孙立平,等."浙江村":中国农民进入城市的一种独特方式[J].社会学研究,1997(1):58-69.

③ 唐灿,冯小双."河南村"流动农民的分化[J].社会学研究,2000(4):72-85.

④ 李志刚,刘晔,陈宏胜.中国城市新移民的"乡缘社区":特征、机制与空间性——以广州"湖北村"为例[J].地理研究,2011,30(10):1910-1920.

⑤ 袁奇峰,梁小薇,卢芳.外来从业人员对商贸型城中村的再领域化——以广州市康乐村为例[J].城市问题,2016(11):42-46.

⑥ Portes, A. The Informal Economy and Its Paradoxes[M]//In Smelser N J, Swedberg R. The Handbook of Economic Sociology. New Jersey: Princeton University Press, 1994.

⑦ Zhou M. Revisiting Ethnic Entrepreneurship: Convergencies, Controversies, and Conceptual Advancements[J]. International Migration Review, 2004, 38(3): 1040-1074.

⑧ Bonacich E. A Theory of Middleman Minorities[J]. American Sociological Review, 2009, 38(5): 583-594.

⑨ Light I. Ethnic Enterprise in North America: Business and Welfare Among Chinese, Japanese, and Blacks[J]. Contemporary Sociology, 1972, 7(3): 376-377.

零售业和服务业而言，仍需投入较大资金和技术成本，进入难度也不小。

c. 散聚型。此类空间载体主要散布于城市的中高端居住社区，就业地多为社区的农贸市场（正规）以及社区内或沿街提供的商业服务业空间，所容纳的就业部门类型更多的是以非正规部门为主，集聚了适当规模的外来工就业，就业人口多为自雇或受雇状态。尽管仍需要一定的资金和技术积累，但相对来讲技术成本、资金成本和物资设备成本均不大，进入门槛较低。

d. 寄聚型。此类空间载体主要为城中村等城市下层社区，就业地为其周边配套的商业和服务业空间（包括露天/大棚农贸市场和沿街商铺等），所容纳的就业部门类型多以非正规部门为主，但外来工集聚规模较小，且多为自雇经营。由于区位不利且服务对象需求不高等多方面原因，进入此类空间载体所需成本较小，进入门槛较低。值得注意的是，作为下层社区，此类区域通常被认为是“衰败”或是“失败地区”，通常是城市空间整治的重点对象，因此通常面临拆迁、市容整治等问题，较不稳定。

e. 点布型。此类空间载体主要为散布城市内部的各类公共空间，就业地主要为街头或人流量较大的公共空间，从业者即为典型的非正规就业形态——流动摊贩。流动摊贩通常小规模集聚于特定的公共空间内，从事自雇经营活动。由于其空间获得不需要任何成本，因此相对于其他类型来讲，此类空间进入门槛最低，也正是由于这种对空间的“非法”占用，使得他们成为城市空间整治甚至驱逐的重点对象，导致其就业状态的极不稳定。

综上所述，外来自雇经营者的五类空间载体依照顺序，在就业部门类型、就业集聚规模、外来工就业比例、空间进入难易程度、政府空间管制强弱上，都处在一个从正规到非正规、从大规模到小规模、从低比例到高比例、从高门槛到低门槛、从弱管制到强管制的连续光谱上（见图 6.28）。下文将对外来工在连续光谱上各类空间载体中的主要流动过程进行分类探讨。

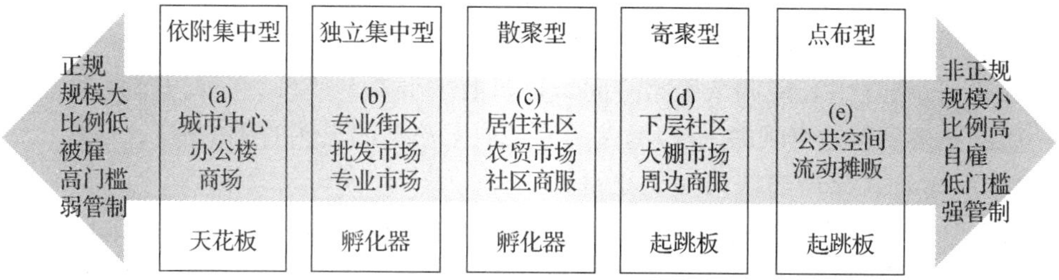

图 6.28　外来工集中就业的主要空间类型

＊资料来源：笔者自制。

1）同类空间载体内部的跨层级向上流动

此类流动发生于同种空间类型内部，即在同类空间载体内实现由被雇状态到自雇或雇佣他人状态的转变。这一转变是外来工最重要的向上流动方式，并最常发生于（b）专业街区和（c）居住社区两类空间载体中。

如编号 198 的受访对象，通过在专业街区内的非正规职业培训，实现了社会地位上的向上流动。

受访对象（编号 198）：女，25 岁，已婚，高中学历，河南商丘人。2013 年（23 岁）

跟老公一起来南京。经朋友介绍在月牙湖街道五洲家居广场(b类空间载体)的一家墙纸店卖墙纸。2014年(24岁)开始在五洲家居广场开窗帘店,成为窗帘店老板。2013年和2014年在月牙湖街道光华路附近租房,后因为拆迁,转而到月牙湖街道石杨路附近租商品房。打算长期干这行,但因为买不起房,所以不确定是不是要留在南京。

同样类似的还有编号246的受访对象,居住社区成为她就业实现向上流动的重要载体。与此同时,职业向上流动也带动了经济能力的提升,使她有能力在城市买房定居,并进一步融入城市。

受访对象(编号246):女,42岁,已婚,初中学历,重庆人。2006年(33岁)来南京。经亲戚介绍在夫子庙街道长乐路(c类空间载体)的一家重庆小面店打工。2011年(38岁)自己在长乐路开了一家重庆小面店。在2006—2010年间,租住在夫子庙街道武定门,2010年拆迁后搬到夫子庙街道小西湖小区租房,2014年在江宁区宏运大道买商品房。打算长期干这行,以后也确定留在南京。

可见,在这两类空间载体中,外来工通过其从事雇员时期的非正规职业培训积累资金和技术,成功实现了本地就近社会地位的向上流动。其主要特征是,形成了一种非正式的劳动力“供应—培训”格局。原本在店内打工的外来工在积累一定经验之后借助社会网络内的创业资源复制一个小店完成创业过程,形成创业的“复制—自我繁殖”的再生产体系。

这种流动模式与空间载体具备的混合性质密切相关。b、c两类空间载体位于光谱的中间段,在各类性质上属于一个混合性质——正规部门和非正规部门并存,受雇者和自雇/雇佣他人相互混杂,使得雇员能够在其中积累技术和经验。由于专业市场和社区内部相对于城市中心区来讲租金相对较低,因而准入门槛不高,较容易发生从“打工者”到“老板”的转变。同时,专业市场和社区配套服务空间是城市必备的职能空间,通常并不是政府空间治理(拆迁)的主要对象,因而相对来讲外部环境稳定。

总体来看,独立中心型和散聚型空间载体具有的混杂的特性,使得内部外来工通常在具备一定的条件后就地实现向上流动,是外来工向上流动的天然的孵化器。

2) 异类空间载体间的跨层级向上流动

此类流动发生于不同种类的空间类型间,即在不同类空间载体之间实现由被雇状态到自雇或雇佣他人状态的转变。流动方向通常是由a类空间载体向c、d、e类空间载体流动。如编号313和编号401受访对象的就业经历:

受访对象(编号313):女,26岁,未婚,大专,河南许昌人。2012年(23岁)来南京。自己在挹江门街道的一家公司做财务,因为工资低,2013年跳槽到玄武湖街道的另一家公司做财务。2014年,认为工资较低,在梅园新村街道太平北路开奶茶店。一直在梅园新村街道后宰门租商品房居住。打算一直干这行,并留在南京。

受访对象(编号401):女,28岁,已婚,高中,四川成都人。2005年(18岁)来南京。在2005—2009年在新街口做销售,在2010—2012年由于单位调动转至中央门街道三牌楼做销售。由于销售没有前景,而且自己喜欢美甲,所以2013年辞职,在马群街道开了一家美甲店。一直在就业地附近租房居住。现在月入超过 2 万元，前景不错，打算一直干这行，也打算一直留在南京。

上述两个访谈案例是从 a 类空间载体到 c 类空间载体转变的典型案例。在 a 类空间载体中所从事职业具有一定的工资待遇或未来发展有限制（尤其对那些正规部门中就业却无较高学历的外来工而言），极少数能进入所属企业内部的职业晋升阶梯当中，这在一定程度上对外来工社会流动上升具有阻碍作用，对外来工来讲是典型的天花板较低的空间类型。具有一定经验和资金积累的外来工（尽管他们在做雇员期间并未受过直接的职业培训）在追求更高待遇和发展机会的就业选择过程中，通常会离开此类空间，而转向租金和竞争程度更低的 c 类空间流入，并从事自雇经营行为。

对于没有足够资金积累的外来工来讲，为逃脱 a 类空间天花板的限制，他们通常会转而投向门槛更低的 d、e 两类空间，以实现职业上升的起跳。如编号 001 的受访对象：

受访对象（编号 001）：女，26 岁，未婚，高中，福建莆田人。2014 年（25 岁）来南京。一直住在南京夫子庙街道附近的姐姐姐夫家。一开始在夫子庙街道的一家商场做收银员，但工作太单调、不自由，又不赚钱，2015 年（26 岁）开始，白天在家附近的菜市场门前（e 类空间载体）摆摊卖厨房用抹布，傍晚在安德门农贸市场旁边的街道（e 类空间载体）摆摊卖抹布。打算摆摊赚点钱后租店铺做生意。

除 a 类空间外，d、e 类空间也是其他在非典型空间（如保姆工作的家庭空间和建筑工所在的建筑工地等）外来工寻求职业转型、向上流动的重要空间载体。具体案例可参见 6.4.1 节中编号 93 和编号 164 的受访对象。

可见，在异类空间的跨层级向上流动过程中，a 类空间处于光谱左端，其雇员多、外来工比例低、高门槛的特征使其在一定程度上成为阻碍外来工向上流动的天花板，外来工在追求向上流动的过程中通常会逃离至门槛更低的地方，以此实现向上流动。而 d、e 两类空间处于光谱最右端，其自雇多、外来工比例高、低门槛的特征使其成为外来工的起跳板，可帮助外来工实现从被雇到自雇的基本跨越。

3) 异类空间载体间的同层级向上流动（第二层级）

此类流动同样发生于不同种类的空间类型间，但与上节不同的是，外来工的职业状态并不存在从受雇到自雇/雇人的转变，而是保持自雇/雇人状态下的异类空间流动，通常发生于空间载体 e 到 d、c，或是 d 到 c 的流动。

正如编号 001 的受访对象已经在对未来的规划中表达出了此类空间流动的想法（e 到 d、c）。而编号 419 的受访对象则是成功实现这一流动（从 d 到 c）的典型：

受访对象（编号 419）：男，35 岁，已婚，小学，江苏扬州人。2005 年（25 岁）来南京。一直在迈皋桥街道迈皋桥菜市场卖菜，2011 年（31 岁）在迈皋桥街道华电新村开饭店，做小老板。卖菜的时候租住在菜市场周边平房，开饭店后在饭店所在的小区租住。打算长期干这行，并留在南京。

可见，处于光谱最右端的 d、e 类空间是外来工实现职业向上流动的卓越起跳板，但作为城市空间整治的主要对象，具有极大的不稳定因素。处于此类空间载体的外来工往往会面临拆迁(通常针对d类空间)和市容整治(针对e类空间)等空间驱逐行为。同时,由于区位相对不利和服务对象层级较低、所售产品附加值不高等原因,此类自雇经营往往盈利不多。因而,在d、e类空间内成功实现从被雇到自雇的起跳后,外来工往往会追求更高报酬或更稳定收入(尤其是在面临空间驱逐行为的情况下),力争往空间光谱的左端流动。

综上所述,外来工的向上流动过程主要涉及三种不同形式的空间载体流动:同类空间跨层级向上流动、异类空间跨层级向上流动和异类空间同层级向上流动。在不同的向上流动形式中,各类空间呈现出不同的功能作用:其中,b、c是同类空间跨层级向上流动的主要空间载体(这一流动也是外来工的最主流向上流动模式),是外来工向上流动的最理想的孵化器;异类空间跨层级向上流动过程主要是从光谱左端(a)到右端(c、d、e)的流动,左端扮演了受雇者的天花板角色,而右端则是他们向自雇/雇人模式转换的起跳板;而异类空间同层级向上流动过程则正好相反,在成功起跳后,为追求更高的劳动报酬或是更稳定的职业发展,呈现出从光谱右端(e、d)到左端(c)的流动(见图6.28)。

6.5 本章小结

1)“时间—空间—社会”复合的三维路径分析框架的建构

借鉴时空地理学、生命历程理论的“时间—空间”迁移轨迹研究,综合社会流动视角就业轨迹的研究,笔者构建了针对外来工就业迁移的“时间—空间—社会”复合的三维路径表达方法,并通过年龄拼接、区位拼接、职业分层的方式分别建构时间、空间和社会的三维尺度,用以描述城市特定发展时期内,外来工就业随时间而产生的空间变化,以及随之发生的社会地位(社会阶层)变化。

2)就业迁移具有明显的“时间—空间”依赖的正相关特征

在“时间—空间”这一组相互关系中,呈现明显的时间和空间依赖的正相关特征——年龄越大/来宁时间越长,就业迁移距离越短,空间依赖性越强。具体表现为:

(1)年轻外来工更倾向于跨区域的就业迁移,所受空间限制相对较小;年长外来工更倾向于短距离迁移,更具空间依赖特征。24岁以下外来工具备更大的内迁概率,但总体来讲,各年龄段外来工对迁移方向并无明显偏好。

(2)外来工就业迁移的空间距离偏好显示出代际差异和生命历程的共同作用。相对于老一代外来工,新生代外来工总体具有更长的迁移距离。而在不同代际内部,随着外来工年龄的增长(生命周期的变动),其空间迁移距离逐步缩短,呈现出更强烈的空间依赖程度。

(3)相比于年龄,外来工来宁时长与空间迁移距离的关联更大,而与迁移方向的关联则并不显著。外来工的就业迁移可按照不同来宁时间分为适应期、调整期和稳定期。三个阶段内外来工的迁移距离的变化可分别描述为“∧”“/”和“\”,总体关系可抽象为一个M型曲线。适应期和调整期中外来工的空间迁移距离较长,而稳定期的空间迁移距离则较短,呈现出更高的空间依赖性。

3)社会流动具有明显的生命历程特征

在“时间—社会”这一组相互关系中,呈现明显的时间(尤其是年龄相关的生命历程)和社会流动的关联特征——外来工的社会流动特征显示出较为明显的同龄群体效应，而与来宁时间则无较大关联。具体表现为：

(1) 20岁以下和60岁以上的外来工的社会流动基本为平行流动，20～59岁年龄段为其社会垂直流动的主要阶段，主要以向上流动为主。特别是25～39岁年龄段和55～59岁年龄段，是发生向上流动，尤其是跨阶层向上流动概率最大的年龄段。

(2) 活动束的垂直流动观测显示：年轻外来工(18～22岁)和中老年外来工(44～48岁)更易在层级内部发生职业地位的流动；青壮年外来工(24～28岁、35～42岁)和部分老年外来工(53～60岁)则更倾向于发生跨层级的向上流动。

4) 社会流动具有明显的空间依赖倾向

在“空间—社会”这一组关系中，呈现明显的社会流动(尤其是向上流动)和空间依赖的正相关特征，与第二层级职业相关的流动更是具有极其明显的空间依赖特征。具体表现为：

(1) 总体上，大多数外来工的就业迁移为短距离迁移；相应的，绝大多数的垂直流动都是短距离迁移，跨区域迁移的概率较小，具有极大的空间依赖特征。

(2) 向下流动外来工具有更高的圈层间外迁概率，但总体来讲，社会流动与迁移方向的关联则并不显著。

(3) 在各类就业迁移行为中，第一层级内部的迁移平均距离相对较长，与第二层级职业相关的迁移(包括第二层级内部迁移、第一层级与第二层级之间)平均距离相对较短。表明相对于第一层级外来工(雇员)，第二层级外来工(自雇/雇人的个体工商户)具有较高的空间依赖特征。其中，又以第一层级向第二层级流动的外来工平均迁移距离最短，是最具空间依赖性的群体。

5) 生命历程催发不同类型的向上流动途径

结婚、生育、抚养子女、衰老等与生命历程相关的要素在外来工向上流动的过程中产生重要影响。他们或带来生产单位的转变，或促发对生产劳动类型的新的需求，或引起劳动力特征的转变，并根据生命历程所处的不同阶段，促发了不同途径的向上流动。

6) 不同类型空间载体可构成外来工向上流动的天花板、起跳板和孵化器

从事自雇/雇人经营的外来工主要分布于五类空间载体中，根据其分布模式可归纳为依附集中型、独立集中型、散聚型、寄聚型、点布型五类。在就业部门类型、就业集聚规模、外来工就业比例、空间进入难易程度、政府空间管制强弱上，这五类空间类型依照顺序呈现出一个从正规到非正规、从大规模到小规模、从低比例到高比例、从高门槛到低门槛、从弱管制到强管制的连续光谱。

在外来工向上流动的过程中，处于光谱最左端的依附集中型空间往往成为外来工向上流动的天花板，处于光谱最右端的点布型和寄聚型空间则通常发挥了起跳板的作用，而位于光谱中间的独立集中型和散聚型空间则是最理想的孵化器。

7 外来工就业空间优化策略探讨

前文阐述了外来工就业空间的演变机理，对外来工就业空间演变的规律进行阶段划分和特征推测，并以南京市主城区为案例进行了实证研究。研究显示，在宏观空间层面，南京市主城区中心目前还处于由双类型中心向依附型中心发展的过渡阶段，同时主城区外来工的生态圈层分异逐步显化，而圈层内部趋于同质化；在个体发展层面，外来工职业流动受时间（年龄）和空间限制，显现出明显的生命历程特征和空间依赖特征，与区位特征相比，空间类型对外来工的向上流动具有更重要的影响。本章将以上述分析为基础，重点关注大城市外来工就业空间发展存在的问题和制约因素，并在遵循外来工就业空间演变客观规律的基础上，提出切实可行的优化策略和大体建议。

7.1 南京市主城区外来工就业空间现存的问题

对外来工就业空间的现存问题分析涉及两个关键层面：一方面，外来工就业空间是外来工在城市就业的平台和容器，外来工对城市就业空间的占有和使用是外来工实现城乡间转移的重要步骤之一，不仅关乎外来工的个体发展，还和我国的城镇化历程息息相关；另一方面，外来工就业空间也是城市就业（产业）空间的组成部分，其发展和变动关乎城市整体的产业发展和城市竞争力的强弱。因此，针对外来工就业空间的问题分析应着眼于外来工“就业空间—城市空间”这一组关联之中。

与前文所分析的外来工就业空间结构、就业空间生态和个体就业迁移等空间表现相对应，目前外来工就业空间呈现出同城市空间发展间的三大主要矛盾。

7.1.1 三大矛盾之一：外来工就业空间需求和城市空间发展不同步

在改革开放和我国城市化发展初期，外来工以其廉价的劳动力优势大规模涌入城市，集中就业于劳动密集型产业和传统服务业，并在城郊结合部集聚形成外来工就业中心，城市郊区的工厂也分布大片外来工就业集聚区。外来工进行城乡转移的同时带来了大量的廉价劳动力资源，城市也依赖廉价劳动力供给和对外招商引资满足了城市经济和产业发展需求①。此时，外来工就业及其所占据空间与城市就业空间的发展方向大致重合，目标一

① 武廷海.建立新型城乡关系走新型城镇化道路——新马克思主义视野中的中国城镇化[J].城市规划，2013，37(11)：9－19.

致，外来工就业空间结构与城市就业空间结构的发展方向大致相同，外来工就业中心同时也是城市就业发展的重点，两者为大方向一致的错位发展关系。

伴随着我国经济发展进入“新常态”，大城市转型所伴随的产业结构调整与外来工所占据的就业空间二者之间逐步产生冲突。一方面，我国的城市化进程还在持续，还存在农村劳动力向城市逐渐转移的整体需求；另一方面，城市（尤其是大城市）基于提升自身竞争力的目标，追求更高的劳动生产率和土地利用效率，产业逐渐由劳动密集型、资本密集型转向并不具备吸收劳动力就业方面优势的技术密集型和知识密集型。大城市产业结构由制造业中心向商品流通中心，继而向生产服务中心转化，并在空间行动上表现为以土地置换为主的城市更新。城市中心区逐步壮大，且就业行为更加集聚，而原本的外来工就业中心则面临土地置换和功能置换。在这种情况下，外来工在城市中所占据的就业空间及其形成的空间结构与城市就业空间结构的发展方向存在目标上的背离。

在总体的空间关系上，这种矛盾主要体现为城市空间发展对外来工就业空间的挤压。以南京市主城区为例，2009 年以来，吸纳大量外来工就业的集贸市场、专业市场以及周边小型工厂、城中村等被采用连片拆除的形式予以搬迁（见表 7.1、图 7.1）。在城市规划引导和城市产业转型的要求下，拆迁后土地用途发生转变，这些外来工就业（和居住）用地不断被置换成为城市绿地、开场空间、居住、商业、办公和娱乐休闲等混合功能用地（见图 7.2）。更多外来工只能选择至搬迁过后的市场，或租住在其他城市衰败的老旧小区、城中村或是城市边缘的村落。

表 7.1 典型搬迁市场统计表

名称	原位置	关闭时间	搬迁安置位置	现用途
白云亭蔬菜批发市场	下关区二板桥 486 号	2012 年	江宁众彩物流中心	下关区文化艺术中心
惠民桥水产批发市场	下关区建宁路 347 号	2012 年	六合沪江水产市场 江宁众彩物流中心	商业办公用地和公共绿地
应天大街建材市场群（包括润泰市场、普迪市场、木材市场、朗驰市场）	应天大街 568/518/510/586 号等	2013 年	板桥市场群 江宁建材市场	居住用地（商品房）和商业办公用地
新伊汽配城	墨香路 9 号	2014 年	仙林国际汽车城（栖霞区王子楼西 108 号）；跨世纪装饰城（江宁区麒麟街道晨光村）；高力汽配城	不明
石门坎建材市场群（包括五洲装饰城、装饰大世界等）	白下区石门坎 115/61 号	2017 年	板桥市场群	不明
跨世纪装饰城	雨花台区凤台南路 59 号	待搬迁	板桥市场群	不明

* 资料来源：笔者自制。

图 7.1　典型市场外迁位置示意图
＊资料来源：笔者自制。

图 7.2　功能置换(白云亭批发市场改造为文化艺术中心)
＊资料来源：http://www.citiais.com/zhxfa/12301.jhtml

7.1.2　三大矛盾之二：外来工就业空间占有和所需空间配套不匹配

一方面，从外来工的城市化角度来讲，绝大多数外来工的回流是被动的负面选择结果①。外来工是否会留在流入城市，与外来工本身在城市的定居能力密切相关。外来工的定居能力不仅体现在其对就业空间的获取和占有(就业)上，还同居住空间(住房)和子女教育空间(子女教育)的获取和占有等密切相关。可以说，同外来工就业空间相配套的其他类型空间能否获取，同样对外来工的市民化有重大影响。另一方面，依照外来工不同的就业空间生态分布状况，不同年龄、不同文化程度、不同住房状况等要素也会对外来工的就业空间分布有所影响，并促发其不同的空间配套需求，进而影响并左右其定居能力和意愿。

课题组 2015 年关于外来工的调查问卷结果显示，外来工认为留在南京的困难主要集中于就业不稳定、工资低、住房困难和子女教育上，前两者同就业空间和就业性质本身相关，后两者则与就业所需的配套相关，是本小节关注的重点。下文将分别进行阐述。

1）居住空间

现今外来工居住空间的来源主要包括租住、单位提供和购买三类。其中，租住住房的占比为 68.34%，其余大部分为居住单位提供的集体宿舍或工地，而购房比例有限。居住空间配套尤其存在容量缺口和供给渠道有限两大问题。

a. 住房容量存在缺口，主城区居住空间被逐步挤压

在众多外来工居住的房源供给中，城市内的城中村和老旧小区是外来工解决住房问题的主要途径之一。这些居住空间迎合了广大外来工的消费偏好，有租金低、通勤成本低两大优势。但伴随城市政府历次对城中村和老旧小区的改造和拆迁，外来工的居住空间被不断挤压。课题组 2015 年关于外来工的调研问卷显示，拆迁是外来工居住发生迁移的首要原

① 胡枫，史宇鹏．农民工回流的选择性与非农就业：来自湖北的证据[J]．人口学刊，2013，35(2)：71－80.

因(因拆迁导致外来工居住发生迁移比例为38.9%,其次为换工作,占31.8%)。而随着城市经济增长和个体投入,外来工在城市(尤其是主城区)的就业人口势必增加,这也就意味着外来工在城市中适合的居住空间迟早会出现容量缺口。

b. 房源供给渠道有限,缺少保障性住房项目的供应

尽管大量外来工存在住房问题,但地方在制定保障房建设和配置计划时,往往较少考虑非户籍常住人口的需求。自2010年以来,陕西、河北、福建、广东、浙江、北京和上海等省市均在探索拓宽保障房的保障范围,并将外来工纳入其中,但总体来讲门槛还是相对较高。

如南京市规定,在本市连续缴存社会保险和住房公积金5年及以上的外来工,可由单位提出统一申请政府投资建设(筹集)的公共租赁住房保障①。大量外来工在小型店铺或者小型工厂就业,其业主往往不能完全将其所雇佣的外来工纳入社会保险和住房公积金的缴纳体系,或者两者只缴其一,这就极大增加了外来工申请公共租赁房的难度;而申请权在单位而单位又未必符合制度规定的标准,这也使外来工获得住房保障的准入门槛难以跨越。

2) 子女教育空间

外来工子女教育问题是阻碍外来工留城就业,并进一步影响外来工个体和家庭留城决策的另一关键问题。自1998年《流动儿童少年就学暂行办法》实施以来,国家和省市各级均相继出台外来工随迁子女政策以缓解外来工子女教育问题。南京市最开始是以借读的名义解决外来工子女就读,2003年②开始明确要求外来工子女教育应以全日制公办中小学为主,2007年又进一步明确,符合"五证"要求的外来工随迁子女享受当地学生待遇,统筹安排外来务工人员子女在指定公办学校接受义务教育,且不收取择校费。但目前仍存在门槛过高和空间资源布点不均等问题。

a. 民办子弟学校被取缔,公办学校门槛过高,仍存在外来工子女无法留城教育的问题

自2003年南京市出台外来工子女同享公办学校教育资源后,从2005年开始,南京各区县便针对辖区内包括外来工子弟小学在内的民办学校进行撤并整合,并逐步关停办学不规范的民办外来工子弟学校。尽管外来工子弟学校在缓解外来工子女入学矛盾上起到了很大作用,但至2016年,南京民办的民工子弟学校仅剩一所,公办学校吸纳外来工子女比例超过98%(见表7.2)。

目前外来工子女进入公办学校门槛仍相对较高,并不能完全解决外来工子女教育难的

① 《南京市公共租赁住房管理办法》第三十三条明确规定,外来务工人员申请政府投资建设(筹集)的公共租赁住房保障,应同时具备下列条件:(一) 在本市连续工作5年及以上;(二) 在本市连续缴存社会保险和住房公积金5年及以上;(三) 家庭人均年收入低于上一年度本市城市居民人均可支配收入50%的;(四) 本人、配偶及未成年子女在本市无住房。在本市务工期间获得市级及以上表彰,职工职业技能竞赛获得市级及以上技术能手称号或竞赛综合成绩前三名,取得技师及以上职业资格证书或高级工资格证书,经市相关部门认定的,在我市连续工作年限、缴存社会保险和住房公积金最低年限放宽至2年。

② 《南京市流动人口子女接受义务教育的暂行办法(试行)》

问题。在宁上学的外来工子弟如果要享受公办学校就读同城待遇，必须五证齐全①——即就业证、暂住证、户口本、劳动合同和独生子女证。但事实上，在调查组的调研过程中，不少外来工表示，由于不是独生子女或者无法开到就业证等原因，导致五证不全，而无法入读公办学校；而民办的外来工子弟学校又由于取缔或是撤并整合等原因，容量极为有限，不少外来工仍面临着子女无法留城上学的问题。

表 7.2　南京市外来工随迁子女义务教育就学状况

年份	总人数（万人）	公办学校人数（万人）	公办学校人数占比（%）	民办学校人数（万人）	民办学校人数占比（%）	民办外来工学校数（所）
2006 年	6.77	5.55	81.98	1.22	18.02	23（经过审批 16 所）
2011 年	6.82	6.51	95.45	0.31	4.55	5
2016 年	9.06	8.93	98.57	0.13	1.43	1

* 资料来源：南京市教育局. 2016 年进城务工人员随迁子女义务教育市级转向基金绩效评估报告②。

b. 外来工子女的吸纳规模在城区和郊区消长失衡，教育资源布点有待调整

玄武、鼓楼、秦淮等区教学资源较为优质，学区生源较多，但学校容量有限，因而，外来工子女接纳人数不高，且近年来呈小幅下降趋势；而郊区（尤以栖霞、雨花台和江宁为甚）吸纳的外来工随迁子女数量则增长迅速（见表 7.3）。总体来看，各区吸纳外来工子女人数与外来工就业人口数的增长基本一致。虽没有明确的外来工子女实际数据，无法对各区接纳外来工子女的数量和实际需要就学的外来工子女数量进行匹配对比，但鉴于有大量外来工分布的玄武、秦淮和建邺区的吸纳随迁子女人数均有所下降，应考虑对外来工子女教育资源的分布进行分析和调整。

表 7.3　南京市各区县接纳外来工随迁子女人数变化

区属	接纳随迁子女人数（人）		增减情况（人）	增减率（%）
	2015 年	2016 年		
玄武区	5 375	5 203	−172	−3.20
秦淮区	11 715	11 508	−207	−1.77
建邺区	5 636	5 464	−172	−3.05
鼓楼区	9 907	9 992	85	0.86
栖霞区	8 149	9 084	935	11.47
雨花台区	7 274	8 194	920	12.65
江宁区	16 646	19 353	2 707	16.26
浦口区	10 641	11 077	436	4.10

① 南京市教育局 2016 年发文：非本地户籍子女到我市公办小学就读，应由其父母（法定监护人）向暂住地所在区县教育局提交申交材料：(1) 监护人户口簿和身份证；(2) 南京市暂住证或居住证（暂住时间满 1 年以上本市郊县需出具暂住地社区证明）；(3) 监护人在南京工作的相关证明（与用工单位签订的劳动合同及个人社会保险缴费满一年凭证、工商部门颁发的满一年的有效营业执照等）；(4) 计划生育证明（独生子女证）；(5) 如属中途转学还需提供未接受完九年义务教育的学籍材料（小学一年级新生无须提供）。

② http://www.njedu.gov.cn/default.php? mod=article&do=detail&tid=770144

续表

区属	接纳随迁子女人数(人)		增减情况(人)	增减率(%)
	2015 年	2016 年		
六合区	2 357	2 799	442	18.75
化工园区	3 582	3 628	46	1.28
溧水区	2 960	3 319	359	12.13
高淳区	1 076	958	−118	−10.97
合　计	85 318	90 579	5 261	6.17

* 资料来源:南京市教育局.2016 年进城务工人员随迁子女义务教育市级转向基金绩效评估报告①。

7.1.3　三大矛盾之三:外来工向上流动空间与城市空间管制的不相容

从被雇转变为自雇是外来工实现向上流动的最主要方式之一。前章分析显示(见 6.4.2 节),外来工向上流动的主要途径之一即是通过被雇佣过程积累一定的资金、经验和人脉,其后借助社会网络内的创业资源进行创业活动的复制,呈现出一种非正式的劳动力"供应—培训"格局。实际上,外来工实现这一过程所需的空间在一定程度上与城市空间管制目标相悖,进而对外来工的向上流动产生一定的阻碍。

1) 城市整治对外来工小微企业孵化空间的取缔

城市公共空间的流动摊贩点、大棚市场和城中村等下层社区都是外来工实现自雇身份转变的重要起跳板空间。然而现实中,由于流动摊贩对公共空间的占用被认定为"非法"占用,其成为城市空间整治甚至驱逐的重点对象,而导致其就业状态的极不稳定;城市下层社区作为城市空间整治的重点对象,往往也面临拆迁、市容整治等问题。

《南京市市容管理条例》②明确表示,不得在禁止的地段和时间内摆摊设点。可以摆摊设点的地段和经营时间,需由城市管理(市容)行政主管部门会同有关部门报市、区、县人民政府批准后实施。而随着城市整治的逐渐严苛,合法的摊贩点被依次取缔,对道路两侧和公共场地摆摊设点行为的监管也更加严格,大型摊贩点如湖南路夜市、马台街夜市、夫子庙琵琶街夜市、迈皋桥和燕路夜市、三牌楼夜市等被依次取缔。

2) 户籍门槛对外来工获取创业场地的排斥

外来工向上流动空间的压缩还体现在城市创业场地对外来工的排斥上。为解决下岗职工或失地农民的就业问题,城市政府通常采用划定"摊贩点"的方式为其争取就业空间,并通过开设创业场地、开放创业小额担保贷款等方式扶持本地居民进行小微企业的创业,而这些公共产品的提供均明确将外来工排除在外。《南京市创业场地租金补贴暂行办法(宁财社〔2009〕719 号)》明确规定,补贴对象为本市创业园区(基地)初次自主创业的企业实体(国家限制行业除外)和本市户籍个体工商户③;《关于进一步做好创业小额担保贷款工作

① http://www.njedu.gov.cn/default.php?mod=article&do=detail&tid=770144
② http://www.nanjing.gov.cn/xxgk/qzf/yhtq/yhtqcsglj/201709/t20170929_5038897.html
③ http://www.nanjing.gov.cn/xxgk/bm/czj/201104/t20110416_1190758.html

的通知(宁人社规[2010]7号)》也明确规定借款人需持有本市户籍①,均从客观上封闭和阻碍了外来工的创业渠道和向上流动。

7.2 大城市外来工就业空间发展引导建议

外来工就业空间发展的一系列问题和矛盾是城市空间趋利型发展和外来工非市民化待遇所共同造就的结果。一方面,外来工作为我国国民,应有自主选择就业地和居住地的自由,也应与城市市民获得同等对待;而另一方面,城市政府制定和执行公共政策时,也应代表"全体社会成员的利益",而不是有选择、有偏好地代表某些类群体利益甚至是自身利益。这些都是我国外来工政策变革和相关政策体制改革的终极目标,且我国政府当前采取渐进式改革路径回应这些问题(如通过居民证等手段逐步向外来工开放城市社会保护项目,通过税收制度改革调剂地方政府事权和财权的不对等)。但同时也有不少国内学者达成共识,即外来工与本地居民区别对待是中国城市化过程中不可避免的阶段,政府的"企业化"经营也是目前阶段城市实现自身发展以保障向居民提供公共服务产品的重要途径②,其背后的理念是:部分外来工在城市平等公民权的缺失和空间公平的让位,是我国避免其他发展中国家曾经遭遇的各种城市发展问题所必须付出的代价③。认识到这一点,笔者在此并不简单呼吁给予外来工与城市居民同等待遇,或是城市空间的公平分配,而是要强调在当前环境下,针对外来工就业空间发展的现存问题,通过空间手段可以做出哪些引导和努力,进而提升外来工就业稳定性,拓宽外来工上升渠道,促进外来工的城市融入。

结合本书考察的外来工就业空间发展规律,笔者认为,从空间平台角度,可从如下三方面对外来工就业空间发展进行引导。

7.2.1 合理架构外来工就业布局,营造"双类中心"空间结构

应平衡外来工就业空间需求与城市空间发展的矛盾,发掘和遵循外来工就业空间结构的变化规律,合理架构外来工就业空间布局。

第一,注重外来工就业体系与城市就业体系的关系。通常来讲,外来工的"依附型"中心与城市中心和次中心相重叠,两者之间存在着伴生关系,城市政府在大力建设城市中心和次中心的同时,也为外来工提供了大量工作岗位;而"独立型"中心则通常隶属于不利于城市高品质发展的低端产业区,两者之间存在一定的排斥关系,对此类中心的拆除和驱离通常有利于城市的发展效益,而与就业外来工的个体利益相冲突。因而在城市产业空间的规划中,应着重对大量外来工集聚的产业区(尤其是"独立型"中心所统核的就业集聚区)进行适当考量,让城市在高效发展的同时,还具备一定的包容性。

---

① http://www.lm.gov.cn/EmploymentServices/content/2010-12/09/content_586896.htm

② 赵燕菁.从城市管理走向城市经营[J].城市规划,2002,26(11):7-15.

③ 李莹.中国农民工政策变迁[M].北京:社会科学文献出版社,2013.

第二，注重外来工“依附型”中心和“独立型”中心的关系。在当前阶段，我国外来工就业空间的增长点处于“依附型”中心扩张和“独立型”中心外移的态势，应该因势利导，在结合城市就业中心发展外来工“依附型”中心的同时，着重组织远郊“独立型”中心体系的架构，两者共同构成多层次的“双类”就业中心体系，以通过均衡分布的就业空间体系格局的合理规划来引导外来工在更广的范围内有序集聚。

在具体落实上，外来工的就业空间布局应结合城市总体规划中城市产业布局战略和城市中心体系布局，有意识地布置外来工的就业中心，对其选址和规模进行控制和限定。鉴于主城和副城存在劳动生产率和土地利用效率方面的优势，而新城和新市镇等则存在资金生产率和吸收劳动力就业方面的优势，可将旨在扩张外来工就业的城市化重点落于新城和新市镇中，旨在提升城市竞争力的重点落于主城和副城。因此，一方面应提升主城和副城的层次和质量，鼓励低端产业的转移并进行产业升级，打造“依附型”中心；另一方面，应发挥主城和副城的辐射带动效用，将外来工吸引地区重点转移至新城或新市镇中，扩展新城和新市镇建设容量，引导外来工有序向外迁移，打造升级版的“独立型”中心，并推动城市群的建设发展。主城、副城和新城、新市镇相互辅助、相互协调、合理布局，共同营造外来工就业“双类中心”的空间结构，实现同一区域内不同类型的优势互补，并使其成为扩大外来工就业、加快外来工市民化的突破口。

7.2.2 系统应对各类群体空间需求，提供符合特性的空间配套

应平衡外来工就业空间和空间配套的综合要求，尊重和响应外来工整体就业空间的生态变化规律，提供符合各类人群的居住空间配套和教育配套。

以不同人口特征（如年龄、受教育程度、住房状况等）、不同职业特征为主要差异维度，可将外来工划分为各类特性不同的群体，其所占据的就业空间正逐步分化，并显现出日趋圈层化的分异态势。根据不同群体的空间区位特征和空间需求特性，可提供具有针对性的空间配套策略，以达到改善外来工居住环境、提高外来工生活质量、促进其留城意愿等目的。

鉴于外来工的空间配套需求主要集中于住房和子女教育两大领域，笔者结合理论推演和实证分析总结的外来工就业空间生态的演化规律，可大致细分出不同圈层的外来工人群特征及其相应的空间需求特征（见表 7.4），进而据此在城市范围内构建同就业相适配的空间配套体系。下文将分别针对居住空间和子女教育空间进行详细阐述。

表 7.4 分圈层各类外来工群体特性和空间配套需求

圈层特征	区位特征	主要人群	人群特性	空间配套需求
城市中心（CBD 区域）	提供大量外来工就业岗位，具有极高的人口和就业岗位密度，但缺少廉价住房提供	新进城的年轻商业服务业外来工	单身、高流动率、工作找寻阶段、出于职业向上流动的最佳年龄	多人宿舍式住房
近郊	以城市住区为主，提供大量社区服务相关的就业岗位，可提供一定量的廉价住房和与城市居民共享的公共设施	商业服务业外来工	无其他明显主导特征，单身与家庭外来工并存	家庭式＋多人宿舍式住房 公共服务（子女教育）

续表

圈层特征	区位特征	主要人群	人群特性	空间配套需求
远郊	以工厂、集贸市场和批发市场、住区和未来城市次中心的混合为主，是大量外来工就业岗位的增长点。具备提供廉价住房的条件，但目前交通设施和公共服务配套相对缺少	构成相对复杂，各类群体混合	生产运输设备操作人员与商业服务业人员并存，单身与家庭外来工并存，年轻与中老年外来工并存，较多单位提供宿舍的外来工在此就业，需求具有多样性	公共服务(子女教育)＋家庭式＋多人宿舍式住房＋单位集体宿舍

＊资料来源：笔者自制。

1）居住空间

a. 多层次的房源供给

不同职业的外来工有着显著的住房需求差别，如从事建筑业的外来工一般居住于建筑工地，制造业外来工大多由单位提供集体宿舍，而服务业的外来工更倾向于自己在市场上租房居住；同时，根据外来工个体发展和经济状况，部分外来工还存在购买商品房的需求。单身外来工和家庭化迁移外来工也对住宅空间有着不同的需求。应根据不同的住房需求，保障多层次的外来工住房供给。

首先，应鼓励园区和建筑工地为外来工提供标准化的集体宿舍。政府相关部门应制定出外来工集体宿舍的规范标准，并督促建设单位严格按照建设标准施工，保证宿舍的安全、卫生达标，并提供必备的生活设施，以改善外来工的居住条件和居住环境。同时，也可鼓励企业利用旧厂房进行改造，或是出资购置二手房加以改造，并完善各项设施，提供给有住房需求的外来工。

其次，应规范外来工住房的租赁市场，大力推行外来工公寓建设。考虑到外来工收入普遍偏低，应注重发挥市场的作用，培育和完善住房租赁市场，重点是提供低租金、小户型、满足基本生活需求的租赁房源。近年来，一些地方政府(如上海、苏州、重庆等市)推出了各具特色的外来工公寓，在解决外来工住房问题方面进行探索创新，也取得了较好的效果。借鉴其经验，可鼓励各地在外来工就业相对集聚的区域(如临近城中村和城乡结合部的独立型中心)改造或建设安全、卫生又经济适用的标准化公寓以供出租，不仅可解决单身外来工的居住问题，也为举家外迁的外来工提供相对独立的生活空间和房源。

再次，应培育外来工能承受的商品房市场。一方面，由于外来工群体的分层分化已在收入水平、就业稳定性、融城意愿等方面都表现出差别，所以对于其中收入较高、就业较稳定、融城意愿较强的外来工，可引导他们进入住房市场，并适当降低其购房首付款比例，延长还款期限等；另一方面，政府可放宽政策，通过信贷资金支持以及财税优惠政策，鼓励并支持房地产开发企业投资建造为外来工量身打造的商品房，满足这些有购房意愿并有一定支付能力的外来工的购房需求。

最后，应将外来工纳入城市住房保障体系。为促进外来工在城市的稳定居住和市民化就业，应该降低外来工进入住房保障体系门槛，尤其需要改进和降低公共租赁用房的申请标准和门槛，如可考虑将连续缴存社会保险和住房公积金5年及以上的条件降低至2年，并允许符合条件的外来工个人(而非用人单位)申请公共租赁用房。同时，根据住房保障规划，各级政府要相应增加财政投入，结合外来工的特点和不同需求，建立适用于外来工的保障性住房体系，并优化调适相应的政策制度保障，以满足收入较低的外来工的住房需求。

b. 改造或建设策略

参照前述不同层次的外来工居住空间供给渠道，可将外来工居住空间划分为市政改造型、园区配建型、商业配建型和公共租赁型四种类型，并根据其不同特征对其选址、改造建设原则、规模控制、分布特征、运营模式等提出具体策略。

表 7.5 外来工居住空间改造或建设策略

类型	区域选址	运营模式	责任主体
园区配建型	远郊产业园区、经济开发区	配套建造外来工集体公寓，用工企业向园区管委会或委托的经营公司提出申请，由企业参与实现对外来工的住房保障	企业＋政府导向
市政改造型	城中村、城乡结合部等租赁	暂不改变现有住房租赁生态，只为现有聚居区配建市政设施和其他公共产品，并加强住房租赁管理	政府＋市场导向
商业配建型	远郊新城、新市镇	通过土地、税收等方面的优惠，在商业项目中配建一定比例的外来工住房，以确保外来工购房居住需求的满足	政府＋市场导向
公共租赁型	主城、新市镇、园区等多类并存	以政府财政投入为主，扩大现有公共租赁房的适用对象，综合考虑土地价格与租金可承受能力、交通条件和生活便利度之间的制衡关系，提供多种公共租赁住宅产品	政府导向

＊资料来源：笔者自制。

同时，应充分发挥城市规划在城市发展和建设中的重要调控作用，对各类外来工住区的选址和规模进行规划和控制。在法定规划层面上，城市总体规划应确定外来工的住房资源配置，并在详细规划中将其住区用地落实在空间上，衡量和确定具体的空间选址和规模，然后采用建设标准和具体用地落实相结合的规划方法，将其完整地纳入城市建设之中。

2）子女教育空间

a. 多类型的学校设置

在短期内，应采用“以公办学校接纳为主，适量扶持简易民办学校”的外来工随迁子女义务教育模式。鉴于现今南京市外来工子女的吸纳人数仍然有限，一方面，需要扩大公办中小学吸收外来工子女就读的规模，整合公办学校教育资源，充分挖掘全日制公办中小学潜力，扩大招生容量；另一方面，在当前流入地公办学校接收能力有限的情况下，仍需鼓励并支持民间兴办外来工子弟学校，而不能简单地一味取缔。可适当放宽外来工子弟学校的设立条件，但同时应规范外来工子弟学校的办学标准，对办学者和教师的素质、教学活动和教学质量进行有效的监督和管理，给予民办外来工子弟学校合法地位，继续扶持和发展由私人、企业或社会团体合法创办的外来工子弟学校。

b. 更均衡的规划布点

由于外来工子女存在流动性大的特点，流入流出又常常处于无序状态，其就学难以纳入流入地城区中小学的整体规划之中，给城区基础教育资源的安排带来不可预期性。因此，应考虑外来工子女教育纳入全市教育工作全局中，纳入高标准、高质量发展基础教育的整体规划中。应考虑借助社区信息网络建设，建立 16 岁以下流动儿童信息管理系统，以准确把握外来工子女的实际数量，科学实施教育统筹策略①。此外，进一步根据外来工子女教

① 中共南京市委党校课题组，王建莲．南京外来务工人员子女教育现状的调查与思考[J]．中共南京市委党校学报，2008(1)：87－90.

育的发展需要，加强对外来工子女教育在学校布局、布点方面的规划，应结合外来工就业空间生态的圈层特征，注重不同圈层外来工的人群特性及其对子女教育空间需求差异化特征，在城区和郊区对学校进行差异化布点，以求实现总体需求均衡的目标。

7.2.3 积极推进外来工向上流动，构建多类型的空间孵化器

应平衡外来工个体就业发展和城市空间管制需求，参照外来工就业迁移规律和向上流动所需空间类型，构建多类型的空间孵化器，为外来工拓宽向上流动的渠道。

1）起跳板空间的保留

首先，应结合现状分布特征，适当保留具备起跳板功能的空间类型。具备起跳板功能的空间类型主要为城市下层社区周边商业点和公共空间的流动摊贩点等。在具体的空间规划和空间管理中，可对下层社区商业服务业网点进行适当的保留和改造，对流动摊贩活动空间进行适当的管制和预留，以充分发挥其低门槛、低成本特性，引导外来工在此实现由“被雇”到“自雇/雇人”的身份转换，进一步实现职业地位上升的经验积累。

在具体的建设和实施过程中，可运用“原位改造下层社区”的方式对下层社区周边商业点进行适当保留和改造，并借鉴“摊贩疏导区”模式，预留适当流动摊贩活动空间，来保障外来工就业的起跳板空间。

a. 原位改造下层社区

下层社区（城中村或老旧住区）周边商业点作为起跳板空间的作用核心在于其较低的准入门槛。因此，对此类起跳板空间的保留或改造应需依托于恰当的城中村和老旧住区改造项目，在对其进行空间改造的同时保存其廉租空间的特质。

现存的城中村和老旧住区改造项目可大致分为“异位改造”和“原位改造”两类（见表 7.6）。其中，异位改造通常是采用彻底重建方式，拆除原有旧村或旧区，进行异地重建，原有地块通常进行商业开发。而这一过程不仅导致了外来工廉租住区及周边起跳板空间的大量消失，也使原有居民失去了原来区位所具有的巨大经济价值（如出租屋收入、城中村集体物业、周边低门槛就业机会等）。

表 7.6 现存城中村和老旧小区改造方式

改造方式	具体方法		改造效应
异位改造	彻底重建	拆掉旧村建新社区，原址进行商业开发	外来工租户失去廉租住房＋起跳板空间 原有居民失去租房/集体物业受益
原位改造	彻底重建	拆掉旧村社区，并进行原址回迁	原有居民获取房租/集体物业受益 外来工获取廉租住房 外来工获取就业向上流动起跳板空间
	局部拆建	保留部分房屋，拆掉部分旧房和不符合城市规划的房屋，补建城市基础设施	
	综合整治	基本不涉及房屋拆建，只补建城市基础设施，净化美化社区环境	

* 资料来源：笔者参考袁伟. 我国城中村改造模式研究[J]. 华东经济管理，2010，24(1)：60－62 整理。

有鉴于此，笔者认为，应鼓励对下层社区实施原位改造，尤其对位于城市核心区域的城中村或是老旧小区，应致力于通过彻底重建（回迁）、局部拆建、综合整治等方式（见表 7.6）

原位改变其物质空间模式。原位改造通过发挥下层社区位为低收入外来工提供住房、提供就业空间起跳板的功能，构建保证城中村村民或老旧小区市民集体物业收益来源的空间系统。

具体运作方面，在监控管理上，政府应发挥管理者的监管主导作用，既不谋其区位，也不谋其利益。在资金来源上，可从规范城中村和老旧小区的出租屋及物业的市场经营入手，征取税收，以税金建立资金周转库。可先将筹集的资金集中用于改造几个城中村或是老旧小区，通过物质空间改善，提高居住环境质量提高，使出租屋面积不变甚至扩大，作为外来工就业起跳板空间的商业点也应保留甚至扩大，以吸引更多居住和就业外来工，使租金盈利和集体物业盈利增多。“示范村”改造成功后，可提供示范效应，促使周边其他城中村或老旧小区主动参与进来，进行物质空间改善，此时的改造资金由其自筹，或市场化运作就顺理成章①（见图 7.3）。由此，在成功保留了下层社区周边商业点空间起跳板作用的同时，又可使外来工获取廉租住房，原有居民也可从房租和集体物业中受益，达到居民、租户和就业者的共赢。

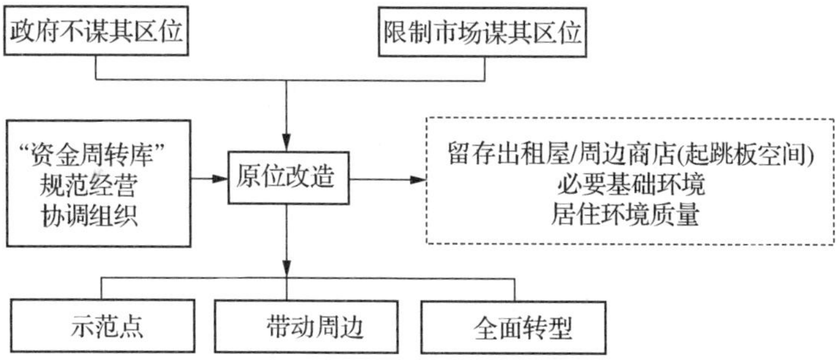

图 7.3　原位改造下层社区运作模式

＊资料来源：改绘自魏立华，闫小培.“城中村”：存续前提下的转型——兼论“城中村”改造的可行性模式[J]. 城市规划，2005，29(7)：9－13.

b. 摊贩疏导区

摊贩区域作为起跳板空间的作用核心在于其对公共空间的占用，进而节省空间成本。摊贩疏导区设立的核心是疏导区空间（土地）使用权的确立，即提供给外来工空间性质的公共产品。广州市率先探讨了摊贩疏导区的设立和运作模式（见图 7.4）。

在疏导区的设立上，由街道办根据实际需求提出疏导区选址方案，再根据选址土地的产权属性，与相应的产权所有者进行商谈和协商，以获得选址土地的使用权②。确定土地后，街道制定规划和建设方案，收集商户、居民、摊贩等相关利益主体的意见，确保疏导区不妨碍市容和城市空间秩序，不影响附近商户和周边居民的利益。在征得多数人同意后，上报给区城市管理部门，通过后上报市城市管理部门备案，并进行公示。根据公示意见，区城市管理部门做出批准或拒绝的决定。在规划建设方案获得通过后，由市、区、街道共同出资建设。

---

① 魏立华，闫小培.“城中村”：存续前提下的转型——兼论“城中村”改造的可行性模式[J]. 城市规划，2005，29(7)：9－13.

② 土地使用权如果属于市政部门，在使用中则不需要支付租金；如果属于村社或物业公司，则签订有偿租用合同。

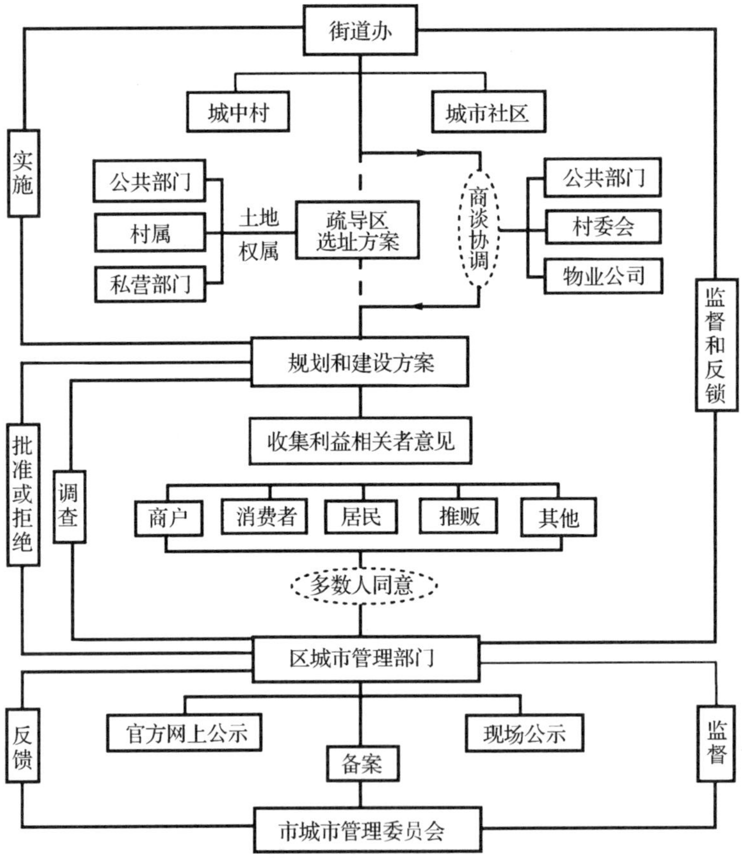

图 7.4　摊贩疏导区设立和运作模式

* 资料来源：黄耿志，徐孔丹，薛德升. 广州摊贩空间疏导模式及其成功效应的影响因素——基于沥滘村疏导区的实证研究[J]. 人文地理，2013(6)：74－79.

在疏导区的管理上，一般由街道办(镇)设立专门的办公室或服务中心负责①。管理内容涉及卫生保洁、水电供应、秩序维护、安全保障等方面，费用由政府补贴和摊位租金构成。摊贩向管理主体自由提出申请进入疏导区，入区后可反映疏导区存在的问题，管理主体需根据实际情况做出反馈。

疏导区在制度上为外来工摊贩提供了稳定的空间使用权。在权益获得保障的条件下，外来工摊贩得以追加资金投入、扩大经营规模并降低成本。相比于流动摊贩，疏导区内外来工摊贩可以一次性购进较多的货物来降低进货价和交通成本。消费者也增加了对摊贩的信任，不再担心购买到假货或被骗价时无处反馈，而摊贩也因受到监督而更加注重信誉。相比于拥有店铺的个体经商户，疏导区又具备明显的低成本和易进入的特征，可成功发挥空间起跳板的作用。

2) 孵化器空间的建设

应结合未来城市建设，积极发展具备孵化器功能的空间类型。具备孵化器功能的空间类型主要为城市居住社区和专业街区(批发市场和专业市场)。在此类空间中，外来工实现

① 如果土地使用权属于村社或物业公司，则一般由村社或物业公司来承担管理，街道办充当指导和监督的角色。

向上流动的方式是通过非正式劳动力的“供应—培训”体系积累经验和资源，以完成创业的“复制”①②。但是，与其他城市创业主体(学生、公司职员等)不同，大多数外来工并不是通过改进创业内容和管理水平，或者把握新的创业机会而在新的领域开展创业活动，而是受限于匮乏的城市资源以及个体能力和经验，通常会选择复制和模仿现有成功先例的方法展开创业活动。因而，对外来工向上流动的空间孵化器建设应采取与城市其他创业主体(如科技园区和众创空间等)不同的扶持方式，更注重项目对外来工个体创业能力的培育，并在孵化器设置上尽量结合城市社区和专业街区布点，采用分散的、小规模的布局模式(见表7.7)，提供免费或低付费的空间、定期的创业培训、财务和法务支持等服务支持，通过空间和政策手段降低外来工的创业难度，增加外来工抵抗创业风险的能力，减少外来工城市创业的后顾之忧。

表7.7　外来工创业孵化器与其他创业园区的对比及相关建议

		科技园区	众创空间	外来工创业孵化器建议
项目层面	项目主体	高科技创业团队	草根团队、大众创业项目	外来工创业人员
	项目大小	起点高，投入大	起点较低，投入较小	起点低，投入小
	侧重点	注重创业，即创新的终端和后端	注重创意，即创新的最前端	注重培育，即引导创业者实现个体发展
园区层面	创业场所	集中，占地大	分散，占地小	分散，占地小
	平台主体	政府主导	市场主导	政府主导

＊资料来源：笔者自制。

总体来看，外来工创业孵化器的建设在一定程度上属于准公共产品提供的范畴，因此还需要大量政府政策的扶持，打破户籍门槛的限制，在土地供应和税收等方面给予外来工群体以优惠和资金支持。这些在本质上仍属于国家和地方财政资金对外来工群体的财政转移支付行为，其最终实行的效果和力度仍取决于外来工政策改革的效果和城市政府“公共服务”职能的归位程度。

7.3　本章小结

本章关注了南京市主城区外来工就业空间发展存在的问题，并在遵循外来工就业空间演变客观规律的基础上，有针对性地提出切实可行的优化策略和建议。研究结论如下：

1）外来工就业空间发展的现存问题主要体现为与城市空间管制的三大矛盾

首先，是外来工劳动力就业空间需求和城市空间发展的矛盾，集中体现为城市产业空间发展对外来工劳动力就业空间的淘汰和压缩；其次，是外来工就业空间占有和所需空间配套的矛盾，集中体现在居住空间的容量缺口和有限来源，以及子女教育空间的高门槛和

① 冯军旗.“新化现象”的形成[J].北京社会科学，2010(2)：47－53.

② 普赟喆，郑风田，傅晋华.农民工城市扎堆创业成因探析：基于创业自我效能视角[J].南京农业大学学报：社会科学版，2016(6)：61－76.

不均衡布局方面；最后，是外来工向上流动空间与城市空间管理的矛盾，集中体现在易于孵化外来工小微企业空间的取缔和城市创业场地对外来工的关闭。

2）可从空间结构、空间生态和个体流动三方面探讨外来工就业空间优化策略

首先，合理架构外来工就业布局，营造“双类中心”空间结构，以缓解外来工劳动力就业空间需求和城市空间发展不同步的问题。外来工的就业空间布局应结合城市总体规划中城市产业布局战略和城市中心体系布局，有意识地布置外来工的就业中心，对其选址和规模进行控制和限定。

其次，系统应对各类群体空间需求提供符合特性的空间配套，以缓解外来工就业空间占有和所需空间配套不匹配的问题。结合外来工就业空间的生态演变特征，根据不同群体的空间区位特征和空间需求特性，可提供具有针对性的居住和子女教育空间配套策略，以达到改善外来工居住环境、提高外来工生活质量、促进其留城意愿等目的。

最后，在个体发展上，积极推进外来工向上流动，构建多类型的空间孵化器，以平衡外来工个体就业发展和城市空间管制需求。参照外来工就业迁移规律和向上流动所需空间类型，通过对起跳板空间的保留和孵化器空间的建设，为外来工拓宽向上流动的渠道。

8 结论和展望

本书对我国大城市外来工就业空间的演变机理和演变规律进行了系统的探讨,并以南京市主城区为实证区域,对近年来外来工就业空间的演变特征进行研究和验证,归纳出主要结论。外来工就业空间的研究是一个复杂的问题,且受限于数据资料和文章篇幅,本书仅对此进行有限的研究,势必不能做到面面俱到。在此,本章会对未来外来工就业空间研究的方向提出建议,为后续研究提供浅显的思路。

8.1 主要结论

本书研究的主要结论可分为理论研究结论和实证研究结论两个方面。

8.1.1 理论研究结论

1) 外来工就业空间演变的机理

本书借鉴国内外相关的理论工具,结合我国现有外来工就业研究和城市就业空间研究的成果,推导外来工就业空间的演变机理。本书提出,外来工就业空间的形成和演变是一套由四个主要层次架构和参与的循环过程。这四个层次包括:① 外来工劳动力的供给端;② 外来工劳动力的分筛层;③ 外来工劳动力的组合层;④ 城市空间的响应端。其中,③④两个层次在空间上的耦合过程又是促发外来工就业空间转换(演变)的重中之重。在这一过程中,外来工各类就业组合与城市空间互动中所促发的各类“空间反馈效应”和不同“空间黏着程度”是两个最核心问题,前者关乎空间转换的初始动力,后者则关乎空间转换的难易程度。空间正反馈效应会导致自身所在空间形成地租低谷,导致潜力地租和实际地租的地租差不断扩大,产生利润,给空间转换以动力;而空间黏着度则反映出空间转换的成本,当利润足以弥补成本,便会促发城市更新过程,空间转换就会发生。在一定程度上,外来工就业空间的演化过程是地租低谷不断外移,并被逐渐利用、赚取利润的过程。

2) 外来工就业空间演变的阶段和特征

随着参与循环的劳动力要素(外来工劳动力特征、其所在的劳动力市场、所形成的各类就业组合形式吸纳外来工的规模,以及城市空间结构和形态)和资本要素(资本作用于空间的方式和程度)的持续变化,外来工各类不同就业组合模式与城市空间互动过程中差异性的“空间反馈效应”和“空间黏着程度”也逐渐凸显,相对应的各类就业组合的空间转换过程进而也被相继促发,外来工就业空间的演变会呈现出较为明显的阶段性特征。笔者结合我国城市发展和城镇化过程的现实状况,参考相关变动要素的现有研究成果,将外来工就业空间的演变过程划分为蛹化阶段(1992 年以前)、分化阶段(1992—2008 年)和极化阶段(2009 年至今)三个阶段,并从空间结构变化(集聚特征)、空间生态变化(分异特征)和个体时空轨迹(迁移特征)三个要素作为着力点,对各阶段的外来工就业空间特征进行挖掘。

在蛹化阶段,外来工劳动力的人力资本水平相对较低,大多数以受雇身份进城务工,其所在的劳动力市场以"体制分割"为主要分割特征,外来工处于体制外劳动力市场内,其就业组合模式主要为"独立受雇型"(以劳动密集型工厂、建筑队、装修队为主)和"独立自雇型"(以集贸市场为主),而响应端的城市空间则为城市"单中心模型"所描述的类似形态——具备城市中心,但中心以外其余地区则为大量工业和居住用地的混合。此阶段土地供应采用无偿划拨方式,城市政府在城市规划和建设过程中拥有绝对的话语权,而资本在空间形塑过程中参与程度相对较弱。外来工各类就业组合与空间的互动关系处于初始形塑时期,各类外来工就业组合流向政府提供就业空间、资本投资提供外来工就业机会的区域。进而,在空间表现上,该阶段呈现出近郊的"独立型"中心的空间模式、同质性生态的特征,集贸市场等空间则是个体向上流动(由受雇转为自雇)的最重要的空间途径。

在分化阶段,新生代外来工逐步进入劳动力市场,带来了人力资本的提升和劳动力素质的分化,此时我国劳动力市场逐渐转变为以"产业分割"为主要分割特征,外来工大量集中于完全竞争行业(制造业、建筑业、批发零售业等),各类外来工劳动力组合形式均吸纳了大量外来工,其中又以"依附受雇型"(以城市中心商业服务业外来工为主)的增长最为迅猛,而响应端的城市空间则呈现出较为典型的"单中心模型"的形态——承租能力较弱的工业用地向地租较低的城市郊区转移、三产产业和商务活动向城市中心集中。此阶段土地无偿行政划拨被有偿出让方式所取代,市场化改革和分权化运动造就了政府的企业化倾向,地方政府和城市开发商、投资商形成功利性极强的"城市增长机器",城市空间发展表现出浓厚的政府逐利性特征。在这种情况下,具备"正反馈效应"和"低空间黏着度"外来工就业组合(以"独立受雇型"和部分"独立自雇型"为主)成为政府(资本)空间转换(并外移)的首要目标。进而,在空间表现上,该阶段呈现出近郊"独立型"+CBD"依附型"并存的双类中心模式、同质性向异质性转化的生态特征,集贸市场(以及批发市场)仍是个体向上流动的重要空间途径,但日益扩大的城市居住社区也成为个体向上流动的主要空间选择之一。

在极化阶段,新生代外来工已成为外来工劳动力的主体,外来工呈现出明显的新老群体、劳动力质素、留城意愿等方面的分异,随着劳动力市场产业分割阈值的不断扩大,基于不同人力资本(职业)的劳动力纵向分割成为这一阶段劳动力市场分割的最重要特征,各类外来工组织吸纳外来工的规模开始向两极分化——"独立型"城市中心(集贸市场、专业市场、劳动密集型工厂等)大幅减少,"依附型"城市中心(商业服务业外来工、城市社区内从事居民服务业的自雇经营者等)显著提高,而响应端的城市空间则呈现出由"单中心"城市向"多中心"城市的转变——三产产业和商务活动向城市中心和次中心集中,制造业等产业则继续外迁。地方政府及其所组成的"城市增长机器"延续着趋利型的空间增长模式,并促使具备"正反馈效应"和"较高空间黏着度"外来工就业组合("独立自雇型"——集贸市场、批发市场等为主)的空间转换和外移。进而,在空间表现上,该阶段呈现出远郊"独立型"中心+CBD/次中心"依附型"中心并存的"双类中心"模式、生态特征也更趋异质化,城市居住社区则会慢慢替代集贸市场和批发市场成为外来工向上流动的最主要的空间路径。

总体来看，在空间结构上，外来工就业空间经历了由近郊“独立型”中心的单类中心阶段，向近郊“独立型”中心和CBD“依附型”中心的“双类中心”共存，再向远郊“独立型”中心+CBD/次中心“依附型”中心的“双类中心”转变的过程；在空间生态上，外来工就业空间呈现出由混杂同质到逐渐分异的转变过程；在个体迁移上，外来工的向上流动（由受雇转向自雇）的地点则呈现出以集贸市场、批发市场为主向以居住社区为主的转变。

8.1.2 实证研究结论

本书以南京市主城区为实证区域，通过对其外来工就业空间演变第三个阶段（2009—2015年）的分析，得出以下主要结论。

1）南京市主城区外来工就业空间目前仍为近郊“独立型”中心+CBD“依附型”中心“双类中心”并存的结构模式，还处于向远郊“独立型”中心+CBD/次中心“依附型”中心的转变过程之中

针对外来工在城市中的就业特点，本书对外来工就业中心的定义和识别方法进行了优化，并在此基础上对南京市主城区内就业中心进行识别和验证，结果显示：

南京市主城区外来工就业空间（2009年和2015年）是由一个“依附型”中心和两个“独立型”中心共同构成的“双类中心”结构体系，两类中心均对城市外来工就业空间产生全局影响，但影响力均较小。其中，“依附型”中心属于南京市CBD的范畴，与城市就业中心重合，吸纳大量的高密度的外来工就业，但外来工并不是此区域的主要就业主体；而“独立型”中心则位于近郊，尽管此区域的外来工就业密度较“依附型”中心低，但就业人员以外来工为主。由于研究区域的限制，实证研究无法考证目前是否在远郊存在外来工的“独立型”中心，但现有研究显示，近郊“独立型”中心还存在，因此，南京市外来工就业空间结构目前仍为近郊“独立型”中心和CBD“依附型”中心“双类中心”并存的结构模式。

在当前阶段，“依附型”中心依靠城市CBD的发展进行外溢扩展，呈现出单一向的“扩展式”发展模式；近郊的“独立型”中心则伴随城市更新和劳动密集型产业升级的城市发展过程，呈现出“吸纳式发展—内卷式衰退—替代式衰退—吸纳式发展（另一区域）”的连环变动过程。值得注意的是，近郊的“独立型”中心并未简单地如前述理论模型所描述的直接进行简单的外移，而是极有可能存在一个外移前的中间态过程，即在相同区位的其他低门槛区域得以发展，并形成新的吸纳式中心，并继续新的连环变动过程。

总体看来，外来工就业中心的演变模式就是一种“稳定结构”的非稳定化——稳定在于其“依附/独立”的多重结构和“独立型”中心特定的连环变动模式，前者以城市就业中心为依托，吸纳大量外来工劳动力，后者则较为专业化和专门化，更利于外来工社会资源和就业信息的获取，是一种与传统高门槛就业中心相反的倒置的“低门槛”中心；非稳定性则在于其外来工就业空间本身是一个附属和叠加于城市核心体系的边缘体系，对外部（核心体系）变化具有强烈的敏感性响应。

2）职业特征和人口特征要素是南京市主城区外来工就业空间分异的最重要要素，主城区内部外来工就业空间生态圈层分异状况日益明显，圈层内趋于同质化

从可获取的外来工社会经济数据出发，在选取适当的评价因子的基础上，利用“因子生

态分析法”对南京市主城区外来工就业空间的社会生态分布进行分析和验证,结果显示:

2009年,影响南京市主城区外来工就业空间分异的要素按重要程度依次包括人口特征、职业特征、住房特征和移民特征四个维度,可识别出较高学历的年轻外来工、较低学历的中老年外来工、商业服务业外来工、生产运输设备操作外来工、居住单位提供宿舍的外来工、居住工地的外来工、新移民和老移民八类外来工人群,每一维度所识别出的不同类人群占据城市的不同空间;2015年,影响分异的要素按重要程度依次包括人口特征、职业特征和移民特征三个维度,重叠维度识别出的人群特征与2009年基本一致。总体来看,职业特征和人口特征要素是影响外来工就业空间分异的最重要要素。

对2009年和2015年中重叠维度的六类人群的进一步分析发现,各类人群分布的高比例区域均发生了较大程度变化,且变化原因各不相同(如生产运输设备操作外来工主要由于原有群体迁出、新的从业人员替代式迁入其他地区,而低学历中老年外来工则主要是由他类群体“迁入稀释+迁出残留”等),表明外来工的就业空间生态总体上呈现出一定的不稳定性,受外界影响较大。

更进一步的聚类分析显示,2009年外来工就业空间可划分为七类就业区,分别为:① 以个体工商户(自雇)为主的商业服务业外来工集聚区;② 以低学历中老年为主的商业服务业外来工集聚区;③ 生产运输设备操作外来工集聚区;④ 工厂就业的老移民集聚区;⑤ 建筑工集聚区;⑥ 新移民集聚区;⑦ 无主导特征的混合区。2015年则可划分为五类就业区,分别为:① 新来宁的较高学历年轻商业服务业外来工集聚区;② 新来宁的商业服务业外来工集聚区;③ 建筑工人集聚区;④ 较高学历的年轻老移民集聚区;⑤ 无主导特征的混合区。总体来看,在主导属性上,出现更多较高学历的年轻外来工集聚区,呈现出高阶集聚化的特征;在分布模式上,呈现出由“圈层+方向”分割为主导向“圈层”分割为主导的转变,圈层间的分化日趋明显,圈层内则更趋于同质化。

总体来看,现阶段南京市主城区外来工就业空间生态符合理论模型中推测的更趋分化的特征,即老一代和新生代的分化逐步加强,制造业和商业服务业的分化逐步加剧,而自雇和被雇的空间分化程度则有所降低。

3) 外来工职业流动受时间(年龄)和空间限制,并具有明显生命历程特征和空间依赖特征,空间类型对外来工的向上流动具有重要影响

运用GIS绘制2009年至2015年间发生职业流动外来工的“时间—空间—社会”三维轨迹,结合统计分析探讨外来工个体就业迁移过程中的时间、空间和社会流动的相互关系。研究发现:

首先,在就业迁移过程中,年龄/来宁时间与空间依赖呈现出正相关关系,外来工年龄越大、来宁时间越长,其就业迁移距离越短,空间依赖性越强。其次,外来工的职业(社会)流动还呈现出明显的同龄群体效应,其中25～39岁年龄段和55～59岁年龄段,是发生向上流动,尤其是跨阶层向上流动概率最大的年龄段。最后,较高层级社会(职业)地位的外来工具有更明显的空间依赖倾向,相对于被雇外来工,自雇/雇人外来工具有更高的空间依赖特征,而在所有的职业流动类型中,由雇员实现跨层级向上流动的外来工(即由被雇上升至自雇)的平均迁移距离最短,是最具空间依赖性的群体。

进一步通过质性分析探讨生命历程和空间特征对外来工向上流动产生的作用和影响,

结果显示：

结婚、生育、抚养子女、衰老等与生命历程相关的要素在外来工向上流动的过程中产生重要影响。它们或带来生产单位的转变，或促发对生产劳动类型的新的需求，或引起劳动力特征的转变，并根据生命历程所处的不同阶段，促发不同途径的向上流动。

同时，不同类型空间载体则对外来工的向上流动具备不同的影响。从事自雇/雇人经营的外来工主要分布于五类空间载体中，根据其分布模式可归纳为依附集中型（如城市中心）、独立集中型（如批发市场、专业市场的专业街区）、散聚型（如城市居住社区内的商贸市场、社区商业）、寄聚型（如下层社区周边的大棚市场和周边商服等）、点布型（如公共空间内的流动摊贩点）五类。在就业部门类型、就业集聚规模、外来工就业比例、空间进入难易程度、政府空间管制强弱上，这五类空间类型依照顺序呈现出一个从正规到非正规、从大规模到小规模、从低比例到高比例、从高门槛到低门槛、从弱管制到强管制的连续光谱。在外来工向上流动的过程中，处于光谱最左端的"依附集中型"空间往往成为外来工向上流动的天花板，处于光谱最右端的"寄聚型"和"点布型"空间则通常发挥了起跳板的作用，而位于光谱中间的"独立集中型"和"散聚型"空间则是最理想的孵化器。

4）可从空间结构、空间生态和个体流动三方面探讨外来工就业空间优化策略

外来工就业空间发展的现存问题主要体现为与城市空间发展的三大矛盾之上。首先，是外来工劳动力就业空间需求和城市空间发展的矛盾，集中体现为城市产业空间发展对外来工劳动力就业空间的淘汰和压缩；其次，是外来工就业空间占有和所需空间配套的矛盾，集中体现在居住空间的容量缺口和有限来源以及子女教育空间的高门槛和不均衡布局方面；最后，是外来工向上流动空间与城市空间管制的矛盾，集中体现在易于孵化外来工小微企业空间的取缔和城市创业场地对外来工的关闭。

从以上三大矛盾入手，本书提出如下外来工就业空间优化建议：

首先，合理架构外来工就业布局，营造"双类中心"空间结构，以缓解外来工劳动力就业空间需求和城市空间发展不同步的问题。外来工的就业空间布局应结合城市总体规划中城市产业布局战略和城市中心体系布局，有意识地布置外来工的就业中心，对其选址和规模进行控制和限定。

其次，系统应对各类群体空间需求，提供符合特性的空间配套，以缓解外来工就业空间占有和所需空间配套不匹配的问题。结合外来工就业空间的生态演变特征，根据不同群体的空间区位特征和空间需求特性，可提供具有针对性的居住和子女教育空间配套策略，以达到改善外来工居住环境、提高外来工生活质量、促进其留城意愿等目的。

最后，在个体发展上，积极推进外来工向上流动，构建多类型的空间孵化器，以平衡外来工个体就业发展和城市空间管制需求。参照外来工就业迁移规律和向上流动所需空间类型，通过对起跳板空间的保留和孵化器空间的建设，为外来工拓宽向上流动的渠道。

8.2 未来展望

由于大城市外来工就业空间演变研究涉及面较为广泛，尽管笔者力争构建一个合理的

研究框架体系，但是由于时间、资料和个人能力的限制，在许多方面仍存在不足之处，有待进一步的研究。

1）外来工就业空间演变机理和演变规律的进一步验证

本书运用相关理论工具对大城市外来工就业空间演变机理进行了初步推导，在此基础上，结合相关研究成果推演外来工就业空间演变规律，并以南京市主城区为实证区域对演变规律进行验证。但演变机理的推导还较为粗糙，并缺乏进一步针对关键环节（如外来工各类不同就业组合类型的反馈效应、黏着程度等）的实证验证；同时，在对演变规律的实证分析中，尽管选取案例具有典型性，但实证区域的覆盖范围仅为主城范围，且案例单一，因此还有待更多案例、更广范围的探究。

2）外来工就业空间与居住空间演变的关联性探讨

伴随大城市劳动密集型企业的外迁和城中村的治理力度的加大，外来工就业空间和居住空间正面临被逐步压缩的困境，对外来工就业空间和居住空间关联性研究的关注就显得尤为重要。外来工的就业空间和居住空间是否存在割裂、外来工的通勤状况是否对其就业活动产生影响，对这些议题的研究和测度不仅能对外来工就业空间选择和部分演变原因予以解释，更能对外来工的健康城市化予以重要支撑和有益补充。但是，这其中涉及诸多数据的搜集和相关量化模型的构建，暂留待下一步的研究。

3）家庭化视角下外来工就业空间迁移的研究

外来工的迁移模式已呈现出明显的由个体化向家庭化转变的特征，家庭成员的共同利益、居住状态、就业行为等与外来工的就业空间迁移关联尤为紧密。本书仅通过个体视角探讨了外来工的就业空间迁移，但就业迁移并不仅仅是单纯的个体行为，不同家庭状态的外来工（独自进城外来工、居家迁移外来工、就业稳定后家庭逐步迁移外来工等）的就业选择和就业空间需求也必然存在差异性，这也是笔者未来需要加强的研究重点之一。

参考文献

外文文献

[1] Aguiléra A, Wenglenski S, Proulhac L. Employment Suburbanisation, Reverse Commuting and Travel Behaviour by Residents of the Central City in the Paris Metropolitan Area [J]. Transportation Research Part A: Policy & Practice, 2009, 43 (7): 685－691.

[2] Alonso W. Location and Land Use: Toward a General Theory of Land Rent [M]. Cambridge: Harvard University Press, 1964.

[3] Alpkokin P, Cheung C, Black J, et al. Dynamics of Clustered Employment Growth and Its Impacts on Commuting Patterns in Rapidly Developing Cities [J]. Transportation Research Part A: Policy & Practice, 2008, 42(3): 427－444.

[4] Anas A, Kim I. General Equilibrium Models of Polycentric Urban Land Use with Endogenous Congestion and Job Agglomeration [J]. Journal of Urban Economics, 1996, 40(2): 232－256.

[5] Bertaud A. The Spatial Organization of Cities: Deliberate Outcome or Unforeseen Consequence? [J]. Infection, Immunity, 2004, 74(7): 4357－4360.

[6] Bonacich E. A Theory of Middleman Minorities [J]. American Sociological Review, 2009, 38(5): 583－594.

[7] Brueckner J K. The Structure of Urban Equilibria: A Unified Treatment of the Muth-Mills Model [C]//Mills E S. Handbook of Regional and Urban Economics: Volume 2. Amsterdam: Elsevier Science Publishers B V, 1987.

[8] Burgess E W. The Growth of the City: An Introduction to a Research Project [J]. Publications, American Sociological Society, 1924(18): 85－97.

[9] Clark W A V. Human Migration [M]. London: Sage Publications Ltd, 1986.

[10] Davidson M, Lees L. New-Build "Gentrification" and London's Riverside Renaissance [J]. Environment & Planning A Abstract, 2005, 37(7): 1165－1190.

[11] Dixit A K, Stiglitz J E. Monopolistic Competition and Optimum Product Diversity [J]. American Economic Review, 1977, 67(3): 297－308.

[12] Doeringer P, Piore M. Internal Labor Markets and Manpower Analysis [M]. Lexington, MA: D C Heath, 1971.

[13] Ellis M, Wright R, Parks V. Work Together, Live Apart? Geographies of Racial and Ethnic Segregation at Home and at Work [J]. Annals of the Association of American Geographers, 2004, 94(3): 620－637.

[14] England K. On Suburban Pink Collar Ghettos: The Spatial Entrapment of Women? [J]. Annals of the Association of American Geographers, 1993, 83(2): 225 - 242.
[15] Fujita M. A Monopolistic Competition Model of Spatial Agglomeration: Differentiated Product Approach [J]. Regional Science & Urban Economics, 1988, 18(1): 87 - 124.
[16] Fujita M. Urban Economic Theory [M]. Cambridge: Cambridge University Press, 1989.
[17] Fujita M, Ogawa H. Multiple Equilibria and Structural Transition of Non-Monocentric Urban Configurations [J]. Regional Science & Urban Economics, 1982, 12(2): 161 - 196.
[18] Giuliano G, Small K A. Subcenters in the Los Angeles Region [J]. University of California Transportation Center Working Papers, 1991, 21(2): 163 - 182.
[19] Giuliano G, Small K A. The Determinants of Growth of Employment Subcenters [J]. Journal of Transport Geography, 1999(7): 189 - 201.
[20] Glass, R. London: Aspects of Change [M]. London: MacGibbon and Kee, 1964.
[21] Gordon P, Richardson H W, Wong H L. The Distribution of Population and Employment in a Polycentric City: The Case of Los Angeles [J]. Environment & Planning A, 1986, 18(2): 161 - 173.
[22] Hägerstrand T. What about People in Regional Science? [J]. Urban Planning International, 1970, 24(1): 6 - 21.
[23] Hammarstedt M. The Predicted Earnings Differential and Immigrant Self-Employment in Sweden [J]. Applied Economics, 2006, 38(6): 619 - 630.
[24] Hanson S, Pratt G. Gender, Work and Space [M]. London: Routledge, 1995.
[25] Harvey D. Limits to Capital [M]. Oxford: Blackwell, 1982.
[26] He S. New-Build Gentrification in Central Shanghai: Demographic Changes and Socioeconomic Implications [J]. Population Space & Place, 2010, 16(5): 345 - 361.
[27] Hoyt H. The Structure and Growth of Residential Neighborhoods in American Cities [M]. Washington, D C: Federal Housing Administration, 1939.
[28] Huallacháin B Ó, Leslie T F. Producer Services in the Urban Core and Suburbs of Phoenix, Arizona [J]. Urban Studies, 2015, 44(8): 1581 - 1601.
[29] Ihlanfeldt K R. Intra-Metropolitan Variation in Earnings and Labor Market Discrimination: An Econometric Analysis of the Atlanta Labor Market [J]. Southern Economic Journal, 1988, 55(1): 123 - 140.
[30] Johansson E. Self-Employment and the Predicted Earnings Differential—Evidence From Finland [J]. Finnish Economic Papers, 2000, 13(1): 45 - 55.
[31] Kain J F. Housing Segregation, Negro Employment, and Metropolitan Decentralization [J]. The Quarterly Journal of Economics, 1968, 82(2): 175 - 197.
[32] Kaplan D H, Li W. Landscapes of the Ethnic Economy [M]. Lanham, MD: Rowman

and Littlefield, 2006.

[33] Kim K C, Hurh W M, Fernandez M. Intra-Group Differences in Business Participation: Three Asian Immigrant Groups [J]. International Migration Review, 1989, 23 (1): 73 - 95.

[34] Krugman P. Increasing Returns and Economic Geography [J]. Journal of Political Economy, 1991, 99(3): 483 - 499.

[35] Lee E S. A Theory of Migration [J]. Demography, 1966, 3(1): 47 - 57.

[36] Lewis W A. Economic Development with Unlimited Supplies of Labor [J]. The Manchester School, 1954, 22(2): 139 - 191.

[37] Light I. Ethnic Enterprise in North America: Business and Welfare Among Chinese, Japanese, and Blacks[J]. Contemporary Sociology, 1972, 7(3): 376 - 377.

[38] Light I. Disadvantaged Minorities in Self-Employment [J]. Comparative Sociology, 1979, 20(1 - 2): 31 - 45.

[39] Lo L. Changing Geography of Toronto's Chinese Ethnic Economy[M]// Kaplan D, Li W. Landscapes of the Ethnic Economy. Lanham, MD: Rowman and Littlefield, 2006.

[40] Mata F, Pendakur R. Immigration, Labor Force Integration and the Pursuit of Self-Employment [J]. International Migration Review, 1999, 33(2): 378 - 402.

[41] McDonald J F, McMillen D. Employment Subcenters and Land Values in a Polycentric Urban Area: The Case of Chicago [J]. Environment and Planning, 1990(22): 1561 - 1574.

[42] McLafferty S, Preston V. Spatial Mismatch and Employment in a Decade of Restructuring [J]. Professional Geographer, 1996, 48(4): 420 - 431.

[43] McMillen D P, Lester T W. Evolving Subcenters: Employment and Population Densities in Chicago, 1970—2020[J]. Journal of Housing Economics, 2003, 12(1): 60 - 81.

[44] McMillen D P, McDonald J F. Suburban Subcenters and Employment Density in Metropolitan Chicago [J]. Journal of Urban Economics, 1998, 43(2): 157 - 180.

[45] McMillen D P, Smith S C. The Number of Subcenters in Large Urban Areas [J]. Journal of Urban Economics, 2003, 53(3): 321 - 338.

[46] Mills, E S. Urban Economics [M]. Belnview, Illinois: Scott Foresman, 1972.

[47] Muth, R. Cities and Housing [M]. Chicago: University of Chicago Press, 1969.

[48] Murdie R. Factorial Ecology of Metropolitan Toronto, 1951—1961: An Essay on the Social Geography of the City[M]. Chicago: University of Chicago, Dept. of Geography, 1969.

[49] Peck J. Workplace: The Social Regulation of Labor Markets[M]. New York: The Guilford Press, 1996.

[50] Portes, A. The Informal Economy and Its Paradoxes[M]//In Smelser N J, Swedberg, R. The Handbook of Economic Sociology. New Jersey: Princeton University

Press,1994.

[51] Redfearn C L. Persistence in Urban Form: The Long-Run Durability of Employment Centers in Metropolitan Areas [J]. Regional Science & Urban Economics,2009,39(2):224－232.

[52] Reich M, Gordon D, Edwards R. A Theory of Labour Market Segmentation [J]. The American Economic Review,1973,63(2):359－365.

[53] Shaw S,Yu H,Bombom L. A Space-Time GIS Approach to Exploring Large Individual-Based Spatiotemporal Datasets[J]. Transactions in GIS,2008,12(4):425－441.

[54] Smith N. Toward a Theory of Gentrification A Back to the City Movement by Capital,not People [J]. Journal of the American Planning Association,1979,45(4):538－548.

[55] Smith N. Gentrification and Uneven Development [J]. Economic Geography,1982,58(2):139－155.

[56] Smith N. Uneven Development [M]. Oxford: Blackwell,1991.

[57] Smith N. The New Urban Frontier: Gentrification and the Revanchist City[M]. London: Routledge,1996.

[58] Stark O,Taylor J E. Migration Incentives,Migration Types: The Role of Relative Deprivation [J]. The Economic Journal,1991(101):1163－1178.

[59] Todaro M P. A Model of Labor Migration and Urban Unemployment in Less Development Countries [J]. American Economic Review,1969,59(1): 138－148.

[60] Vipond J. The Intra-Urban Unemployment Gradient: The Influence of Location on Unemployment [J]. Urban Studies,1984,21(4):377－388.

[61] Waddell P,Berry B J L,Hoch I. Housing Price Gradients: The Intersection of Space and Built Form [J]. Geographical Analysis,1993,25(1):5－19.

[62] Wheaton W C. A Comparative Static Analysis of Urban Spatial Structure [J]. Journal of Economic Theory,1974,9(2):223－237.

[63] Wright R, Ellis M. The Ethnic and Gender Division of Labor Compared Among Immigrants to Los Angeles [J]. International Journal of Urban & Regional Research,2010,24(3):567－582.

[64] Yu H,Shaw S. Exploring Potential Human Activities in Physical and Virtual Spaces: A Spatio-Temporal GIS Approach. [J]. International Journal of Geographical Information Science,2008,22(4):409－430.

[65] Zhou M. Revisiting Ethnic Entrepreneurship: Convergencies,Controversies,and Conceptual Advancements[J]. International Migration Review,2004,38(3):1040－1074.

中文文献

著作

[1] 陈吉元,等.中国农业劳动力转移[M].北京:人民出版社,1993.

[2] 丁成日.城市经济与城市政策[M].北京:商务印书馆,2008.

[3] 国家人口和计划生育委员会流动人口服务管理司.中国流动人口发展报告2010[M].北京:中国人口出版社,2010.

[4] 国家卫生和计划生育委员会流动人口司.中国流动人口发展报告2016[M].北京:中国人口出版社,2016.

[5] 国家卫生和计划生育委员会流动人口司.中国流动人口发展报告2017[M].北京:中国人口出版社,2017.

[6] 李强.农民工与中国社会分层[M].北京:社会科学文献出版社,2012.

[7] 李莹.中国农民工政策变迁[M].北京:社会科学文献出版社,2013.

[8] 尼尔·寇,菲利普·凯利,杨伟聪.当代经济地理学导论[M].刘卫东,马丽,张晓平,等译.北京:商务印书馆,2012.

[9] 王建民,胡琪.中国流动人口[M].上海:上海财经大学出版社,1996.

[10] 吴晓,王慧.我国大城市流动人口就业空间解析[M].南京:东南大学出版社,2015.

[11] 吴晓,魏羽力.城市规划社会学[M].南京:东南大学出版社,2010.

[12] 项飚.跨越边界的社区——北京"浙江村"的生活史[M].北京:生活·读书·新知三联书店,2000.

[13] 杨俊宴,吴明伟.中国城市CBD量化研究[M].南京:东南大学出版社,2008.

[14] 张善余.人口地理学[M].上海:华东师范大学出版社,1999.

[15] 赵虎.中国都市区就业空间演化研究——以南京为例[M].南京:东南大学出版社,2014.

学位论文

[1] 陈宪.劳动力市场分割对农民工就业影响的实证研究[D].长沙:中南大学,2010.

[2] 晋利珍.劳动力市场双重二元分割与工资决定机制研究[D].北京:首都经济贸易大学,2008.

[3] 马艳林.中国劳动力市场职业分割及户籍隔离对工资差异的影响研究[D].北京:首都经济贸易大学,2016.

[4] 吴晓.我国城市化背景下的流动人口聚居形态研究——以京、宁、深三市为例[D].南京:东南大学,2002.

[5] 杨波.我国大城市劳动力市场分割的理论与实践[D].上海:华东师范大学,2008.

[6] 杨艳军.中国城市劳动力市场分割中流动人口就业问题研究[D].武汉:武汉大学,2012.

期刊会议论文

[1] 白南生,李靖. 农民工就业流动性研究[J]. 管理世界,2008(7):70-76.

[2] 蔡昉. 人口迁移和流动的成因、趋势与政策[J]. 中国人口科学,1995(6):8-16

[3] 蔡昉. 城市劳动力市场的分割与就业体制转换的难点[J]. 经济研究参考,1998(45):39-40.

[4] 蔡昉. "民工荒"现象:成因及政策涵义分析[J]. 开放导报,2010(2):5-10.

[5] 柴彦威,塔娜,张艳. 融入生命历程理论、面向长期空间行为的时间地理学再思考[J]. 人文地理,2013(2):1-6.

[6] 陈宇琳. 特大城市外来自雇经营者市民化机制研究——基于北京南湖大棚市场的调查[J]. 广东社会科学,2015(2):204-213.

[7] 仇立平. 职业地位:社会分层的指示器——上海社会结构与社会分层研究[J]. 社会学研究,2001(3):18-33.

[8] 代明,张杭,饶小琦. 从单中心到多中心:后工业时代城市内部空间结构的发展演变[J]. 经济地理,2014,34(6):80-86.

[9] 丁亮,钮心毅,宋小冬. 上海中心城就业中心体系测度——基于手机信令数据的研究[J]. 地理学报,2016,71(3):484-499.

[10] 丁榕芳. 当前农村剩余劳力转移中值得注意的一个倾向[J]. 中国经济问题,1988(2):52-56.

[11] 段成荣. 关于当前流动人口和人口流动研究的几个问题[J]. 人口研究,1999(2):48-54.

[12] 段成荣,马学阳. 当前我国新生代农民工的"新"状况[J]. 人口与经济,2011(4):16-22.

[13] 段成荣,杨舸. 改革开放 30 年来流动人口的就业状况变动研究[J]. 中国青年研究,2009(4):53-56,69.

[14] 杜妍冬,刘一伟. 职业流动对农民工收入的影响及其代际差异——基于我国七城市的调查数据[J]. 南京农业大学学报(社会科学版),2015,15(4):43-52,132.

[15] 冯健,刘玉. 转型期中国城市内部空间重构:特征、模式与机制[J]. 地理科学进展,2007(4):93-106.

[16] 冯健,周一星. 北京都市区社会空间结构及其演化(1982—2000)[J]. 地理研究,2003,22(4):476

[17] 冯军旗. "新化现象"的形成[J]. 北京社会科学,2010(2):47-53.

[18] 符平,唐有财. 倒"U"型轨迹与新生代农民工的社会流动——新生代农民工的流动史研究[J]. 浙江社会科学,2009(12):41-47.

[19] 高丽玲,李新虎,王翠平,等. 空间抽样的理论方法与应用分析:以厦门岛问卷调查为例[J]. 地球信息科学学报,2010,12(3):358-364.

[20] 古杰,周素红,闫小培. 生命历程视角下的广州市居民居住迁移的时空路径[J]. 地理研究,2013,32(1):157-165.

[21] 郭丛斌. 二元制劳动力市场分割理论在中国的验证[J]. 清华大学教育研究,2004(4):

43 - 49.
[22] 郭瑞云.我国分割的劳动力市场问题研究[J].现代经济探讨,2000(3):45 - 47.
[23] 何流,黄春晓.城市女性就业的空间分布——以南京为例[J].经济地理,2008,28(1):105 - 109.
[24] 洪惠坤,廖和平,曾彦,等.集约导向的重庆市低效工业用地退出机制研究[J].西南大学学报(自然科学版),2015,37(5):128 - 135.
[25] 洪小良.城市农民工的家庭迁移行为及影响因素研究——以北京市为例[J].中国人口科学,2007(6):42 - 50.
[26] 侯佳伟.人口流动家庭化过程和个体影响因素研究[J].人口研究,2009,33(1):55 - 61.
[27] 胡枫,史宇鹏.农民工回流的选择性与非农就业:来自湖北的证据[J].人口学刊,2013,35(2):71 - 80.
[28] 黄耿志,薛德升.1990 年以来广州市摊贩空间整治的规训机制[J].地理学报,2011,66(8):1063 - 1075.
[29] 黄耿志,徐孔丹,薛德升.广州摊贩空间疏导模式及其成功效应的影响因素——基于沥滘村疏导区的实证研究[J].人文地理,2013(6):74 - 79.
[30] 黄潇仪,吴晓.南京市流动人口职住空间的差异性评估[C]//中国城市规划学会.城乡治理与规划改革——2014 中国城市规划年会论文集:12—居住区规划.北京:中国建筑工业出版社,2014.
[31] 蒋丽,吴缚龙.广州市就业次中心和多中心城市研究[J].城市规划学刊,2009(3):75 - 81.
[32] 简新华,张建伟.从"民工潮"到"民工荒"——农村剩余劳动力有效转移的制度分析[J].人口研究,2005,29(2):49 - 55.
[33] 姜成晟,王劲峰,曹志冬.地理空间抽样理论研究综述[J].地理学报,2009,64(3):368 - 380.
[34] 晋利珍.改革开放以来中国劳动力市场分割的制度变迁研究[J].经济与管理研究,2008(8):64 - 68.
[35] 赖德胜.论劳动力市场的制度性分割[J].经济科学,1996(6):19 - 23.
[36] 李长安.农民工职业流动歧视及对收入影响的实证分析[J].人口与经济,2010(6):27 - 32.
[37] 李明桥,傅十和,王厚俊.对农村劳动力转移"钟摆现象"的解释[J].人口研究,2009,33(1):46 - 54.
[38] 李培林.流动民工的社会网络和社会地位[J].社会学研究,1996(4):42 - 52.
[39] 李培林,李炜.农民工在中国转型中的经济地位和社会态度[J].社会学研究,2007(3):1 - 17.
[40] 李树茁,王维博,悦中山.自雇与受雇农民工城市居留意愿差异研究[J].人口与经济,2014(2):12 - 21.
[41] 李强.中国大陆城市农民工的职业流动[J].社会学研究,1999(3):95 - 103.

[42] 李强.关于“农民工”家庭模式问题的研究[J].浙江学刊,1996(1):77-81.
[43] 李强.中国大陆城市农民工的职业流动[J].社会学研究,1999(3):95-103.
[44] 李强.影响中国城市流动人口的推力与拉力因素分析[J].中国社会科学,2003(1):125-136.
[45] 李荣时.对当前我国流动人口的认识和思考[J].人口研究,1996(1):10-15.
[46] 李志刚,刘晔,陈宏胜.中国城市新移民的“乡缘社区”:特征、机制与空间性——以广州“湖北村”为例[J].地理研究,2011,30(10):1910-1920.
[47] 梁雄军,林云,邵丹萍.农村劳动力二次流动的特点、问题与对策——对浙、闽、津三地外来务工者的调查[J].中国社会科学,2007(3):137-151.
[48] 林耿.广东省就业空间的性别化及权力特征[J].地理学报,2010,65(4):427-442.
[49] 林耿,王炼军.阶层化背景下的就业空间——以常住人口与流动人口为例[J].地理研究,2010,29(6):1070-1082.
[50] 刘望保.生命历程理论及其在长期空间行为研究中的应用[J].人文地理,2015(2):1-6.
[51] 刘根荣.“民工荒”的成因及其治理:一个微观经济学的分析框架[J].人口研究,2006,30(6):47-54.
[52] 罗仁朝,王德.基于聚集指数测度的上海市流动人口分布特征分析[J].城市规划汇刊,2008(4):81-86.
[53] 吕晓兰.工作转换、流动与农民工收入增长[J].农业经济问题,2013,34(12):40-49.
[54] 马九杰,孟凡友.农民工迁移非持久性的影响因素分析——基于深圳市的实证研究[J].改革,2003(4):77-86.
[55] 马戎.“摆动人口”与我国农村劳动力的转移[J].农村经济与社会,1988(4):33-38,62.
[56] 蒙晨,邹农俭.关于亦工亦农阶层状况的调查[J].人口学刊,1985(4):26-31.
[57] 欧顺仙,肖扬,李志刚.新生代农民工的社会空间流动研究——以深圳富士康为例[J].城市规划,2016,40(4):69-74,112.
[58] 普冀喆,郑风田,傅晋华.农民工城市扎堆创业成因探析:基于创业自我效能视角[J].南京农业大学学报:社会科学版,2016(6):61-76.
[59] 秦波,焦永利.北京住宅价格分布与城市空间结构演变[J].经济地理,2010,30(11):1815-1820.
[60] 秦波,王新峰.探索识别中心的新方法——以上海生产性服务空间分布为例[J].城市发展研究,2010(6):43-48.
[61] 谌新民,吴森富.流动人口的结构特征与影响因素研究——以广东省为例[J].中国人口科学,2003(1):56-62.
[62] 时宪民.北京市个体户的发展历程及类别分化——北京西城区个体户研究[J].中国社会科学,1992(5):19-38.
[63] 宋伟轩,吴启焰,朱喜钢.新时期南京居住空间分异研究[J].地理学报,2010,65(6):685-694.
[64] 宋伟轩.西方城市绅士化理论纷争及启示[J].人文地理,2013,28(1):32-35.

[65] 谭玉丹. 劳动力市场分割理论及其中国现实问题综述[J]. 华东经济管理,2008(7):47-54.

[66] 唐灿,冯小双. "河南村"流动农民的分化[J]. 社会学研究,2000(4):72-85.

[67] 唐世平. 社会流动、地位市场与经济增长[J]. 中国社会科学,2006(3):85-97.

[68] 万向东. 农民工非正式就业的进入条件与效果[J]. 管理世界,2008(1):63-74.

[69] 王波,甄峰. 南京市区就业空间布局研究[J]. 人文地理,2011(4):58-65.

[70] 王超恩,符平. 农民工的职业流动及其影响因素——基于职业分层与代际差异视角的考察[J]. 人口与经济,2013(5):89-97.

[71] 王汉生,刘世定,孙立平,等. "浙江村":中国农民进入城市的一种独特方式[J]. 社会学研究,1997(1):58-69.

[72] 王慧,吴晓,强欢欢. 进城农民聚居空间和城市居住空间的关联研究——以南京市主城区为实证[J]. 城市规划,2015,39(5):52-61.

[73] 王慧,吴晓,郑浩. 流动人口就业空间的集聚性和城市就业空间的关联研究——以南京市主城区为例[J]. 人文地理,2014,29(5):31-39.

[74] 王纪武,邵雨莲. 杭州市老龄人口空间分布及演化规律研究[J]. 城市规划,2015,39(5):47-51.

[75] 王美艳. 城市劳动力市场对外来劳动力歧视的变化[J]. 中国劳动经济学,2007,4(1):109-119.

[76] 王文彬,赵延东. 自雇过程的社会网络分析[J]. 社会,2012,32(3):78-97.

[77] 吴启焰,崔功豪. 南京市居住空间分异特征及其形成机制[J]. 城市规划,1999(12):23-26.

[78] 吴瑞君. 关于流动人口涵义的探索[J]. 人口与经济,1990(3):53-55.

[79] 武廷海. 建立新型城乡关系走新型城镇化道路——新马克思主义视野中的中国城镇化[J]. 城市规划,2013,37(11):9-19.

[80] 吴文钰,马西亚. 多中心城市人口模型及模拟:以上海为例[J]. 现代城市研究,2006(12):39-44.

[81] 吴晓. "边缘社区"探察——我国流动人口聚居区的现状特征透析[J]. 城市规划,2003(7):40-45.

[82] 吴晓. 大城市进城农民的就业空间结构探析——以南京主城区为实证[J]. 城市规划学刊,2011,198(6):94-103.

[83] 吴晓刚. "下海":中国城乡劳动力市场转型中的自雇活动与社会分层(1978—1996)[J]. 社会学研究,2006(6):120-146.

[84] 吴一洲,陈前虎,吴次芳. 城市商务经济空间区位格局及其机理研究——以杭州主城区为例[J]. 城市规划,2009,33(7):33-38.

[85] 魏立华,闫小培. "城中村":存续前提下的转型——兼论"城中村"改造的可行性模式[J]. 城市规划,2005,29(7):9-13.

[86] 谢桂华. 农民工与城市劳动力市场[J]. 社会学研究,2007(5):84-110.

[87] 谢勇. 农民工就业流动的工资效应研究——以南京市为例[J]. 人口与发展,2009,15(4):32-36.

[88] 徐卞融,吴晓.基于“居住—就业”视角的南京市流动人口职住空间分离量化[J].城市规划学刊,2010(5):87-97.
[89] 徐卞融,吴晓.基于“居住—就业”视角的南京市流动人口空间分异研究[J].规划师,2010,26(7):113-120.
[90] 薛德升,黄耿志.管制之外的“管制”:城中村非正规部门的空间集聚与生存状态——以广州市下渡村为例[J].地理研究,2008,27(6):1390-1398.
[91] 许学强,胡华颖,叶嘉安.广州市社会空间结构的因子生态分析[J].地理学报,1989(4):385-399
[92] 姚俊.农民工的就业流动研究——基于江苏制造业调查的实证分析[J].经济体制改革,2011(5):88-92.
[93] 杨菊华.城乡分割、经济发展与乡—城流动人口的收入融入研究[J].人口学刊,2011(5):3-15.
[94] 杨上广.大城市社会空间结构演变研究——以上海市为例[J].城市规划学刊,2005(5):17-22
[95] 杨宜勇.劳动力市场的行政分割[J].经济研究参考,2001(27):30-37.
[96] 袁奇峰,梁小薇,卢芳.外来从业人员对商贸型城中村的再领域化——以广州市康乐村为例[J].城市问题,2016(11):42-46.
[97] 约翰·奈特,邓曲恒,李实.中国的民工荒与农村剩余劳动力[J].管理世界,2011(11):12-27.
[98] 张春泥.农民工为何频繁变换工作 户籍制度下农民工的工作流动研究[J].社会,2011,31(6):153-177.
[99] 张延吉,张磊,吴凌燕.流动摊贩的空间分布规律及其影响因素——以北京市甘露园社区为例[J].城市问题,2014(8):81-85.
[100] 张展新.劳动力市场的产业分割与劳动人口流动[J].中国人口科学,2004(2):45-52.
[101] 赵燕菁.从城市管理走向城市经营[J].城市规划,2002,26(11):7-15.
[102] 赵延东,王奋宇.城乡流动人口的经济地位获得及决定因素[J].中国人口科学,2002(4):8-15.
[103] 郑承智,张旺锋,武炳炎,等.北京市外来人口集聚型城中村流动人口职住分离研究[J].地理科学进展,2017,36(4):416-425.
[104] 郑静,许学强,陈浩光.广州市社会空间的因子生态再分析[J].地理研究,1995(2):15-25.
[105] 周婕,罗逍,谢波.2000—2010年特大城市流动人口空间分布及演变特征——以北京、上海、广州、武汉等市为例[J].城市规划学刊,2015(6):56-62.
[106] 中共南京市委党校课题组,王建莲.南京外来务工人员子女教育现状的调查与思考[J].中共南京市委党校学报,2008(1):87-90.
[107] 邹宇春,敖丹.自雇者与受雇者的社会资本差异研究[J].社会学研究,2011(5):198-224.
[108] 左为,吴晓.大城市农民工就业空间集聚的分性别特征——以南京主城区为实证[J].

南方人口，2017，32(4)：11 - 26.

[109] 左为，吴晓，强欢欢. 性别视角下外来务工人员就业空间的分异探析——以南京市主城区为实证[J]. 城市规划，2017，41(8)：54 - 64.

网络资源

http://www.njedu.gov.cn/default.php?mod=article&do=detail&tid=770144 南京市教育局

http://www.nanjing.gov.cn/xxgk/qzf/yhtq/yhtqcsglj/201709/t20170929_5038897.html 南京市人民政府

http://www.nanjing.gov.cn/xxgk/bm/czj/201104/t20110416_1190758.html 南京市人民政府

http://rsj.nanjing.gov.cn/zcfg_74871/zcwj_74873/jygl_74880/201611/t20161110_4259129.html 南京市人力资源和社会保障局

附录 1

2009 年 6 月南京市外来务工人员调查问卷

工作地街道编码________ 居住地街道编码________

1. **个人基本信息**:性别______ 年龄______ 民族______
2. **您在此居住时间**:□三个月以下 □三个月到半年 □半年到一年 □一年到三年
□三年到五年 □五年以上
来源地:□江苏其他市 □北京 □天津 □河北 □陕西 □内蒙古 □辽宁
□吉林 □黑龙江 □上海 □浙江 □安徽 □福建 □江西 □山东
□河南 □湖北 □湖南 □广东 □广西 □海南 □重庆 □四川 □贵州
□云南 □西藏 □山西 □甘肃 □青海 □宁夏 □新疆 □港澳台地区
3. **婚姻状况**:□未婚 □初婚有配偶 □再婚有配偶 □离婚 □丧偶
4. **教育程度**:□没上过学 □小学 □初中 □高中、中专 □大学或专科 □大学以上
5. **您目前的工作单位或经营活动**:□无业 □土地承包者 □机关团体事业单位
□国有及国有控股企业 □集体企业 □个体工商户
□私营企业 □外商、港澳台投资企业 □其他类型单位
□其他________
6. **您目前的职业身份**:□管理阶层 □专业技术人员 □办事人员 □商业服务人员
□农林牧渔人员 □生产运输设备操作业人员 □其他________
7. **家庭月收入**:□低于 500 元 □500～1 500 元 □1 500～2 500 元
□2 500～5 000 元 □5 000 元以上
8. **迁移原因(来宁原因)**:□务工经商 □工作调动 □分配录用 □学习培训
□拆迁搬家 □婚姻嫁娶 □随迁家属 □投亲靠友 □其他________
9. **居住基本信息**:合住人数______ 总面积______ 房间数(厨卫除外)________
10. **居住方式**:□工地现场 □集体宿舍 □宾馆旅店 □亲友家中 □租赁房屋
□其他________
住房来源:□自建住房 □购买商品房 □购买经济适用房 □购买原有公房
□租用公有住房 □租用商品房
11. **您住房的厨房**:□室内自用 □室内共用 □室外自用 □室外共用 □无厨房
12. **您住房的厕所**:□室内自用 □室内共用 □室外自用 □室外共用 □无厕所
13. **您住房的自来水**:□室内自用 □室内共用 □室外自用 □室外共用 □无自来水
14. **您的房屋用途**:□居住兼工作 □纯居住 □纯工作
15. **搬迁意愿及原因**:____

附录 2

2009 年数据采集单元范围

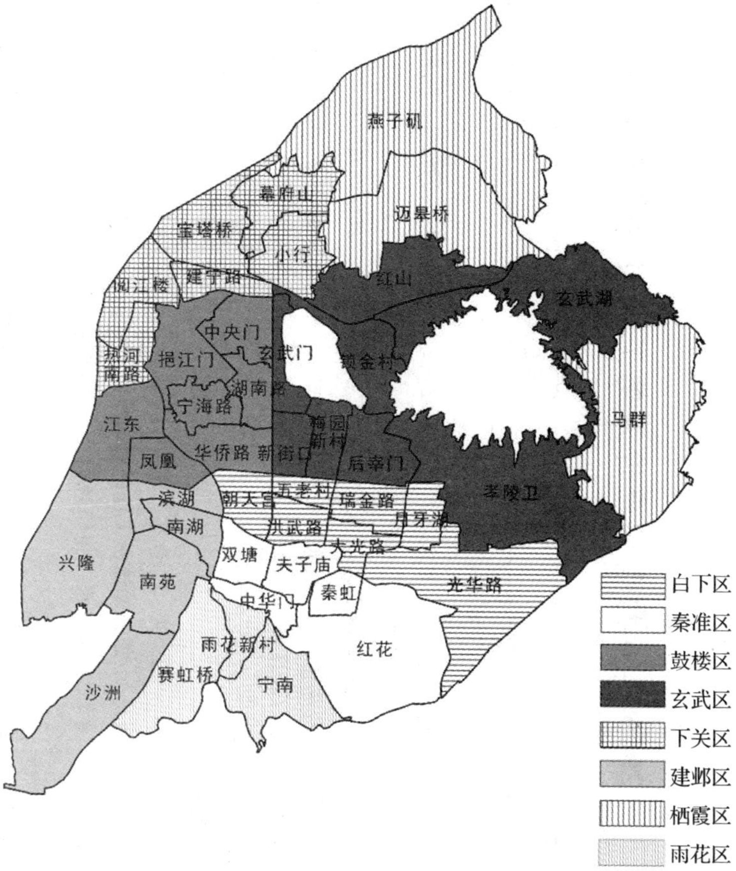

图 2009 年数据采集单元范围

*资料来源:笔者自绘。

附录 3

2015 年 6 月南京市外来务工人员调查问卷

调查地点		调查日期		调查人员		问卷编号	

1. **个人基本信息：**

   性别：□男 □女 **年龄：**________ **民族：**□汉 □其他________(请注明) **婚姻状况：**□已婚 □未婚 □离异 □丧偶

2. **您的文化程度：**□没上过学 □小学 □初中 □高中 □中专 □大专 □大学及以上

3. **您的户籍所在地：**________省________市 **您的户籍类型：**□城市户口 □农业户口 □居民户口

4. **您现在住房的类型：**□购买商品房 □购买经济适用房 □自己租房 □与别人合租 □亲戚借房 □单位职工宿舍 □工棚 □其他________(请注明)

5. **您现在是否与家人一起生活在南京：**□与家人一起 □一个人 □其他________________(请注明)

6. **您从住所到工作地需要**________**分钟。**

   您通常选择的交通方式是：□步行 □自行车 □公交 □自己开车 □地铁 □出租 □其他________________(请注明)

7. **您目前的工作是：**________________(请注明) **您开始这份工作的时间是：**____________(年/月)

8. **您的未来职业打算是：**□近期换工作(1～3 年) □远期换工作(3 年以上) □打算长期从事这一工作 □其他________________(请注明)

9. **您对未来生活的意愿是：**□想留在南京，认为自己有留下的准入条件 □想留在南京，但认为自己没有留下的准入条件 □想离开南京，回家乡 □想离开南京，回当地小城市 □想离开南京，去其他地方________________(请注明)

10. **您觉得与农村比，城市最吸引你的地方是：**

    □挣钱更多 □更有利于子女的培养 □生活更方便 □医疗卫生条件更好 □其他______________(请注明)

11. **如果让您在城市定居，您认为在城市生活最大的困难是：**

□没有固定的工作 □没有固定的住所 □生活费用高 □子女教育问题 □受到城市人歧视

□其他______(请注明)(限选 3 项)

12. **到目前为止，您一共换过____次工作。其中，南京以外的地方换过____次工作，在南京换过____次工作。**

13. **曾务工地点(除南京外)**

编号	务工城市	务工时间	从事职业(具体描述)	如何获得工作			离开原因
		(哪年至哪年)如 2005—2013 年		是否是单独外出(独自一人)	在到工作地之前就已找到工作	是否为亲戚朋友介绍的工作	
1	____市			□是 □否	□是 □否	□是 □否	
2	____市			□是 □否	□是 □否	□是 □否	
3	____市			□是 □否	□是 □否	□是 □否	

曾务工地点(在南京市内)

编号	务工地点	务工时间	从事职业(具体描述)	如何获得工作			离开原因
		(哪年至哪年)如 2005—2013 年		是否是单独外出(独自一人)	在到工作地之前就已找到工作	是否为亲戚朋友介绍的工作	
1	____区____街道____社区			□是 □否	□是 □否	□是 □否	
2	____区____街道____社区			□是 □否	□是 □否	□是 □否	
3	____区____街道____社区			□是 □否	□是 □否	□是 □否	

附录 4

因子生态分析指标变量的数据转换表

ID	男性人口		未婚人口		40岁以下		低教育水平		高中人口		商业服务业		生产运输设备操作		一年以下比重		五年以上比重		个体工商户		私企		工地		单位提供非工地	
	2009	2015	2009	2015	2009	2015	2009	2015	2009	2015	2009	2015	2009	2015	2009	2015	2009	2015	2009	2015	2009	2015	2009	2015	2009	2015
1a	0.66	0.48	0.13	0.36	0.63	0.76	0.82	0.44	0.13	0.39	0.66	0.95	0.11	0.02	0.13	0.31	0.37	0.28	0.68	0.37	0.16	0.53	0.05	0.02	0.03	0.17
2a	0.66	0.48	0.16	0.35	0.62	0.76	0.79	0.44	0.15	0.36	0.63	0.92	0.15	0.02	0.16	0.26	0.38	0.30	0.65	0.40	0.21	0.51	0.09	0.02	0.06	0.17
3a	0.65	0.46	0.20	0.31	0.61	0.76	0.77	0.42	0.15	0.30	0.58	0.82	0.24	0.02	0.21	0.11	0.39	0.36	0.63	0.52	0.28	0.42	0.15	0.00	0.09	0.15
4a	0.66	0.45	0.24	0.34	0.60	0.78	0.72	0.44	0.17	0.29	0.52	0.82	0.21	0.03	0.31	0.11	0.33	0.35	0.54	0.53	0.29	0.40	0.15	0.00	0.13	0.16
5a	0.70	0.41	0.32	0.40	0.57	0.77	0.69	0.48	0.18	0.30	0.38	0.86	0.20	0.04	0.52	0.13	0.18	0.30	0.40	0.56	0.22	0.35	0.16	0.00	0.16	0.15
6a	0.62	0.60	0.20	0.20	0.52	0.49	0.83	0.72	0.14	0.17	0.41	0.80	0.42	0.14	0.38	0.11	0.30	0.50	0.46	0.63	0.34	0.23	0.19	0.01	0.09	0.11
7a	0.61	0.69	0.22	0.11	0.52	0.38	0.82	0.84	0.14	0.11	0.42	0.77	0.43	0.20	0.38	0.09	0.30	0.56	0.45	0.61	0.32	0.17	0.19	0.04	0.07	0.08
8a	0.63	0.71	0.24	0.10	0.61	0.31	0.76	0.84	0.18	0.12	0.43	0.72	0.38	0.25	0.38	0.11	0.30	0.52	0.50	0.59	0.24	0.16	0.17	0.10	0.10	0.07
9a	0.64	0.72	0.25	0.09	0.63	0.29	0.74	0.84	0.19	0.12	0.45	0.68	0.36	0.30	0.38	0.13	0.31	0.46	0.55	0.56	0.19	0.13	0.17	0.17	0.10	0.06
10a	0.62	0.67	0.31	0.13	0.65	0.40	0.69	0.76	0.22	0.14	0.45	0.68	0.32	0.27	0.47	0.12	0.30	0.40	0.52	0.52	0.19	0.14	0.20	0.16	0.08	0.09
11a	0.63	0.59	0.31	0.20	0.64	0.52	0.68	0.68	0.23	0.17	0.45	0.70	0.34	0.25	0.45	0.16	0.32	0.34	0.51	0.55	0.22	0.15	0.20	0.15	0.10	0.14
12a	0.64	0.52	0.28	0.27	0.64	0.61	0.70	0.60	0.24	0.20	0.47	0.70	0.37	0.23	0.38	0.20	0.37	0.30	0.55	0.59	0.29	0.15	0.20	0.15	0.14	0.19
13a	0.66	0.47	0.27	0.33	0.63	0.69	0.69	0.54	0.24	0.22	0.45	0.76	0.38	0.19	0.34	0.24	0.39	0.26	0.52	0.63	0.33	0.16	0.17	0.12	0.18	0.21
14a	0.66	0.95	0.31	0.31	0.71	0.91	0.66	0.58	0.32	0.21	0.48	0.75	0.30	0.41	0.27	0.23	0.42	1.20	0.49	0.64	0.23	0.09	0.11	0.15	0.16	0.40
15a	0.63	0.69	0.33	0.08	0.64	0.38	0.65	0.86	0.28	0.11	0.55	0.53	0.33	0.45	0.33	0.08	0.38	0.45	0.54	0.50	0.26	—	0.13	0.28	0.13	0.11
16a	0.63	0.69	0.33	0.08	0.64	0.38	0.65	0.86	0.28	0.11	0.55	0.53	0.33	0.45	0.33	0.08	0.38	0.45	0.54	0.50	0.26	—	0.13	0.28	0.13	0.11
1b	0.56	0.50	0.20	0.08	0.50	0.29	0.80	0.92	0.15	0.05	0.62	0.93	0.12	0.05	0.25	0.12	0.41	0.65	0.61	0.56	0.18	0.23	0.08	0.05	0.10	0.23

续表

ID	男性人口		未婚人口		40 岁以下		低教育水平		高中人口		商业服务业		生产运输设备操作		一年以下比重		五年以上比重		个体工商户		私企		工地		单位提供非工地	
	2009	2015	2009	2015	2009	2015	2009	2015	2009	2015	2009	2015	2009	2015	2009	2015	2009	2015	2009	2015	2009	2015	2009	2015	2009	2015
2b	0.59	0.52	0.15	0.19	0.49	0.44	0.78	0.69	0.16	0.13	0.61	0.86	0.15	0.06	0.32	0.19	0.39	0.47	0.53	0.44	0.22	0.28	0.09	0.11	0.10	0.13
3b	0.54	0.54	0.07	0.21	0.39	0.49	0.87	0.65	0.09	0.16	0.68	0.89	0.19	0.04	0.28	0.20	0.38	0.44	0.51	0.50	0.30	0.22	0.11	0.08	0.07	0.14
4b	0.54	0.53	0.10	0.25	0.41	0.54	0.88	0.59	0.07	0.23	0.66	0.91	0.24	0.04	0.27	0.16	0.37	0.40	0.53	0.56	0.28	0.25	0.11	0.06	0.09	0.15
5b	0.64	0.51	0.20	0.26	0.57	0.57	0.76	0.49	0.15	0.31	0.55	0.85	0.30	0.11	0.40	0.19	0.28	0.36	0.45	0.51	0.24	0.30	0.12	0.12	0.16	0.09
6b	0.64	0.57	0.16	0.15	0.51	0.45	0.85	0.65	0.11	0.21	0.44	0.82	0.35	0.15	0.35	0.18	0.27	0.44	0.38	0.63	0.32	0.15	0.15	0.07	0.15	0.11
7b	0.66	0.68	0.26	0.05	0.58	0.27	0.79	0.88	0.17	0.11	0.44	0.84	0.29	0.16	0.35	0.12	0.30	0.52	0.48	0.68	0.18	0.08	0.19	0.04	0.10	0.08
8b	0.70	0.71	0.22	0.06	0.62	0.21	0.76	0.87	0.21	0.13	0.49	0.80	0.30	0.20	0.32	0.11	0.26	0.57	0.59	0.68	0.18	0.07	0.14	0.08	0.12	0.05
9b	0.70	0.70	0.18	0.06	0.59	0.22	0.77	0.86	0.20	0.13	0.50	0.76	0.34	0.24	0.30	0.12	0.25	0.53	0.64	0.65	0.20	0.06	0.12	0.11	0.13	0.06
10b	0.63	0.69	0.33	0.08	0.64	0.38	0.65	0.86	0.28	0.11	0.55	0.53	0.33	0.45	0.33	0.08	0.38	0.45	0.54	0.50	0.26	—	0.13	0.28	0.13	0.11
1c	0.67	0.43	0.25	0.01	0.60	0.25	0.81	0.89	0.16	0.11	0.61	0.83	0.29	0.13	0.25	0.13	0.48	0.61	0.65	0.62	0.22	0.31	0.07	0.10	0.16	0.31
2c	0.67	0.47	0.24	0.04	0.62	0.32	0.81	0.85	0.16	0.13	0.59	0.86	0.29	0.11	0.25	0.10	0.47	0.60	0.62	0.66	0.23	0.28	0.08	0.06	0.14	0.29
3c	0.66	0.51	0.18	0.11	0.66	0.43	0.86	0.76	0.13	0.19	0.47	0.89	0.34	0.08	0.20	0.05	0.44	0.57	0.48	0.71	0.29	0.22	0.16	0.02	0.06	0.24
4c	0.64	0.51	0.20	0.15	0.63	0.47	0.86	0.67	0.12	0.23	0.51	0.86	0.30	0.09	0.17	0.10	0.44	0.53	0.48	0.72	0.22	0.13	0.17	0.02	0.04	0.22
5c	0.65	0.53	0.19	0.21	0.51	0.44	0.90	0.68	0.06	0.19	0.43	0.86	0.40	0.12	0.19	0.18	0.36	0.40	0.42	0.70	0.21	0.15	0.18	0.04	0.05	0.22
6c	0.67	0.57	0.19	0.19	0.51	0.38	0.90	0.72	0.06	0.16	0.42	0.79	0.45	0.20	0.21	0.22	0.35	0.38	0.42	0.65	0.21	0.19	0.19	0.09	0.05	0.24
7c	0.68	0.62	0.16	0.10	0.51	0.31	0.91	0.79	0.06	0.14	0.44	0.69	0.47	0.29	0.23	0.22	0.36	0.43	0.45	0.63	0.20	0.19	0.20	0.18	0.04	0.17
8c	0.67	0.63	0.15	0.10	0.50	0.31	0.92	0.79	0.06	0.14	0.45	0.68	0.46	0.30	0.22	0.22	0.36	0.43	0.46	0.63	0.19	0.18	0.20	0.19	0.04	0.16
9c	0.62	0.71	0.08	0.06	0.43	0.30	0.92	0.83	0.05	0.11	0.49	0.61	0.42	0.37	0.21	0.21	0.39	0.41	0.51	0.60	0.17	0.13	0.18	0.27	0.03	0.08
10c	0.57	0.69	0.11	0.05	0.60	0.32	0.83	0.90	0.11	0.06	0.54	0.53	0.29	0.44	0.29	0.26	0.43	0.33	0.51	0.52	0.11	0.11	0.40	0.42	—	0.06
11c	0.57	0.69	0.11	0.05	0.60	0.32	0.83	0.90	0.11	0.06	0.54	0.53	0.29	0.44	0.29	0.26	0.43	0.33	0.51	0.52	0.11	0.11	0.40	0.42	—	0.06
12c	0.57	0.69	0.11	0.05	0.60	0.32	0.83	0.90	0.11	0.06	0.54	0.53	0.29	0.44	0.29	0.26	0.43	0.33	0.51	0.52	0.11	0.11	0.40	0.42	—	0.06
13c	0.57	0.69	0.11	0.05	0.60	0.32	0.83	0.90	0.11	0.06	0.54	0.53	0.29	0.44	0.29	0.26	0.43	0.33	0.51	0.52	0.11	0.11	0.40	0.42	—	0.06
1d	0.75	0.46	0.27	0.23	0.64	0.41	0.75	0.63	0.17	0.26	0.71	0.95	0.08	0.00	0.29	0.02	0.44	0.31	0.62	0.70	0.10	0.26	0.03	0.00	0.08	0.24
2d	0.66	0.49	0.30	0.20	0.69	0.48	0.69	0.68	0.21	0.24	0.69	0.96	0.10	0.00	0.31	0.02	0.46	0.37	0.57	0.71	0.12	0.24	0.05	0.00	0.07	0.31

续表

ID	男性人口		未婚人口		40岁以下		低教育水平		高中人口		商业服务业		生产运输设备操作		一年以下比重		五年以上比重		个体工商户		私企		工地		单位提供非工地	
	2009	2015	2009	2015	2009	2015	2009	2015	2009	2015	2009	2015	2009	2015	2009	2015	2009	2015	2009	2015	2009	2015	2009	2015	2009	2015
3d	0.57	0.49	0.26	0.15	0.67	0.47	0.77	0.73	0.18	0.17	0.69	0.87	0.17	0.07	0.31	0.05	0.43	0.50	0.66	0.65	0.25	0.29	0.06	0.04	0.11	0.15
4d	0.57	0.45	0.17	0.18	0.62	0.53	0.84	0.70	0.14	0.18	0.69	0.85	0.20	0.08	0.28	0.04	0.42	0.49	0.69	0.65	0.24	0.29	0.08	0.02	0.10	0.15
5d	0.57	0.45	0.09	0.10	0.62	0.52	0.79	0.80	0.17	0.15	0.70	0.80	0.18	0.13	0.21	0.05	0.49	0.58	0.74	0.78	0.15	0.15	0.04	0.01	0.10	0.22
6d	0.60	0.49	0.10	0.08	0.54	0.48	0.77	0.85	0.18	0.14	0.60	0.80	0.25	0.15	0.25	0.06	0.51	0.56	0.70	0.79	0.16	0.15	0.08	0.02	0.09	0.20
7d	0.61	0.57	0.10	0.14	0.48	0.48	0.85	0.81	0.14	0.17	0.55	0.82	0.34	0.13	0.28	0.07	0.48	0.46	0.63	0.68	0.21	0.23	0.14	0.04	0.05	0.15
8d	0.76	0.70	0.11	0.17	0.62	0.56	0.82	0.77	0.19	0.22	0.55	0.86	0.50	0.10	0.37	0.05	0.48	0.51	0.61	0.71	0.32	0.23	0.20	0.03	0.08	0.16
9d	0.65	0.62	0.12	0.17	0.58	0.51	0.78	0.76	0.21	0.21	0.48	0.91	0.47	0.04	0.45	0.05	0.33	0.50	0.52	0.82	0.30	0.12	0.24	0.01	0.08	0.14
10d	0.67	0.56	0.15	0.26	0.56	0.58	0.79	0.65	0.20	0.25	0.53	0.91	0.36	0.03	0.39	0.10	0.42	0.46	0.54	0.81	0.31	0.13	0.16	0.01	0.08	0.14
11d	0.72	0.39	0.20	0.43	0.52	0.78	0.77	0.44	0.18	0.28	0.46	0.91	0.29	0.04	0.18	0.27	0.55	0.26	0.46	0.76	0.43	0.19	0.02	0.03	0.22	0.21
12d	0.77	0.32	0.23	0.48	0.59	0.89	0.68	0.37	0.23	0.28	0.27	0.92	0.45	0.05	0.09	0.35	0.50	0.15	0.32	0.75	0.59	0.20	0.05	0.05	0.45	0.27
13d	0.72	0.57	0.18	0.33	0.55	1.62	0.86	0.57	0.22	0.50	0.64	0.90	0.42	0.09	0.27	0.13	0.47	0.27	0.59	0.77	0.55	0.36	—	—	0.42	0.48

附录 5

图表索引

图

表

后　　记

本书是在我博士论文的基础上修订而成的，付印之际，感慨颇多。自 2010 年读硕士研究生起，我就跟随吴晓教授研究外来务工人员就业空间的相关课题。课题研究八年多，至今仍觉才薄智浅，没能将研究做到深入浅出的境界。课题研究本体的独特性和跨学科交叉理论的复杂性，远超我最初的想象，以至于遇到困难时刻，惰性发挥，让我经常驻足不前。所幸的是，吴老师在论文写作的各个阶段给予了我及时的敦励和悉心的指导，在迷茫时启发我，在倦怠时激励我，精心于我的每一步进展，最终支撑着我突破重重困难，使得研究成文。吴老师严谨治学的态度、忘我致知的精神更是成为我未来治学之路的目标。在此，谨向恩师致以最诚挚的感谢！

在课题的研究过程中，东南大学建筑学院的胡明星教授、杨俊宴教授、刘博敏教授、孙世界副教授和周文竹副教授给予了热心的指导和帮助，在研究构思方面给了我诸多启发；中科院地理所姚世谋教授、南京工业大学施梁教授、东南大学建筑学院孔令龙教授、王晓俊教授和李百浩教授提出了修改和完善的宝贵建议。这里向他们深表谢意！

南京市统计局和相关街道办事处的工作人员在调研时给予了热心的帮助，为课题研究提供了相关资料。徐卞融师姐、王松杰师兄和其他项目组成员提供了多年积累的实证分析数据库，使研究有了更高的基础和平台。强欢欢、汤林浩、胡智行、刘佳、顾萌、宁昱西、范居正等师弟师妹同我在炎炎夏日历经半个多月的问卷调研，为研究提供了关键的数据支撑。与我朝夕相处的李灵芝博士、姚逸卿博士和陈海明工程师在我写作陷入迷茫和困惑时，不厌其烦地同我深度交流探讨，并给予了大量的技术协助。在此一并表示感谢！

最后，感谢我亲爱的家人，你们的理解和支持是我前进的动力！

王　慧
于南京林业大学寓所